元華文創

臺灣政經史系列第二輯07 陳天授主編

宗教環境學
與臺灣大眾信仰變遷新視野

Religious Environmentalism and Religious Changes in Taiwan

第二卷

一本歷來有關臺灣大眾信仰變遷的著作中，

不但最具跨學科特色且又兼具「臺灣宗教環境學」新詮釋理念的，

兩卷版研究精華匯集。

張珣　江燦騰 —— 主編

前言與致謝

張珣、江燦騰

本書（共二卷，下同）是兩位主編從 2001 年起，首次合作編輯《當代臺灣本土宗教研究導論》一書問世以來，由於當時深受廣大讀者的熱烈歡迎或被廣為當作宗教學系的相關教材使用，連大陸都出版了此書的大陸版。基於如此的熱烈反應，所以兩位主編其後又有：

2003 年出版的《研究典範的追尋：臺灣本土宗教研究的新視野和新思維》、2006 年出版的《臺灣本土宗教研究：結構與變異》、2014 年出版的《當代臺灣宗教研究精粹論集：詮釋建構者群像》、2019 年出版的《臺灣民眾信仰中的兩性海神：海神媽祖與海神蘇王爺的當代變革與敘事》、2021 年出版的《臺灣民眾道教三百年史：現代詮釋與新型建構》的長期多次合作。

而最新版彙編與集大成的，就是本書的編輯與出版。

因此可以說，若無之前兩位編者的長期多次合作，並藉此積累寶貴編選經驗，就不可能有此次本書如此的煌煌問世。

再者，讀者須知：本書編選的特色之一，就是從已發表的大量各類精華論文中，嚴格挑選與本書主題及其體系建構有高度相關者，才慎重納入。而之所以如此編選的考慮因素，主要基於：

以此法編輯，最可方便讀者從本書無比新穎及豐富且多元內容中，一次性地立即閱讀到當代臺灣本土宗教研究菁英學者的優異學術精華，並深刻體會到其中各類型論述的彼此互相輝映或多音交響，使其承先啟後的寶貴薪傳功效，能如其所願順利達成。

當然，本書此次得以順利編輯與煌煌出版，首先要深深感謝很多學界朋友的襄助：包括蔡錦堂、黃智慧、劉璧榛、陳文德、黃宣衛、呂理哲、丁仁傑、林本炫、王見川、梁唯真、余安邦、宋錦秀、許麗玲、林永勝、賴錫三、丁敏、張崑將、劉宇光、趙東明等人；以及他們文章原出處的出版單位，包括：東大出版社、《師大臺灣史學報》、中央研究院民族學研究所、《臺灣人類學刊》、《中研院民族所集刊》、《宗教人類學》、《漢學研究通訊》、《考古人類學刊》、南天出版社、博揚出版社、《臺北城市科技大學通識學報》、《世界宗教文化》、《宜蘭文獻雜誌》、《思與言》、《民族學研究所資料彙編》、聯經出版社、《當代》等。

更重要的是，元華文創出版社的叢書主編陳添壽教授能夠慧眼識英雄，主動邀約出版本書。其後，該出版社經驗豐富的李欣芳主編與作業程序精湛的陳欣欣編輯，都對本書的精美編排與仔細校對幫助極大，因而能讓本書得以完善而又精美地呈現在讀者面前，在此致上無比感謝之情。

張珣 江燦騰

推薦序

本書（共二卷，下同）是江燦騰、張珣兩位教授主編，收錄 21 位資深學者宗教信仰的研究精華，同時也提出了關於臺灣宗教信仰的新視野。這些論文從不同的視角，顯示宗教在一般大眾的日常生活中仍擁有藉以免災、免病、免於窮困的心靈慰藉，具有重大的意義，可以置於當代東亞宗教的脈絡中思考。

由於本書設定的讀者群是一般大眾，所以主編把各篇的標題一律改成淺顯易懂的標題，使讀者更容易掌握本書的精髓。雖然本書意圖以通俗化的標題吸引更多讀者，但它提出了「宗教環境學」的概念，則對學術研究有新的貢獻。所謂「宗教環境學」，係從張珣教授的媽祖研究發展出來，媽祖信仰受到不同時代的政策，以及不同區域、族群、社會階層、行業，乃至性別的影響，而產生一些變遷與變異；即宗教因生態和人文環境的不同而產生變遷，宗教與生態人文環境之間甚至有相互的影響。

本書共分為 6 個主題，收羅 30 篇論文，在量與質兩方面都很可觀。第一個主題「國家祭祀與政權鼎革」僅收錄蔡錦堂教授 2 篇論文，〈理解日治時代的國家祭祀概念〉一文相當有啟發性，探討日治時期知名法學、民俗學學者增田福太郎（1903-1982）的寺廟與神社觀，他雖然強調天皇中心或及國家神道，但並未主張去壓迫其他非神道信仰者，也不認為臺灣寺廟為推廣神社精神的障礙。因此質疑與批判寺廟整理運動，而這種開放的態度亦反映在他對原住民的看法上。

第二個主題「國家治理與原住民族的宗教變遷」，計有 5 篇論文，著重臺灣原住民宗教，因為以往臺灣宗教方面的論文集很少選原住民族宗教方面的著作，彰顯編者有更寬廣的研究視野。在此項目同時具有研究的寬度與深度，有黃智慧、呂理哲、黃宣衛教授共撰關於臺灣原住民族宗教的研究回顧，也有陳文德、黃宣衛教授關於臺東縣阿美族接受天主教與基督教信仰的論文。劉璧榛教授〈噶瑪蘭人獵首祭／豐年祭的認同想像與展演〉一文，探討原住民噶瑪蘭人豐年祭，研究 2002 年復名成功的詳細經過，以及其背後的政治，社會意義，從當地人的觀點出發，尤其發人深思。

第三個主題「宗教環境學新視野下的宗教變遷」，收錄 6 篇張珣教授的著名論文，包括文化媽祖、宗教與性別等課題。其中，〈開始思索「打破圈圈研究」的相關理由〉一文，精確地批判學界過度套用祭祀圈理論，以及其後產生的負面效應，如忽視了民間信仰在臺灣現代社會不同轉型與變化，特別是城鄉差別，讓學術調查與研究停滯不前。此外，〈祭祀信仰與動物權〉分析了臺灣最近對於殺豬公祭祀、或「神豬大賽」的負面評價，期盼深入理解殺豬公信仰背後的原因，同時也能夠想出一套改善方式。

第四個主題「新興宗教與宗教轉型研究精萃」，7 篇論文係處理當代臺灣宗教的核心議題，所探討的宗教組織（如一貫道）相當有影響力，也經常出現在媒體報導。丁仁傑〈宗教社會學視野下的新興宗教〉，討論 1980 年代中期、解嚴前後出現幾個的代表性教團與人物，如真佛宗、宋七力、清海無上師等。王見川〈一貫道歷史新研：淵源、特點及其早期史初探〉一文，透過對一貫道早期材料的爬梳，加上其他學者的研究成果，提出了重要的結論：一貫道的義理三期末劫、九六原人部份，係承繼明末以來民間教派的傳統；而理天、三曹普渡的理念，則是第十五代祖師王覺一（1821-1886）所創造的。此外，本文也討論扶乩在一貫道發展史中所扮演的關鍵角色。

第五個主題「宗教身體與環境研究選萃」，此一議題在今日全世界仍然在面臨 COVID-19 的威脅時，顯得格外重要。4 篇論文中，宋錦秀（1958-2018）〈大眾信仰中常見的藥籤、占卜與醫療行為〉一文特別有意義，她詳細說明寺廟藥籤在占卜問疾文化中的「療癒之力」，並且指出藥籤是一套臺灣宗教與醫療文化中的慣習與知識體系。此外，許麗玲的〈北部正一派道士的補春運儀式〉一文，探討臺北市大稻埕媽祖廟駐廟道士所舉行的補春運儀式，包含其時序觀與陰陽觀念，驅邪除煞的象徵意義、以及跟身體有關的意象，如替身的使用就是明顯的例子。丁仁傑〈保安村社區信仰中的除災、改運與淨化環境儀式〉一文，透過 David K. Jordan（焦大衛）與作者分別於 1960 年代及 2010 年在臺灣南部保安村的民族誌書寫，探討村中連續性的異常死亡與請神尋求解答的經過，指出：神明出現背後會有各種社會力量的相互協調；因此，神明給予的答案需要經過一次又一次的修正，表面上是在解決宗教問題，實際上是在處理社會問題，和特納（Victor Turner; 1920-1983）所提出來的受難儀式（rites of affliction）概念頗為相近。

一個學門要有好的發展，必須充分瞭解它的過去。因此，第六個主題「研究典範學者介紹」的 6 篇論文，包括林永勝、賴錫三〈楊儒賓與新儒學宗教向度的多元詮釋與建構〉，張崑將〈「社會禪」的兩個新典範：荒木見悟與江燦騰〉，劉宇光、趙東明〈林鎮國與佛教多元哲學研究的詮釋建構〉，林本炫〈作為臺灣宗教社會學研究開創者的瞿海源〉等，都深入介紹臺灣宗教研究的開創者及其學術貢獻，具有高度的參考價值。

今日在臺灣所能觀察到的許多宗教現象，在清末民國時期的中國大都有前例，甚至可以溯源，如以下兩個例子：今日許多臺灣人或政府機構非常重視動物權，以及抗議民間信仰長期大量使用不符合現代環保標準的金紙、香枝、鞭炮等，更有推動所謂的「滅香」政策二事。其實，早在 1934 年上海佛教徒組成了「中國保護動物會」，提倡「護生」思想，並於當年 9 月的理事會通過議案，致函要求上海市政府於 10 月 4 日「世界動物節」當天下令全市「禁屠」一天。至於「滅香」政策，在民國時期的中國也出現過，因為部份措施影響到民眾的生計，引起相當大的反彈，如江浙箔業聯合會的代表於 1922 年到南京去請願，強調把紙錢列為「迷信物品」並加重徵稅，對於好幾萬員工及眷屬造成了衝擊。此外，臺灣的「新興宗教」其實沒有那麼新，有的（如一貫道）是在中國創立的，即使是在臺灣出現的新教團，其出現的背後原因（快速工業化與都市化），以及強調的信仰與實踐（如重視普遍性救贖概念、肯定日常生活的重要性、強調個人此世修行的意義等）在民國時期的救世團體也出現過（包括同善社、道院、一貫道等），可參見王見川，范純武，黎志添，Vincent Goossaert（高萬桑），David Palmer（宗樹人），David Ownby（王大為）等學者都有相關的著作。

本書集結了研究臺灣宗教的 21 位學術菁英，各從其專業的角度切入，展現了臺灣宗教信仰中個人、社區、國家以及生態環境的互動關係，內容極為豐富、精彩，具有高度啟發性與參考價值。同時，它也是學者跟一般民眾意欲了解臺灣社會史，值得一讀的好書。

康豹 Paul 敬

2022 年 5 月 16 日

本書內容簡介

本書是由張珣與江燦騰兩位編者，彼此長期共同合作所提出的，有關臺灣本土大眾宗教信仰變遷、並以大規模跨學科研究精華匯集方式呈現的，最新一次豐碩無比的學術成果。但，為何會有此書的書名《宗教環境學與臺灣大眾信仰變遷新視野》與全書相關內容的提出呢？

此因，本書兩位編者在本書之初，曾借鏡之前歷經多次長期合作的累積編書經驗，彼此都有一致共識，即認為我們此次新書內容，若要能夠與時俱進地，不祇可因應近年國際宗教環境論述的新發展概況，還可運用當代臺灣大眾信仰變遷作為相關詮釋主題，其間又要能夠藉以發展出具有實質創新意義的現代詮釋架構，則便須具備或能滿足以下的兩大學術要件才行：

其一，我們首先須能提出「宗教環境學」作為全書的新詮釋概念，並且還能特別聚焦於當代臺灣區域宗教環境下（包括各類大眾信仰變遷在內）從傳統到當代的歷史變遷軌跡，藉以凸顯當代臺灣大眾信仰變遷與其相關社會文化之間兩者的交互涉入與長期互動關係。

其二，本書既是基於上述的新詮釋概念而來，於是我們兩位編者便得想方設法和竭盡一切可能管道，以便最後能成功地網羅包括當代臺灣學界的（文學、歷史學、哲學、宗教學、心理學、人類學、社會學等）各個學科中，堪稱最精英學者群也是最多元的原創性論文在內。

如今，本書的全部內容已達30篇之多，已涵蓋臺灣各宗教（民間宗教、原住民宗教、一貫道、新興宗教、基督教、天主教、佛教）研究，為最系統性的精選論文集。所以，本書的確有別於其他臺灣宗教研究論文集，或是專注於某一學科的調查成果，或是集中於某一宗教的研究論述。

亦即，本書已能據實針對臺灣宗教數百年前至今的歷時性變遷，同時也關注到國家政策的主導力量，並將諸如原漢族群的信仰差異、二次大戰後社會變遷帶來的新興宗教崛起、全球化導致的宗教資本化與商品化、大眾信仰與身心靈醫療的復甦等各類課題，都有機的相應納入。

此外，本書第二卷還特闢一大項，專門介紹當代臺灣各學科研究大眾信仰變遷的典範學者，讓讀者了解一個學術研究者，彼等對於相關問題的設立及其解決的來龍去脈。

因此本書堪稱是，一本歷來有關臺灣大眾信仰變遷的著作中，不但最具跨學科特色且又兼具「宗教環境學」新詮釋理念的，兩卷版研究精華匯集。由於本書 30 篇文章均從國內著名專業期刊與出版社嚴選出來，故此尊重作者用字與原出版體例，不做過多修改！

本書英文簡介
Religious Environmentalism and Religious Changes in Taiwan

This collection contains thirty articles representing an extensive range of recent interdisciplinary studies of religion in Chinese Taiwan, and includes research on popular religion, newly developed religions, aboriginal religions, Christianity, Yi Guan Dao, Daoism, and Buddhism in Taiwan. With regard to religious environmentalism, this book examines the complicated interrelationship between religious changes and the ecological-social-cultural environment, including state policy under different regimes, different ethnic groups in various localities, social-economic impact, gender identity, revitalization of ritual healing, and globalization, etc. It is hoped that this collection will provide a useful textbook for scholars and students of Chinese literature, history, philosophy, religion, anthropology, psychology, and sociology.

編者與作者簡介

一、編者簡介

張　珣　人類學者，美國加州大學柏克萊分校人類學博士。曾任科技部人類學與族群研究學門召集人，臺灣人類學與民族學學會理事長，臺灣大學人類學學系兼任教授，政治大學宗教研究所兼任教授，現任中央研究院民族學研究所研究員兼所長。著有《海洋民俗與信仰：媽祖與王爺》、《媽祖信仰的追尋》、《文化媽祖：臺灣媽祖信仰研究論文集》、《疾病與文化：臺灣民間醫療人類學研究論集》等著作。與人合編有《當代臺灣本土宗教研究導論》、《研究典範的追尋：臺灣本土宗教研究的新視野和新思維》、《臺灣本土宗教研究：結構與變異》、《人類學家的我們、你們、他們》、《宗教、法律與國家：新時代的文化復振》、*Religion in Taiwan and China: Locality and Transmission* 等專書。

江燦騰　桃園大溪人，1946 年生。臺大歷史研究所文學博士。經歷：曾教臺大、清大、佛光山叢林研究所教師、佛教弘誓學院教師、新文豐出版公司佛教文化叢書主編、商鼎文化出版公司佛教叢書主編、臺北城市科技大學創校首位榮譽教授，現已退休。主要著作：《臺灣佛教百年史之研究（1895-1995）》、《臺灣當代佛教》、《日據時期臺灣佛教文化發展史》、《認識臺灣本土佛教》、《臺灣佛教史》、《當代臺灣心靈的透視——從雙源匯流到逆中心互動傳播的開展歷程》、《風城佛影的歷史構造——三百年來新竹齋堂佛寺和代表性人物誌》、《東亞現代批判禪學思想四百年》、主編《跨世紀的新透視——臺灣新竹市 300 年佛教文化史導論》、合著《臺灣民眾信仰中的兩性海神——海神媽祖與海神蘇王爺的現代當代變革與敘事》、主編《當代臺灣本土大眾文化——雙源匯流與互動開展精選集》第一冊、合編《臺灣民眾道教史三百年》、主編《根本佛教解脫道論》等。學術榮譽：第一屆宗教學術金典獎得主。第二屆臺灣省文獻傑出貢獻獎得主。中央研究院歷史與語言研究所傅斯年紀念獎學金臺大學生唯一得八次者。

二、作者簡介（依篇目順序）

蔡錦堂　歷史學者，日本國立筑波大學歷史人類學研究科文學博士，曾任淡江大學歷史系副教授、國立臺灣師範大學臺灣史研究所所長、教授及臺灣歷史學會會長，現已退休，在國立臺灣師範大學臺灣史研究所擔任兼任教授。研究領域為臺灣史、臺灣宗教史、臺灣教育史、日本近代史，著有《帝国主義下台湾の宗教政策》、《戰爭體制下的臺灣》、《立法院長劉濶才傳記》、《從神社到忠烈祠：臺灣「國家宗祀」的轉換》、《臺灣人的日本時代》等。

黃智慧　人類學者，日本國立大阪大學人間科學研究科博士課程修了。中央研究院民族所助研究員。組成「行動人類學」研究群，倡議行動參與，期許在實踐過程中擴大並深化人類學的知識範疇。創設籌劃財團法人小米穗原住民文化基金會、臺灣平埔原住民族文化學會、社團法人臺灣故鄉文史協會。主編翻譯史料臺灣總督府《番族慣習調查報告書》第一卷泰雅族、第二卷阿美族卑南族、第三卷賽夏族，榮獲教育部原住民語言學術論著漢譯優等獎與甲等獎，國際學會論文榮獲「亞洲未來會議」最優秀論文獎。合編《台灣原住民族の現在》、《寬容的人類學精神：劉斌雄先生紀念論文集》、《馬淵東一著作集》，導讀史料《蕃匪討伐紀念寫真帖》，《臺灣蕃地寫真帖》等。

劉璧榛 人類學者，法國高等社會科學研究院（E.H.E.S.S.）社會人類學及民族學博士，長期思考男性支配與臺灣原住民族主體（再）建構的問題。以曾是母系的噶瑪蘭族與阿美族社會為主要田野，探討性別範疇化及概念化在社會繁衍（生物性、經濟性、政治、文化及宇宙觀）過程中，如何成為權力的效力與工具。著述有《認同、性別與聚落：噶瑪蘭人變遷中的儀式研究》，主編有《當代臺灣原住民族的文化展演與主體建構：觀光、博物館、文化資產與影像媒體》。與胡台麗合編《臺灣原住民巫師與儀式展演》與《當代巫文化的多元面貌》二本書。

陳文德 人類學者，英國倫敦大學亞非學院人類學博士。長期從事阿美族與卑南族社會文化的研究，同時結合學術研究與社會實踐，關注當代臺灣社會的發展，例如：社區營造、文化產業、族群分類與認同、新興宗教、傳統領域與都市原住民等議題。近年並從「空間」著手探討當代東部地區的「區域再結構、文化再創造」的面貌與性質。專著有《從社會到社群性的浮現——卑南族的家、部落、族群與地方社會》、合編《21世紀的地方社會：多重地方認同下的社群性與社會想像》與《「社群」研究的省思》等書。

黃宣衛 人類學者，英國聖安德魯斯大學人類學博士。田野工作以阿美族為主要研究對象外，更擴及東臺灣的撒奇萊雅族與漢人，甚至雲南的苗族，以進行比較。在面對原住民族文化的諸多好奇中，「為什麼那麼多原住民接受基督宗教」最為關鍵。於是，探討臺灣原住民族 1950 年代後大規模接納基督宗教的過程、動力、意義與影響，便成為主要探究主題。近年研究以池上平原為主，試圖以區域研究的視野，跳脫原住民研究與漢人研究的分野，從人的創造性與侷限性出發，探討歷史過程中，個人、社會／文化與環境之間的關係。著述有《國家、村落領袖與社會文化變遷：日治時期宜灣阿美族的例子》，《異族觀、地域性差別與歷史：阿美族研究論文集》，《共築蓬萊新樂園：一群池上人的故事》，《成為池上：地方的可能性》。主編有《國家、族群與基督宗教——西部苗族調查報告》，《秀姑巒溪流域的族群、產業與地方社會》等書。

呂理哲　臺灣大學人類所碩士。碩士時期於阿里山特富野進行田野調查研究，關注原住民社會文化在政治經濟變遷下的境況。

張　珣　（見「編者簡介」）。

丁仁傑　宗教社會學者，中央研究院民族學研究所研究員，美國威斯康辛大學麥迪遜校區社會學博士，出版專著《社會脈絡中的助人行為：臺灣佛教慈濟功德會個案研究》、《重訪保安村：漢人民間信仰的社會學研究》、《當代漢人民眾宗教研究：論述、認同與社會再生產》等。研究領域以宗教社會學、社會心理學、質性研究、社會運動、組織社會學為主，包括傳統與當代慈善活動、新興宗教、宗教組織與宗教運動、漢人民間信仰、農村社會變遷等。

林本炫　社會學者。臺中市石岡區（原臺中縣石岡鄉）客家人。在臺灣大學社會學系從學士念到博士，碩士論文研究臺灣基督長老教會和一貫道，兩個宗教團體和政府的政教關係，其後出版為《臺灣的政教衝突》（1990 年）一書，獲自立早報選為「年度十大好書」。博士論文《臺灣宗教變遷的社會政治分析》，運用中央研究院進行的「臺灣社會變遷基本調查」資料，分析當代臺灣民眾宗教信仰變遷的方向，輔以信仰變遷個案的深度訪談，探討改變宗教信仰的動力和過程。專長宗教社會學，尤其是政教關係和宗教立法、宗教行政。早年翻譯《宗教與社會變遷》（1992 年），與張茂桂合著〈宗教的社會意象——一個知識社會學的課題〉。自 2000 年起擔任內政部宗教事務諮詢委員會委員達 20 年之久，並曾擔任內政部「宗教團體法草案」起草小組召集人。1998 年曾任職於真理大學宗教學系，2001 年轉任南華大學應用社會學系，2006 年聯合大學客家研究學院成立，開始從事客家研究，專注研究客家人的宗教信仰。目前為聯合大學客家研究學院文化觀光產業學系教授兼客家研究學院院長。

王見川　歷史學者。國立中正大學史學博士，現任南臺科技大學通識教育中心助理教授。著有〈從新史料看清代臺灣佛教——兼談所謂的「開化堂」〉、〈關於清代佛教的另一面向——齋教與「民間佛教」〉、〈虛雲研究及其史料〉、〈還「虛雲」一個本來面目——他的年紀與事蹟新〉、〈從僧侶到神明——定光古佛、法主公、普庵之研究〉、〈從南安巖主到定光古佛——兼談其與何仙姑之關〉等著作。

梁唯真　臺大植病所、美國哲吾大學（Drew University, NJ）基督教史博士、臺灣基督教長老教會雙連教會牧師、前成功大學專案助理教授、前臺南市哲學會理事。著有〈臺灣基督教研究之內部研究——以基督教歷史與神學為主要探討範例〉、〈中部宣教師與文字傳道〉、走過青翠宣教路——梁秀德牧師與他的同伴、他的時代〉等。並主編以口述歷史為基礎的《世紀宣教，愛在雙連——臺灣基督長老教會雙連教會 100 週年紀念專書》（2017），及《海外建造家吳威廉——他的傳奇故事，我的旅行書寫》之「歷史旅行概念書」（2019）等書。

江燦騰　（見「編者簡介」）。

余安邦　本土心理學者。國立臺灣大學心理學博士。中央研究院民族學研究所副研究員退休（2020 年 8 月）。現任國立臺灣師範大學教育心理與輔導學系兼任副教授。主要研究旨趣及領域為：文化／本土心理學、宗教經驗與療癒、人文臨床與文化療癒等等。曾出版相關學術性論文數十篇，最近出版有〈心理／文化療癒作為倫理技藝的社會實踐：人文臨床學觀點〉（汪文聖主編：《華人倫理實踐：理論與實務的交會》（2021）。近幾年主編之專書文集有：《人文臨床與倫理療癒》（2017），《身體、主體性與文化療癒：跨域的搓揉與交纏》（2013），《本土心理與文化療癒：倫理化的可能探問》（2008）等等。

宋錦秀　（1958-2018）人類學者，於 1982 年以魁儡戲除煞觀念為題，在國立臺灣大學人類學研究所取得碩士學位之後，進入中央研究院工作，並以傳統妊娠宇宙觀為題取得澳洲國立大學人類學博士。在中央研究院臺灣史研究所升任助研究員，多年來研究臺灣各地藥籤文化與臺灣農村婦女生活史。著述有〈寺廟藥籤療癒文化與「疾病」的建構〉、〈妊娠、安胎暨「妊娠宇宙觀」：性別與文化的觀點〉、〈臺灣寺廟藥籤彙編：宜蘭「醫藥神」的系統〉、〈婦人胎產厭勝縱論〉等多篇論文。

許麗玲　1960 年出生於雲林，法國高等研究實踐學院宗教人類學碩士、法國高等研究實踐學院宗教學博士。學術研究領域為巫術信仰與道教傳統中的治療儀式，感興趣的學科則跨越心理學、社會學、文化人類學及神秘主義。曾任教於輔仁大學，弘光技術學院，慈濟大學及花蓮師範學院。現專事於內在心靈的探索與寫作，著有《巫路之歌》、《老鷹的羽毛》。

林永勝　中文學者。國立清華大學中文所博士，現任國立臺灣大學中國文學系副教授。著有〈作為樂道者的孔子——論理學家對孔子形象的建構及其思想史意義〉、〈氣質之性說的成立及其意義——以漢語思維的展開為線索〉、〈佛道交融視域下的道教身體觀——以重玄學派為中心〉、〈反工夫的工夫論——以禪宗與陽明學為線索〉、〈二重的道論——以南朝重玄學派的道論為線索〉、〈功夫試探——以初期佛教譯經為中心〉等著作。

賴錫三　中文學者。國立清華大學文學博士，現任國立中山大學中國文學系教授。著有《道家型的知識分子論：莊子的權力批判與文化更新》、《道家型的知識分子論：莊子的權力批判與文化更新》、〈他者暴力與自然無名——論道家的原始倫理學如何治療罪惡與卑污〉、〈《莊子》「天人不相勝」的自然觀—神話與啟蒙之間的跨文化對話〉、〈當代新道家的鋪橋造路：一條道家型知識分子的林中路〉、〈《莊子》的美學工夫、哲學修養與倫理政治的轉化——與孟柯（Christoph Menke）的跨文化對話〉、〈藏天下於天下的「安命」與「任化」：《莊子》「不解解之」的死生智慧〉、〈《莊子》的養生哲學、倫理政治與主體轉化〉、〈《莊子》的自然美學與氣氛倫理與原初倫理——與本雅明、伯梅的跨文化對話〉等著作。

丁　敏　中文學者。國立政治大學中國文學博士，現為國立政治大學中國文學系退休教授。研究領域以漢譯佛教經典文學、中國古典文學中的佛教為主，亦研究當代臺灣佛教與文學。出版專著：《佛教神通：漢譯佛典神通敘事研究》、《中國佛教文學的古典與現代：主題與敘事》、《佛教譬喻文學研究》。以及若干單篇論文如：〈中國古典小說中佛教意識的敘事方法〉、〈從漢譯佛典僧人「神通」到《高僧傳》僧人「神異」——佛教中土化過程的考察面向〉、〈譯佛典四阿含中神通故事的敘事分析——以敘述者、敘事視角、受敘者為主〉、〈當代中國佛教文學研究初步評介—以臺灣地區為主〉、〈臺灣當代僧侶自傳研究〉、〈當代臺灣旅遊文學中的僧侶記遊：以聖嚴法師《寰遊自傳系列》為探討〉、〈臺灣社會變遷中的新興尼僧團——香光尼僧團的崛起〉等等。

張崑將　歷史學者。國立臺灣大學歷史學博士，現任國立臺灣師範大學東亞學系教授。著有《日本德川時代古學派之王道政治論：以伊藤仁齋、荻生徂徠為中心》、《德川日本「忠」「孝」概念的形成與發展——以兵學與陽明學為中心》、《德川日本儒學思想的特質：神道、徂徠學與陽明學》、《陽明學在東亞：詮釋交流與行動》、《電光影裏斬春風：武士道分流與滲透的新詮釋》等專書，亦主編《東亞視域中的「中華」意識》、《東亞論語學：韓日篇》兩書。

劉宇光　香港科技大學博士，加拿大魁北克省麥基爾大學（McGill University）宗教學院沼田客座教授（2022）、復旦大學宗教學系副教授，專著有《僧侶與公僕：泰系上座部佛教僧團教育的現代曲折》（2022）《煩惱與表識：東亞唯識哲學論集》（2020）、《僧黌與僧兵：佛教、社會及政治的互塑》（2020）、《左翼佛教和公民社會：泰國和馬來西亞的佛教公共介入之研究》（2019），及譯作安妮・克萊因（Anne Klein）著《知識與解脫：促成宗教轉化體驗的藏傳佛教知識論》（2012），另以中、英文撰有唯識佛學與現代佛教論文多篇刊臺、港及北美學報或論集。

趙東明　佛教學者。國立臺灣大學哲學研究所博士、中央研究院中國文哲研究所博士後，現任華東師範大學哲學系副教授、華東師範大學覺群佛教文化研究所所長。著有《天臺智者「一念三千」說研究》、〈法相宗「轉依」之「依」義研究〉、〈唯識學「轉依」的二種「所依」（*Āśraya*）探析——以《成唯識論》及窺基《成唯識論述記》為中心〉、〈唯識學關於「心、心所」法的三種「所依」——以《成唯識論》及窺基《成唯識論述記》為中心的探討〉、〈陳那「自證」理論探析——兼論《成唯識論》及窺基《成唯識論述記》的觀點〉、〈從《瑜伽論記》析論〈真實義品〉「離言自性」的語言哲學及對「說一切有部」語言觀的批判〉等著作。

目 次

第五部份：宗教身體與環境研究選萃

導 論

江燦騰、張珣

一、編輯構想與書名釋義

本書是兩位主編長期且多次密切合作，為當代臺灣本土大眾宗教信仰學術精華彙編，所呈現給當代臺灣各階層社會大眾的最新現代詮釋與新型建構出來的，所謂宗教環境學新視野下的各宗教信仰變遷的多元交織實態風貌。

因此，它是根據全書整體六大分項專輯所匯合而成的當代臺灣宗教學術巔峰之作，足以代表我們這一代眾多第一線學術精英群的豐碩成果與璀璨之花。

然而，我們兩位編者的最大榮幸與最大喜悅，其實是能夠有此珍貴機會，來替本書眾多作者所提供的，有關本書全體六大分項專輯的眾多精彩論述，進行堪稱鮮明具效且又合乎現代學術規範的新型體系建構。

換言之，我們兩位編者的最大心願，就是能夠提出不同於歷來臺灣民間信仰各類論集或專書的學術新視野，於是我們歷經長期且艱辛的努力之後，終於提煉出來的最新學理根據，就是所謂的宗教環境學新視野的出現，並且立刻據以提出編輯本書全體內容，共有六大分項專輯的新型結構，它們是：

第一部份、國家祭祀與政權鼎革。

第二部份、國家治理與原住民族的宗教變遷。

第三部份、宗教環境學新視野下的宗教變遷。

第四部份、新興宗教與宗教轉型研究精萃。

第五部份、宗教身體與環境研究選萃。

第六部份、研究典範學者介紹。

因此，若說這是歷來首次出現的最多音交響新學術突破與嶄新貢獻，也應該不是自我過譽的學術虛詞才對？

不過，何謂「宗教環境學新視野」？應先對本書讀者略微說明。

二、何謂「宗教環境學新視野」？

（一）關於本書各文標題一律改通俗化問題

首先，本書原先設定的讀者群，就是我們本地社會的一般大眾，所以在說明上應該力求減少學院派常見的繁瑣理論賣弄與故作玄虛。

但，我們兩位編者實際上又面臨一種兩難的選擇困境，就是我們所挑選的原先論文寫法，都是發表在各學術專業期刊上。

因此納入本書後，我們最大挑戰就是，將全書的各篇標題都一律改成通俗化的簡潔標題。至於原標題與出處，則在註釋一，分別列出，以供參考。這是我們首先可以做的，而我們也的確如此做了。

（二）有關何謂「宗教環境學新視野」的說明之一

我們本土的社會大眾，縱使不是學術性的專業研究者，也可以從日常生活中所長期觀察到、甚至曾參與各類的臺灣民間信仰活動中，清楚的認識到：

所謂臺灣大眾宗教信仰，基本上就是源自是我們庶民大眾的當代集體信仰經驗，但也是承襲我們累代先民信仰智慧的歷史結晶。

這是由於透過相關臺灣史的著作論述，我們多數民眾都以能夠了解，現有臺灣大眾形形色色宗教信仰習俗，其實主要是承繼三百多年前閩粵移民入臺後，在艱困的篳路藍縷的生活環境中，所逐漸開創出一片新故鄉的大眾宗教信仰精神。

讀者須知，彼等當時是在不同的生活環境下，必須嚴酷地面臨來自黑水溝海洋滔天巨浪的危險挑戰，以及陌生陸地的無數風險考驗，其中還包括原住民族之間的衝突，漳泉客之間的族群械鬥等種種困難，都須一一加以克服才能僥倖存活下來。

等到進入二十一世紀以來，則又要遭逢更多的環境變遷，極端的氣候變遷，乃至高速的社會複雜變遷，凡此種種變遷因素，無一不逼迫民眾做出抉擇，風雨中勇往直前。

而我們社會大眾，所能賴者，除了現代環境科技，醫療衛生技術，國家福利政策等，是必不可少之外，在日常生活中，仍須不時藉助信仰習俗中，所祈求的：免災、免窮、免病的信仰心靈慰藉。

（三）有關何謂「宗教環境學新視野」的說明之二

可是，在相關的現代性認知上，則歷經各時期的不同關涉視角。

我們試舉數種有代表性的例子：我們可以舉日治時期的戴炎輝先生，認為民間信仰與清代村庄組織有關，而丸井圭治郎在臺灣的總督府第一次宗教調查，指出民間信仰與中國帝國有密切關係。

至於柴田廉主張主神與地緣組織有關係，在其之後的增田福太郎則依據在臺灣的總督府第二次宗教調查成果，撰寫出民間信仰有五個發展階段是與部落（村落）的發展息息相關。

上述這些研究，都指出民間信仰是社會環境發展的一環。讓我們從宗教信仰看到社會的存在，也在社會發展中看到宗教力量的共作因素。

（四）有關何謂「宗教環境學新視野」的說明之三

二次世界大戰後，臺灣學術界關於民間信仰的調查，有至今仍被稱許的中央研究院策畫，跨領域多學科合作的濁水大肚溪計畫（簡稱濁大計畫），其計畫倡導者之一的王崧興，與年輕調查者，許嘉明與施振民等人企圖以環境史的角度來說明民間信仰的發展路線與成因。

至於當時國際學界，則有兩個模型可以參考，一個是美國施堅雅（William Skinner）提出的市場理論。一個是日本岡田謙提出的祭祀圈理論。二者都認為民間信仰的組織與地緣組織有密切關係。

差別在於前者看到民間信仰的發展與空間分布與市集市場有密切關係，後者看到民間信仰組織與（彰泉客）族群分布有密切關係。

前者的原始模型是從四川盆地發展出來，在彰化平原測試之後，不太理想。後者原始模型是在臺北士林地區發展出來，經過許嘉明與施振民兩人在彰化永靖地區測試，頗具成果。

許、施兩人也分別提出他們對祭祀圈理論的修正版本。之後，此一祭祀圈理論，在 1980 年代被林美容重新用在南投縣草屯土地公廟的調查，她發現土地公廟的分布與村落角頭組織的發展密切相關。

接著，林美容使用祭祀圈理論到彰化南瑤宮的調查，發現不盡吻合而提出信仰圈的補充。

此因祭祀圈的信徒居住範圍與主神所在的廟宇，是位置緊密結合的。反之信仰圈的信徒，其居住地與主神廟宇所在地，則容許脫鉤（不在同一地區）。亦即，信仰圈可以覆蓋更大範圍的地理面積。

然而，無論是祭祀圈或是信仰圈，都是重視宗教組織的地緣因素。於是在張珣首先對上述詮釋理論，詳細展開其回顧百年來的臺灣漢人宗教研究詮釋理論變革反思[1]，並且其中一篇，是針對祭祀圈的理論局限性，做出深刻的

---

[1] 〈百年來臺灣漢人宗教研究的人類學回顧〉，刊於黃富三主編《臺灣史研究一百年：回顧與研

系統反省[2]。

（五）有關何謂「宗教環境學新視野」的說明之四

再者，戰後臺灣民間大眾信仰研究的另外一股潮流，即是來自美國人類學家的影響，這時由於當時他們無法進入已被時人稱為鐵幕的中國境內，於是轉而紛紛來臺，以臺灣漢人社會的大眾宗教信仰，作為彼等研究中國宗教的另類實驗室，所展開學術性調查的不得已替代品。但何謂實驗室呢？

此即當時彼等認為：中國宗教在其本土中國大陸中原地區或是閩粵地區發展之後，又相繼渡海來臺已三百多年。而且，臺灣歷經西班牙荷蘭的治理、明末鄭經與清朝的治理和日本五十年的殖民地統治之後，又再次迎來戰後新一波大陸各省宗教的大舉傳入。

於是，彼等認為，可以從中據以觀察臺地漢人大眾信仰習俗，是否仍然維持與原鄉相同的宗教信仰嗎？亦或已有了同質異貌的發展？

由於這是當時很多來臺西方學者所好奇的相關疑問，於是自然也水到渠成地成為彼等開始展開臺灣民間大眾信仰研究的重要課題。亦即，彼等想進一步探明：究竟是大眾宗教信仰習俗的傳承力量大？或是由於社會巨大變遷所帶來大眾宗教信仰習俗變化的環境因素影響大？

（六）有關何謂「宗教環境學新視野」的說明之五

根據以上的各階段的不同發展，我們接著以臺灣人類學宗教研究視野為中心，進一步列舉實例來說明為何有本書的「宗教環境學新視野」的提出？

究》，頁 215-256。臺北：中央研究院臺史所籌備處，1997。收入張珣、江燦騰主編，《當代臺灣本土宗教研究導論》（臺北：南天書局，2001），頁 201-300。

2 〈祭祀圈研究的反省與後祭祀圈時代的來臨〉，《國立臺灣大學考古人類學刊》58：78-111，2002。收入張珣、江燦騰主編，《研究典範的追尋：本土宗教研究的新視野與新思維》（臺北：南天書局，2003），頁 63-108。

A. 人類學家的宗教調查，前提上，是把宗教信仰當作社會文化組成成分的一個環節。亦即，宗教與文化其他成分都是相依相賴，舉凡經濟、政治、法律、親屬、族群、性別、教育等等都與宗教信仰環環相扣。

B. 1970-1990 來臺的英美人類學家在臺灣南北各地均有蹲點調查的民族誌報告出版。他們立下了很多足資後人學習的典範。例如葛伯納的彰化小龍村，武雅士的臺北縣三峽鎮，焦大衛的臺南保安村，桑高仁的桃園大溪，王斯福的臺北縣石碇鄉，甚至是後來的艾茉莉的臺南西港鄉，都是膾炙人口的調查。

C. 期間，日本也有一些戰後來臺調查的人類學家，例如渡邊欣雄以「術」的概念分析民間信仰，以及三尾裕子長期研究雲林馬鳴山五年王爺。這些著作的介紹或是其中幾位代表作，都分別被收入張珣與江燦騰主編的三本系列性的論文集[3]。

D. 戰後，臺灣社會另一個最大的社會變革來自 1987 年的解除戒嚴。解嚴以來，政治朝向民主自由，帶動了經濟貿易自由，民眾結社自由，與宗教自由發展。

內政部開放新宗教登記，從戰後的傳統五大宗教（佛教、道教、基督教、天主教、回教）到 2007 年全國共有 26 個合法宗教。

另外，宗教社團數百個，宗教財團法人也近百個，宗教呈現蓬勃發展。新興宗教的大量出現，曾經有一段時間擠壓到民間信仰，但是終究來看，民間信仰並未萎縮，而是信徒趨向多重認屬。

亦即，信徒同時擁有著多個宗教信仰，其中，民間信仰是最基本的一個信仰，也是民眾最多人擁有的信仰公約數。

此乃因民間信仰不排斥任何宗教，不需要任何形式的認屬。更是因為臺

---

[3] 張珣、江燦騰主編，《當代臺灣本土宗教研究導論》（臺北：南天書局，2001）。張珣、江燦騰主編，《研究典範的追尋：臺灣本土宗教研究的新視野與新思維》（臺北：南天書局，2003）。張珣、葉春榮主編，《臺灣本土宗教研究：結構與變異》（臺北：南天出版社，2006）。

灣民間的大眾信仰，其實是一種社會大眾的生活哲學，或一種社會大眾的生活方式，存在於庶民大眾的生活底層。

E. 而且，自臺灣 1987 年正式政治解嚴以來的大眾宗教變化，我們當代宗教學界，也已有了豐富的調查與分析。其中，例如丁仁傑研究新興宗教的趨勢，張珣研究女性信徒的地位提昇與大量參與宗教活動，林本炫研究社會網絡在個人宗教信仰變遷中的作用，王見川回顧鸞堂信仰的復甦，蔡錦堂反省國家對於宗教政策的制定，余安邦與許麗玲研究宗教經由乩示或是各種醫療儀式提供民眾在急速變動社會中，多種安定身心靈的方式。

更進一步，臺灣在人權方面的成就，也開始重視動物權，民間信仰每年在全臺各地廟宇舉行的殺豬公儀式引起社會撻伐，其存廢問題引起討論，面臨宗教價值與社會發展之間的矛盾。

F. 事實上，解嚴之後的臺灣民間信仰與經濟發展之間的矛盾最早起於 1980 年代的社區環保運動，例如鹿港杜邦建廠抗議運動，貢寮核四廠抗議運動，高雄後勁五輕煉油廠抗議運動。民間信仰成為社區民眾反抗外來汙染性的工廠建設的最大支持力量來源，民間信仰的神農大帝與媽祖是愛鄉愛土以及保護海洋的價值基礎。

2017 年，臺灣社會更出現抗議民間信仰長期大量使用不符合現代環境保護的金紙、香枝、鞭炮等等物質，嚴重汙染空氣，環保署在輿論壓力之下，促使臺灣南部地方政府雷厲風行減香政策，引起民間宮廟集結信徒前往總統府前的凱達格蘭大道舉行「眾神上凱道」的示威活動。

G. 至此，我們理解到宗教信仰在現代社會的存續，牽涉到多元宇宙觀與價值觀的協調，是一個牽一髮動全身的問題。

民間信仰與現代社會價值必須有更新的結合與鑲嵌，民間信仰必須轉型，而現代社會也必須重新解讀民間信仰在臺灣面臨全球性與區域性危難時候，對社會帶來穩定與和諧的貢獻。

H. 不過，臺灣大眾信仰除了漢人的信仰之外，還有數十萬原住民族的信仰。1950 年代之後，原住民族紛紛改宗，這是西方基督教與天主教在原住民族地區的傳播成果。

數十年來，經過學界的調查與研究，亦累積有相當豐富的論著。原住民族承受日本人與漢人的政治與經濟治理之下，不只是在傳統的山田燒墾，採集農業，部落政治，親屬婚姻各方面有了巨大變遷，在信仰與宇宙觀方面也都有了深刻轉變。

基督教與天主教的神職人員取代了部落以巫師為主的宗教權威，舊日的播種祭、收割祭、豐年祭等等歲時祭儀加入了基督教與天主教的年節儀式。

臺灣 16 個原住民族，某些部落接受天主教，某些部落接受基督長老教，甚至是真耶穌教派等等，其中的改宗原因與過程各有差異，而舊日的祖靈觀與西方宗教的聖靈觀的競合，在不同部落也有不同表現。

1980 年代以來，原住民族的正名運動與文化復振運動，讓許多舊日的信仰習俗，例如阿美族豐年祭或是排灣族五年祭等等傳統祭儀得以恢復，排灣族巫師的治病儀式或是卑南族巫師的境界驅邪儀式，也重新獲得重視。可以說目前原住民宗教信仰是新舊並陳，多元發展。

而在以往，臺灣本土宗教研究選集，比較少挑選原住民族宗教研究論著。然而，在討論宗教變遷，是否受到各種生態與人文環境改變的影響時？原住民族的個案，更能夠呈顯環境變遷與宗教變遷之間的因果關係。

例如黃應貴的布農族研究，即指出布農族從原有的小米耕作與採集狩獵方式，轉變成日本時代的水稻耕作，再轉變成戰後的經濟作物例如水果耕作，使得原有與布農族的山田燒墾有密切關聯的宗教信仰活動，難以發揮作用，加上無法處理生態變遷，帶來的新疾病與生活問題，才讓西方宗教可以趁虛而入[4]。

---

[4] 黃應貴〈東埔社的宗教變遷：一個布農族聚落的個案研究〉，《中研院民族所集刊》53：105-132，1982。陳志梧、鄧宗德〈東埔社布農族生活空間的變遷（1945-1990）〉，《臺灣社會研究季刊》3（1）：51-94，1991。

為了增加讀者對於原住民族宗教變遷的關注，也為了可以呈顯「宗教環境學」架構，本書特別挑選數篇原住民族研究論文。

而為了可以涵括漢人民間信仰與原住民族信仰，本書因此以「大眾信仰」為書名，以期能更大範圍的描述多數民眾的宗教信仰。

I. 於是，基於上述解嚴以來的既有諸多各類大眾宗教信仰的豐碩研究成果，促使我們讓兩位主編一致體認到，有必要在以往我們多次出版的系列論文集之後，必須再有一個更新穎、更具整體性的大集結。這便是我們編輯本書的主要導因。

J. 其次，本書的編輯有了一個新的架構，亦即，「宗教環境學」架構的提出。在這個新的架構之下，以往我們解釋國家與宗教，或是新興宗教的崛起，或是宗教女性的湧現，或是宗教醫療的復甦，都因為這個「宗教環境學」新架構，而有了不同的觀看角度。

於是我們可以在此公開宣稱說：這是一次，有關當代臺灣本土大眾信仰，在以上所述的，由於必須不段地適應新自然環境變化、新社會複雜環境變化、以及時代各種新潮文化環境之下，才出現的不斷調整，不斷更新後，所成功結集的巨大心血結晶。

三、補充說明：有關本書詮釋理論「宗教環境學」架構的提出與主要奠基者張珣的學術概念形成略史

1. 2020 年初以來全球受到新冠肺炎的肆虐，不只限制人們的行動自由，導致經濟停滯，政治抗爭，族群衝突，貧富更加不均，更重要的是也讓長久以來蟄伏的環境議題與全球生態危機，更加迫切，成為全球共同需要反省並改善的問題。

2. 其實，環境危機早已被提出，並非新產生的危機。此因早在 1960 年

代，美國的一位基督教史學者懷特（Lynn White）就已指出，更多的科學與科技並無法解決我們的生態危機，除非我們重新思考如何擺放人類在大自然中的位置。

因為以基督宗教為主的西方思考方式，根據聖經創世記說，上帝授權給人類主宰大自然，人類開發大自然是天經地義的事情。以人類為中心的自然觀就此形成，一切萬事萬物得以服務人類的需求。

3. 事實上，世界上多數宗教也是主張萬物有靈，萬物共生的，人與其他萬物，都在共享一個宇宙靈體。因此諸如佛教的六道輪迴、道教的氣化宇宙論、各地原住民族的宗教、以及東亞薩滿教的泛靈論等等，都是倡導萬物相關的宇宙論概念。

而西方各國在 1970 年代以後，也紛紛出現新世紀宗教運動（New Age Movement），意在反省基督教的以人類中心主義，所衍生出來的，改由許多宗教紛紛推行出來的諸如：素食主義，簡食主義，節約運動，愛地球，愛環境，反科技等等信仰等。

4. 不用說，我們臺灣民間的大眾宗教信仰，本質上也是屬於一種泛靈信仰，同樣相信萬物均有靈性。例如在臺灣民間的大樹公崇拜，十八王公的義勇犬崇拜，石敢當崇拜，門神崇拜，灶神崇拜等等都是此類。

5. 如果我們專以媽祖信仰為例，來討論華人宗教信仰中，感應式的思考方式。亦即其中所具有的天人感應思考方式，甚至擴大而說，是人與非人之間的感應思考方式。本質上，這一種思考方式，其前提是以人類與其他萬物具有共同本質：氣。

而由於人與其他萬物，是具有氣的共通性，因此包括生物與非生物，動物、植物、礦物、山川、星辰、大地，也均由氣所生成。所以，我們作為人的一份子，自當珍惜並關注周圍的氣，無論其來自生物或是非生物。

據此，我們可以說，風水，流年，洞天福地，煞，等等的時間與空間的吉凶信仰，都讓華人關注其周圍的萬事萬物的存在與運行。

6. 若我們自此，轉為改用當代語詞來說，上述這些關聯性，其實都是一個靈性生態學（spiritual ecology）或說是靈性環境學（spiritual environmentalism）的思考方式。環境在此處，自然就必須包括社會文化環境、自然環境、超自然環境等。因而，這也是張珣對「宗教環境學」架構的提出的主要學理依據。

換言之，張珣在本書中，對「宗教環境學」架構的提出，其實是來自其本身具有長遠研究媽祖信仰的學術背景，才能據以解釋當中的宗教變遷各因素，尤其是媽祖信仰變遷的大環境因素。

而我們知道，大眾宗教是社會大眾文化的一個環節，大眾宗教變遷與社會文化變遷息息相關，因果相扣。

並且，由於我們對於以往對於單獨的宗教變遷因素比較可以掌握，或是族群接觸所造成，或是政權政策轉移所造成各類因素。

而隨著學術進展的日新月異，目前我們已有了更多的相關研究成果累積，於是可以清楚地知道：生態環境因素也可以影響大眾宗教信仰的變遷新貌。

7. 再者，雖然生態因素，對於宗教變遷影響力的層面與尺度廣大，難以明確釐清直接相關性，但是從原住民族的宗教與生態變遷研究，已經可以證明。

其實，漢人的社會與大眾宗教信仰之間的關係比較複雜，牽涉到歷史文獻與宗教的神學教義等等。但是，宗教環境學應該是最大範圍的提出，所有可能的人文與自然環境因素，也是未來研究宗教變遷的趨勢所在。所以，本書所選有關宗教環境學專輯的各篇文章中，本書讀者即可以清楚地看到：

A. 作者張珣在其 2016 年的〈同神異貌的天后〉文章中所指出的，關於媽祖天后信仰在香港與臺灣兩個不同地區，所發展出來的不同面貌與神格，以因應信徒需要的同神異貌天后樣態。

B. 其次，在《兩性海神》（2019）[5]一書中，由江燦騰與張珣兩位編者、所提出的：以「媽祖環境學」一詞，來解釋海神的不同性別，亦即海神有男有女，既有在金門的男神蘇王爺，也有在閩臺的女神媽祖；而彼等都先後各自經歷了從海神到陸上守護神的變遷；且其神祇的神格、功能、儀式與祭祀組織，也因應做出了多樣變遷新貌。

就此來說，此處所謂的「媽祖環境學」新詮釋視角，即異於當代臺灣宗教學界現有的研究模式。換言之，凸顯現代媽祖宗教信仰與其社會生活環境，是互相辯證存在的。

C. 其後，在江燦騰與張珣兩位主編的《臺灣民眾道教三百年史》（2021）[6]一書中，主編之一的張珣，又再次強調「媽祖環境學」的新視角的必要性，以解釋其在媽祖信仰上的有效性。

D. 最後且新發展則是，本書的兩位編者，都再次將「媽祖環境學」擴大提出成「宗教環境學」。亦即，彼等認為，不只是媽祖而已，其實也可涵蓋其他神祇的民間信仰的詮釋角度。

因此，本書特別收入張珣在 2021 年 9 月在政治大學「華人傳統類思維工作坊」發表的論文〈媽祖信仰中香火／靈力的感應思考方式〉作為媽祖環境學的哲學思考基礎，以饗讀者。

好讓學界與讀者都重視到，臺灣民間大眾信仰自身，其實具有強大的適應各種自然或人文環境的能力，因而臺灣民間大眾信仰也是：臺灣社會大眾文化在適應全球性變遷時的重要緩衝劑。

---

[5] 江燦騰、張珣、蔡淑慧合編，《臺灣民眾信仰中的兩性海神》（臺北：前衛出版社，2019）。

[6] 江燦騰、張珣合編，《臺灣民眾道教三百年史》（臺北：學生書局，2021）。

‧第四部份‧

新興宗教與宗教轉型研究精萃

第十四章　宗教社會學視野下的新興宗教*

丁仁傑
中央研究院民族學研究所研究員

本章大意

本文簡述臺灣在1980年代中期解嚴前後至今之新興宗教發展概況。臺灣1980年代末期，在工業化與都市化發展中，建築在原有民間教派的基礎上，開始出現了教義上更強調邏輯性、更重視普遍性救贖概念、對現實日常生活世界加以肯定，以及對個人此世修行所能達成的境界有更高自我期許的各類新興教團。我們選擇了幾個代表性的教團來回顧臺灣新興教團組織與修行方法上的特徵，並由這些新興宗教形式的變化中，來說明漢人宗教發展內在邏輯的一個變化與當代宗教供需狀況的改變，並由此延伸到現代社會世俗化和新興宗教發展間辯證性關係的有關討論。

一、新興宗教在臺灣

「新興宗教」或「新宗教」(New Religions)，是媒體和學術界，為了區別在組織型態與構成方式上有別於主流宗教或傳統宗教，而且在發展策略上

---

* 本文原題為〈宗教社會學視野中的臺灣新興宗教：歷史概述與理論反省〉，刊於《世界宗教文化》總第 80 期（2013 年）：34-41。

極為強調自我凸顯的教派團體時，所常使用到的名詞。因為現代社會的結構性變遷，造成宗教發展的生態有所改變，一方面人員與資源的流動更自由，提供了有利於新組織出現的環境，一方面傳統宗教往往不能適時調整以適應於新模式的宗教市場型態和符合於民眾宗教需求的轉變，於是社會上相應而產生了各種新興宗教團體。在理論意涵上，新興宗教的蓬勃發展，挑戰了古典社會學認為宗教將隨社會的理性化而消退的「世俗化理論」，在經驗性的意涵上，要問的問題則是：隨著現代與後現代情境的出現，會促成人類宗教制度與精神生活產生一種什麼樣的轉變？其中政治或社會的與宗教之間的關係又會出現什麼樣的新的緊張性？（參考 Lewis 2004）

「新興宗教」這個名詞最先出現於二次戰後的日本，因為在其語境中帶有負面性指涉，後來改稱「新宗教」，而後當歐美學術界想找出名詞來取代其媒體界所慣用的「膜拜教團」（Cult）這個負面性名詞時，開始挪用類似名詞「新宗教運動」（New Religious Movement）之名來標識其社會中有異於主流宗教的各種新興教派的發展。隨著研究領域的開展，「新宗教運動」，逐漸被普遍接受以用來標示世界各地，而不僅是歐美本身的，在 1960 年代後期以後出現的：各種與傳統教會和主流社會產生某種緊張性的新宗教團體。不過，雖然在全球各地都出現了類似的發展趨勢，但是在宗教訴求、宗教與社會的關係、與發展的時間點上、各個區域差異很大，不能一概而論。尤其是非西方國家，新興宗教的出現，不僅是出於內部現代化發展趨勢的影響，更是出於對外來文化殖民的抗拒，因此它帶有強烈的本土文化運動色彩；而在很多地區，根植於原來的本土巫術傳統，不同於西方社會的情況，新興宗教訴求中往往帶有更強烈的世俗性和靈驗性。不過，區別於傳統宗教的已經是既定社會體制社會化過程裡的一部份，新興宗教有更強烈的傳教與動員傾向，並且更重視媒體和直接訴諸個人體驗，概括言之，幾乎所有的新興宗教都會出現下列這些鮮明的特質：更廣泛的吸納各種既有宗教裡面的宗教元素、訴諸於個人的直接體驗、明確的將其教義邏輯性的推演到生活的各個層面而加以運用、更專注於個人性終極救贖的追尋、大量運用科學性的語言、和強調某種超越於特定文化傳統的全球的普遍性等等。

在臺灣，1945 年以後，自大陸而來的國民黨，統治結構部分承襲了傳統中國的統治模式：適度保留了地方宗教活動的自主性，並對其中有助於政權正當性維繫的部份予以承認，這種做法，在地方層次提供了傳統華人宗教文化繼續得以保持活絡的環境。而國民黨統治結構在 1970 年代以後開始鬆動，原本受到監控的教派團體逐漸開始大幅成長，新的教派團體也陸續出現，傳統民間信仰亦出現由地方到全國性的發展，1980 年代初期開始，新興的宗教發展趨勢，在教派方面有一貫道、天德教、天帝教、弘化院、太原靈教、軒轅教等的發展；在民間信仰方面有十八王公廟的熱潮；介於教派與民間信仰之間的則有行天宮、慈惠堂和鸞堂的蓬勃發展等等；此外基督教方面亦開始出現如新約教會和聚會所等本土性教會的發展。

在威權統治結構中，歧異多樣且具有挑戰主流權威正當性的宗教團體，吸引了學者的注意。1980 年代中期，出身於長老教會的學者董芳苑（1986）注意到了當時臺灣新興宗教活動的充滿活力及其中與民間宗教文化相接軌的部分，他並歸納了六點解釋當時臺灣新興宗教發展的原因：社會危機的影響、民族意識的激發、現世安逸的嚮往、原有宗教的反動、來世極樂的期望、宗教天才的發明等；帶有自由主義思想的社會學家瞿海源，由長老教會與一貫道等議題出發，關心政治迫害中的宗教自由的問題，同時他也嘗試由本土性宗教環境裡，去討論臺灣新興宗教可能有別於西方社會新興宗教的特殊屬性（1989）：1. 全區域、2. 悸動性、3. 靈驗性、4. 傳播性、5. 信徒取向、6. 入世性、7. 再創性與復振性等。人類學家李亦園（1999）對傳統華人儒家文化框限下的帶有較濃厚道德意涵的宗教活動比較認同，而把新興宗教看做是脫離於傳統文化約束的巫術化與商業化的過度發展。鄭志明（1998，2000）對各種教派活動陸續從事田野調查，對其教義與組織層面提供文獻資料，並將各種教派活動與傳統華人民間的儒家傳統和三教合一傳統相扣連在一起。

這一時期的研究中，瞿海源（1989）曾使用「新興宗教現象」這個名詞，試圖較中性的涵蓋隨著工商業社會出現，和政府威權鬆動中所出現的各種新興宗教活動，後來這個名詞已廣臺灣學界所共同使用，但概念指涉的具體界線在哪裡並沒有得到共識。

1987 年臺灣解除戒嚴法，在這之後人民團體可以自由成立，各種原本就活絡發展的民間宗教活動，可以以教團方式在全國各地出現，驟然之間新興宗教團體得以公開發展，在各種原來僅以搭配國民黨統治結構而存在的中國佛教會和中國道教會等宗教團體的背景中，新興宗教團體顯得更為活躍和具有更強的動員能力。而在威權社會解構、工商業社會裡傳統道德秩序崩解、都市生活出現新型態、和民眾亟需要在日常生活中重新建立生活秩序感與意義感等情況中，透過口耳相傳以及宗教團體的大型造勢，以個別人物為中心，出現了幾個中大型新興教團，主要以教主言論與教主神通力的展演為核心，建構新的經典，產生自身獨有的動員管道與組織運作模式，並運用各種媒體形式來進行傳播和建立公共形象，這在 1980 年代末至 1990 年代初之間，造成了堪稱臺灣所出現過的最集中和最為鮮明的一波新興宗教熱潮，其中活躍的團體有：清海無上師世界會、真佛宗、印心禪學會、宋七力顯相協會、太極門等等；另外在佛教陣營裡，以類似的活動模式與組織型態，也在同時間產生數個教團的快速成長，包括：佛光山教團、慈濟功德會、法鼓山、中臺禪寺等，不僅宗教的入世路線愈益鮮明，刻意以社會慈善與服務來拉近與信徒的距離，宗教所採取的宣傳與組織手段也愈益靈活，不再消極被動，同時在家眾與出家眾間的關係重新組合統整，教團內的權力關係也有所改變。

華人歷史中，傳統政治治理模式之對於宗教場域的治理，基本上是給予地方性民間信仰適度的自理權，給少數宗教團體有限制性的發展權，但卻又禁止有全國性動員能力的宗教團體的存在，這種治理模式，在進入現代國家與現代市民社會的新情境時，出現了極大的政策上的模糊地帶，以及出現各種民間活動與法律間相互理解上的矛盾。一旦宗教團體出現過為快速成長與膨脹，在整體社會僅是有著相當模糊的宗教自由的想像中，產生：政治層面的治理與控制、宗教應屬於公共財的民眾期待、和信仰自由的基本人權三個面向之間的嚴重矛盾。1996 年，新聞媒體陸續對宋七力、妙天禪師、中臺禪寺、清海無上師、及太極門等團體進行揭露性的報導，某些則後續進入司法程序，官方開始採取了所謂「宗教掃黑」行動，以加強對宗教事務的行政監督管理，後續並提出「心靈改革」的口號試圖「導正」社會風俗。而政府積極介入「宗教立法」的推動，在各方宗教團體無法取得共識的情況下，始終沒有成功。

1990 年代末期以後，臺灣的宗教市場呈現某種暫時性的穩定化，已少見新的大型新興宗教團體，最近一波的新興宗教潮流，包括了藏傳佛教在臺灣的傳布、各種氣功運動、養生團體與靈修團體的相形熱絡，以及「新時代運動」的日益流行等等，和前一波熱潮相比，這些團體在組織架構上益形鬆散，顯示了都市化環境裡宗教團體的較為濃厚的個人主義色彩。

二、漢人民眾宗教內在發展邏輯的演變

特定地區的新興宗教是多重發展趨勢交織下的結果，這些發展趨勢至少有幾個部分：當地宗教發展邏輯的演變、整個社會發展中需求（如中產階級的新需求）與供給（如政治突然開放造成供給上的自由）形式和數量的改變、全球文化霸權中地方性力量的轉變（如文化帝國主義的衰落與本土化力量的崛起等）等等。在種種發展趨勢交會中，有時會出現特別利於新興宗教團體發展的機會。限於篇幅，我們僅就第一點漢人宗教發展內在邏輯的演變來做討論。

在漢人宗教發展史過程中，先不談佛教與道教，而就更廣泛的大眾性宗教信仰來說，有一個由民間信仰到民間教派到新興宗教的既斷裂又連續的發

展過程。我們可以參考圖 14-1、圖 14-2 和圖 14-3。

最簡要來說，傳統地方性的民間信仰，一方面用父系社會的基本原則創造出來了現實社會的秩序，一方面將在世時未能得到父系社會身份者定義為製造紛亂的鬼，最後，再透過定義出那些完成了「道德上的超越性」的鬼為神，以來克服或驅趕鬼，而最終創造出來了社區的信仰與整合中心。在這個系統裡，人追求死後有人祭拜，人與神之間，也有一種交換互惠性的結盟關係（參考 Jordan 1985），但還談不上追求個人永恆救贖這一方面的考量。

但是後來，明朝中葉以後，在佛道以外，又出現了各種民間教派，它融合了儒釋道三教學說，打破專業宗教階層的壟斷解釋權，而開始產生自身獨立的教義和經典，更發揮了末世論的思想，很快的成為民間自組教團的典範。華人社會明清以後，民間印刷出版的普及、民眾書寫與閱讀能力的增加和民間經濟能力的提升等等，更是造成民間教派的普及化（丁仁傑 2009：87-95）。民間教派創造出自己的救贖神，信徒並相信個人或家族在教團修行框架下的積德與行功，有可能在彼世得到救贖。不過，華人社會教派性的宗教活動，長期受到政治的控制與壓抑，在漢人社會裡，大量民間教派，很少有機會可以發展到組織規模的成熟階段。

而臺灣 1980 年代末期解嚴前後，在工業化與都市化發展中，建築在原有民間教派的基礎上（打破專業階層壟斷），開始出現了教義上更強調邏輯性、更重視普遍性救贖概念、對現實日常生活世界加以肯定，以及對個人此世修行所能達成的境界有更高自我期許的各類新興教團（換句話說，此世即可得到救贖，並且悟道的力量可以達於由人際關係到全宇宙等不同層次，而且這種開悟的可能性，是普及於每一個日常生活世界中的俗眾身上的）。這也就是前述所提到的 1980 年代中期以後臺灣所大量出現的各種新興教團。

而當上述這些新特性，落實在宗教實踐的層次時，比較集中而具體的表現，是教團中的「教主崇拜」的出現，因為：（1）教主的「絕對權威」使教內其他階層的權威都被相對的貶低，反而間接造成信徒間一種更為平等的關

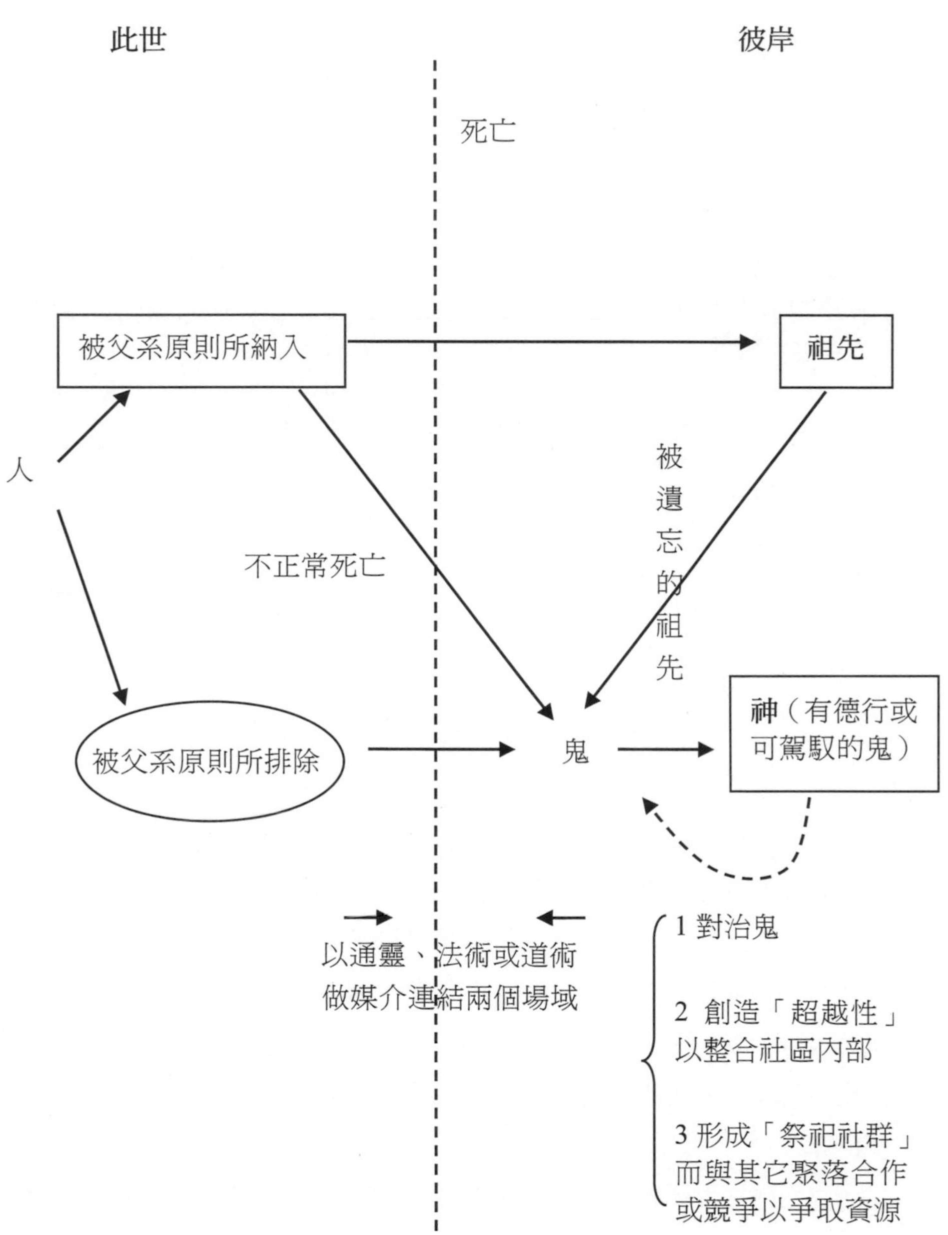

圖 14-1　漢人民間信仰體系的基本型態

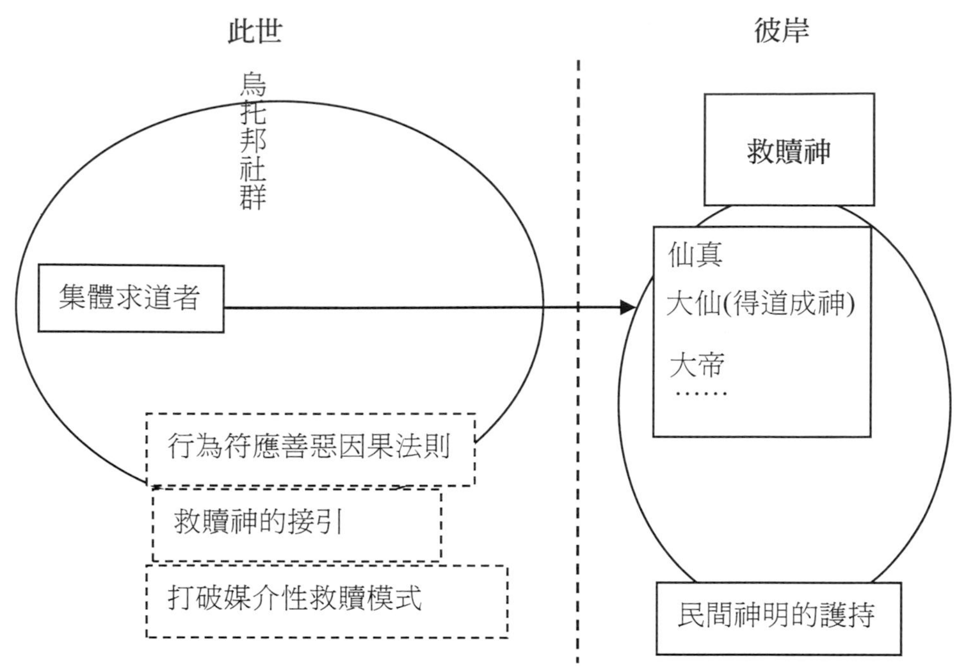

圖 14-2　漢人民間教派的基本型態

係；（2）當神聖權威較密集的集中在一個個人身上時，宗教權威更不受既有單一宗教傳統的限制，而以教主個人的具有創造性的言說，和豐富的宗教經驗為出發點，教義論述可以更有彈性的和現存的主流性論述，也就是科學，以及和其他全球性流行的宗教傳統相連結；（3）當宗教權威密集的集中在一個個人身上時，更有助於產生一種超越性的權威基礎，這引發出一種能超越文化傳統而具有更大普遍性和更廣泛之全球連結性的可能（丁仁傑 2009：396-402）。

然而教主崇拜只是屬於教團操作上的結果，更實質的特點，還反映在各教團獨特的修行法門上，往往包括了以下要點：1. 此世成佛的保證（往往是與真理的直接相映，和採取頓悟的方式）2. 現世可驗的實證實相為證據 3.

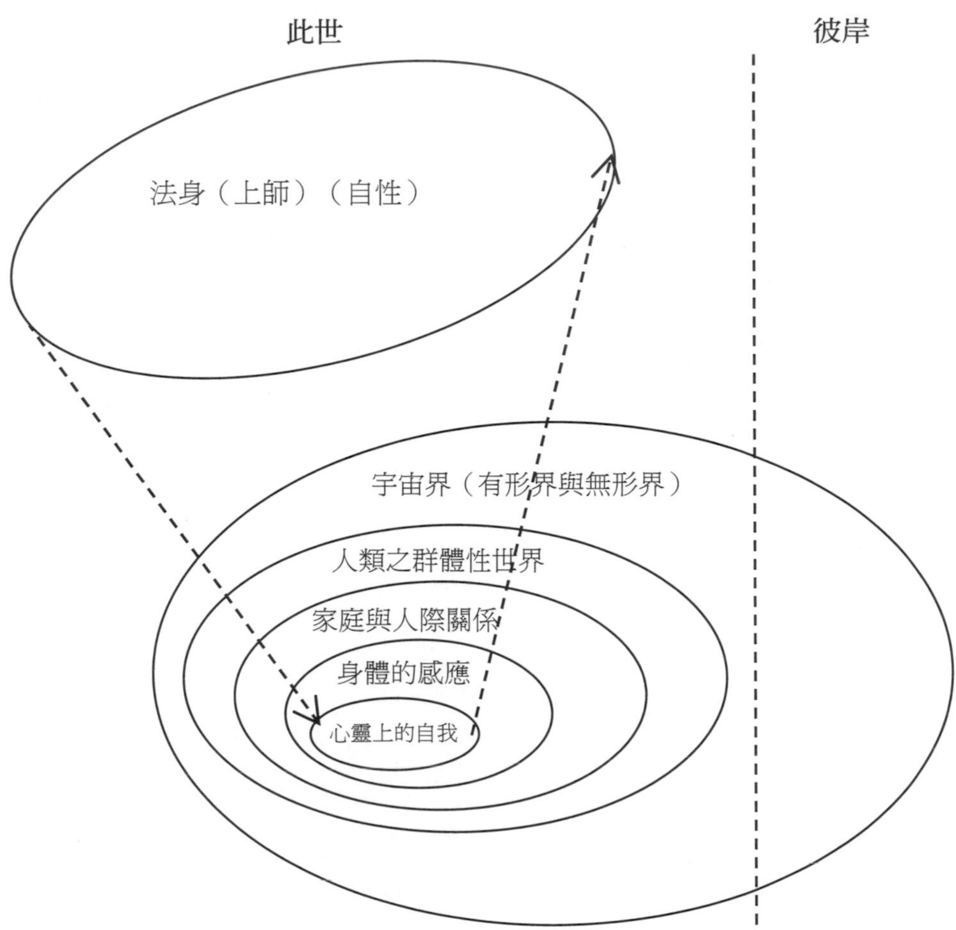

圖 14-3　當代臺灣漢人新興宗教的基本型態

現實日常生活做為真理「內在性的蘊藏處」。這些教義特徵，不平均的展現在不同的新興教團上，我們以下將簡要回顧幾個1980年代中期開始發展至今，在臺灣最具有社會影響力但且也引發了諸多社會爭議的代表性的新興教團。回顧中以各教團的修行法門介紹為主。

三、幾個代表性的當代臺灣新興教團修行方法簡介

（一）清海無上師世界會

1986 創立，它使用了印度瑜珈的修行方法，並成功賦予其華人社會中的新面貌。該教團教義核心被稱為是：觀音法門。在一系列標題為「即刻開悟之鑰」演講集的書裡，清海大略說明瞭其宇宙層次論、修行方門和其可以達成「一世解脫，五代超生」的修行效益。觀音法門包含「觀音」與「觀光」兩部分，分別以向內觀視「光」和觀聽「音」的兩種打坐方法，來試圖與假設存在之宇宙源頭的光流和音流相連接，教法中並傳授五個咒語來保障信徒有可能在打坐中自由穿梭於五個不同的宇宙空間，其背後以一套「音流的物質構成論」和「層級式的宇宙論」為論述基礎，其起源則是印度北部十九世紀以來已經普遍流行的「音流瑜珈」（*Surat Shabd Yoga*）。

參與清海教團的信徒，必須經過秘密儀式「印心」，平日在進行「觀音」靜坐時，不得讓非信徒觀見其打坐方式，信徒並被要求每天至少要打坐兩個半小時，並嚴格遵守五戒，保括吃全素。「觀音法門」背後帶有印度瑜珈思想中強烈的「人神合一」色彩，這一點和其打坐法門中較易感受到的「神秘體驗」，一方面可能與臺灣民間重視神通感應的文化相連結，一方面也提供給都會不屬於傳統社區的人更直接簡易的靈修管道（丁仁傑 2004：第六章）。

（二）宋七力顯相協會

一個以開悟境界為理想，並透過大量「分身」相片為宗教物件，而所形成的固定聚會的宗教團體。參與者的目的，都在以追求屬於自性光明的神秘境界，這個神秘境界的達成，也就是開悟，將會以「分身之實體出現」的方式讓信徒得到印證，因此，讚嘆法身的圓滿和分身的殊勝，成為該教團活動的核心形式。

基督教耶穌的復活，強調聖靈重生，佛經《華嚴經》、《法華經》與《維摩詰經》中則大量記載所謂「真實法相」裡的美好世界（美麗的光、聲、須彌山、無數地上湧出的佛塔、菩薩等），這些成為宋七力教團的理論基礎，認為個人達到開悟境界後，法身俱足，將自然流露出「分身」。個人法身所在是「本尊」。個人悟道後，「分身」有可能在自己不知情的情況下出現在任何地方。如果個人能有自覺的引領「分身」的在某些空間中出現，這是個人心智力大幅增長的徵兆。一般人看不到「分身」，只有覺知開悟者能看到，但是有時照相則能到照出「分身」。更有趣的是，「分身」，不是只是一個「相」，而是可以有溫度、能對談、可觸及的「實體」，因此有可能會出現那種「本尊」與「自己的分身」相互在一起喝茶的情況。

嚴格講起來，該教團必沒有特定修行的方法，不強調任何儀式與系統性的修行方法，而是以「相信開悟者，流露出了如宋七力分身照片中所出現的狀態」，而以尊敬法身，和啟發內在俱足自性為基礎。

相信「分身」照片的真實性，並且個人也追求「分身」境界的出現（也就是個人法身已進入永恆不朽的狀態），並幫助他人達成此理想開悟的境界，則是整個團體宗教上的信念。（參考宋七力 2010）。

（三）臺灣禪宗佛教會（印心禪學會）

妙天以「在家身份」的禪宗第八十五代宗師出現。做為一個新興教派，印心禪學會成功的結合了禪宗的立足點、道家身體修煉的方法、密宗觀想和與上師相應法門。更具體來說，也就是以「教外別傳」的立足點，創造出了既能打破出家形式，又能夠直接進入禪定境界的許諾，並且配合道家氣功與密宗心輪的觀想，而達成了一個新的整合性且有次第的修行體系。「印心禪法」是這個體系的名稱，「印心」，表示了這是能打破表像，超越文字，而且只要個人身心禪定到達某一境界，就能與法性（或是師父、自性）直接相應而獲得的「心法」。因此「印心」所表達的同時是：開悟的境界、既遵循程式又直通本質的方法、和出於是法脈之所在而所具有的獨特且唯一的加持力等的三重意義。

印心禪法的修習過程是以禪坐與觀想為手段，目的則在追求超越表面形式直通本質式的頓悟經驗。最主要的禪坐方法是關於身體十輪的觀想與導引，而淨化每一個輪中所帶有的業障，所謂的「將身體的色身，轉化成法體」，便能達成身體與心靈隨時處在禪定清淨狀態下的法身具足的狀態，並能超越時空限制。以貫注身體十輪為內涵的禪坐，分為三個主要階段：初轉法輪、三心定位、法輪常轉。其中初轉法輪中的以「名色輪」（臍輪）呼吸，讓生命與先天之氣相聯結，是「初轉法輪」中最關鍵的一個環節（參考妙天 2004）。

（四）佛乘宗

1980 年代末期由緣道（羅雷）成立的新興宗派。1993 年羅雷過世前後，這個團體已成為至少是四個分立的教派。修行法門強調由經驗瀰漫貫穿世間的法性中直接進入開悟的狀態，這裡面同時包括了幾項原則：打破身心二元或心物二元，而創造出神秘主義式的一體性與一元性；實修實證這個一體性或一元性後將進入開悟的狀態。具體來說，如緣道在〈佛乘宗法要序〉第一句中所述：佛乘宗為頓入大自在實相理體，圓證一心，即生肉身成佛之圓頓法門。這一個基本原則，其所產生的社會性意義：一、更徹底的打破了宗教身份的階序；二、日常生活成為瀰漫著神秘主義氣息的了悟過程；三、宗教修行的效用立即可以證實，而且是出自於自行流露，不需借重任何外力。

法的根本，被認為在佛陀初轉法輪時所傳授《上品華嚴經》裡，有最清楚的呈現，那也就是教團中所強調的「十大一如」的綱目：「大自在王佛為眾生佛性知本元，諸佛法身之總理體，統物理界、精神界之一如，法界萬有皆由之變異生化而然，其身心體、相、智、德、理、事、能、用、時、空之十大一如，與法界同一理量。」這是一種打破心物二元的神秘主義式的總體掌握。實際修行的方式，有屬於心理層面的「八大加行」（加行〔preparation〕）

和屬於生理層面的「九段禪功」兩個部分。簡言之，該法門相信有效操持教內傳授的方法，可以改變身體與心理經驗，而在現世進入悟道的喜悅與超能力（參考善性 2008）。

（五）真佛宗

盧勝彥比照西藏密宗制度而建立教主宗教權威與修行次第的一個本土新興教團。真佛宗自身定位為佛教密宗，並採取了一種更為普及化和簡易的參與形式（可以隔空皈依）。1975 年開始，盧勝彥開始寫作有關於靈魂性質和宗教修行法門的書籍，1982 年開始自立宗派，以密宗法門（其中以密宗「四加行」法：「皈依大禮拜、誦金剛薩埵百字明咒、獻曼達、上師相應法」，為日常基本功課；進階則接受灌頂和修習更高階的密宗法門）為主要修持依據。在真佛宗中，「法」，也就是「儀軌」，既是召請神明相助而產生靈驗效果的儀式性行為，也是身心自我調整的一種瑜珈修練。在其種類繁多的法中，最核心的，是「上師相應法」——以觀想與供養根本傳承上師（蓮花童子，其化身也就是蓮生活佛盧勝彥），來做為自我成就的一種法門。簡言之，這些法在形式上同時包含民間信仰的神明崇拜、以及淨土宗（蓮生童子將會接引信徒到西方極樂世界）與密宗（透過與宇宙佛力間的感應來即身自我成就）等的多重特色（參考丁仁傑 2004：附錄三）。

總結來說，類似於圖三所呈現的，這幾個教團背後都預設了：修行過程中，個人可能直接與「法身」或「自性」或「上師」（上師就是「法身」與「自性」的代表）相應，而得以產生現世開悟的狀態，並得以體驗超越現世與彼世的一種無所不在的「非二元性」（non-duality 東方宗教思想界定下的當下的圓滿）。不過各教團以不同方式具象化了這個過程的內涵，如清海教團強調著禪坐中的實證；宋七力教團強調開悟者所能看到的法相化身的真實；妙天教團強調：打破名相，直通本質式的頓悟；佛乘宗強調：殊相與總相的統一，以及「生機性的」「內在無處不在性」之「非二元性」；真佛宗則是一種民間信仰與密宗「即身成佛」修行法門的聯結。在各個教團背後，我們看到它們與漢人傳統民間信仰（種感應靈驗）和道教內丹（身體氣脈的修煉），以及和佛教密宗（即身成佛）、禪宗（頓悟）、甚至於是華嚴天臺思想（念念中有大千世界、大千世界與個人相融）等之間的密切關係，這也是進入現代工商業社會舞臺後，在新的供需形式變化中，以及漢人既有的內在宗教發展邏輯的基礎上，各教團領導人試圖將傳統宗教法門加以普及化以後，所出現的當代臺灣宗教市場中新興教團極為蓬勃發展的一個實況。

四、當代臺灣新興宗教發展背後的深層理論意義

觀察新興宗教的發展可以作為理解宗教與現代性之間扣連性或對抗性等辯證性關係的一面鏡子。引申 Weber 的觀點，若把宗教當做是實質理性，科技當做是一種形式理性，我們可以去觀察這兩者間的相容性或不相容性，或者說，當現代科技宰制了世界，人類越來越缺少一種實質理性，那會不會在這個日益空洞的世界裡，反而更可能促成某種宗教復興的態勢？簡言之，現代性的結果並不是消滅了宗教，而是會創造出更強烈的意義追求上的需要和新的宗教形式，甚至於我們還能預期，這些新趨勢，尤其會發生在現代性處境中非常核心的地帶（高教育程度者、中上階級、專業階層、科技新貴等）。顯現出在現代性的內在矛盾中，當傳統的意義框架受到挑戰，個人和群體仍然可能有所調整，而找到或創造出新的意義系統，以更適應於這個高速變動的社會（參考 Hervieu-Leger 1998）。

某種程度來說，所謂的世俗化，並不見得是宗教影響力的消失，而是新的宗教形式的出現，而在傳統結構鬆動中，當舊的傳統受到挑戰，卻也有可能在其他方面（新的意義形式和新宗教）產生和現代人生活場域更吻合的一種「宗教性」（religiosity）。而在高度發展社會中，當宗教會以新的形式和現

代人的生活方式產生意義上的連結時，觀察新興宗教正是屬於這個理論關懷裡的一部分。

不過，要對臺灣的新興宗教進行歸類，有技術上的困難，各大新興佛教團體如慈濟、佛光山、法鼓山、中臺禪寺，與傳統佛教僧尼體制連繫仍然緊密；不少自稱為佛教的團體如真佛宗則已完全不由體制內取得其正當性，但這兩類團體，在組織與動員型態上差異並不太大。若嚴格加以定義，排除保留了僧團體制的佛教團體之後，由於有重複參加、分佈地域不平均、以及自我指認不正確等問題，在社會調查抽樣中，始終很難正確估計參與新興宗教團體的參與人數（在中研院社會所主持的「臺灣地區社會變遷基本調查」中，新興宗教參與者還不到樣本數的 1%）。如果根據各個宗教團體的自我宣稱，將宣稱超過十萬以上的新興宗教團體之成員人數加起來，即使不算佛教團體，則它至少也已超過了三百萬以上。

另外一個討論上的困難，是華人社會長久以來就存在著的民間教派運動，與當代的新興宗教現象，其社會性起源雖然不同，但在新興宗教組織的動員過程中，二者卻很難劃清界線，前者主要以三教合一的「綜攝主義」為核心思想，並打破了出家人對於宗教神聖權力的壟斷，它們雖然非法存在，自明清以來，卻已蔚為民間秘密結社活動的主流，也已確立出來了華人民間社會裡，宗教團體在取得其正當性時所最能被普遍接受的論述型態；這樣的一種民間文化的主流，和現代社會的自由化所造成的新生態之間，彼此之間的扣連機制何在？這還是一個有待澄清的問題。不過至少我們可以確定的是，十七世紀以來，民間教派所產生的對於「出家僧團神聖權力壟斷」和「宗教團體間教義上的界線」的加以打破，有助於後續各種新興教團的出現，也是後續的新興教團活動在建構自身宗教權威性時，所經常使用的動員機制。

總結來說，在理論意義上，1960 年代以來，在歐美國家內部各種新興宗教運動的蓬勃發展，嚴重挑戰了資本主義政治經濟體系運作上的正當性，也使世俗化與現代化理論產生了解釋上的困難。但是在臺灣的脈絡裡，新興宗教團體在當代臺灣的蓬勃發展反映出不同的歷史與社會意義，表面上，這形成了對於傳統社會正統觀和家庭倫理的挑戰；但實際上，臺灣新興宗教的發展，有明顯的歷史延續性，其構成主體是傳統民間社會裡原來已有著發展上的相對自主性的各種活絡的信仰活動，不過現在出現了新的整合和擴張，一方面是由地方性活動擴散成為全島性的傳播網絡，一方面是制度性宗教大量吸納了都市移民的宗教參與；同時，也出現了：少部分全球中產階級文化傳播所促成的「新時代運動」與小型靈修團體的流行。整體來說，新興宗教活動並未真正挑戰傳統家庭倫理，沒有刻意批判與社會秩序維繫有關的正統觀，也沒有與傳統既有的宗教團體形成相互對抗的關係。

參考書目

丁仁傑

2004 《分化與宗教制度變遷——當代臺灣新興宗教現象的社會學考察》。臺北：聯經出版社。

2009 《當代漢人民眾宗教：論述、認同與社會再生產》。臺北：聯經出版社。

宋七力

2010 《法身顯相集》。臺北：圓融企業社。

李亦園

1999 《宇宙觀、信仰與民間文化》。臺北：稻鄉出版社。

妙天

2004 《禪坐入門》。臺北：禪天下。

善性

2008 《佛乘宗大自在無上心要》。臺北：一葉文化。

董芳苑

1986　〈臺灣新興宗教概觀〉，刊於董芳苑編，《認識臺灣民間信仰》，頁 319-344。臺北：長春文化事業公司。

鄭志明

1998　《臺灣當代新興佛教「禪教篇」》。嘉義縣：南華管理學院出版。

2000　《臺灣當代新興佛教「修行團體篇」》。嘉義縣：南華大學宗教文化研究中心。

瞿海源

1989　〈解析新興宗教現象〉，刊於徐正光、宋文里合編，《臺灣新興社會運動》，頁 229-243。臺北：巨流圖書公司。

Hervieu-Leger Daniele

1998　"Secularization, tradition and new forms of religiosity: some theoretical proposals." In *New Religions and New Religiosity*, Elieen Barker & Margit Warburg, ed. pp. 28-44. Denmark: Aarhus University Press.

Jordan, David K.

1985　*Gods, Ghosts, and Ancestors: the Folk Religion of a Taiwanese Village*. Berkeley, CA.: University of California Press.（丁仁傑譯，2012　《神、鬼、祖先：一個臺灣鄉村的民間信仰》。臺北：聯經出版社。）

Lewis, James R., ed.

2004　*The Oxford Handbook of New Religious Movements*. New York: Oxford University Press.

第十五章　臺灣新興宗教理論建構的檢討和反省*

林本炫
聯合大學客家學院文化觀光產業學系教授兼客家學院院長

本章大意

過去二十多年，臺灣學界在新興宗教研究方面已經累積了相當多的研究成果，不但將臺灣的所有新興宗教團體幾乎已經全數調查完畢，而且開始建構臺灣自己的新興宗教理論。本文以社會現象研究的三個層面：整體社會宏觀層面、介中組織層面和個人微觀層面，檢視臺灣三位學者提出來的理論或者解釋架構。

歐美學界從1960年代後期開始進行新興宗教研究，已經半個世紀之久，不論是在經驗研究、個案調查或者理論建構方面，都有非常大量的成果。臺灣從1990年代開始有大量的新興宗教研究，至今也有二十多年。從1990年代之後，國外新興宗教研究進入沉澱與理論建構階段。臺灣則在歷經1995年的「宋七力事件」從而激起大量新興宗教研究之後，也已經累積相當數量的經驗研究和新興宗教個案調查。中央研究院在2000～2004年間，由瞿海

* 本文原刊於《世界宗教文化》總第83期（2013年）：30-36。

源帶領進行的「新興宗教現象及其相關問題」主題計畫，曾對全臺灣的新興宗教以及氣功、養生團體進行大規模普查，並且開始進入理論建構階段。

一、「新興宗教」的內涵

然而，對於什麼是「新興宗教」，臺灣學者的看法仍有相當歧異，使用的名詞也不太一樣。有一個基本的共識是，新興宗教是宗教發展的常態，世界上目前的既有宗教（established religion, 或稱「建制化宗教」，也就是通稱的「傳統宗教」、「主流宗教」）在成立當初也是「新興宗教」，而目前的「新興宗教」未來也可能經歷建制化之後，納入既有宗教。這個共識的好處是，提醒我們從更長遠的歷史縱深看待當前的新興宗教，並且，對於社會科學學者來說，可以因為這個「共識」避開「誰是正統、誰是異端」的爭執，在教義上採取中性的立場。既然新興宗教的出現是歷史上的現象，而非當代所獨有，那麼兩個問題出現了：一、新興宗教和外在社會環境到底有什麼關係？二、新興宗教理論的建構，是要涵蓋當代的情境，還是也要把歷史上的現象包括進來？

討論這兩個問題之前，先釐清「新興宗教」這個詞。首先聲明，西方學界使用的語詞是否完全適合臺灣情況，這是可以討論的。但是臺灣常用的「新興宗教」一詞，歐美學界雖然也使用「新興宗教」（New Religion），但較常使用的是「新興宗教運動」（New Religious Movement）這個名詞。「新興宗教」和「新興宗教運動」到底有什麼差別？「新興宗教運動」這個詞包含 New, Religious, 和 Movement 三個字。「Movement」指的是有意改變現象的努力，它和「變遷」有關，但「變遷」不一定是有意的改變，而且變遷不一定是直線性地往「好」的方面的變遷，這可以從「運動」是 move 這個字看出。

所以我們常聽到的社會運動（social movement），就是有意推動社會（某些方面）的變遷，譬如婦女運動是推動婦女權益方面的變遷，勞工運動是推動勞工權益方面的變遷。但是在臺灣，尤其是剛解除戒嚴（1987 年）後的那一段時間，甚至到現在，社會運動常被窄化為「街頭抗爭」、「自力救濟行為（丟雞蛋、包圍工廠等）」，雖然這些是社會運動常用的手段，而且甚至還被汙名化，如「社運流氓」、「環保流氓」。就西方而言，二次戰後的社會運動被稱為「新社會運動」（New Social Movement），因為在此之前已有過社會運動。只不過先前的社會運動，主要是勞工階級為爭取自身利益而發起的勞工運動，而新社會運動的發起者和主要參與者，通常是專業人士、記者和中產階級等，而運動的主題是環境保護、消費者權益、婦女權益等，和倡導者自身未必有直接利益相關的領域，因此被稱為「新社會運動」。

同樣地，宗教運動也不是當代才有，西方在十九世紀就曾經有過宗教運動，也產生了不少新的教派，所以二十世紀的這一次稱為「新宗教運動」，其意義並非「新宗教的運動」（此時「運動」兩字就顯然是多餘的了），而是「新的宗教運動」。新的宗教運動和舊的宗教運動有什麼差別呢？舊的宗教運動主要是下層階級為主，由於在現世的不利處境，他們尋求來世的救贖，所以「相對剝奪論」最方便拿來解釋。但是二次戰後的「新宗教運動」就不同了，參與者主要是大學生、年輕人，有不錯的學歷和職業前景，從舊有的「相對剝奪論」觀點來說，這些人沒有道理參與到新宗教運動裡面去，如同專業人士、記者和中產階級，如果只是為了自己的利益，也不會發起或參與社會運動。由於舊有的「相對剝奪論」無法解釋這些現象，所以才引起人們的困惑，引起學界的研究，從而使宗教社會學復甦了起來。因為這些宗教現象是對既有現狀的改變，並且不確定它們能否成為「一個宗教」，所以用「新宗教運動」稱之，很少直接稱為「新宗教」或「新興宗教」。至於日本也有其宗教運動發展的歷史，使用「新宗教」和「新興宗教」有其特定的不同意義。「新宗教」是指十九世紀至二十世紀初發展出來的宗教，而「新興宗教」

或「新新宗教」則是二次戰後才出現的宗教團體。

臺灣學界使用「新興宗教」、「新興宗教運動」或「新興宗教現象」有其社會脈絡和學術脈絡，在此先不贅述。基本上，華人社會歷史上也曾經有過各種的宗教運動出現，通常都被官方以「邪教」看待，自然談不上「宗教運動」或「新興宗教」這些名稱，學術界則比較以「民間教派」稱呼這些歷史上曾經出現的宗教現象或宗教團體。在中國大陸時期乃至解嚴前的臺灣，這類的宗教運動仍然持續不斷，一貫道就是典型的例子。

然而，二次戰後臺灣的「新興宗教」或「新（興）宗教運動」有什麼特徵呢？基本上我們可以說，不論是參與既有宗教的「新興化」或者參與到「新興宗教」者，主要都是中壯年民眾為主，甚至可以說是以中產階級為主。這和國外新宗教運動的成員主要是年輕人，呈現不一樣的畫面。但是如果將臺灣的新興宗教主要發生在 1990 年代，而歐美則主要是 1960～1970 年代，兩相比較，則似乎又有相似之處，也就是都以戰後的「嬰兒潮」世代為主。這是巧合嗎？還是嬰兒潮世代有其獨特之處？並且嬰兒潮世代都共同面對相同的社會變遷和結構處境？到目前為止，在臺灣新興宗教的研究上，這一點還沒有被足夠注意到。

二、「新興宗教」和「世俗化」

談新興宗教問題，免不了要討論「世俗化」（secularization）這個議題。西方探討這個議題多不勝屬，臺灣也不少。有關世俗化議題的爭辯常常涉及世俗化的定義和內涵問題，臺灣對世俗化一詞的用法也有很大歧異，其中有一些是就世俗化的日常用語意涵來討論，和歐美對世俗化議題的討論未必相同。三十年前，歐美學界一片世俗化爭論當中，Dobbelaere（1981）指出世俗化包含三個層面，分別是「凡俗化」（laicization）、宗教（組織）變遷以及宗教參與的減低。而這三個層面相當於分析社會現象的三個層次：個人層面（micro）、介中層面（meso）和國家／社會（macro, societal）層面。而 Dobblaere 自己也說到，當時有關世俗化的爭論，卻都集中在個人層面的教會參與率高低，造成在個人與社會層面的論述之間進行跳躍，犯了「區位謬誤」（ecological fallacy）的錯誤。

歐美有關新興宗教的理論眾多，最近二十多年當紅的則是理性選擇理論（rational choice theory）。臺灣經歷二十多年的新興宗教研究，學者也提出各種理論，試圖說明臺灣的新興宗教現象。如何看待這些各自成理的理論或解釋框架？郭文般（2012）的〈宗教的持續與變遷〉一文，讓我們重新回想起這三個層面的重要性和相互關連性。郭文般根據 Dobbelaere（1999）一文指出，對古典世俗化理論來說，世俗化是定義於整體社會層次的社會現象，這才是世俗化理論的本義，其他兩個層次的分析則是在探討世俗化對這兩層次的可能影響。其後 Casanova（1994）指出三個層次的世俗化會獨立發展，並且同一個層次的不同過程也可能脫勾，如此一來，世俗化理論就被歷史化，世俗化理論的彈性空間就被擴大，而不是一個單線演化的過程（引自郭文般 2012：196）。

郭文般有關世俗化理論的這三個層次，或者說，分析社會現象的這三個層次的討論，提醒我們在檢視國內的新興宗教理論時，也應該是從三個層面進行檢視：任何一個新興宗教理論，必須同時能夠說明這三個層次，並且還要能夠說明這三個層次彼此的關係，尤其是在一個社會裡，其動態的歷史發展過程，而不是一個單線演化的過程。至於這三個層次，並非研究世俗化或者新興宗教所獨有，本來就是研究社會現象所應該關照到的層面。

事實上，宗教社會學者 Stephen Warner 很早以前就曾經說過，宗教社會學的理論，似乎和社會學其他領域的理論脫節，甚至於和「社會學理論」本身脫節，而社會學理論或其他領域的研究成果，也鮮少被宗教社會學者所引用。他以「組織社會學」為例，組織社會學的很多研究成果，都沒有被宗教社會學用來研究宗教組織（Warner 1993）。用另外的話來說，當代社會學理論的建構，經常討論到「微觀-宏觀的聯繫」（micro-macro link），如果加上中間的介中層次，也就是組織或社區的層次，用來檢視既有的新興宗教理論，則可以幫助我們看出未來需要努力的方向。

三、「理性選擇理論」和新興宗教

一個理論，通常需要有基本的核心假定，也就是對該現象的基本預設，以及由此而來一組相關的命題。以最近二十年當紅卻也引發諸多爭議的理性選擇理論來說，理性選擇理論源起於經濟學，而後在社會學裡發展已久，但是用到宗教社會學的研究，則是最近二十多年之事（Innaccone 1992:124），而且是在社會學各領域當中應用進展頗快的領域（Hechter 1997），基本上可以算是「交換理論」這個傳統的延伸。

在理性選擇理論創建者 Rodney Stark 三人合寫的文章中指出，由於社會學古典大師們認為宗教行為是前科學的、不理性的，甚至認為宗教是「原始心靈」的展現，因此終將隨著科學與理性的進展而衰落，這樣的想法自十八世紀以來主宰歐美思想界與社會科學界。這樣的想法不但因為近年宗教，尤其是新興宗教的抬頭，而無法獲得支持，也就是整個所謂世俗化爭論的焦點：科學與理性的進步使宗教衰退；它甚至於沒辦法解釋何以高教育程度者未必如同此說所預測，有比較低的宗教參與。因此 Stark 等人認為，現在是必須採取經濟學有關人的宗教行為的經濟理性特質加以研究，超越社會學對宗教的傳統預設的時刻（Stark 等人 1996）。

理性選擇理論者認為，人們在選擇宗教信仰時，和他們在取得其他可供選擇的物品對象時是採取同樣的行為方式，也就是採取計算成本與淨效益的評估。因此，他們不但選擇要接受何種宗教，而且也選擇要參與到何種程度。

而且這種選擇並非不可改變的，他們可以隨著時間而改變其宗教認同，以及宗教參與的水平。基本上，這就是一種將宗教當成市場上之「商品」的一種前提。至於這樣的「商品」要滿足人們的何種需求？這就牽涉到對宗教的定義，Stark 等人認為宗教是一種補償物（compensator），宗教商品以其超自然的架構，對於我們在現世根本無法取得或者代價太高以致於難以取得的目標，提供另一種補償，而端視個人願意支付多少代價以取得這種補償。

簡單來說，理性選擇理論對其研究對象「宗教」的定義是「補償物」，其基本預設（assumption）就是「宗教行為是理性的」。以此展開，在個人層次，人們會以最少的代價獲取宗教商品，因而衍生「搭便車行為」（以及因之而來宗教團體要防止這種行為），以及因為宗教的「效用」難以評估，因此是「風險商品」，因此人們通常會依賴人際網絡來面對這種風險。在國家／總體社會層次，當國家的制度和法令不偏好某一宗教，不介入宗教教義之衝突時，則該國家／社會的宗教態勢就宛如是一個自由競爭的市場，此時新興宗教就有出現的可能。但是就介中（組織）層次來說，新興宗教何以會出現呢？

這和 Stark 等人（1985）的「有限世俗化」（limited secularization）的主張有關。Stark 等人認為，一個社會不會無限度一直世俗化下去，當世俗化到一定階段之後，就會有新的宗教團體出現，填補既有的、而且逐漸世俗化的宗教團體所留下來的空缺，滿足人們的需求，同時又重新喚起社會的宗教情操。這個說法假定了（總體層次）一個社會的宗教需求是固定的，（個體層次）人們的宗教需求也是固定的，因此會有（組織層次）新的宗教「廠商」的出現，也就是供給面的增加。並且由於激烈的競爭，整體社會的宗教情勢又被拉高，世俗化的趨勢乃被逆轉回來。Stark 等人最常舉的證據就是，那些「有點嚴又不會太嚴的宗教團體，成長的速度比戒律較鬆的自由派教派，成長得快。」以及「宗教自由越高的國家，改宗率越高。」

如果以上述三個分析層次來檢視臺灣學者提出的新興宗教理論，就有可能讓我們更清楚目前的理論狀態，以及大量的經驗研究和個案調查，未來可以和理論建構有什麼樣的關係。由於瞿海源、鄭志明以及丁仁傑三人，是最有系統提出新興宗教理論或分析架構，以下就以他們三人為討論對象。

四、瞿海源的分析模型

瞿海源（1989）最早對新興宗教提出一個解釋框架，指出臺灣新興宗教運動所具有的特徵為：全區域性、悸動性、靈驗性、傳播性、信徒取向、入世性、再創性與復振性，並且認為：1. 社會變遷增加了人們新的不確定感。2. 社會流動促成部分民眾脫離了舊的宗教的範疇，使得新興宗教獲得為數甚多的潛在皈依者。3. 民眾認知水平普遍低落，促成靈驗性宗教，如私人神壇的興起。4. 現在傳播工具之多樣性及便利性有利於新興宗教的傳播。5. 尊重宗教自由的政策有利於新興宗教的發展。6. 許多新興宗教具有強烈的社會運動性。

在這個解釋框架裡，全區域性、悸動性、靈驗性、傳播性、信徒取向、入世性、再創性與復振性這些特徵，都可以說是「介中層次」，說明新興宗教（團體、組織）本身的特徵。其中「尊重宗教自由的政策」和「傳播工具之多樣性及便利性」則屬於宏觀層次，有利於新興宗教發展和傳播的大環境。而「人們新的不確定感」、「社會流動促成民眾脫離舊的宗教範疇」、「民眾認知水平普遍低落」，則是屬於個人微觀層次。「新興宗教具有強烈的社會運動性」則仍屬於介中層次。社會變遷也是宏觀層次，指的是結構的不確定性。在此，社會變遷造成個人不確定性，宏觀層次和微觀層次有所連結，但是除了說明宗教團體的特徵以及具有社會運動性之外，並沒有說明在這種大環境和個人狀態下，何以新興宗教團體會出現，新興宗教團體的出現和宏觀大環境、和微觀個人的關係，也就是介中層次雖然有提到，但欠缺解釋機制。

瞿海源（2001）後來以「不確定性」為核心概念，提出了另外一組分析架構。這個架構由三個大的因素探討臺灣新興宗教現象之發展。第一個是社會結構因素，社會結構在解嚴前後，乃至於解嚴之前就開始有很大的變化，其中主要的就是自由化。第二個主要因素是宗教團體本身，宗教本身的教義、傳教方式、領導和組織都可能會造成不同宗教團體的不同發展。第三個重要因素是個人接受新興宗教的可能性。這三個因素，正好完全對應到宏觀、介中和微觀三個層次。其分析架構如圖 15-1 和圖 15-2 所示。

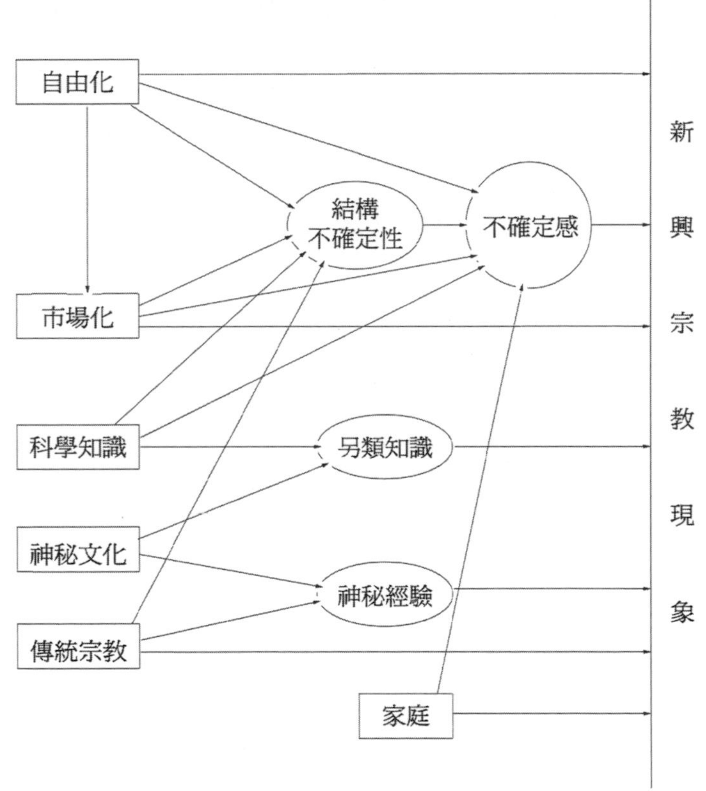

圖 15-1　瞿海源的新興宗教現象分析模型（之一）

（資料來源：瞿海源，2001）

圖 15-1 主要說明結構的不確定性造成個人的不確定感。圖 15-2 則是說明在自由化以及相關的結構背景下，新興宗教團體和個人的關係。介中層次的新興宗教團體有四個主要特徵，其中新興宗教領導人的重要性，和戒嚴時期培養的民眾順從權威的威權性格有關。在微觀個人因素上，瞿海源認為促成人們皈依新的宗教的因素，主要乃是個人威權性格和空虛的自我。而威權性格又和戒嚴遺緒有關。和先前的分析架構比較起來，三個層面的關照更為完整，三個層面內部本身也有一些相關因素的交互作用，並且三個層次都用「不確定性」貫串起來，而宗教的作用就是消除這種不確定性。

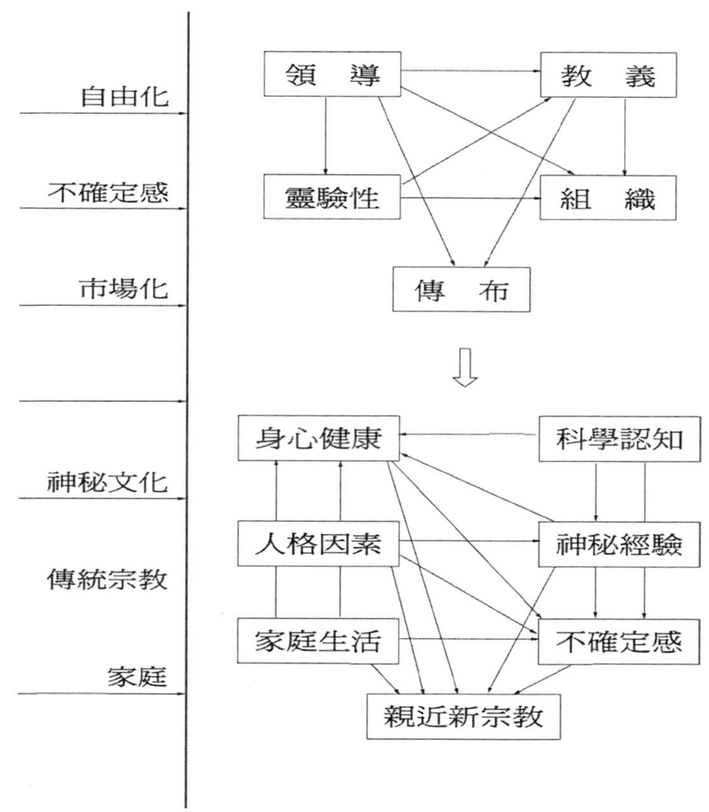

圖 15-2　瞿海源的新興宗教現象分析模型（之二）

（資料來源：瞿海源，2001）

五、鄭志明的「合緣共振」說

鄭志明的「合緣共振」說，則以「合緣」為核心概念，基本命題則是「不管是『新興宗教』或『新興運動』，宗教都必須與現代社會結合，滿足人們現實生活的實際需求，成為人們解決心靈問題的文化工具。」(1999a：176) 從這個定義，大體上可以看出是屬於常見的功能論立場。而各式各樣的宗教，不管是傳統的，新興的，理性的、不理性的和反理性的，都是「對應著當代社會組織與社會結構，來契合現代民眾的多元需求。」

在宏觀層次上，鄭志明（1999a：178-179）指出現代社會是各種文化系統會合的狀態，累積了許多不同的社會建制、道德原則、價值判準等等，他把這種狀態稱為「合流共生」。在這種合流共生的社會裡，沒有一個宗教可以壟斷整體社會的信仰市場，產生一大批宗教團體並存，並且又相互吸收教義，這是宗教的「合流共生」。如果我們用宗教學的語彙，應該就是「混合主義」或「綜攝主義」(syncretism)。而合流共生的環境是幾乎達到完全競爭的宗教市場。

在合流共生的情境下，「各宗教團體會有意識地相互接觸，在真實的宗教體驗中，產生共振的信仰磁波，建構了該教派特有的信仰儀式與宗教體系。」(1999a：179) 並且由於競爭，這些宗教不僅相互「共生」，還在彼此「共振」下衍生出更多流行的宗教形式。此處，「共生」、「共振」、「衍生出更多宗教形式」，可以用來說明各種新宗教出現的機制，其原因可能是求生存。

在介中層次和個人微觀層次的連接上，鄭志明強調教主的重要角色。教主具有「卡里斯瑪」(chrisma) 的各種特徵，教主的「法」是怎麼來的呢？其實就是說「教主是怎麼誕生的呢？」鄭志明指出：「基本上依據『合緣共振』的創造原則，來自於教主個人的成長背景，因教主接觸各種宗教的緣分，在教主個人的神聖體驗下，形成了共振的能量，展現出自成系統的宗教形式。」

而信徒和教主的關係，也是一種共振的關係。那為什麼信徒會進入到教主的共振之中呢？鄭志明指出：「這來自於信徒本身的『合緣』際遇，牽涉到民眾對宗教認知的問題，民眾對宗教基本上就是『合緣』的心態，沒有明顯的教派意識，同時可以出入各個宗教。」鄭志明並由此提出了「游宗」的概念。

從三個層次來說，鄭志明的解釋框架可以用文中的一段話做總結：「宗教尋找與其『合緣』的民眾，同樣地，民眾亦尋找與其『合緣』的宗教。社會則是一個動態的場域，提供了民眾和宗教相互流動的機會，促成『合緣』與『共振』的可能性。」（1999a：188）「合緣」的概念貫穿了三個層次，但解釋的重點主要還是在介中層次和微觀個人層次。另外，合緣這個概念究竟是分析性的概念，抑或是一個描述性的概念，仍有待進一步探討。

六、丁仁傑的「社會分化」論

丁仁傑的理論是一個非常龐大的架構，不容易用簡短的文字加以說明，但我們仍然需要從三個層次加以檢視和討論。丁仁傑的理論主要在《社會分化與宗教制度變遷》（2004）一書中，其理論開宗明義用三個命題來說明，分別是「宗法性宗教遺緒」、「核心性宗教替代」、「邊陲性宗教擴張」，而其核心概念則是「社會分化」。當代臺灣社會變遷的主軸就是「社會分化」，社會分化的動力來自於臺灣進入到理性科層制與資本主義的生產體制當中，造成過去混融在世俗社會中的宗教觀念的變遷，主要是指以天神崇拜和祖先崇拜為主要內容的宗法性傳統宗教。宗教性傳統宗教在帝制被推翻後，失去其所依附的世俗社會制度，但是在臺灣，卻因為特殊的歷史條件，相當程度繼續被保留下來，但是解除戒嚴之後，形式上失去其所存在的體制基礎，在民間仍然持續影響人們，是為「宗法性宗教遺緒」。

關於宗教的核心定義，丁仁傑雖然沒有直接對宗教下定義，但是對宗教採取功能論的立場，認為宗教即便是和其他制度部門有所區隔分化，「被限制在一個界限清楚明確的形式裡，它一方面不能干涉其他部門的運作，一方面卻又因提供了其他部門無法執行的、有利於整體社會運作的特殊功能，而有其存在的必要性。」（2004：39）而在社會分化趨勢下，這種宗法傳統以新的制度化型態出現，也就是「制度化宗教的浮現」。不像歐美社會由制度化宗教走向「無形的宗教」，臺灣的宗教是由「擴散性宗教」（或者譯為「普化宗教」）走向「制度性宗教」，這就是所謂的「核心性宗教替代」。而原先處於邊陲位置的各種制度性宗教，則由於處於核心位置的「核心性宗教」（也就是宗法傳統和天神崇拜）的崩解，造成了信仰的真空狀態，而原來的佛教、道教和各種民間教派，則因其原本就有獨立教團組織，有了較好的發展機會，填補人們的宗教需求。這就是「邊陲性宗教擴張」的過程，其內涵包括了既有宗教的新興現象以及狹義的新興宗教的出現。

丁仁傑自稱其理論屬於「新功能論」，這也可以從他的三個主要命題看出來。由於採取新功能論的立場，因此當「宗法性制度」因社會分化而式微時，乃就有「核心性宗教替代」和「邊陲性宗教擴張」的出現，取代並執行原有的宗法制度對於社會整體運作的功能。其基本預設是宗教對社會的整體運作提供了特殊的功能，很明顯地這是承襲自功能論的傳統。

也因此，整體說來，丁仁傑所建構的新興宗教理論幾乎都著重整體社會層次，也對不少新興宗教團體的發展做了詳細的調查，屬於介中層次，並且對於宏觀的整體社會層次的變遷（社會分化），如何影響到新興宗教的出現和發展，做了巨幅的討論，但是對於微觀個人層面的討論，卻是很少。只有在該書的第五章，丁仁傑用 50 位「清海教團」信徒的訪談內容，說明信徒對清海教團的看法以及其宗教經驗，但是這些內容還並未系統化，也尚未和其理論進行有系統的結合。而在該書最後一章，未來研究展望的部分，丁仁傑也還未提到這一點。有可能是由於他的理論乃是採取「結構啟動」的立場，因而認為微觀個人層次的討論與理論建構並不重要。

七、結語

本文從社會現象分析的三個層次，首先檢視國外當紅的理性選擇理論。從三個層次來看，理論選擇理論雖然當紅，但是主要在個人層次和介中層次。在國家／社會的層次，理性選擇理論將社會中的宗教需求看成是固定的，他們雖然提出「有限世俗化」的說法，但把世俗化看成是一個固定的過程，忽略了歷史的面向。主張整體社會逐漸世俗化，介中層次的「傳統宗教」也逐漸世俗化，但是又會有新的宗教團體取代。理性選擇理論所說的供需面，其中的需求面是個人層次，供給面則是「組織」層面，也就是宗教團體層次，為其理論重點所在。如以三個層次檢視國內目前三個主要的新興宗教分析架構，發現多半都有兼顧到這三個層次，但重點似乎有所不同。

新興宗教的出現，由於其參與者的特徵，引發學者對於這些成員何以參與到新興宗教的研究，也就是所謂「改宗」的研究。除了對這些新興宗教團體進行個案研究之外，對參與者的改宗動機和改宗過程的研究，一直是新興宗教研究裡的重要領域。新興宗教研究如果集中在個人層次，那麼就是「改宗理論」的研究。如果集中在結構層次，就比較像是「宗教變遷理論」。臺灣學界有關新興宗教團體的個案調查已經累積不少成果，如何援引組織社會學和社會運動的研究成果，並且嵌入宏觀整體社會層次和微觀個人（改宗）層次，仍是有待努力的課題。

另外值得注意的是，不論是既有宗教的新興現象，如慈濟、佛光山等，還是各種新興宗教，主要都是以中、壯年民眾為主，也就是戰後嬰兒潮世代。當嬰兒潮世代逐漸邁入老年，靠退休金過活，而三十五歲之前仍然無法穩定下來的目前這個年輕世代成為社會的主流時，當前宗教的「榮景」還會持續嗎？那時宗教（不論是既有的還是新興的）會是怎樣的景象？應該也是回顧新興宗教研究時，值得開始注意的課題。

參考書目

丁仁傑

2004　《社會分化與宗教制度變遷》。臺北：聯經。

郭文般

2012　〈宗教的持續與變遷〉。刊於朱瑞玲、瞿海源、張苙雲合編，《臺灣的社會變遷 1985-2005：心理、價值與宗教》，頁 191-240。南港：中央研究院社會學研究所。

瞿海源

1988　〈臺灣新興宗教現象〉，刊於宋文里、徐正光（1989）合編，《臺灣新興社會運動》，頁 229-243。臺北市：巨流圖書公司。

1998　〈解嚴、宗教自由與宗教發展〉，發表於「解嚴後臺灣社會政治發展」研討會，臺北市：中央研究院臺灣研究推動委員會，1998 年 4 月。

2001　〈解嚴、宗教自由與宗教發展〉，中研院臺灣研究推動委員會編，《威權體制的變遷——解嚴後的臺灣》，頁 249-276。臺北市：中研院臺灣史研究所籌備處出版。

鄭志明

1999a　〈臺灣新興宗教的文化特色（上）〉。《宗教哲學》5（1）：175-190。

1999b　〈臺灣新興宗教的文化特色（下）〉。《宗教哲學》5（2）：170-188。

Dobbelaere, Karel

1981　"Trend report: secularization: a multi-dimensional concept." *Current Sociology* 29(2): 1-213.

Hechter, Michael

1997　"Sociological rational choice theory." *Annual Review of Sociology* 23:191-214.

Innaccone, Laurence R.

1992 "Religious markets and the economics of religion." *Social Compass* 39(1):123-131.

Stark, Rodney and William Sims Bainbridge

1987 *A Theory of Religion*. N.Y.: Peter Lang Publishing, Inc.

1985 *The Future of Religion: Secularization*, Revival and Cult Formation. Berkeley and Los Angeles: University of California Press.

Stark, Rodney, Laurence R. Iannaccone and Roger Finke

1996 "Religion, science, and rationality." *American Economic Association Papers and Proceedings*: 433-437.

Warner, R. Stephen

1993 "Work in progress toward a new paradigm for the sociological study of religion in the united states." *American Journal of Sociology* 98(5): 1044-93.

第十六章　民間宗教調查與研究*

王見川
南臺科技大學通識教育中心助理教授

本章大意

本文透過史料與研究者的角度，重新檢視當前臺灣民間信仰的研究與調查。首先談論民間信仰的意涵；作者將民間信仰分為「民間信仰」與「民間教派」。民間信仰指常民的信仰型態，如媽祖、王爺等神明信仰。「民間教派」則是含有既成宗教的某些基本元素，如明確的教義、執事等，但又不被官方承認，只能在民間求生存者。定義了民間宗教以後，本文為讀者提供歷代統治者對於臺灣宗教政策的概覽，以及在不同宗教政策下研究者如何看待與研究臺灣的民間信仰，民間信仰在面對不同的政治權力下又是如何調整其進行模式以適應。緊接著本文概述日本統治時期臺灣民間信仰可以運用的材料，以及評述戰後民間信仰相關的學術論著。最後本文回到方法論上的比較，認為民間信仰的調查方法基本上可分為人類學與歷史學兩類。人類學研究方法偏重於田野，因此選定調查點後，必須在田野居住半年以上，是自身參與研究調查對象的方式，其成果反映於民族誌中。然而歷史學則是先設定問題，或對研究的對象有一定程度的理解，在進入調查地點以非常短的時間取得答案。若欲採用歷史研究的方式來探討，則需

---

* 本文原題為〈「臺灣民間信仰的研究與調查」——以史料、研究者為考察中心〉刊於《宜蘭文獻雜誌》36期（1998年11月）：3-46。後收入江燦騰、張珣合編書，再刊於此。

掌握文獻材料與關鍵的受訪者。若時間充足，人類學的研究方式會使民間信仰的調查更加細膩，從民間風水學上對寺廟空間的配置與信仰表達的關聯，官方致贈牌匾以及寺方保留內部文獻等等，都是民間宗教調查不可忽略的項目。

這幾年我因為田野工作的需要，開始到宜蘭地區作調查，發現本地某些宗教信仰，如「東嶽大帝信仰」[1]、「帝爺信仰」[2]，在臺灣乃至漢人宗信仰裡

---

[1] 光復前臺灣有4座東嶽廟，宜蘭就佔了2座：宜蘭市東嶽廟、頭城集興堂，尤其是前者在日治時期活動頻繁，每年農曆三月二十八日祭典，吸引不少群眾參與，形成臺灣地區頗具特色的民間信仰之一。茲引幾則當時報導如下：

（1）**嶽帝遶境**

宜蘭市南門外東嶽廟。歷年每居農曆三月二十八日為祝嶽帝誕辰，必請神輿巡境。近自廳下，遠至他方基隆人民，均來參詣。影響於蘭市商業界不少。本年復居其日。前二三日來各處輕車乘客，連宵徹夜不絕，坐轎婦女，紛至踏來。市上大小商況，均見活動。是日午前七時，天氣忽變，大雨淋漓，四方觀客減少。市內南門迄廟前，拈香婦女男少，及披枷帶鎖犯人，雜踏街道，沿街軒下，壅塞不開。迄午前十二時半，雨見稍晴，即啟程巡境。是日披刑犯人，坐轎婦女，計有三百二十餘把。步行犯人，計三千餘民。隨駕拈香男婦老少，約計有四千七八百人。比之前年減有二千名以上云。（《臺灣日日新報》，大正四年五月十五日）

（2）**宜蘭迎神盛況**

去舊三月二十八日，宜蘭街民，恭迎東嶽大帝巡境。是日午前，天氣晴好。各方面參加樂隊，有遠自基隆來者。正午齊集於東嶽廟前。什後零時四十分，以煙火三發為號，起行繞境。南北管鑼鼓陣總計二百二十五陣、蜈蚣閣十四閣、詩意閣三十餘閣。當日受賞金牌優勝者鑼鼓陣、一等敬安社、二等順安社、三等基隆得意堂。而宜蘭青年團之對藝閣授賞，一等敬安社之五娘打荔枝、二等為同社之東坡遊赤壁、三等順安社之地獄鋸形。本年之藝閣，俱皆出自意匠排置，頗堪悅目。奈至同日午後四時半，天忽少雨，以致半途散隊。當日參詣及觀光者，不下數萬人，紅男綠女，街道擁塞不開。入夜有梨園子弟及藝妓排場。各店鋪盛飾電燈，生理頗呈現活氣云。（《臺灣日日新報》，大正十三年五月七日）

（3）**遶境盛況**

宜蘭東嶽大帝祭典，去一日照豫定舉行。是日晴天。觀眾自羅東蘇澳、基隆雙溪來者數萬人。比昨年頗覺熱鬧。參加團體分十八團，無不爭奇鬥巧，各極其妙。團體中唯敬安社與順安社為最佳。特等賞敬安社、一等賞音樂團龍藝詩意閣、二等賞順安、三等賞基隆得意堂。以上各賞金牌一面。又藝閣故事三十餘種，青年會懸賞金牌一等賞五孃拖荔枝、二等賞蘇東波遊赤壁兩閣云。（《臺灣日日新報》，大正十三年五月十日）

（4）**頭圍**

面皆頗具特色。尤其在宜蘭做調查常受到熱忱的幫忙，令我很感動。這堂課，我首先介紹「民間信仰」的定義，及清領、日治到國民政府時期的宗教政策，接下來談從清代到現在的幾次關於寺廟與宗教的調查情形，及近人的研究概況，希望能對各位有所幫助。最後我要提醒各位在田野調查前，須具備哪些民間信仰的基本常識，免得實際做田野時，掌握不到重點，空手而回。

頭圍集興堂，例於舊曆三月廿六日，舉祭東嶽大帝，並迎神輿遊境。本年雖景氣不振，然仍擬舉大祭典。現正由基隆宜蘭方面，聘請音樂團。及僱工結造詩意藝閣。商業界亦欲乘此機，挽回景氣。各自計謀良策。又有志者林和氏、李文德氏等，欲促當事者奮發，並期錦上添花。寄贈金牌數面，藉為獎勵。昭儀社、興義社、和義社、聚義社、復興社、興安社、智義社、安樂社等神明會，現暗中籌備，各欲爭奇鬥巧。是日審查員，欲託昔時建築本堂，現雙溪庄長曹天和氏，鑑定等級。幸本年宜蘭線全通，一般參詣者，諒必非常雜踏也。（《臺灣日日新報》，大正十四年四月十五日）

2　此處「帝爺」係指玄天上帝，現今全省最著名的玄天上帝廟是南投松柏坑之受天宮，但就日治時代而言，最聞名的玄天上帝廟卻是宜蘭羅東的奠安宮。茲錄當時報導如下：

（1）**委員變更**

來舊四月二十八、九兩日，羅東帝爺廟舉行大祭典。特設各係委員之事，既登前報。奈其後，欲擴張祭典範圍之起見，日前在新協太行內，再協議其事。同時推薦木浦郡守為委員長，陳純精為副委員長。又庶務係長即中島權八外係員八名、會計係長王長春外係員四名、設備係長林燦然外係員六名，餘具係長未定。外係員十五名，接待係長張阿力外係員十三名。審查係長胡慶森外係員六名、祭典係長藍新外係員七名，各授承諾。前報之預定全部取消云。（《臺灣日日新報》，大正十二年五月二十四日）

（2）**準備祭典**

羅東街帝爺廟，例年舊三月初三日，迎玄天上帝遶境。耗費不尠。去年裝飾數百故事，謂未曾有熱鬧。本年又有新協泰營林所酒保與黃禮帆等為發起，備數片懸賞金牌。故其神會數團，無不極力準備。現各團既備故事數十種、鼓樂數十陣、特藝閣數十臺。又有奇形怪狀數十種，互相秘密競爭，欲得入賞。屆時人眾雜沓，或有意外。故欲圖香客之便，首事既向鐵道部，請發臨時列車數回云。（《臺灣日日新報》，大正十三年三月二十六日）

（3）**羅東玄天上帝賽會盛況**

羅東街玄天上帝祭典行列，經去十二日舉行。樂團午後二時，樂隊故事，齊集廟庭，照順番啟行。燦行者數團，行列蜿延數里。子弟南牌，各數十陣。羅東新蘭社、五結冬山復蘭社，最為特色。大小繡旗八十餘旒。毛斯旗亦各數十旒，由審查委員採點。前記兩社伯仲，由新蘭社好意，將一等金蔥繡旗讓外庄參加之復蘭社，願承二等上賞。三等賞即羅東文樂社所得。又前報福蘭社及溫和社之紀念行列，以故無期延期。故是日不出參加。各地來觀者無慮七八千人，稱未曾有熱鬧云。（《臺灣日日新報》，昭和四年四月十五日）

一、「民間信仰」的意涵

基本上我將民間信仰分為「民間信仰」及「民間宗教」（或稱民間教派）兩部份，這和「既成宗教」有很大的區別。所謂「既成宗教」是指制度化或正統的宗教，如佛教、道教、回教等。而「民間信仰」則是指常民的信仰形態，如媽祖、王爺等神明信仰：至於「民間宗教」就像一貫道、慈惠堂（二者是戰後臺灣本土最具實力的教派），含有既成宗教的某些基本成分，例如明確的教義、教主、經典、執事等，但卻不被官方承認，只能在民間求生存。若再細分，在民間信仰和民間教派之間，另有一種叫做「鸞堂」的宗教信仰，它可以被歸類為民間信仰，也可以被視為民間教派。

什麼是「鸞堂」呢？就是以「扶乩」為神人溝通的主要方式之結社團體。而扶乩則是神明藉由桃筆推動扶鸞的人（正鸞），使其在沙子上寫字。這些字通常大家看不懂，所以會有一人站在旁邊解釋，另一人則專門筆錄神仙降臨的旨意。「正鸞」是所謂靈媒，他只負責抖動桃筆，在沙盤上面寫字而已，與我們平常認知的靈媒或乩童不同。在民間信仰裡，一般人要知道神的意思，多半透過「輦轎」、「擲筊」的方式，要不然就是透過乩童來指示神意。這些方式都常在王爺廟、媽祖廟裡看到。鸞堂人士不太看得起這些方式，它認為神明應該會透過較文雅高尚的管道與人溝通，也就是「扶乩」——以文字的形式來表達神意。

鸞堂在清末及日治時期的宜蘭很發達，它一個很大的特徵是扶鸞的人多半是當地著名士紳或富有的人，這和戰後我們的認知不同，戰後多認為鸞堂係中、下階層的活動。以前讀書的人很少，不會讀寫漢文根本無法進入鸞堂，因為神仙是以詩詞來傳達神意，若非士紳階級根本沒有讀或作詩的能力。鸞堂這個例子，告訴我們在調查民間信仰時，要注意其信仰特色是什麼？一旦掌握此要項，就容易釐清該宗教信仰的內容及其脈絡。有的學者如李亦園研究「恩主公祟拜叢」，至今尚不知行天宮祟拜的「恩主」之意涵，就是不明其信仰特色所致（參見李亦園《宗教與神話論集》，頁 65-66，104-05）

二、歷代統治者的宗教政策與方針

在研究臺灣民間信仰前，必須先了解統治者的宗教政策，明清二代，對本國宗教，其政策無甚差異。根據《大清律例》等資料，歸納清代政府的宗教政策有下列幾項特點：

1. 承認佛教、道教為合法宗教，可以公開傳播與建廟。

2. 允許祀典所載之社稷、山川、風雲、雷雨、聖帝、明王、忠臣、烈士、關帝、媽祖等神明存在並依時祭祀。

3. 嚴禁「邪教」及扶鸞禱聖性質的巫術行為。

4. 限制女性至寺廟神觀燒香（進香），不遵者笞四十、罪坐夫男。

5. 嚴禁各省迎神賽會，犯者從重治罪。惟民間社團（義社）春祈秋報應有之迎賽，不在此限。

6. 私自集會燒香或集徒夜聚曉散者，發配充軍。

由此可知，明清政府對於民間教派與不入祀典的信仰（如王爺、三山國王）仍嚴格壓制，並非如某些學者所言，對「其他宗教，概任民間自由」（瞿海源，1992：7）傳布。戰後大家常批評寺廟佛道不分現象，某些早在清代或日治時期即已形成，又比如現在許多寺廟的遶境、進香活動，也都是從清代或日本時代承襲至今。我們調查時常會聽到受訪人說這是很早就傳下來的，其實寺廟的一些慣例大多在清末日治初期或中期時成型，所以調查具有 50 年以上歷史的寺廟或信仰時，必須要瞭解日治時期或之前的宗教政策。

日本在明治維新之後，於憲法中保障宗教自由，且不因統治臺灣而有所改變，這和戰後國民政府定義下的宗教自由不同，當時日本政府確切落實這個理念，而不只限於佛教、基督教及回教等，但不包括神社在內，在他們的定義裡神社是屬於道德方面的崇敬對象，不是宗教。據資料記載，當時除「齋教」合法外，另外至少有 3 個新創立的宗教：新約龍華教會、三教會及天母教。新約龍華教會是臺灣民間傳統齋改良而來的教派，創立者為保安堂主蘇澤養。他原是龍華齋教徒，後入日本曹洞宗，其法名為「鄭德」。當時曹洞宗《宗報》曾記載鄭德（蘇澤養）和東性法師利用布袋戲傳教，吸引不少人加入曹洞宗的事蹟。明治末年，他創立該教，並開始一連串的著述[3]。

三教會創立者為陳仁修，新竹人，該會教義認為儒、釋、道三教本就合一，三者在終極目的上並無衝突。他著有《拯世慈譚》（1914）、《三教會主旨・附三教木鐸》（1912）、《三教闡真》（1914）等經卷，闡述該教理念，李添春曾撰文研究此一教會[4]。至於天母教則是由在臺的日人中治稔郎所創立，所謂天母就是天照大神和媽祖的合稱，即以媽祖信仰為核心，結合日本天照大神的信仰。中治稔郎發現媽祖信仰是臺灣人最重要的信仰，每當媽祖聖誕全臺就陷入瘋狂的狀態，所以他認為日本人與臺灣人若要融合在一起，可以透過宗教信仰將彼此之間的差異性降低。為了加強天母教的魅力，中治在創教之初就到大陸請湄州媽祖的分身來臺灣（王見川、李世偉，1997：351-52），這對當時的臺灣人而言是個大事件，因為那時臺灣本土的媽祖信仰已經出現，如朝天宮這種大廟基本上是不回大陸進香的，其他的媽祖廟也都是到朝天宮進香。日治時期 3 個新教派的成立，證明了臺灣並不因異民族的統治而喪失宗教自由。

日本政府雖尊重宗教自由，但亦有部份措施限制宗教事務。日人在統治臺灣初期，歷經各地人民的抵抗。在此段紛擾時刻，有的地方官曾提出下列

---

[3] 鄭德在曹洞宗的活動，見《宗教》181 號，頁 7。此事，慧嚴法師在其大文〈西來庵事件前後臺灣佛教的動向——以曹洞宗為中心〉，頁 298 提及，惟其未察覺鄭德即蘇澤養。關於蘇澤養，可參看鄭志明〈日據時代蘇澤養的新約龍華教〉一文。

[4] 李添春〈臺灣に於ける三教會の運動〉，《臺灣佛教》卷 21 號 2-3 合刊，1943 年 3 月。

意見：「憲政之下，信仰自由，固明載於憲章，而臺灣如今歸我領土，當然享有信仰之自由，惟此等由清國傳來之廟宇祠堂為對於清國之文功顯著，或武勳顯赫，或一種冥想所生之信仰心，對於向本島人普遍灌輸日本觀念絲毫無益，反而不無助長清國式舊臺灣觀念之固執弊端，故政略上俄然破毀此等廟宇，傷害本島人之感情，雖非穩當，惟以官沒其田園，逐漸削弱其基礎，豈非上策者乎，況且廟宇附廟田園各有經理者當管其收入，如今百擾紛擾之際，各該經理者或避或亡，即或容有歸田者，惟難保其多數不無將甚收入私吞者，故宜將此等田園暫時由政府管理，於日後百般事物整理就緒時，再予交付各庄作適當之管理，乃可考慮之上策者也。」(《總督府檔案》中譯本第六輯，頁 10）若不約束有財產又有影響力的宗教信仰，很容易變成反抗者的資源，這種邏輯似被日本政府採納執行。

明治二十九至三十二年（1896-1899），日人在平定各地抗日活動時，臺灣各大寺廟幾乎都曾被日軍佔用或作駐紮所或作成宿舍、學校[5]，例如臺北龍

---

[5] 日治初期（明治二十八至三十二年）臺灣寺廟被日人佔用情形（除下列表外，另見溫國良編譯《臺灣總督府公文類纂宗教史料彙編》，頁 205-54，臺灣省文獻會，1999 年）：

號次	廟名	地點	使用情況	參考資料
1	新民祠（堂？）	宜蘭東門街	臺銀支店	《臺灣日日新報》大正五年三月三日
2	文廟（孔廟）	臺南枉仔行街	教室、職員宿舍、第一公學校	《臺灣日日新報》大正五年九月三日、《臺灣踏查日記》
3	孔子廟	嘉義北門	守備隊營舍	《嘉義廳社寺取調書》、《揚文會策議》張元榮條
4	水仙宮	臺南西門外	第二公學校	《臺灣日日新報》明治三十一年十一月九日
5	曇花堂	彰化街東門	軍醫住家	《東亞法秩序序說》
6	關帝廟	新竹街南門	軍隊駐紮	《東亞法秩序序說》
7	孔子廟	新竹	新竹守備隊兵營	《東亞法秩序序說》
8	孔廟	臺北大龍峒	軍隊駐紮→國語學校等機構	《日據時期臺灣儒教結社與活動》

9	文廟	彰化	軍隊屯所、警察駐所、學校	《揚文會策議》莊士勳條
10	文祠（文昌祠）	鹿港	軍隊屯所、陸軍病院	《揚文會策議》莊士勳、《揚文會策議》吳德功條
11	龍王廟	臺北	辨務官舍	《揚文會策議》羅秀惠條
12	武廟	嘉義	糧餉部	《揚文會策議》張元榮條
13	文昌閣員	嘉義	陸軍補給廠	《揚文會策議》張元榮條
14	五夫子祠	嘉義	病院宿舍	《揚文會策議》張元榮條
15	天后廟（宮）	鳳山	補給廠出張所	《揚文會策議》盧德嘉條
16	天后宮	鳳山	本願寺佈教所	《揚文會策議》盧德嘉條
17	三山國王廟	鳳山	警察派出所	《揚文會策議》盧德嘉條
18	觀音廟	鳳山	看護室改為曹洞宗佈教所	《揚文會策議》盧德嘉條
19	福德祠（廟）	鳳山	曹洞宗佈教所	《揚文會策議》盧德嘉條
20	天公廟	鳳山	二旁及其左右改為郵便局宿舍	《揚文會策議》盧德嘉條
21	龍王廟	鳳山	衛戍病院（旁邊試院奎樓改為陸軍倉庫）	《揚文會策議》盧德嘉條
22	龍王廟	宜蘭	文武衙門（辦公所）、衛戍病院	《揚文會策議》黃友璋條、《揚文會策議》李挺枝條
23	城隍廟	宜蘭	後殿為分隊長宿舍	《揚文會策議》李紹宗條
24	天后廟	宜蘭	殿左為有志者之教場	《揚文會策議》李紹宗條
25	五穀廟	宜蘭南城	憲兵屯所	《揚文會策議》李挺枝條
26	文昌祠（宮）	宜蘭西街	上官宿舍、陸軍糧食所	《揚文會策議》李挺枝條、《揚文會策議》李紹宗條
27	五子祠（五夫子祠？）	宜蘭	陸軍糧食所（屯糧所）	《揚文會策議》李紹宗條、《揚文會策議》林拱辰條
28	火神廟	宜蘭	廳署	《揚文會策議》林拱辰條
29	文帝廟	宜蘭	警察宿舍	《揚文會策議》林拱辰條
30	武帝廟	宜蘭	警察宿舍	《揚文會策議》林拱辰條
31	三官廟	臺南城內	廟內設真宗日語學校	《臺灣教報》第 1 號
32	萬福庵	臺南城內	廟內設曹洞宗日語學校	《臺灣教報》第 1 號

山寺就曾被日軍當作駐紮地，導致不少神像受損，活動停止，百姓信仰生活受到影響，於是士紳向臺灣總督反映，希望被佔用的寺廟能儘予保存舊態。總督樺山資紀即曾頒佈如下諭告：「本省在來之宮廟寺院等，於其建立雖有公私之別，但是於其信仰尊崇之結果成為德義之標準，秩序之本源，於治民保安之上不可或缺。現在於兵務倥傯之際，一時必須供於軍用，雖屬勢所難免，但須注意不得濫為損傷舊慣，尤其破毀靈像，散亂什器禮具等行為，絕不容許肆意妄為。因此，今後應更注意保存，如有暫供軍用者，著即儘速恢復舊觀，特此諭告。」（參見陳玲蓉，1992：86）

明治三十三年（1900）左右，臺灣大部份地區已趨安定，日本政府逐漸將寺廟歸還給老百姓，民間信仰也恢復原來的活動。為了確立統治基礎，日人開始清查臺灣的土地、戶口和舊慣。清查土地的目的在確認臺灣土地的歸屬、開發及其用途，並做為徵稅的依據；而戶口調查則被當做徵稅及施政的參考；至於舊慣調查是為了瞭解臺灣住民的習慣，以避免施政不易或影響民心。在這三項調查中，土地和舊慣皆牽涉到民間信仰，臺灣很多土地都是屬於神明所有，這些土地是信徒捐給寺廟，作為香燈之資。因此調查報告中可

33	天后宮	臺北艋舺	設日語學校（大日本臺灣佛教會與日本曹洞宗佈教師協議）	《臺灣教報》第 1 號
34	文廟	鳳山	大成殿後殿改為公學校	伊能嘉矩《臺灣踏查日記》
35	褒忠亭	苗栗	迴廊設國語傳習所	伊能嘉矩《臺灣踏查日記》
36	關帝廟	臺南關廟	辨務署	伊能嘉矩《臺灣踏查日記》
37	城隍廟	屏東恆春	國語傳習所	伊能嘉矩《臺灣踏查日記》
38	天后宮	臺東卑南	國語傳習所	伊能嘉矩《臺灣踏查日記》
39	龍山寺	臺北	守備隊→大日本臺灣佛教會	曹洞宗《宗報》8 號
40	天公壇	彰化	陸軍糧餉部→曹洞宗佈教所	曹洞宗《宗報》8 號
41	新興宮	艋舺	內附曹洞宗慈惠院	曹洞宗《宗報》18 號

發現民間信仰或寺廟的資料，如土地申告書中的新竹城隍「六眾會」，《臺灣土地慣行一斑》中的學甲慈濟宮、東港王爺廟，《臺灣舊慣制度調查一斑》中的基隆媽祖廟慶安宮，和《臺灣司法附錄參考書》中的彰化南瑤宮二媽新籌班「慶緣堂」資料[6]。當然，最著名的此類史料為《臺灣慣習紀事》，這是

---

[6] （1）理由書：

臺北縣竹北一堡新竹街土名西門

太爺街二百一十八、二百一十九番戶

一屋宇壹所

右此業係六眾會首領鄭樹合同會內人等，捐資於道光年間，向城隍廟前管理人善進師相議，將太爺街空地築造店屋一所，出租收稅，為每年城隍廟內六眾爺祭祀之資，每年配納隍廟地基銀捌角，但從前歸鄭樹管理。鄭樹死亡，現時此業莊媽亮管理，今蒙憲土地調查之際，理令造具理由稟明。

明治三十四年九月廿六日

竹北一堡後車路街

莊媽亮

委員　呂萬堂印

街庄長　鍾青印

臨時臺灣土地調查局長後藤新平殿

——轉引自張德南，〈新竹都城隍信仰的研究〉，《城隍學術研討會論文集》，頁 34-35，1998年，新竹市立文化中心。

（2）署臺灣北路淡防總捕分府加三級記錄四次徐

瀝情僉懇、出示以杜痴思藉圖事、「本年十月初八日、據大雞籠社耆民蕭機、鋪戶魏兆、灣保謝林、住持僧一乘等呈稱、切獻地敬神、維望厥昌、奸心混佔、情實共根。」緣、大雞籠海坡嶺腳、及頭二重橋大沙灣內外、球火號一帶海島、固大小船隻遭風停泊、在彼商民貿易、無所棲止、遂挑石於海坡、填砌築蓋茅屋營生、及搭寮廠捕魚、乃議建慶安宮內外兩廟、崇祀天上聖母。賴神光之庇佑，延僧住持、朝夕敬奉香燭、僧實清苦、無所舉出齋糧。幸嘉慶十年間、雞籠社土目麻已力毛、少翁社通事翁麗水、總理吳長、與該處商民等公議：凡茅店營生者、年應納地基銀貳元、搭廠捕魚者、應納地基銀壹元、願將基租一概、充入慶安宮、為香燈齋糧諸費。立約給僧執憑、併設碑記於廟側、庄人週知樂助。遞年該僧循議收租、共約無異、由來已舊。「迨此二十二年間、有豪民郭光祥、買大雞籠田畝、與海坡店地毗連、藉稱基餫應由伊得、其僧民共論、得隴望蜀、曉曉不依。但郭光祥不思、基地原係海坡、後乃民力填砌為店地、與其所置之田無涉。況前向社蕃買主郊光、及後典郭江漢、知會通事總庄商民人等、議將基銀當充廟中、為香燈之資、均不敢爭收此銀。茲突欲混佔肥己、銀雖無幾。難服眾心、機等不得不相率呈懇、伏乞恩准出示、依照交納香燈等事情。」卷查、先據僧一乘具稟、業飭地保總董、查明諭禁在案。茲據前情、除批示外、合行給示曉諭、為此示仰、毋許他人爭收混納、倘敢故違、一經指稟、定行指究不貸、各宜凜遵毋違。特示。

眾所周知的，就不多談了。

據現存資料，總督府在明治三十年（1897）後，針對民間信仰陸續頒布相關行政命令與措施，第一、徵收部份的寺廟土地，充做公共建設，像蓋學校或國語傳習所等。第二、寺廟的修復或募款必須經過地方政府或臺灣總督府的核准。為通過審核，廟方得呈報寺廟的歷年沿革、土地狀況、財產來源、日常維護、祭典活動等基本資料，而言些資料就是從事調查時應看的基本史料。第三、當廟會活動妨礙公共秩序或公共衛生時，日本當局可以禁止廟方舉辦活動，如昭和六年（1931）海山郡下發生流行腦炎，境內保生大帝誕辰祭典的遶境、演戲活動即遭遏止（《臺灣日日新報》，昭和六年五月八日）。

嘉慶貳拾參年拾月　　　　　日給

發貼過橋街曉論

——《臺灣舊慣制度調查一斑》，頁169-70，明治三十年。

（3）立杜賣盡根山園田契字人、半線保東門外楊媽鑼、有承祖伯叔父遺下明買過楊吳氏山園田壹所、栽種竹木果子在內、址種竹木果子在內、址在貓羅保土名新興藔、東至坑尾為界、西至崙頭為界、南至菜公堂為界、北至倒藔為界、四至界址、登載明白。年應帶納貓羅社番租粟參斗、折納的番銀貳錢正，今因乏銀別創、願將此段山園田出賣他人、先儘問房親人等、不欲承受、外托中引就與邑內東門南瑤宮二媽新簥班慶緣堂參拾參人等出首承買、三面議定、時值契價銀肆拾參大員正、其銀即日同中交收足訖、其山園田隨即踏明界址、併內中竹木果子一切、付與慶緣堂銀主等、前去掌管、贌佃收租、以為歷年二媽聖誕演戲酒席資費。上流下接、永遠存為慶緣堂公業、此業一賣千休、割藤永斷、後日鑼子孫、不敢言找、亦不敢言贖、以及盡洗異端茲事。保此業、係鑼承祖伯叔父遺下應份之物業、與別房親伯叔兄弟侄人等無干、亦無重張典掛他人、以及財物交加來歷不明為礙、如有等情不明、鑼應自出首、一力抵當、不干慶緣堂銀主等之事、此係二比甘願、各無抑勒反悔、口恐無憑、今欲有憑、合立杜賣盡根山園田契字壹紙、併繳上手肆紙、又繳連贖回曇花堂盡洗契壹紙、共陸紙、付為執炤行。

即日同中親收過契面佛銀肆拾參大員、庫平參拾兩零壹錢正、完足再炤行。

為中人　　林番古

在場知見父　　楊　曾

光緒拾五年貳月　　日　　立杜賣盡根山園田契字人　楊媽鑼

代筆人　　黃廷年

批明、此業係慶緣堂參拾參人起議建置、以為二媽歷年請送應費之資、堂等子孫、不能轉借別賣、如後人與他私受交接、聖母必定降罪、絕滅子孫、批明契後、又炤行。

—《臺灣私法附錄參考書》，卷1（中），頁349-50，臨時臺灣舊慣調查會，明治四十四年。

戰後的臺灣對此似乎是沒有管制，即使流行霍亂還是可以舉辦迎神賽會，因為漢人傳統的觀念認為迎神賽會具有驅瘟除疫的功能，但在日治時期宜蘭如果發生霍亂，宜蘭人就不能到臺北龍山寺進香，且不能舉辦廟會活動，因為宜蘭縣境屬於疫區。

第四、日本政府透過鼓動士紳、新式知識份子或行政命令，逼迫民間信仰革新。昭和時期日人想達到內臺一家，即想將臺灣人改造成日本人。日本政府及維新人士（或新式知識份子）認為應該改革一些迷信及陋習，如普渡、民間信仰遊藝活動中的掛枷、陣頭、藝閣等。這樣的呼聲，總督府到皇民化時期才依行政命令執行，而維新人士則在此之前就大聲疾呼了，最著名的例子為「革新會」。革新會是臺北市百餘有志者所組織的團體，其宗旨在於陋習的打破與舊慣的改革（《臺灣日日新報》，昭和六年十一月七日）。昭和五年（1930）臺北維新會即廣發傳單，極力宣傳「反對迎城隍粧藝閣」、「打倒掛紙枷粧八將」（《臺灣日日新報》，昭和五年六月十一日）。另一個例子是北港朝天宮在昭和九年（1934）時，因天冷及革新考慮，其巡行遶境內容及時間都作了一些調整，而這些變動一直延續至今（王見川，1997a：57-58）。假若你調查寺廟或神明活動，不要天真以為從清代以來就是如此。要看看它在日治時期是不是更改過。

在臺灣就算相同的神明，也未必在同一天舉辦祭祀、賽會活動，就像臺南媽祖、北港媽祖或關渡媽祖熱鬧的日子都不同，這也是日治時期形成的大轉變。以前娛樂很少，神明熱鬧所舉辦慶祝活動是最主要的娛樂之一，若所有媽祖廟都在農曆三月二十三日辦活動，那麼大部份的人都會跑到最靈驗的媽祖廟，如此一來其他寺廟如何生存呢？所以自然就有市場的區隔。媽祖信仰比較特殊，一般神明只在誕生日慶祝，而媽祖除誕生日外，在成道日（九月九日，即重陽節）、春季、秋季及元宵都可祭祀、慶祝，因此各地媽祖廟遶境的時間都不同[7]，有的甚至選在端午節。所以你們在調查巡行遶境這方面活動時，要具備這些基本觀念。

在皇民化時期，寺廟的燒金紙、遶境等活動皆被管制或禁止。臺灣漢人的民間信仰在此時受到極大的傷害。至於信仰的載體——寺廟，大致上有下列三種命運：1. 寺廟整個被廢除；2. 小廟合併到大廟；3. 沒事。就臺灣人的民間信仰來說，寺廟只是個型態而已，另外還有神明會或類神明會的方式，即將神明安放在民家，在祭祀或遶境時才請出來，這也是信仰的一種，基本上日本政府在此時期亦壓制神明會。日人將廟（小廟）整個廢掉，一方面是因應戰爭需要，另一方面也可將其土地、財產自由運用。如果你調查的寺廟，其前身屬於被廢除的狀態，戰後又重新恢復祭拜，常會碰到財產和土地被縣政府或國有財產局處理掉而形成的糾紛，通常這些廟的原始資料都存在縣政府等單位裡。至於寺廟合併的情形，主要是日人想拆除中型的廟又怕遭到反抗，於是將此類廟宇的神明及財產全併入大廟。至於名聲屬於全臺性的寺廟

7　根據《臺灣日日新報》等資料，媽祖廟主要祭典、迎賽時間如下：

號次	寺廟名稱	祭典、迎神賽會時間	根據
1	彰化南瑤宮	農曆 9 月 9 日（重陽節）	大正 11 年 10 月 24 日 大正 13 年 10 月 13 日
2	北港朝天宮	農曆正月 15～17 日（昭和九年後改為三月 19～20 日）	王見川，1997a
3	臺南大天后宮	農曆 3 月 15～16 日（或 3 月 15～17 日）	大正 10 年 4 月 16 日 大正 10 年 3 月 10 日
4	嘉義樸仔腳配天宮	新曆 3 月 23 日	大正 9 年 3 月 26 日
5	鹿港舊祖宮	農曆正月 15 日（大正 13 年始改為農曆 3 月 20～21 日）	大正 13 年 4 月 12 日

另外，以下 4 種情況，為非常態，不列於此：

（1）配合商品展覽等推銷活動而舉行的熱鬧；

（2）因革新而產生的改變；

（3）慶祝建醮、落成或重要事項舉辦之迎賽；

（4）前往其他媽祖廟進香。

大都沒事，而一般佛教寺院、齋堂不僅沒事，還可以公開舉行活動。

在皇民化運動時期，日人除了鼓勵臺灣人說日語外，也希望臺灣人在心靈上徹底變成日本人，因此他們在每個鄉鎮至少蓋一座神社，讓老百姓到神社參拜。當時大部份的臺灣人都曾到神社參拜，不論是小學生、公職人員、地方士紳或是出征軍人，但神社不是宗教，只是道德倫理上的崇拜而已。

臺灣人的民間信仰在皇民化期間被破壞很多，於是日本政府想以日式佛教來替代。日人不是一開始就有這樣的想法，是從西來庵事件後才有這個構想，不過當時扶植的是臺灣本土佛教，這也就是《南瀛佛教》中會出現不少道教、民間信仰文章的原因。當時倖存的傳統寺廟或信仰組織，不是掛佛教的牌子，就是派人到佛教會（團體）學習日式佛教，不然就是變成分部。而當時的道士若非轉業即改習日式佛教（《臺灣日日新報》，昭和十四年十月十三日），這是皇民化時期的轉變，其影響持續到戰後。

二次大戰後，臺灣歸屬中國所有，其境內的宗教信仰活動，受到中國政府推行的活動與頒佈法令之影響。早在民國三十五年六月，臺北市警局即以妨害治安與浪費人力物力為由，取締霞海城隍的迎神賽會活動，並將其視為迷信惡習，希冀徹底改良。據當時記者的觀察，這是「當局為著要實行建設三民主義新臺灣」目標下的產物（《人民導報》，1946 年 6 月 12 日）。不過，此一舉動，似乎只是臺北市政府的個別行為，而不見於他地。

民國三十七年十一月國民政府頒佈「查禁民間不良習俗」法令，臺灣省政府隨即據此訂定查禁辦法。其中與宗教信仰有關之條文是「查禁神權迷信」。在此條文中，凡「崇奉邪教開堂惑眾者、供奉淫神藉此歛財者、設立社壇降鸞扶乩者、舉行迎神賽會者」等都要取締。此法令在 1949 年 1 月重申，並予加強推行。（何鳳嬌，1996：1-4）

由此可知，在法律層面上，臺灣民間信仰活動在 1948 年後，受到相當程度的限制，而迎神賽會等集體活動，與鸞堂、一貫道之類的教派都被禁止。也就是說民國 37 年之後，臺灣民間信仰與教門又回到清代的處境。由於民間信仰活動如迎神賽會，早已成為百姓的慣習，若無替代品，不僅很難徹底制止且會引起信徒的反彈，所以當時的宗教活動實質上是受到限制而非完全查禁！至於「邪教」，因涉及聚眾、結社行為，受到的取締較為嚴格，無法公開活動、傳布，只能透過寺廟或佛、道教（會）等合法宗教團體來運作。以鸞堂為例，其在戰後幾次以「儒宗神教」、「聖教會」等名義，爭取合法的組織聯合行動，都因法令限制而宣告失敗，最後被迫加入道教會或以寺廟的型態活動。這樣的情形有時導致其信仰內涵逐漸淡化或轉型，這也是現今很多鸞堂與民間信仰的寺廟，自認為道教的原因。

民國七十六年解嚴前後，社會力高漲，政府忙於應付層出不窮的政經問題，放鬆管制，上述相關法令已成具文。民間信仰不僅恢復原來迎神賽會活動，且因人民富裕，規模變得更為盛大、豪華。而各式的「神明聯誼會」（如「保生大帝聯誼會」、「玄天上帝聯誼會」等）亦紛紛成立，民間信仰朝向連線、組織化邁進。至於民間教派亦乘機合法，天帝教、一貫道即為著例。可以說 1987 年後，臺灣人民真正享有宗教信仰自由。現今，只要宗教、信仰不觸犯法律（民法、刑法相關規定），政府基本上並不干涉。這種態度，亦是當前宗教亂象頻傳的原因之一。

三、日本官方支持的宗教信仰

剛才有位朋友問到日治時期的孔廟問題，我來簡單談一下。日本治臺後第一個碰到問題的宗教，就是官方系統的孔廟，或以較大的範疇來說就是「儒教」。大家一定覺得奇怪，儒家（學）怎麼會是宗教呢？以學術角度來說儒家是學派的一種，而廣大的老百姓則把儒家孔子學說當成宗教來崇拜。孔廟就是對孔子及其學說崇拜的具體象徵，信奉孔子的讀書人到孔廟執行祭祀活動，即是代表對孔子的思念與崇敬。清代原則上每縣都要有一座孔廟，因為它是官方必備的祠廟，孔廟的祭祀或修建是每位縣官的當然責任。日本治臺前臺灣有多間孔廟，治臺後提倡現代化，推行新的日式教育政策，而孔廟和書院是當時舊式教育的代表，要實行新式教育首先就是以孔廟和書院當作改革的對象。

在傳統中國裡，孔廟是個重要的階級象徵，一般老百姓不能進孔廟，而讀書人也不是天天去孔廟，除了每年春秋兩季的祭祀日子及孔子誕辰外，其他時間孔廟是關起來的，所以俗語說「孔子一年只能吃兩次冷豬肉」。日本治臺之初許多軍隊都駐紮在孔廟，像臺北、臺南、嘉義及彰化等孔廟都曾被日軍駐紮過（李世偉，1998：148-54），因此許多孔廟就荒廢掉了。然而日治時代的臺灣士紳覺得如果沒有孔廟，原有的價值系統就沒有依歸，日本官方也認為可以用修築孔廟的方式來攏絡或穩定臺灣士紳階層。所以後來臺灣各地的孔廟，有的是以官方立場，有的則是士紳階層提出要求，經官方核准，陸續設立或進行修護。

明治末期日本官方開始扶植一些有助於統治的寺廟，其中以孔廟、媽祖廟、吳鳳廟及鄭成功廟為重要對象。孔廟，因為它是儒家倫理道德及忠孝的具體表徵，而言些概念都有助於統治。其實忠孝的觀念是中性的，受儒家教育的人固然要對清朝盡忠，但經過自主選擇國籍變成日本人以後，要對何人效忠呢？答案很明顯，當然是對新的統治者效忠。因此日本政府扶植孔廟，且容許大規模的儒教活動，都是以統治目的為著眼點。我曾在《宜蘭文獻雜誌》寫了一篇有關宜蘭碧霞宮的文章，認為碧霞宮之修建與日本政府有關。有人反駁說碧霞宮是祭祀岳飛強調忠孝節義的，怎麼會接受日人的扶助？但那時國體已經改變，廟方在這種轉變之後，當然有可能會接受日方的扶助（王見川，1997d：75-94）。

其次是鄭成功廟。祭拜鄭成功在清代初、中期是不被允許的，但民間仍有私奉的情形，如大仙寺、開元寺主祀是觀音等佛菩薩，陪祀則是鄭成功。同治年間劉銘傳接受楊士芳意見肯定鄭成功開拓臺灣有功，呈請清廷立廟奉祀，但直到光緒初年官方才設廟奉祀。日本政府認為鄭成功是臺灣最早的統治者，再加上他母親是日本人，因此希望鄭成功廟成為日臺融合的媒介。當時花了很多錢重修鄭成功廟，並將其獎勵升格為縣社、開山神社，這是臺灣有史以來唯一寺廟變成神社的例子。鄭成功廟變成神社後產生一個很有趣的現象，即其遊賽活動有臺灣寺廟色彩的成分，這在臺灣的神社中獨見一格，也就是說只有開山神社才有像媽祖廟般的遊行及遶境活動，並在大正四年（1915）時和北港朝天宮、臺南大天后宮的媽祖一起出巡。日本的傳統神社因為要保持它的嚴肅性和純粹性[8]，較少有這種行方式。第三是吳鳳廟。吳鳳因公忘私，凡事以公眾利益為優先，甚至為此犧牲生命的事蹟，相當符合公務人員的精神，因此被日人取材作為公務員效法及學生學習的典範。在臺灣寺廟中，吳鳳廟最早被日本政府肯定。第四是媽祖廟，朝天宮在修建時日本總督捐了一百圓及一塊匾額，因當時的朝天宮是臺灣公認最重要的媽祖信仰中心，才能獲此「殊榮」。之後吳鳳廟與朝天宮「恩寵」不斷，散見《臺灣日日新報》中的相關報導。

到了皇民化時期總督府的態度開始有了轉變。日本政府還是努力獎勵吳鳳廟，但不扶植朝天宮了，孔廟則未受影響。之後因為日本對中國戰爭持續，他們想到一旦統治中國，如果「寺廟整理運動」的措施不改變，可能會引起強烈的抵抗，所以想以崇祀孔廟及其他名人的廟，作為親善的表徵。皇民化

---

[8] 臺灣的神社祭典，像開山神社一樣已演為民間信仰祭典，迎神賽會的情況少見，但祭典後的餘興，已受臺灣民間遊藝活動的影響，如新竹街神社祭典，即是一例。《臺灣日日新報》大正十五年十月十日報導如下：

新竹街祭典協定：新竹街廿七、廿八兩日。神社祭典餘興。經於前次在街役場樓上。由祭典委員議定者。即廿七日。由內地人團出藝妓跳舞隊。島人團出鼓樂詩意諸隊。由松嶺山恭迎神輿遶境。後即暫駐駕於新竹武德殿前。聽街民參詣。翌廿八日。亦以前記諸恭迎隊伍，恭請神輿遶街。然後歸還新竹神社。兩日由街民奉獻之餘興者。內地人在武德殿附近有奉納相撲之舉而島人有志者等。聘請新樂同樂兩子弟團。在俱樂部前。設臺開演。及藝妓在臺上彈唱。又兩日間。新竹街各戶。要插旭日旗並於夜間要懸高張燈。以為奉祝。且自郡役所前至東門通。兼由內地人各商店。裝飾五色電燈並街衢各要處，高結電燈數處。現祭典委員。正準備一切云。

時期的寺廟整理運動，會緩和下來和初期征服中國的軍事行動頗為順利有關。基於這樣的考量，臺灣的寺廟整理運動並未被徹底實施，而孔廟不只未被整理，甚至還舉行祭祀（用神式）及擴增，如昭和十四年（1939）屏東孔廟的增建即是一例。

四、光復前臺灣民間信仰的資料與研究者

接著要跟各位談的是，在進行民間信仰的研究與調查時，可以參考哪些著作，及如何找到第一手資料。清代的民間信仰資料主要有 4 種類型，1. 官方檔案：如地方官的奏摺、皇帝諭旨，這些資料臺北故宮陸續在整理，惟未分類，查閱較花時間。幸而大陸出版一部《「清實錄」臺灣史料專輯》，可從中得知概況，再翻查原檔即可。官方檔案中，一些神明受敕封的資料，可以釐正臺灣寺廟喜歡誇大的毛病。此外，著名的《淡新檔案》，亦有不少相關資料。如其〈行政篇〉部份，即有新竹縣城隍廟建醮、敬惜字紙習俗的記載。2. 個人的筆記或遊記。此雖屬文人采風形式，但內容偶而會論及民間信仰與民俗，最著名的應屬劉家謀《海音詩》。詩中提及北港媽祖廟進香情形與南鯤鯓王爺在臺南活動經過，相當值得參考。3. 地方志中的風俗（或歲時）類或祠廟、寺觀部份。由於民間信仰大多未列入祀典，所以方志中用詞多帶批判性質，要特別注意。4. 碑文或契約書。前者以《臺灣南部碑文集成》最受重視，而後者則以《臺灣私法附錄參考書》所引錄之契書最具參考價值。

日治時期臺灣民間信仰的資料，主要有 4 類。1. 報紙類，尤其是《臺灣日日新報》中有豐富的宗教信仰資料。2. 時人的調查研究。可分為：（1）警察或通譯系統的記錄，較知名的有片岡巖《臺灣風俗誌》（1921）、山根勇藏《臺灣民族性百談》（1940）、鈴木清一郎《臺灣舊慣冠婚葬祭と年中行事》（1934）。（2）日本住民的調查，如梶原通好《臺灣農民生活考》（1941）。

3. 期刊類，早期以《臺灣慣習記事》最著名，皇民化時期以《民俗臺灣》最受重視。4. 官方檔案，主要指 3 種：（1）《總督府公文類纂》，其久永保存類中有降筆會（鸞堂）資料，一般類則有寺廟修建許可資料。（2）《寺廟臺帳》。（3）《關於舊慣信仰改善調查報告》，這是由宮本延人主持的皇民化時期寺廟整理運動之報告，極具參考價值。以往對於皇民化時期宗教狀況的理解，僅參考宮崎直勝《寺廟神の昇天》、中壢郡祭祀聯盟之《郡下に於ける寺廟整理に就て》，難免以偏概全，以為寺廟整理運動對臺灣寺廟齋堂破壞極大。隨著《指南宮評議員決議錄》（昭和十二至十八年十一月）、德化堂皇民化時期的《日誌》等相關資料的出土，配合《臺灣日日新報》的記載，這樣的看法會逐漸澄清、修正。

日治時期臺灣民間信仰的研究先驅應屬伊能嘉矩。伊能嘉矩早期在臺灣總督府工作，除了研究原住民外，還橫跨臺灣各類民間信仰的研究與調查，最有名的著作係《臺灣文化志》，是研究臺灣史的必讀書籍。這本書可算是初步用現代方法整理臺灣歷史文化的書，在大正初年寫成，但直到昭和年間才出版。除了《臺灣文化志》相關章節外，伊能氏的《臺灣踏查日記》亦提供一些日治初期民間信仰的資料。尤其是澎湖地區，如他提馬公西衛鄉池府王爺廟，樑上懸掛雍正乙丑孟春的題匾（伊能嘉矩著、楊南郡譯，1997：509）。風櫃尾鄉的溫王爺，則掛著雍正七年（1729）的題匾（同上，頁 523）。嚴格來說，比較有系統研究臺灣民間信仰應該是自柴田廉開始，大正初期他任職於臺北廳宗教係，因此和臺灣民間信仰有所接觸。大正十二年（1923）左右他寫了一本《臺灣同化策論》（增補版），又名《臺灣島民の民族心理學的研究》，係自民間信仰和文化層面來探討臺灣人的本質，進而提出如何同化臺灣人的策論。書中 2 篇文章提及媽祖信仰和城隍信仰，是臺灣討論此課題的較早著作。文中不僅討論當時媽祖信仰的情形，也研究媽祖信仰現象，包括記錄迎媽祖一次的花費。臺灣漢人認為城隍爺掌管陰間之事，人死後要先到城隍報到，依據功過簿再發配到地獄或天堂，若你在陽世間有任何不平，無法經由正當司法系統解決，就可向城隍爺告「陰狀」，因為老百姓認為城隍爺具有司法、裁判的功能。柴田廉認為臺灣人民深受媽祖和城隍信仰的影響，如果了解這兩個信仰，也就能深刻理解臺灣人的深層心理。當時這本書賣得很好，但後來在臺灣卻很少人知道，幾年前江燦騰先生找到這本書，告訴南天書局老闆這個人很重要，因此柴田廉這本書才重新複刻出版。

接著要介紹的是增田福太郎，這個人與宜蘭有點關係。據《臺灣日日新報》記載，他在昭和五年（1930）曾應「宜蘭郡教育會」之邀請到宜蘭公會堂演講，講題為〈就本島人之宗教生活〉[9]。他在昭和初年有 3 本著作：《臺灣本島人的宗教》、《臺灣的宗教》及《東亞法秩序序說》。最後這本書大家也許覺得很奇怪，這和民間信仰者有何關係？增田認為基本上漢人社會的社會秩序，主要是靠民間信仰來維繫，而玉皇大帝、東嶽帝、城隍爺、大眾爺、王爺等具有司法功能的神，即是構成漢人法政秩序（社會秩序之主要支撐）的最主要來源。增田的研究基本是承襲柴田廉的觀點，進一步體系化，其集大成之作，即是此書。目前這書已由黃有興先生譯成中文，即將由臺灣省文獻委員會出版。臺灣在昭和四年（1929）舉行第二次全島性宗教調查，增田是此次調查的負責人，這期間的田野調查報告全收錄在這本書後面，名為〈南島寺廟採訪記〉。其內容主要是增田在昭和四年時從基隆到嘉義沿路上關於

---

[9] 〈宜蘭郡教育會總會，延增田臺大教授島人宗教生活〉宜蘭郡教育會總會。去十一日午前九時。開於宜蘭公學校講堂。有橫山郡守前神庶務課長。千葉視學其他來賓臨席。郡下各校長及男女職員約二百名出席。為報告收支決算。並磋商教育研究所關要項。乘機由該會聘請臺北帝國大學教授，增田福太郎氏主開講演會。官民多往傍聽。其增田講師「就本島人之宗教生活」為題。講演約一時半久。略謂本島人信仰生活。今就崇拜偶像、迎請等考究之。其偶像有可尊敬者。蓋神像乃一、價值之具體化。二、理想之現實化。理想之存在。蓋理想之極致者即神也。據聞基督教有被壞偶像說。主張否認神像。考其理由。為偶像過多。惟恐壓倒。信仰精神。不則基督教中。亦有神像繪畫。依其說明。非以神畫為信仰對象。然對偶像否定。有難共鳴者。又本島廟宇中。崇拜偶像外。更有配像。如本神外更配之夫人。公子。如城隍爺土治公者是也。不可以於慰安而笑譴之。何則本尊與夫人。公子之配像。別有深遠意義。其數屬三。夫三者有微妙哲理存焉。德哲學之說三者。合於正反合。有關連不可離者。同教授次論及本島輓近思想。謂本島思想界。似屬啟蒙期。與神個人、社會國家等……。（《臺灣日日新報》，昭和五年五月十三日）

祠廟和宗教的訪談與參觀記錄。至於增田是否著有《童乩》一書，林美容編的《臺灣民間信仰研究書目》（增訂版）、林富士的《孤魂與鬼雄的世界—北臺灣厲鬼信仰》等書，都著錄增田福太郎曾著《童乩》一書。其實那是個誤解，只要將《童乩》序文對照《民俗臺灣》卷 1 期 1 上談童乩的文章序，即可知《童乩》的作者是國分直一。這個誤解主要是因古亭書屋的高賢治將《童乩》此抽印本放入增田福太郎的《臺灣の宗教》中所致。

再來介紹的是曾景來和李添春。曾是美濃人，著名的宗教研究者李添春的表弟。李添春也是美濃人，因為從小身體不好，所以寄養在寺廟，後來到基隆靈泉寺出家，之後入「臺灣佛教中學林」讀書（江燦騰，1997：74-75），他畢業後進駒澤大學進修，這是日本著名的佛教大學。當時臺灣佛教深受日本佛教的影響，很多寺廟或齋堂住持會將傑出的徒弟送到日本佛教大學留學，且日本的佛教大學除了專攻佛教的學問外，還要學習現代的學科。曾景來看到他表哥的情形，覺得不錯，就跟著他去讀駒澤大學。

畢業後他們都回到臺灣，李添春協助增田福太郎，從事宗教調查，留有一些讀查手稿。在調查結束後增田福太郎被派去臺北帝國大學，李添春就跟著去做助教，終戰後成為接收臺灣大學的人物之一。為什麼這些研究宗教或民間信仰的人，會被分發到臺大理農學部的農學科呢？日人的學科分類一個很有意思的地方是，他們認為研究農業不能只鑽研技術性的東西，還要瞭解農民在想什麼？生活中受何種信仰支配？因此官方將這些研究民間信仰的學者調到農學部，希望能明瞭農民的想法。而曾景來則直接到總督府文教局做事，並負責編輯《南瀛佛教》。1937 年時他出了一本書《臺灣の宗教と迷信と陋習》，主要是利用總督府在大正及昭和年間的兩次宗教調查資料，來分析臺灣的民間信仰，且集中討論王爺、媽祖、霞海城隍、有應公信仰及虎爺信仰等內涵。為什麼書名叫做《臺灣の宗教と迷信と陋習》呢？因為當時已進入「民風作興」與皇民化時期，他的研究是為了讓皇民化運動更順利地推行。雖然有其目的，但該研究仍奠基於客觀的資料上，所以此書還是很值得參考，尤其可以反映民間信仰在皇民化前後時期的轉變。

最後要談的是戴炎輝，這個人一般研究者都不太熟悉！他從法學的角度，寫下幾篇名著，如〈村庄及村庄廟〉、〈支那、臺灣に於ける神明會〉（發表於《臺法月報》中）。尤其是神明會的論文，可說是此方面研究的先驅，可惜，其成果識者不多！

五、日治時期的宗教調查報告

日治時期臺灣有 6 次與宗教信仰關係密切的調查。第一次是明治三十一年臺灣總督府調查各地社寺廟宇及寺廟遭日本人員機關借用之情形。第二次是明治三十三～四年地方政府調查日本佛教在各地佈教之情形[10]。第三次是舊慣調查，調查臺灣人民的信仰與風俗，以為日後施政執法之參考。這是臺灣較早的官方資料，且因此次動用官方行政系統配合調查，故調查所得的資料即《臺灣私法附錄參考書》，相當值得參考。此次調查後來編成《臺灣私法》，在明治四十三至四十四年（1910-1911）左右發行。第四次是在大正四年（1915）西來庵事件發生後。之前抗日活動和宗教的關係並不密切，就算有也只是盡一點援助而已，然而西來庵事件卻是完全以宗教手段動員民眾並募集資金，因此自大正四年八月開始，日本官方就著手調查臺灣的宗教信仰。首先由公學校教員負責學校附近的寺廟，要求寺廟負責人填寫《寺廟臺帳》的表格。由於正值西來庵事件之際，這些負責人認為政府是要利用這個機會掃蕩，因此他們都是用應付的態度來填表。大正六年（1917）這些表格都收回來了，日本官方看了以後覺得很草率，要求做第二次確認，「寺廟臺帳」

---

[10] 詳見溫國良編譯《臺灣總督府公文類纂宗教史料彙編》（明治二十八年十月至明治三十五年四月），頁 25-82，205-54，261-468，臺灣省文獻委員會，1999 年。

表格修改成「寺廟調查書」，以小學教員的調查報告為基礎，要求寺廟負責人到所在地的保正家核對，警察則在旁監督，徹底用行政命令配合警察系統，因此這批資料特別詳細可靠，後來這些資料統稱為「寺廟臺帳」（王見川，1997c：83）。

此外，日本政府還在文教局之下設立社寺課負責管理宗教，第一任課長是丸井圭治郎，他是臨濟宗信徒，曾綜合這些《寺廟臺帳》寫過《臺灣宗教調查報告書》卷 1。第五次調查主要由增田福太郎負責，雖然也是有官方經費支持，但沒有動用到行政系統，所以只某一部份的調查具參考價值。最後一次是「寺廟整理運動」後果的調查，由宮本延人主持，其報告是油印本，後於 1988 年由宮本以《日本統治時代臺灣における寺廟整理問題》出版，而原來的一份油印本，現藏於中研院民族所，係陳紹馨捐贈。關於這份資料的價值，康豹（P. Katz）曾為文介紹，請參考。此外在日本領臺初期，日本佛教僧侶在臺所做的調查報告，刊於曹洞宗《宗報》、淨土宗的《教海一瀾》和各宗聯合組成的「臺灣佛教會」發行的《臺灣教報》中，有不少民間信仰的資料，值得注意！

最後我想跟各位介紹宮本延人回憶錄中的資料，他回憶皇民化時期的情況說：「從昭和十四、十五年（1940）前後，……皇民化運動的發展，……這是指廢掉漢民族原有的宗教習慣，改以日本思想及宗教觀來作替代的運動，也可以說是促進日本化的運動。這也是廢除道教系統的臺灣寺廟信仰，迫使他們到日本的神社及日本系統的佛寺參拜的運動。……這種運動逐漸提高層次，而出現了要把廟裡的神像集中起來，加以焚化或丟到河川中流走的行為。有一個村落因為不忍心把村裡的神像放火燒掉或放水流掉，而把數十尊神像用卡車運到臺北帝大我們研究室來，請我們當作標本加以保存。我沒有辦法拒絕，只好接收過來存放到標本室的一個角落。另外還有一些部落出現給每戶分配皇大神宮的神符但收費一角或五角的團體。我曾經聽到分配到這種神符而被強收金錢的人說，政府很會賺錢一類的話。當時我曾到地方村落，看到有些廟宇還保持原來的面目，但有些則已被搬空而變的一無所有。我詢問村落中的人，有的回答說這樣可以節省祭祀的經費，所以是好現象。也有的感嘆地說，被搬走信仰的對象，頓失依靠。有的則認為這是暴政而十分憤慨。此外也有默默不作回答的。……與其說是寺廟的整頓，不如說，當寺廟拆除到高潮時，我們聽到了諸如前面已說過的，有人看到神像被放火燒，老人家流眼淚等種種悲哀的消息。有一次，我以三、四天的旅程待在臺南，目的是去觀察臺南的媽祖廟及佛教的開元寺等。我把行李放在旅館後，便先去媽祖廟，當我剛跨過廟的門檻時，馬上從裡面跑出來一位中年男人。他很恭敬地鞠躬點頭後問：『是宮本先生嗎？』我回答是之後，他向我作這樣的訴求：『先生大概不知道，在幾日之內這座廟就要被廢掉了。上面已經決定連同整個財產都得交給臺南市役所了。但是這是臺南最古老的一座廟。每天前來參拜的人很多，是很重要的廟。懇請以先生的力量來阻止這個計畫吧。』我當場答應這一請求，並且說應該不會有這種事吧，我將會到市役所去說服他們。進到廟裡，也聽到其他人傳說同樣的消息。還說，就在最近將進行拆除招標。我隨即到市役所內管理社寺係單位的辦公室。我拿出名片，說明是為著媽祖廟的事情，要見主管官員。……這個案件的來龍去脈原來是，當時正值戰爭的高潮，當局以決定建造臺南州出生戰亡的慰靈塔而找尋財源，結果決定是之該廟，用廟產抵充這一費用。似乎是因為我的突然出現，認為該計畫不妥而緊急取消。」（宮本延人口述，連照美、宋文薰譯，1998：185-89）
宮本延人交涉成功，免於廢除的寺廟是著名的媽祖廟大天后宮。由此可知，在中日戰爭初期，臺南市的寺廟整理運動頗為激烈。

六、戰後的宗教調查與研究者

戰後臺灣地方政府在民國四十一年左右曾調查境內的寺廟（嘉義市政府

民政局存有此資料）。臺灣全省在民國四十八年舉行宗教調查（之後每 10 年一次的宗教普查，只是例行填表而已），由臺灣省文獻會透過各縣市的禮俗文獻課，發一份仿照寺廟臺帳的表格，至各鄉鎮主管寺廟的負責單位，再由其派人到各地調查，並於一年內將表格送交臺灣省文獻會彙整。這個計畫的負責人是劉枝萬，他根據調查表，寫成一篇〈臺灣省寺廟教堂（名稱、主神、地址）調查表〉，發表在《臺灣文獻》卷 11 期 2。由於本計畫完全委託地方的基層人員，沒有動用其他的力量，因此調查所得的資料參差不齊，唯一的參考價值是可看出民國三十四至四十八年間臺灣寺廟的大略情形。這批資料正本收在臺灣省文獻會，複印本則在中研院民族學研究所。此外，民間的宗教調查很多，有的叫寺廟名鑑，有的則稱作聖地之旅。這些都是由宗教人士或寺廟人員在背後動員。民國六〇、七〇年代，一個私人的全國寺廟整編委員會，依神明來分類，進行全臺寺廟的調查，之後寫成《王爺》、《天上聖母》等好幾本書，基本上這些書部份尚具參考價值。後來自立報系出版社亦仿照此套分類，請學者、學生選擇重要寺廟作調查，出版一套《臺灣寺廟文化大系》。由於題材重複且調查水平低，嚴格說來，除黃文博《五府王爺》稍可外，整體水平並不高。假如以後要從事類似課題，一定要先消化《寺廟臺帳》等相關材料，以免勞而無功，浪費資源。

另外 3 個值得注意的資料是：1. 古蹟維修報告。臺灣著名的寺廟大多為古蹟，照規定數年得維修一次，因此有所謂的維修報告書。就我所見，大抵以成大建築系的西華堂、擇賢堂維修報告及李政隆的民雄大士爺廟報告，較具參考價值。這些維修報告因奠基於紮實的田野調查而值得注意。2. 寺廟堂史。以前這方面的著作不多，亦乏佳作，最近因寺廟齋堂皆委請學者撰寫，水準有所提昇，例如蔡相煇《北港朝天宮志》（增訂版）和拙著《臺南德化堂史》（增訂版）、《中壢圓光寺誌》。3. 祭典記錄。由於本土化與社區總體營造風潮之影響，各地著名的宗教祭典，逐漸引起重視與關注，而廟方或文化中心亦委託學者記錄、分析此類祭典。其中以李豐楙的《東港王船祭》、《基隆中元祭》較受矚目。

接著要談的是戰後臺灣民間信仰的研究者，第一位是劉枝萬，他在日本讀大學，專研中國民俗學，戰後回到臺灣。他是臺灣早期從事鄉土研究的代表，其代表著作是《臺灣埔里鄉土誌稿》，迄今此書仍是撰寫鄉土史的典範。除了該書外，《南投縣風俗志宗教篇稿》也是他很有名的著作，因為他田野調查工作非常優秀，後來就到中研院民族所。劉枝萬在中研院時著述頗多，其中與臺灣民間信仰有關的名著應屬《臺灣民間信仰論集》。此書主要記錄、討論臺灣民間重要信仰習俗，如「醮祭」及「瘟神信仰」，其醮祭部份現今仍極具參考價值。不過限於興趣，劉枝萬只著重由道士主持的醮祭活動，罕言及由佛教僧侶、鸞堂人士作的醮儀。至於瘟神信仰之探討，劉先生深受前島信次文章之影響，卻少提及他，也未觸及瘟神與道教之關係。所幸這一部份已由康豹、李豐楙的相關研究補足。而其對於南鯤鯓王爺的個案研究，似乎忽略清代及日治時期的相關記載，尤其是報紙的報導，以致價值日減。就我的理解，劉枝萬是由劉斌雄介紹、凌純聲聘入中研院的，照理說他到中研院民族所，應負有介紹日人（尤其是日治時期）相關研究成果之大任。不過，時間證明他並未在此方面發揮功能，間接延遲了民族所人員乃至一般人吸收、運用日治時期累積的成果。至今民族所的研究者，仍只能談戰後臺灣的宗教信仰，而對日治時期龐大的資料與優秀作品望門興嘆，可謂事所必然！

戰後從中國來臺灣的民族學者在臺大成立了考古人類學系，其第一屆的學生李亦園，後來在該系宗教研究方面，開出了兩個走向，一是研究、調查臺灣的民間信仰，另一則是介紹西方人類學關於宗教的理論。以前大學畢業要寫學士論文，他鼓勵學生從事臺灣民間信仰的調查。當時這批的學士論文，到現在有的仍是必要的參考書。不過，他個人似乎並未立下好的研究或田野典範，也未警覺人類學系或民族所的訓練過於強調英文，而不重視日文的學術傾向，以致這兩條路線得不到更大的發展。

1996 年中共實行文化大革命，有鑑於此，臺灣推行中華文化復興運動。

這給民間信仰很大的助力，原本只能以寺廟型態存在的宗教，自此有了辦活動的名義，可以說民國六〇、七〇年代基本上是臺灣民間信仰的蓬勃發展時期。關於這一方面，可參考《鸞友》及一貫道內部的資料。當時有些李亦園的學生投入記錄的工作，部份記錄頗具參考價值，其中又以行天宮及軒轅教為最著。不過，這些調查亦存在不少缺點，尤其是未掌握該宗教信仰的特點。行天宮是由鸞堂轉變成關帝信仰中心，為什麼大家都叫行天宮為「恩主宮」呢？因為鸞堂的主神叫做恩主。在鸞堂的傳說中，神明之所以降鸞是為了拯救我們，因為世間的人做太多壞事，玉皇大帝就想降下各種災難將人類消滅。而以關帝為首的三個神明就向玉皇大帝求情，要求不要將人們全部消滅，讓他們下去教化人類，因此老百姓為了感念祂們，就稱鸞堂的這些主神為恩主。而軒轅教是崇拜黃帝的，俗稱黃帝教，創辦人是位立法委員王寒生。關於軒轅教，請參閱我與李世偉合著之文章。

李亦園所帶出一批傑出的學生迄今都成為研究臺灣民間信仰和宗教的知名學者，如研究媽祖的張珣、一貫道的宋光宇。當時一貫道要合法化，除了必須以選舉方式支持國民黨外，還需要學界的人出來背書，宋光宇就在李亦園的指導下，對一貫道進行一、二年的密集、速成調查，寫成《天道鉤沈》一書，除奠定其學術地位外，也替他帶來一筆財富。其實《天道鉤沈》的完成，除了一貫道人士的大力配合外，若無林萬傳與張德福回憶錄之助，恐怕遜色許多。現今此書已成歷史文獻，其學術價值大減。最近他雖完成《天道傳燈》一書，但對一貫道信仰並未進一步深入的調查，以致《天道鉤沈》出版 10 年後的《天道傳燈》，仍極粗疏、空泛。我認為他最好的著作應是《宗教與社會》這本書，這是較早利用日治時期的報紙探討宗教信仰與商業關係之佳作。不過宋光宇有一壞毛病，即漠視他人相關研究，在文章中常未註明出處。張珣則是遵循李亦園另一走向，即介紹西方理論——朝聖理論，她以該理論來探討大甲鎮瀾宮的進香現象。

還有一位是林美容，她也是人類學系出身，其編著《臺灣民間信仰研究書目》（增訂版），是民間信仰研究有用的工具書。她以信仰圈和祭祀圈的理論來研究民間信仰現象知名。不過，此一概念目前仍引起極大的爭議與質疑。其實，寺廟不單只有祭祀的組織而已，尚有其他附屬組織，林女士以彰化南瑤宮信仰圈內的武館、曲館為研究對象，將民間信仰研究的層面延伸到文化面向，這是她的另一個貢獻。不過，因她不太重視文獻，未著力於日治時期相關資料的收集，以致未能深入，甚為可惜。至於專研道教的李豐楙，他最大的貢獻是從道教的角度，探究臺灣的民間信仰，尤以王爺、瘟神的研究最著名。康豹亦是採同樣的進路，但較具反省，不刻意強調道士的重要性。在臺灣，道教與民間信仰的關係頗為密切。除了道士是民間信仰活動儀式的執行者外，中國道教會亦是戒嚴時期民間信仰（或教派）的護身符。可惜的是，研究者多半只注意前一層，較少論及後者（王見川，1997b：235-50）。

李豐楙的學生鄭志明早期研究民間教派，曾出版《臺灣民間宗教論集》一書，取得一定成績，惟因其不懂外文，無法吸收外國學者及日治時期的研究成果，加之田野功夫不深，又未能參考相關研究，導致大量著作，未獲好評。近來，更抄襲我著作中的觀點，為「學術規範」立下不良的示範。不過，他將九〇年代新興宗教作一彙整，也算為學術界累積成果。而董芳苑先生，其最大貢獻是以基督教學術訓練研究調查臺灣民間信仰，替臺灣基督教的宗教研究，打開一條活路。其學生陳志榮、游謙、呂一中也承襲此方向，努力鑽研中。

還有一民間（或業餘）的學者，值得介紹。第一位是林萬傳。他費時多年完成名著《先天大道研究》，是臺灣民間教派個案研究的典範，若專業學者能效法其孜孜不倦精神，臺灣民間信仰研究會比現在更好！第二位是黃有興。其代表作為《澎湖的民間信仰》，其紮實詳細的田野調查，可說是區域研究的良好示範。第三位是黃文博。他對臺南境內民間信仰的調查，最受肯定，若能吸收外文、日治時期的資料及研究業績，咸信其成果會更大。

總體來說，現今學者（指有正式教職）比以往擁有更多經費及人手，然而其所得的成果，似乎不太相稱。原因很多，其中之一是學者忙於「外務」，不專心研究，申請大批的經費，多用來延用助理或研究生，為其作田野、寫報告（卻不能掛名），而本人只負責「潤筆」，完全忘記田野經驗的不可替代性，以致很多研究者只具「紙上田野」經驗，其成果也就可想而知，這樣的作法是非常不好的示範。至於學界常聽到的說法，沒錢作研究，然而現今學者的基本薪資尚稱豐厚，更何況每月的薪水已包含研究費，故研究為其本職，不然就應放棄研究費。相比之下，對研究助理或研究生而言，這是個學習的好時代，卻非研究的佳機。他們不僅事多錢少，且找不到穩定的工作，環境的壓迫讓不少傑出、稍具骨氣的學生，逐漸疏離研究，以致人才中斷。個人認為愈聽話的學生，愈沒有發展性，更別說光大師門。話雖悲觀不滿，幸而宗教信仰的研究，在外界尚可找到不少奧援，還是可以做出成績，所以不必喪志失望，個人與邱彥貴就是個例子。

七、「信仰特色」舉例

在此以幾個重要信仰為例。首先具有司法審判功能的神明，例如東嶽、城隍及大眾爺。這些信仰具有陰間法律或彌補陽間司法體系不足的特性，我們稱這些神明為「司法神」。若民眾在陽間的司法上有冤屈，可以在這些司法神像前以發誓或告陰狀的方式申訴，因為傳統老百姓對這些神明都懷有畏懼的心理，因此有其效用。在漢人觀念中人死後要先到城隍爺那裡報到，而城隍的上級單位就是東嶽。人死後若無人祭拜，會變成厲鬼擾亂居民[11]，為了安置這些孤魂野鬼，百姓就蓋廟來祭拜，有時居民也會在此乞求，因而產生了有應公，其進一步轉化的神明為大眾爺。

[11] 關於臺灣的厲鬼信仰或無祀者信仰，最近有林士、戴文鋒投入研究，取得一定成果。

在這些司法神的祭典遊行活動中，常會看到帶著紅衣服、掃把、桌椅的民眾，及一些仿官衙組織的兵將團。像紅衣服必須購自寺廟，要有廟的戳印才有效，這就牽涉到經濟活動。此外，往昔交通不便，信徒要到大廟進香並不容易，有的村莊久久才能進香一次，於是乾脆將神像的分身請回去，這也有一定的價格。日治時期的鐵路局尚會配合各地進香活動，給予車票折扣，而報紙亦會針對活動廣為宣傳。如果要觀察民間信仰的經濟活動或信徒之間、信徒和神明之間的互動關係，進香活動將是一個很好的切入點。

臺灣的王爺信仰種類很多，其來源有厲鬼、瘟神等，不過明清時代的王爺信仰與鄭成功並無關聯[12]。一般提及的王船，是瘟神系統的王爺信仰。屬於瘟神的王爺又分五福大帝、五年王爺和五府千歲等多種，這些王爺信仰都有送王船的祭典儀式。雖然名稱並不同。東港東隆宮和臺南縣南鯤鯓都是送王燒王船；五府王爺是將王船送到別的地方，表示將病菌帶到別處；而五年王爺的燒王船是送回原地，以示感念。除了燒王船之外，屬於瘟神系統的王爺和標舉「代天巡狩」的王爺，基本上都具有司法神的性格，但表現最明顯就是五福大帝，從祂的祭典儀式包括「開堂」、「暗訪」就可窺一斑。總之，臺灣的王爺信仰，尚需更多的微觀研究，如康豹以東港王爺、三尾裕子以馬

[12] 王爺信仰是臺灣民間頗重要的信仰之一，以往的研究，大都深受劉枝萬論著影響，雖然在劉之前已有前島信次人的傑出研究，但因受限於語文，現代學者並未吸收其成果。1980 年代，蔡相煇《臺灣的王爺與媽祖》一書另闢蹊徑討論王爺信仰，引起一定的注目。蔡相煇認為臺灣的王爺信仰與鄭成功有關，如臺南府治東安坊之二王廟，係鄭成功、鄭經二人；而鳳山縣之崑沙宮供奉之三太子，乃指鄭克臧（1989：31-40）。對此，康豹在《臺灣的王爺信仰》一書有很好的批判，可以參考。在這裡，我以最早的相關史料來說明此一問題。在蔣毓英纂修的《臺灣府志》卷 6 提到：

> 二王廟：在東安坊，云神乃代天巡狩之神，威靈顯赫，土人祀之，內有寧靖王行書扁代天府三字。崑沙宮在鳳山縣土墼埕保，神稱三太子，有寧靖王手書崑沙宮三字扁額。

由引文可知寧靖王曾替二王廟、崑沙宮書匾。眾所周知，寧靖王在鄭成功去世後，就不受鄭氏王朝人員禮遇，淪落他方。他對鄭經、鄭克臧是沒感情的，怎會替奉祀二人之廟題匾呢？由此可知，二王廟、崑沙宮供奉的神祇，不可能是鄭成功祖孫三代。況且，寧靖王貴為明皇室之後，更不可能替奉祀下屬(當代人)的寺廟題匾。依此逆推二王廟、崑沙宮供奉之神祇並非當代人，也非鄭成功祖孫。依《臺灣府志》記載，二王廟和大人廟供奉代天巡狩之神，既然二王廟非奉祀鄭成功父子，那同為「代天巡狩」性質的大人廟亦非崇奉鄭成功，就很明顯。

鳴山五年王爺為考察中心，才能凸顯其性質。

光復前臺灣不少祠廟由僧侶住持[13]，這個現象由二個因素造成，一是清

[13] 清代臺灣僧侶住持之祠廟

號次	寺廟名稱	建寺時間	主神	記事	經濟來源	根據
1	笨港天后宮	康熙 39 年	天上聖母	僧樹壁，於康熙三十三年攜來，紳民共建	義渡收入	
2	屏東天后宮	道光 7 年前	天上聖母	興隆寺僧楷榮募建		臺私，頁 236
3	臺南三益堂	康熙 40 年	水仙尊王五王	歲給住持僧齋奉	店面租金	南碑，頁 29
4	屏東里港天后宮	乾隆戊辰	天上聖母	莊民建	店稅	南碑，頁 54
5	屏東萬丹上帝廟	乾隆 39 年前	玄天上帝	僧收稅祭祀捐貲者	店稅	南碑，頁 95
6	嘉義溫陵廟	乾隆 42 年	天上聖母	住僧掌理	田產收稅	南碑，頁 188
7	高雄左營城隍廟	乾隆 38 年前	城隍	住僧管理	田產收稅	南碑，頁 402
8	嘉義厲壇	康熙丁酉年前	無祀鬼	住僧按時祭祀捐貲者	田產收稅、放貸收息	南碑，頁 450
9	臺南銀同祖廟	道光 22 年	天上聖母 保生大帝	住僧奉香火	屋稅	南碑，頁 476
10	彰化關帝廟	雍正 13 年	關帝	戒僧覺欽住持（官建）	官給	中碑，頁 1
11	彰化新祖宮	乾隆 57 年	天上聖母	延僧住持（官建）	田稅	中碑，頁 10
12	彰化北斗奠安宮	嘉慶戊辰年	天上聖母	街民共建	店稅	中碑，頁 44
13	臺中萬春宮	道光 4 年	天上聖母		田稅、店稅	中碑，頁 91
14	彰化田中新社宮	嘉慶元年	天上聖母	街民共建、僧不得管事	田稅	中碑，頁 127
15	彰化二林仁和宮	嘉慶 20 年	天上聖母	紳商鋪共建		中碑，頁 127
16	竹山開漳聖王廟	嘉慶 24 年	開漳聖王陳元光	僧住持	田稅	中碑，頁 131

代法律只允許僧道住持寺廟，二是臺灣甚少出家道士。之後形成例沿襲至今，這也是臺灣民間信仰頗具特色之處。

一般人認為三山國王是客家人信仰的神明，但邱彥貴推翻這種說法，我認為這是他最重大的研究成果。邱先生認為三山國王是粵東的地區性信仰，那裡住有閩南人和客家人，所以該信仰的信徒即包含福佬及客家人，而非客屬專有。這是邱先生的論點，雖然這個說法會引起客家人的反彈，但我覺得這是近幾年來最有開創性的研究論點。邱彥貴的研究和專注特定課題（如林萬傳之於先天道研究），不囿於成見及方法學上的反省，都值得學習。

17	鹿港城隍廟	道光 30 年	城隍	爐主為主、僧為輔		中碑，頁 148
18	新莊慈佑宮	乾隆 55 年前	天上聖母	僧守規矩，為受雇者	田租、店租、渡稅	中碑，頁 64、140
19	淡水慈佑宮	嘉慶元年	天上聖母	僧住持（廣西）	船稅	北碑，頁 72
20	臺南普濟殿	嘉慶丁丑年	王爺	三郊募建，嘉慶 24 年蓋好僧舍		南碑，頁 211
21	澎湖天后宮	道光 25 年	天上聖母	監生、商人捐貲，僧祭祀	屋稅	南碑，頁 646
22	玉井北極殿	嘉慶 9 年	玄天上帝	士紳建（配祀觀音）	渡稅	南碑，頁 311、410
23	臺南大天后宮	康熙 23 年	天上聖母	官建	官費	高志，頁 950
24	臺南關帝廟	康熙 29 年重建	關帝	官建	官費	高志，頁 951
25	鹿耳門媽祖廟	康熙 58 年	前祀媽祖 後祀觀音	官員捐建，僧舍六間		《臺灣縣志》，頁 210
26	東安坊龍王廟	康熙 55 年	龍王	官建		《臺灣縣志》，頁 257
27	鎮北坊田祖廟	康熙 55 年至 59 年間	田祖	齋房 3 間，今僧普餘居住，官建		《臺灣縣志》，頁 258

上表僅就方志、碑文、契書歸納所得，可反映有清一代僧侶住持祠廟（非佛寺、齋堂）的情況。其中臺私是《臺灣私法附錄參考書》，南碑是《臺灣南部碑文集成》，中碑是《臺灣中部碑文集成》，而北碑是《臺灣北部碑文集成》，高志是高拱乾《臺灣府志》之簡稱。南碑、中碑二碑文集成係用省文獻會重印臺銀本，而北碑是臺北市文獻會本。

民間信仰的調查方法基本上可分為人類學和歷史學兩種。人類學的研究方法就是選定調查點後，最少必須在田野居住半年以上，因為資料多來自田野調查，所以相當強調和當地人民生活在一起，是自身參與研究調查對象的調查方式，其成果反映於民族誌中。而歷史學的方式則是先設定一個問題，或對研究的對象已有一定程度的了解，再到調查地點以較少時間取得答案，不過這種調查方式若沒有解讀文獻的基本素養與事前的準備，會變得非常粗糙。若你想採取歷史學的方法來做調查，我建議事前的準備要充足，要掌握好文獻資料並找對受訪人。如果時間足夠，我還是建議採用人類學的方法。此外可閱讀有關風水的書籍，蓋廟首重風水，廟的空間配置牽涉到信仰的表達。除了風水的知識外，廟宇本身的雕刻也很重要，尤其歷史悠久的寺廟，它所保存的文物如匾額更值得重視。日治時期官方或名人會贈送許多匾額給寺廟，改朝換代之後，這些匾額有的被丟棄，有的則被塗改，據我所知尚有部份匾額仍保留原貌，各位在調查時可以稍加留意。另外，寺廟的內部文獻也很重要，目前遊行賽會的資料最為罕見，若大家在調查時能看到這些資料，應特別留意。

附錄

審訂時，偶見馬鳴山五年王爺資料，附錄於此，以備參考。在日據時期蔡秋桐〈王爺豬〉中提及：「……舊曆十月，那就是我們 HPT 地方奉請王爺公的期日，王爺公是合境的守護神，在這地方所有善男子善女人，沒有一個無信奉王爺公，你是無信奉王爺公的囝仔，口得長大成人。但王爺公只有一尊金身，所守護的地方又這樣廣濶，所以祂的金身不能常常鎮在一地方，各處輪流迎請，每五年纔能輪值一次。今年恰是 HPT 地方值年。順這機會，凡這五年來各口各灶，因為厝內人口的無平安，或是豬仔口食洣，所許下的善願，總要在這時酬答神恩。因有這緣故，家家戶戶，自三年前二年後就準備著要敬王爺的豬了，到了那時候，沒有分別是富戶也是散家，大小無論，一戶若準備刣一隻，一口灶（一戶人家）送做一斤重，噢啊！呆算，怎驚沒有香腸！……

他也有體也有禮對大眾保甲役員擲了一下頭說：『嘤！再無幾日，這地方要請王爺了，王爺豬不知有幾許？你們所有要刣的豬羊，保正要豫先調查詳細來報告，知影嗎？際此經濟大國難，若是可以儉起來的著要儉，可省著要省，豬減刣些，金紙減燒些，將這沒有意義的費用節省起來，來國防獻金，你們的名聲，你敢知？一時能夠驚動全臺，我很希望有這款的人出現！』

眾保甲役員聽著 S 大人要克歛王爺的費用，大驚失色，如果 S 大人強要主張起來，如何是好呢？這時候，個個都很緊張，眉都蹙著，都現出憂愁面容，要聽 S 大人的末後那句：

『總之，大家要想想看，我卻也不是絕對叫你們，不可敬王爺啦，豬羊若是不得不著刣者，偷刣是絕對不可！本官當日要到各口灶去搜呵！那被我搜著是要罰金……』……

請王爺公的日到了，這日在午前四點左右就有聽見鑼鼓聲響了。我忐忑醒來，由遠遠聽著悲慘的哀鳴，使得我底心兒也憂悶得很！望了再望，五年一度的請王爺，應應該該是無限歡喜快樂，因何反得愁悶？然而任你怎麼想，精神都是被那自然的戰勝過去。

豬的慘嘩，羊的哀鳴，更不絕耳，整個的庄裏，都被哀慘聲音充塞著了，將死的王爺豬，已經被綑縛在各人的庭前了，保正伯三副，甲長兄二副、或一副，或刣豬、或刣……

唉！王爺公啊！你有看見嗎？有聽見嗎？如果你是有聽見這弱者，無力可以抵抗的悲鳴，你的心也忍得過嗎？

人叫你臭耳人王爺，你當真耳孔無聽見嗎？聲聲叫著苦，聲聲哭著苦，這憨大豬，也像曉得死日將到了，那麼萬人稱呼你是王爺，豈沒有點慈悲的心嗎？

九點鐘左右，S 大人到來了，一隻一隻的王爺豬，扛到堀仔邊去，掘的周圍的灶堀或向東，或向西，此一孔，彼一堀，為著刣王爺豬，竟然無顧到前日衛生課長來光顧時所修整的池堀，仍然凸凹不齊了，池邊又是孔孔堀堀了，用土黐糊過的堀岸，拔倒虱母的魚池邊，光光滑滑的堀裏面，又被破壞去了。臨時屠場，火煙四起，竹箍聲，汲水聲，王爺豬的哭聲，刣豬人的呼喊聲，併做了一回屠場交響樂。

約略過了二、三點鐘，王爺豬也刣好了，王爺也入境了，庄眾集齊到壇前來了，壇柱糊了一對聯，寫著：

天泰地泰三陽開泰，神安人安合境平安

這個小小的村庄，請王爺公，同時也請媽祖婆，大轎二頂、旗對、鑼鼓陣，但是整個庄，發了總動員令也是腳手不足！

爐主頭家真是忙個不了，點轎班啦，開發旗對、鑼鼓陣啦，整個庄如臨大敵。

是十月的天候，風強得很，壇又建在當風孔的所在，所以要結堅固些，不然灼雖點起來也是不能著火，今晚上，整個庄的弟子善男信女，攏總是要來燒金，拜媽祖，拜王爺。結壇，就要特別設計，用心考慮的結果，搭起來就是如此。壇的北面要遮風，特別用了楝柱，再圍著一重田菁，奉祀神位的所在用車屏，卻也有些清氣相，不過車土車糞的舊車屏，也是免不了還染有些屎尿的餘味！兩傍只用破蕃黍薦遮著，頂面的布帆可惜因為太老，自王爺未入壇，已經被那無情的風，吹破了許多裂。香座上另舖著要一片棚板，媽祖二仙，王爺一位，當境的元帥一尊，香爐是暫時借土地公的，灼臺是特製的，芭蕉欉，切成尺來長一節，須用多少盡有多少，足理想無比，案桌上的沙舖有些寸外厚用以防止火氣。

壇內已經燒香點灼了，王爺豬也攏總扛到壇前來了，所有要敬王爺的物品也一齊排在境前了，眾弟子手拿著香，跪在案前，因為人太多，一直連到壇前去，代表格的佛仔保正和王爺公談起話來……

經過了初獻禮、亞獻禮、三獻禮之後，佛仔保正就起來擲筶，據說「王爺公嫌大家禮較薄」，聽了這句話眾信士恐慌了，「求！保正！求啊！」大家呼喊著，於是佛仔保正就再點了三條香在手，恭恭敬敬地再跪落王爺面前代表眾人又祈求求著。

「今年年冬太呆，有五穀賣無錢，豬又遭瘟，所以沒有大豬可以刣來敬汝王爺，總是王爺公汝也都疊疊會到，寅—午—戌是汝應饗的年齡，今年庚午明年辛未—壬甲—癸酉甲戌—到甲戌年糊塗蟲等，當準備著大大隻的豬公來敬汝王爺公，可以補貼今年的不足，請汝歡歡喜喜鑒納，鑒納大家這一點心，保庇糊塗蟲等，腳健—手健—富貴長命。」

整個庄的弟子這時候都端端正正跪在壇口，等王爺公鑒納過的啟示——聖筶。（本篇原載《臺灣新文學》卷 1 號 3，1936 年 4 月 1 日出版，這裡用的是張桓豪主編《楊雲萍、張我軍、蔡秋桐合集》中的版本，前衛出版社，1996 年，頁 251-59）

後記

本文是筆者以 1998 年 2 月於「直蘭研究」第三期研習營上的演講稿（林惠玉小姐記錄整理）為底本，稍作刪添與校對，並補充相關資料而成。囿於時間與能力，未能對相關研究按類評述整理，及整理出完備的註釋與參考書目，特此致歉。前輩學者如劉枝萬〈臺灣民間信仰之調查與研究〉、張珣〈百年來臺灣漢人宗教研究的人類學回顧〉中有所詳論的部份，本文即不多談，請自行參閱。再者，林美容《臺灣民間信仰研究書目》（增訂版）曾著錄之資料，在本文參考書目中即省略不附。最後感謝林惠玉小姐、陳偉智先生、林漢章先生、賴鵬舉先生、黃榮洛先生之幫助。

參考書目

王見川

1997a　〈光復前的北港朝天宮——兼論其與其他媽祖廟之關係〉。《民間宗教》3：251-71。

1997b　〈王翼漢與戰後臺灣的道教、軒轅教〉。《民間宗教》3：235-50。

1997c　〈西來庵事件與道教、鸞堂之關係——兼論其周邊問題〉。《臺北文獻》直字 120：71-91。

1997d　〈關於碧霞宮——兼答林靜宜之質疑〉。《宜蘭文獻雜誌》27：75-94。

1998　〈關於慈惠堂——《飛鸞》中譯本代序〉。《民間宗教》4，出版中。

王見川、李世偉

1997　〈關於日據時期臺灣的媽祖信仰〉。《民間宗教》3：351-56。

江燦騰

1997　《當代臺灣佛教》。臺北：南天書局。

江燦騰、王見川

1997　《雲林縣發展史，宗教與社會篇》。雲林：雲林縣政府。

伊能嘉矩著、楊南郡譯

1997　《臺灣踏查日記》。臺北：遠流出版社。

成大建築系

1996　《臺南市三級古蹟西華堂調查研究及修護計畫》。臺南：臺南市政府。

1998 《臺南市三級古蹟擇賢堂調查研究及修護計畫》。臺南：臺南市政府。

宋光宇

1996 《天道傳燈：一貫道與現代社會》。臺北：王啟明出版。

李亦園

1998 《宗教與神話論集》。臺北：立緒文化。

李世偉

1998 《日據時期臺灣儒教結社與活動》。文化大學史研所博士論文。

李政隆建築師事務所

1996 《第三級古蹟嘉義縣民雄大士爺廟研究及修護計畫》。嘉義：嘉義縣政府。

李豐楙

1993 《東港王船祭》。屏東：屏東縣政府。

邱彥貴

1993 〈粵東三山國王信仰的分布與信仰的族——從三山國王是臺灣客屬的特有信仰論起〉。《東方宗教研究》3：109-44。

何鳳嬌編

1996 《臺灣省警務檔案彙編——民俗宗教篇》。臺北：國史館。

林品桐等譯

1995 《臺灣總督府檔案中譯本》第6輯。南投：臺灣省文獻會。

林美容編

1997 《臺灣民間信仰研究書目》（增訂版）。臺北：中央研究院民族學研究所。

陳玲蓉編

1922 《日據時期神道統制下的臺灣宗教政策》。臺北：自立晚報社出版部。

宮本延人

1988 《日本統治時代臺灣における寺廟整理問題》。奈良：天理教道友會。

宮本延人口述，宋文薰、連照美譯

1998 《我的臺灣紀行》。臺北：南天書局。

柴田廉

1996(1923) 《臺灣島民の民族心理學的研究》。臺北：南天書局。

陳美蓉整理

1995 〈民俗、信仰與宗教——劉枝萬先生專訪〉。《臺灣史料研究》6：142-52。

康豹

1995 〈日治時代官方寺廟史料的重要性——以東港東隆宮的問題為例〉。《臺灣史料研究》6：90-106。

1997 《臺灣的王爺信仰》。臺北：商鼎出版社。

張珣

1996 〈光復後臺灣人類學漢人宗教研究之回顧〉。《民族學研究所集刊》81：163-215。

1998 〈百年來臺灣漢人宗教研究的人類學回顧〉。刊於黃富三、古偉瀛、蔡采秀編，《臺灣史研究一百年：回顧與研究》，頁 215-255。臺北：中央研究院臺灣史研究所籌備處。

瞿海源

1922 《重修臺灣省通志》卷 3〈住民地宗教篇〉。南投：臺灣省文獻委員會。

黃有興

1992 《澎湖的民間信仰》。臺北：臺原出版社。

增田福太郎

1942　《東亞法秩序序說》。東京：グイヤモンド社。

劉家謀著，吳守禮校注

1953　《校注海音詩全卷》。南投：臺灣省文獻會。

劉枝萬

1983　《臺灣民間信仰論集》。臺北：聯經出版公司。

1994　〈臺灣民間信仰之調查與研究〉。《臺灣風物》44（1）：15-29。

臨時臺灣土地調查局編

19881（1905）　《臺灣土地貫行一斑》（1-3 冊），臺北：南天書局複刻本。

釋慧嚴

1997　〈西來庵事件前後臺灣佛教的動向——以曹洞宗為中心〉，《中華佛學學報》10：280-310。

第十七章 民間信仰與社會網絡*

林本炫
聯合大學客家學院文化觀光產業學系教授兼客家學院院長

本章大意

本文主要探討個人的改宗行動當中，社會網絡扮演的重要性，其在改宗行動中扮演的角色，以及運作的模式。作者認為社會網絡在新興宗教及一般既有宗教都是其中重要關鍵，因此著力於社會關係在宗教領域產生的影響，以及其動態過程和其內在機制。透過Mark Granovetter的「內嵌」(embeddedness)，提出社會網絡定義；即具體的人際關係以及人際關係的結構，進一步討論社會關係在個人改宗行動扮演的效用。作者首先從兩個宗教傳統談起，William James《宗教經驗之種種》，認為改宗者是一種將危機加以統整的過程，並且經歷改宗現象的個人會有肯定狀態。另一個則是Dooms Day Model的傳統，認為個人生命中出現緊張，是引領一人從世俗解決方式轉向到宗教的關鍵，試圖凸顯改教者的主體性。試圖梳理社會學理論、經濟學理論在宗教學運用的脈絡。作者選擇中央研究院民族學研究所1994年進行第二期第五次的「臺灣地區社會變遷基本調查」中「問卷二宗教組」材料，來做為其改宗理論的分析基礎，並深入分析願意深入訪談的個案資訊；透過資料的檢視分析，確立社會網絡在宗教信仰的改變上具有其重要性。

* 本文原題為〈社會網絡在個人宗教信仰變遷中的作用〉，刊於《思與言》37卷2期（1999）：173-208。

一、前言

有關社會網絡的研究，近年來成為社會學研究的重要研究取向。許多研究領域的學者，都希望能夠從網絡研究的方法或者理論取向，對於該領域的研究有所突破。就宗教研究來說，尤其是有關宗教的傳播以及個人的改宗（conversion），在一般人的印象中，透過社會網絡而傳播某一宗教，例如慈濟功德會運用社會網絡而有快速成長；此外，個人的改宗行動中常有社會網絡因素的介入，也是在觀察個人層面的改宗，令人極為深刻的印象。這篇文章的重點，主要就是在探討，在個人的改宗行動當中，社會網絡究竟具有何種的重要性？此外，社會網絡在改宗行動中發揮何種的角色？或者說，如果社會網絡果真如此重要，那麼社會網絡在個人改宗行動中必然能夠成功運作嗎？如果不能，那麼是何種力量阻礙了社會網絡的運作？如果社會網絡成功運作，當中的「作用機制」又是如何？這種作用機制和社會網絡在其他類型的社會行動當中成功運作所賴以成立的作用機制是否有所不同？

不論是新興宗教或是一般既有宗教（established religion），蘊含著社會關係成分的社會網絡，是其中的重要關鍵。然而，社會網絡是否必然運作成功？在何種情況下運作成功？何種情況下又可能運作失敗？新興宗教團體實際上如何運用社會網絡？新興宗教信徒和既有宗教信徒在改宗過程中對於社會網絡的使用是否有何不同？這些都是可加以詳細探討的重要課題。我們不但不能滿足於一般泛泛的說法，認為宗教團體的傳佈，尤其是新興宗教團體的擴展，和社會網絡有關，如此而已，而且必須進一步細緻地加以分析。換句話說，一如社會關係在人類社會行動的其他領域（例如經濟領域）所產生的影響一樣，社會關係在宗教領域（新興宗教的擴展，個人的信仰的改變）所產生的影響作用，其實際動態過程和內在機制有必要加以研究。

「社會網絡」（social network）是什麼？Mark Granoveter（1985: 501）在

他著名的有關「內嵌」(embeddedness)概念的論文中指出，社會關係是內嵌在經濟行為中的，用以遏阻不法、增加信任。而社會關係則是指「具體的人際關係以及此種人際關係的結構(或網絡)」根據這樣的定義，本文所指的社會網絡和一般所理解的人際關係大體上是接近的，主要是指家人、親友、同事、朋友，乃至於熟識的鄰居。本文以下所探討的，即是一般印象中的這類社會網絡，在個人的改宗行動當中的重要性與作用。

二、從兩個研究傳統談起

關於「世俗化理論」或說「世俗化論旨」、「世俗化模型」的爭論，是二次戰後宗教社會學的重要核心所在。有關世俗化趨勢的探討，使得宗教社會學的研究和其他社會過程的研究相互分離，尤其是有關宗教經驗的研究，更是受到忽略。這種情形，直到六、七〇年代新興宗教運動興起之後，才有了改變(Nelson 1987: 130)。這種改變一方面是社會學裡的其他理論架構被引入宗教社會學領域，譬如象徵論、新涂爾幹學派的結構主義、(社會)運動組織理論、資源動員理論等(Robbins 1988: 15-18)，另一方面，有關「改宗」(conversion)等宗教經驗的研究，也在這個時候在社會學裡興起，同時也引起社會科學其他領域以及社會大眾的興趣(Holte 1992: x)。

儘管「改宗」的定義可能就有許多爭議(林本炫 1998)，但就「信仰的改變」這個最基本的意義來說，事實上，關於改宗的宗教經驗的研究，早期是由哲學家與歷史學家所注意，後來逐漸轉移到心理學家的研究(Ullman 1989: 4)。直到一九六〇、七〇年代新興宗教運動興起之後，社會(科)學家才開始注意到有關改宗的研究(Lofland and Skonovd 1981: 373; Suchman 1992: 15)，但是因為改宗研究集中在新興宗教成員身上，其理論適當性可能因為研究對象的選定而有問題(Suchman 1992: 16)。

William James（1902/1985）的《宗教經驗的種種》這本書，是有關宗教經驗研究最常被引用的經典之作。在這本探討宗教經驗的經典著作中，「改宗」這個問題尤其占有極重要的篇幅。James 認為改宗是「一種經由對宗教實在的堅定的持守，而使原先分裂的、感覺錯誤的、不快以及自卑的自我，變成統一、自覺走向正確、優越而且快樂的過程，而這過程可能是逐漸的，也可能是忽然發生的。」也就是一種將危機加以統整的過程，經歷改宗現象的個人會有肯定的狀態（state of assurance）（瞿海源，1989: 146）。

1960 年代因為新興宗教興起而引發的改宗研究，則首推 Lofland 所提出的模型最為著名而且重要（通稱為 Doomsday Model）。在這個模型中，改宗的完成包含了七項條件，或說七個階段，分別是：

1. 緊張經驗的持續。
2. 浸淫在宗教傾向的問題解決觀點裡。
3. 由此而將自己界定為宗教的追尋者（religious seeker）。
4. 在生命的轉捩點遇到某一個宗教團體。
5. 和該宗教團體之間形成社會網絡或者是原有本即有此種網絡存在。
6. 對於該宗教團體的負面阻力並不存在或者其他網絡缺乏。
7. 和該團體展開密集的互動，或是暴露在密集的互動當中。（Lofland and Stark 1965; Lofland 1981: 29-63）

就改宗理論的發展來看，Lofland 的模型至少具有以下幾項重要的意義：1. 意義與認同的整合。2. 互動論的、情境的，發展論的模型。3. 改宗者的分類。4.「宗教追尋者」的概念（林本炫，1998）。除了採用「價值累加」的模型建構方法建構有關改宗過程的模型之外，Lofland 這個模型事實上也可以說承續了 William James 以來的主要看法，認為改宗過程中涉及到意義與認同的整合，是對過去的內在生命危機的統整和消除。

在 Doomsday Cult 這本書中，Lofland 對於「宗教追尋者」這個概念做了進一步的討論。當個人在生命中出現緊張之後，個人是否採取宗教性的問題解決傾向，是其中的重要關鍵之一。當個人採取世俗的問題解決方案且宣告無效，而逐漸走向宗教性的解決方案，或者個人原本就具有宗教性的問題解決傾向時，這時候可以說進入宗追尋者的軌跡。或者，當個人原有的宗教信仰體系無法為個人提供問題解決與對不一致的詮釋時，他們開始界定自己是在尋找一個適當的宗教觀點，並且採取某些行動以達成此一目標。Lofland 似乎試圖藉此指出改宗者的主體性，也就是改宗的成功是當事人有意追尋的結果，而這種宗教追尋的歷程是否成功，受到先前尋找宗教觀點或是意識形態失敗經驗所影響，以及是否能夠融入團體成員當中，則成為這些改宗者和目前改宗團體在意識形態上能夠契合的最基本促成條件（Lofland 1981: 44-49）。不過，這個強調改宗者主體性的企圖，是和生命危機這個命題有所關聯的。換句話說，個人主動進入改宗的動態過程當中，是因為出現生命危機的緣故。而社會網絡雖然有所作用，但為改宗行動發動之後的一個媒介或是條件。

理性選擇理論則是另外一個完全不同的理論取向。理性選擇理論在社會學裡發展已久，但是用到宗教社會學的研究，則屬近年之事（Innaccone 1992: 124, Innaccone 1994)，而且是理性選擇理論在社會學各領域當中應用進展頗快的領域（Hechter 1997）。理性選擇理論在宗教社會學的運用並非僅只針對改宗研究，不過理性選擇理論關於改宗研究方面的觀點，則可以說是對於改宗研究有著和過去的主流傳統幾乎完全不一樣的態度和立場。

早期曾經和 Lofland 共同提出改宗模型，後來建立有關宗教的「交換理論」的 Stark，在他們三人合寫的文章中指出，由於社會學古典大師們認為宗教行為是前科學的、不理性的，甚至認為宗教是「原始心靈」的展現，因此終將隨著科學與理性的進展而衰落，此種想法自十八世紀以來主宰歐美思想界與社會界。整個所謂世俗化爭論的焦點，也就是科學與理性的進步使宗教衰退，這樣的想法不但因為近年宗教的復甦，尤其是新興宗教的抬頭，而無法獲得支持，它甚至於沒辦法解釋這樣的現象：何以高教育程度者未必如同這一理論所預測，有比較低的宗教參與，因為在此理論架構下高教育程度意味著比較世俗化的一群人。因此 Stark 等人認為，現在是必須採取有關人的宗教行為的經濟理性特質加以研究，超越社會學對宗教的傳統預設的時刻（Stark 等人 1996），並且以理性選擇理論的觀點從事有關宗教的實際研究（Stark and McCann 1993，Stark and Iannaccone 1994）。

將經濟學的觀點帶進宗教研究，認為宗教行為除了主觀的意義之外，也有理性選擇的行動在內，尤其是其中有關偏好、利益極大化、市場均衡等經濟學預設，是否能夠為宗教研究帶來新的曙光，仍然有待時間證明，同時此一理論目前也受到相當多的批評（Spickard 1998）。將宗教行動當成是理性的行動，而個人的宗教選擇乃是理性選擇的結果，這樣的想法可以看成是世俗化的產物。因為在一個高度世俗化的社會裡，我們才能想像一個人可以根據自己的意願選擇宗教信仰，不論這種選擇是基於何種動機，至少多元宗教市場的存在是其先決條件。反過來看，如果是在一個由「神聖的天篷」所籠罩的社會，宗教身份的取得幾乎是個人從小出生所命定，宗教信仰乃是由社會化而形成，宗教信仰的自願主義不存在的地方，我們就很難想像宗教信仰和理性選擇之間的關係，而宗教信仰要看成是理性行動，就有相當的困難。

理性選擇理論者認為，人們在選擇宗教信仰時，和他們在取得其他可供選擇的物品對象時是採取同樣的行為方式，也就是採取計算成本與淨效益的評估。因此，他們不但選擇要接受何種宗教，而且也選擇要參與到何種程度。而且這種選擇並非不可改變的，他們可以隨著時間而改變其宗教認同（religious identity），以及宗教參與的水平。基本上，這就是一種將宗教當成市場上之「商品」的一種前提。

在和改宗相關的方面，Innaccone 認為理性選擇理論的好處，可以解釋新興宗教常見的一些現象，譬如何以看起來「理性」的人（如教育程度不錯的人）會參加那些非傳統的宗教團體。因為這種理性選擇的成本分析可以告訴我們，這些宗教團體的信徒認為和其宗教的往來是一樁「好交易」（good deal）[1]。而傳統的社會心理研究取向，因為是以心理因素理解這些新興宗教與其信徒，因此往往就會陷入以「洗腦」、病態人格乃至於社會支持較弱這類概念加以解釋。這種過度心理化的理論模型，陷入了完全以個人因素解釋宗教團體與宗教生態變遷，認為宏觀的宗教現象乃是由微觀的個人心理狀態所總加而成。或者，亦有人批評這樣的取向乃是一種「被動的行動者」（passive actor）的取向，忽略了人的主動性與意義賦予（Richardson 1985: 110），不但將人看成是宗教團體的「心靈的俘虜」，甚且無法解釋，何以有些人會成為「俘虜」，而另外一些人則不會。

除了理性選擇理論將改宗行動視為如同消費行為一樣的充滿成本／效益計算的理性行動之外，就本文的旨趣來說，理性選擇理論和改宗當中的「社會網絡」因素有何關聯呢？主要可以分成兩個方面來討論。

首先，從成本／效益分析的觀點來看，適度嚴格但卻不過度嚴格的戒律可以增進投入與參與。而什麼樣的人最容易被吸引成為成員？顯然就是那些社會關係單純，在戒律的要求下無所損失或是損失不多（付出的成本較小）的年青人和學生，因為這些「適度嚴格但卻不過度嚴格的」戒律所要求的內容，有許多是和世俗活動或是個人的社會關係有關聯，而這也可以合理說明「網絡」在宗教傳佈與個人改宗當中所發揮的作用。因此，新興宗教團體或是宗派團體之所以吸引所謂「弱勢者」（年青人、黑人、婦女、低教育者），並非因為「相對剝奪感」，而是因為這些人相對上擁有較有限的資源與機會，在成本上付出較少（這是就一個人所擁有的社會網絡／社會資源的多寡，而遵守這些戒律的後果是使個人必須拋棄現有的社會網絡／社會關係為代價，從而融入宗教團體的組織生活當中）。

其次，Innaccone 認為（1992），宗教商品所依賴的是超自然的力量，這

---

1 為什麼是「好交易」？因為此說主張者之一 Stark 是「補償理論」的主張者，從此一理論來看，高教育程度者和富裕者也都有不滿足而需要「補償」的部分。

是宗教商品的優勢所在，卻也是其缺點。因為和一般的商品比較起來，宗教商品更加難以評估，對於「購買者」來說，承擔了更大的「風險」。因而宗教商品的存在與效用的檢證相當依靠信任關係[2]。Innaccone 以商品的二分類為例說明這種情況。有些商品是可以透過檢驗制度而評估，而有些商品則必須透過經驗來評估，前者稱為「search goods」，而後者則是「experience goods」，最典型的是中古車的買賣。Innaccone 說，由於宗教商品具備這種高風險性，因此宗教見證如果是由具有信任關係者來進行，而且明顯地見證者並不因他人之加入而獲得好處，那麼就比較容易取信於人。

Young（1997: 141）也認為，作為一種交換的標的，宗教經驗其實就是一種「風險性商品」（risk commodities）。換句話說，宗教經驗的價值在它被真實消費之前，是無法被個人所體驗到的，而宗教經驗的消費將會為個人帶來宗教資本（religious capital）的擁有。這種宗教資本的存在形態，則是有關宗教經驗的非理性知識（non-rational knowledge of religious experience），也就是有關宗教經驗的知識只能夠以實際體驗的方式獲得。而一旦個人獲得這種宗教資本之後，對於宗教經驗的持續追求就變成是理性的。[3]然而因為個人無法在消費它之前充分評估此種商品的價值，並且個人必須花費時間、精力、以及情緒在這種不確定的追求上，所以宗教經驗是一種風險性商品。因此，在個人對宗教經驗的最初消費經驗（這個經驗後來即轉變成宗教資本）

[2] 從這個角度，我們可以因而理解何以社會網絡在宗教傳佈上的重要性，但是這和個人改宗的「原因」是否為兩件不同的事情，下一節將有所討論。

[3] 也就是說，在實際體驗到宗教經驗的「效用」（「意義」的建構在這裡也可以被看成是一種「效用」。）之後，便可以實際評估是否要繼續維持或是保有這種經驗。我認為這樣就進入到「信仰維持」的層面。換句話說，在第一次取得這種經驗和後續的經驗維持上，可能是兩種不同的過程。而這裡所稱的風險性商品，關鍵就在於花了許多成本之後，才能評估其價值，這不像我們在購買汽車之前，就已經可以明確知道汽車所能夠帶來的好處和效用。而在這裡，我聯想到那些原先宗教傾向比較濃的人（家裡的宗教氣氛強，或是習慣以宗教架構思考問題者），在這個風險評估層次上，相較於欠缺這種背景者，對於宗教這個「風險性商品」的接受度就已經比較高。這一點如果和 Lofland 所提出的改宗模型的第二個條件，似乎就很有趣。

之前，需要有各種的社會機制，譬如類似其他各種商品的證明書、推薦書等等，以引發對此種商品的追求。(1997: 141) 而在宗教上，這種類似的機制就可能是人際之間的信任關係、公眾人物的推薦等等。

從以上的討論可以知道，關於社會網絡的問題，雖然不是整個理性選擇理論取向的宗教社會學的主要關注所在，但是有關社會網絡在改宗當中的作用，事實上是和「風險」的概念是相互貫串的，從這個角度看，似乎和 Granovetter 所談的，社會網絡於經濟行為中的作用相似。不過，在 Granovetter 所說，社會網絡乃是用以克服交易過程中的欺詐行為，而非交易標的本身，而理性選擇理論所言，乃是基於宗教作為「商品」本身所具有的「風險」性質，兩者仍有差異。

三、「臺灣地區社會變遷基本調查」問卷資料的發現

作者採用中央研究院民族學研究所一九九四年所進行的第二期第五次「臺灣地區社會變遷基本調查」其中的「問卷二宗教組」的資料。這份研究是在一九九四年七月中旬至八月底完成，採分層隨機抽樣，共有有效樣本 1862 份。作者根據問卷中的第十九題和第三十九題，分析受訪者所自陳的信仰目前這個宗教的原因。作者將第十七題「您目前信什麼教」和第十八題「在以前呢，您信什麼教？或是沒有宗教信仰」[4]做比較，根據受訪者在這兩個題目上的回答是否相同，將受訪者分成「經歷信仰變遷者」(作者將這類受訪者看成有「改宗」) 和「未經歷信仰變遷者」(沒有「改宗」)，就經歷信仰變遷者與未經歷信仰變遷者兩大類的民眾來說，在這個問題上的回答呈現出明

---

[4] 在問題的提示上，第十八題比第十七題多了「或是沒有宗教信仰」這半句話，或許是因為這樣，所以影響到第十八題回答「無宗教信仰」者的比例。

顯的對比。在統計分析上，作者將這兩個複選題的所有各個選項的回答次數總加起來，然後觀察每一個個別原因在整體回答總次數中的比例（「個別選項的回答次數／總回答次數」，而不是「個別選項的回答次數／總人數」）。

就第一個層面（第三十九題：「信目前宗教信仰的原因」）來說，除了「尋求平安」、「跟父母信的」這兩項原因之外，經歷信仰變遷者在「修身養性」、「尋求救贖或懺悔」、「尋求真理」、「了解生命意義」、「尋求智慧」、「減少煩惱」、「親友熱心引介」等各個選項上，都要較未經歷信仰變遷者有明顯較高的比例。「跟父母信的」成為未經歷信仰變遷者的主要信仰原因（占 34.7%），說明了「未經歷信仰變遷者」在本質上是經由社會化而取得目前的宗教信仰，在這一點上，有點像是「教會／宗派理論」（church/sect theory）中所說的「教會」的成員。至於「經歷信仰變遷者」所選取以上諸多原因，除了「親友熱心引介」一項之外（而這是一貫道信徒的主要特徵），都具有較為類似的性質，也就是這些原因都是對於自身生命意義的探索，或者希望是透過宗教知識與宗教修持改善自身心靈狀態。這樣的特質，也有點類似「教會／宗派理論」中所說的「宗派」信徒所具有的「志願性」特徵（Chalfant 等人 1987:90）。值得特別注意的是，「宗教領袖的吸引力」這一項，不論是在經歷信仰變遷者或是未經歷信仰變遷者當中，都僅占有極小的比例（分別是 0.9%和 0.6%）。

再從第十九題直接詢問受訪者改變宗教信仰的原因方面，從簡單的次數分配來看，分別是以「家庭成員的影響」、「受親友同事的影響」、「其他」、「新的宗教有說服力」、「時間因素」與「受配偶影響」為前面六個主要原因。如果將「家庭成員的影響」、「受親友同事的影響」、「受配偶影響」這三個和家庭關係與社會網絡有關的原因合併起來看，那麼占有 46%左右的比重（次數／總回答次數），而「新的宗教有說服力」和「新的宗教可以解決煩惱」合起來則占了 19%，「時間因素」和「其他」則合起來也占 21%。

由此可見宗教信仰的改變，主要還是受到社會網絡的影響[5]，其次才是新宗教的教義本身所具有的吸引力。[6]因為這一題是屬於複選題，有可能這兩類原因相互作用同時存在，但是由於總回答人次只有 441 人次，而經歷信仰變遷者有 362 人，作者進一步分析在回答「受配偶影響」、「受親友同事的影響」以及「家庭成員的影響」這三類和社會網絡有關的受訪者當中，同時也回答「新的宗教可以解決煩惱」、「新的宗教教義有說服力」者，共有二十九人。換句話說，同時有這兩類原因而改變信仰的受訪者，在以社會網絡為主的這些受訪者當中佔了三成左右，至於其中同時和宗教師有關的仍然不多。至於時間因素與其他項，則可以暫時說成是外在因素的影響。「原先的宗教不好」這一項只有 1.4%的比重，和前述「新的宗教本身吸引力並非主要因素」這一

---

[5] 嚴格來說，本文作者認為這些複選題選項所談的，可能是不同層次的問題。「社會網絡」究竟是當事人信仰改變的「原因」，或是「媒介」，可能連當事人都不是很清楚。固然，社會學界目前對於網絡研究極為熱門，而在文獻上可以追溯到 Mark Granovetter 的著作，然而，我們甚至可以說其實人類社會裡幾乎許多行動領域都有社會網絡的影響存在。目前也有若干位宗教研究學者對社會網絡在改宗上的影響究竟應該如何定位提出檢討，不過，當 Lofland 和 Skonovd（1981）二人對改宗動力提出分類時，在「情感性動力」這一類型即指出人際情感連帶的重要性，而這個說法後來也獲得 Stark 和 Bainbridge（1980）二人的呼應，認為人際連帶是徵募（recruitment）的基本支持力量。

[6] 這一點似乎和前面所說，經歷信仰變遷者在宗教選擇上的「自願性」不完全符合。不過，作者認為宗教選擇的「自願性」和社會網絡可能是兩件不同的事情。因為親友的緣故而改信，不能就說是沒有「自願性」（如果從理性選擇理論的角度來看，社會網絡所提供的信任關係只是減少風險成本的一種方式而已，而前提是個人有覺得尋求新宗教信仰的需求。當然，也有可能是受到社會網絡的影響之後，才產生想要改變宗教信仰的念頭。只是，在我們一般觀念中，自願性似乎比較是屬於純粹個人內心感動後的選擇。關於這個問題，Lofland（1981: 51-54）在他著名的有關改宗模型的第四個條件中，對於社會網絡的作用有生動的描寫。在 Lofland 研究的神光團信徒中，的確有若干人是因為親友、夫妻的網絡而入信，而且這種入信和網絡的關係，根據 Lofland 的訪問，有些人對於神光團的教義其實還是抱著懷疑或者是和其既有的知識（intellectual）背景相互矛盾的狀況，但是因為親友的社會網絡而使他／她願意繼續留在這個宗教團體裡，到最後逐漸克服或是忽略這些教義上的矛盾。而這種人際關係的作用，甚至發生在異性相吸的原理上。接受 Lofland 訪問的受訪者中，有人承認是因為對該團體內某一位女孩子愛慕而留在該團體裡。根據 Lofland 的模型，社會網絡的另外一個作用是，這個宗教團體外是否有阻止當事人成為信徒的負面作用力。因此，脫離既有鄰里、家庭社會網絡影響力的「社會原子化」的個人，這方面的負面因素自然就比較小，而成為信徒的機率也就比較高（在 Lofland 的模型中，其他先前條件不變的情況下）。

說法，形成合理的對照。而「直接受神的感召」和「受神職人員的影響」也都只有微不足道的比重，也和前一節的分析相互符合，說明了神職人員的個人魅力未必是改變信仰的重要因素。

以上的分析，大抵上得到這樣一個印象，即，當我們詢問受訪者「信目前宗教信仰的原因」時，主要來自於「修身養性」、「尋求救贖或懺悔」、「尋求真理」、「了解生命意義」、「尋求智慧」、「減少煩惱」等和生活或是生命意義建構有密切關聯的項目，但是在實質的信仰變遷過程中，當被問到「改變宗教信仰的原因」時，社會網絡又扮演相當重要的份量[7]。

四、深度訪問資料的進一步探索

為了進一步了解改宗行動中的實際動態過程，作者針對三十八位民眾進行深度訪問。訪問進行的時間從八十六年八月底開始，一直陸續進行到八十七年三月初。每位受訪者的訪問時間平均都在一個半小時左右，有幾位則長達三個小時。每一次的訪問都在取得受訪者同意後使用錄音機錄音，然後請專人將錄音帶內容逐字聽打成訪問稿。因為是逐字聽打，每份訪問稿平均大約都在一萬五千字上下。

在完成訪問的三十八位受訪者當中，包含不同的宗教信仰信徒。雖然研究者一開始是設定必須有信仰變遷者才是符合訪問的條件，但是一方面因為「信仰變遷」的定義不太容易界定，也不太容易傳達，因而在訪問完某幾位

---

7 因而這兩個範疇的關係究竟如何，值得進一步探討。依照作者的想法，當問到「信目前宗教信仰的原因」時，受訪者以「事後建構」的方式進行回答的可能性極大，譬如說，現在有些民間信仰者被問到有關其信仰時，有些人會回答「學習神明的精神」，尤其當他所拜的神明是以歷史人物為其神格來源時，但是他們未必是以「學習神明的精神」為當初的信仰動機，反而可能是因為治病或是靈驗的因素。

受訪者之後，才發現他們其實並不能算是有信仰變遷者，這樣的受訪者經過歸納整理之後，研究者認為其中十位是屬於沒有信仰變遷者，一共有二十八位的資料和改宗有直接相關。但是這十位沒有信仰變遷的受訪者在有些方面正好可以作為對照資料，並且其中也有涉及到社會網路的部分，所以仍然具有分析的價值。以下依照幾項主題將這些訪問資料的發現，先做初步的討論。

（一）接觸宗教的意願

這一主題主要是指入信到目前這個宗教團體或是道場前，是否已經出現接觸宗教的意願，它和入信到目前這一宗教團體當時的動機是不一樣的。

1. 是否有意願

入信之前已經出現接觸宗教的意願者，在比例上略多於一半。在這些入信前已經有接觸宗教意願的受訪者中，幾乎都有採取某種形式的行動。不論其接觸宗教之動機為何，除了兩個案例是受訪者已經有接觸宗教的意願時正好造成入信的社會網絡適時出現之外，這類受訪者通常會採取主動尋找道場、觀看電視上的宗教節目、自己讀經等行動。還有一個案例自陳想要接觸宗教的動機，是要尋找新的人際關係（打發上班之外的空閒時間），因此在宗教團體之前，也曾經主動參與「生命線」、「張老師」等團體。

2. 生命危機和家庭中的宗教氣氛

在這些有主動追尋宗教意願的受訪者當中，有十一位是明顯地在入信前曾經有生命的緊張存在。接觸宗教意願的出現都是因為生命中有緊張嗎？那倒也不一定，因為有幾位並沒有生命危機出現。那麼是否因為家人或是周遭親友熱衷於宗教而受影響呢？雖然比例頗高，但也不全然是如此，同樣是因為有些這類受訪者並不具備這樣的條件。家庭與親友的宗教氣氛也不是這種主動意願產生的充分條件，譬如有五個案例，雖然家人和親友有濃厚宗教氣氛，但是當事人對宗教的接觸意願卻不強。

不過，如果將生命中的緊張和家人親友的狀況合起來看，就可以得到有趣的發現，除了三個案例是雖然沒有明顯生命危機也沒有家庭宗教氣氛，但是接觸宗教意願卻很強之外[8]，其他具有接觸意願的受訪者，在生命危機（包括長期心理鬱悶和短期重大事件）以及家人與周遭親友熱衷於宗教這兩項當中，至少都有一項成立。而入信前尚未出現接觸宗教意願者，除了前述五個例外案例之外，大部分都是沒有生命危機，家庭和週遭親友也沒有人對宗教極度熱衷，絕大部分都是「一般的拜拜」而已。

另外值得一提的是，一旦受訪者在入信前出現明顯的生命危機，那麼幾乎接觸宗教的意願就呈現強的狀態[9]，而這類有生命危機出現者，在家庭宗教氣氛上同時也是比較強的。這純粹是巧合呢？還是因為在宗教氣氛比較強的情況下，一旦遇到生命危機，這些受訪者就比其他人更傾向於從宗教架構中尋求解決方案[10]？由於我們沒有足夠的這類樣本：一方面出現生命緊張但是因為家庭的宗教氣氛不強，因此並沒有產生接觸宗教的意願，也就是沒有從宗教尋求解決方案，因此無法做出確切推論。但是，由此我們似乎可以得到一個暫時性的命題：家庭宗教氣氛可能增強個人接觸宗教的意願，但是並不必然。然而當生命危機出現的時候，則幾乎必然會提高個人接觸宗教的意願，而當生命危機和家庭宗教氣氛同時出現的時候，這種影響關係更為明顯。

3. 入信的動機和意願

前面已經指出「意願」是指受訪者有主動想要接觸宗教的意願，而這種意願可能是來自於生命危機，也可能來自於家庭的宗教社會化所形成。因而

---

8 案例六和案例二十二是屬於所謂的「意識形態的相容」類型。而案例三十一則是主動尋求友伴關係。

9 案例七卻是例外，這是因為他對宗教功能的評估很低，而同時他沒有任何制度化宗教的社會網絡，「唯一」的社會網絡就是曾經受雇於他、但是靠自修學得一些佛法概念，並且在案例七面臨重大危機時適時主動介入。

10 案例十七是例外，父母的家庭宗教氣氛沒有很強。但是他的先生是一貫道道親，而這位受訪者在二十年前曾經皈依一貫道，而目前信仰的亥子道則和一貫道是類似的信仰系統。

意願這一項並不是針對特定宗教團體，而是指對於宗教本身的一般性接觸意願。從簡單的比較來看，出於「有意願」而有信仰變遷的受訪者，大部分入信到目前的宗教團體或道場是具有動機的，且這些動機都是屬於明確而非模糊的動機。而無意願但是有信仰變遷的受訪者，則只有少數幾位有動機，其餘都是沒有動機而被動員到目前的入信團體。由此顯示入信的動機和意願大致上是相對應的。

在這幾位入信前無意願但有動機者當中，他們提到的動機分別是為了替小孩收驚、「受到好處要回報」及求職算命，另外兩位則都是屬於模糊的動機。因此可以說，受訪者之所以入信到目前的宗教團體或道場，和之前的接觸宗教意願有密切的關係。但是要特別強調的是，這個命題並非如一般所認為的，「有接觸宗教意願者才會成為信徒或是改變宗教信仰」，而是不論有意願者或是無意願者，都有可能成為宗教信徒或是信仰變遷者，但是其間的關係在於兩者的連接形態不一樣，也就是有意願者動機較明確，而無意願者的動機屬於不明確或者說沒有動機。

4. 入信的主動性和意願

那麼，「意願」和入信到目前宗教團體的主動性之間，是否有必然的關聯呢？對於宗教有意願者是否在入信到目前宗教團體或道場的過程中都是屬於主動的類型？先就定義上再做釐清，意願指的是就比較長時間的面向來說，當事人對宗教是否處於比較高的接觸或是追尋的意願，而入信的主動性與否則是指入信到目前這一宗教團體或道場當時，是否出於自己主動的追尋或者是被動員而進入。

由受訪者的資料來看，兩者之間沒有必然的關係。對於宗教有意願者當中，其中有大約一半的受訪者，的確是主動入信到目前的宗教團體，但是也有另外一半的受訪者是被動入信到目前的宗教團體或道場。這樣的關係似乎和我們原先的預期不相符合，因為我們傾向於假定，既然是對宗教有比較高的意願，那麼對於入信這件事情應該是比較主動的態度。受訪者的資料既然無法符合這樣的想法，一方面顯示有比較高的接觸宗教意願者，未必會主動接觸目前入信的宗教團體，是否表示這些有意願者，如果在某些條件欠缺下，就可能不會成為信仰變遷者，或者也可能因緣際會入信到其他的宗教團體？

為了了解這一想法，作者進一步將這兩類人的「意願」類型加以分析，同時比較他們入信到目前宗教團體或道場前「過去接觸信仰的形態」，以及對於社會網絡的使用方式與類型。至於另外十六位無意願的受訪者當中，除了兩位例外，其餘都是被動入信到目前的宗教團體或道場，這就和我們的預期符合，因此比較沒有特別需要加以討論之處。對宗教無意願者，或說意願比較弱者，被動地入信到目前的宗教團體，這在邏輯上是對應的，如同後面將會討論到的，無意願者都是透過社會網絡的啟動，而被動員入信到目前的宗教團體。如果沒有這些社會網絡的出現和發動，他們幾乎是不會成為信仰變遷者。不過，為了清晰起見，或許也有必要將他們過去接觸信仰的形態和前述兩個類型的受訪者加以比較。

首先看看*有意願但卻被動入信到目前宗教團體者*。除了案例十七和二十六，其他的六位受訪者都是沒有生命危機的，換句話說，他們之所以會對宗教有意願，主要是來自於家庭的宗教社會化以及宗教氣氛。因此他們對於宗教雖然有意願，但是似乎就不是那麼迫切，所以就不是主動入信到目前的這個宗教團體，而是被社會網絡所動員而入信。就這個層面來說，他們有點像無意願而入信者。

案例十七和案例二十六是有生命危機者，為什麼會是被動地入信目前的宗教團體呢？作者回頭仔細再觀看這兩位過去接觸信仰的形態。原來，案例十七對生命的體驗開始產生變化，並且說自己在那個時候有想要學佛的念頭，「想去讀佛學院」，「那時候我就想要怎麼去」，想學佛，但是卻沒有「門路」，而這時候適時地認識了介紹人，因此被介紹人帶進了目前這個宗教團體。而他所以能夠持續參加，又和這位介紹人很熱心地每次用車子載她去道場有關，這和社會網絡中的互動強度有關。

案例二十六在開始尋覓的過程中，本來有可能進入到某一個佛教道場，但是因為先生是一貫道道親，所以最後選擇和她先生一樣的信仰，以減少潛在的衝突，也就是因為其他中介條件的介入而改變信仰變遷的路徑。所以，在說明案例十七和案例二十六這兩個有生命危機的「例外」之後，嚴格說來，有意願但卻是被動進入到目前入信團體者，可以說其意願的來源都是家庭的宗教社會化或是家庭的宗教氣氛所形成，因此對於宗教信仰的追求雖然有意願，但是也就沒有那麼急迫到自己採取主動的行動。

反過來看，有意願而且主動入信到目前宗教團體者，是否皆是來自於生命有危機者？從生命有危機者來看，的確都是採取這樣的主動行動取向，但是在這一類型當中，有六位並非生命有危機者，不過他們卻採取了主動入信到目前宗教團體的行動取向。這六位有意願、但意願卻不是來自於生命危機者，他們是否有什麼共同特徵，使他們和前述有意願卻被動入信到目前宗教團體者，呈現出不同的行動取向呢？在這六位受訪者中，其中有三位是屬於所謂的「宗教追尋者」，也就是不斷地尋找自己想要的宗教團體或道場，但卻不是出於解決生命的危機。其中案例三十一自陳是為了找尋團體打發工作之餘時間，另外兩位何以成為宗教追尋者的原因則不是很清楚。不過，至少由此我們可以了解到，要成為有意願且主動的「宗教追尋者」，不一定要有生命危機或是緊張出現。而另外兩位則是因為特定事件的出現，但這個事件不是關於生命方面或者沒有嚴重到生命危機的程度，這些事件使這兩位受訪者主動和宗教團體接觸並進而入信。而剩下的一位案例，案例五，則是信仰沒有變遷者，移民到臺北市之後，主動在當時住家附近的地緣關係上找到可以依賴的神壇作為其原有民間信仰的替代。

（二）社會網絡

1. 接觸宗教有無透過社會網絡

在三十八位受訪者中有，二十九位提到他們這次的入信是透過社會網絡而接觸宗教團體[11]，由此再次印證社會網絡對於大部分進入宗教領域的人而言，是一項重要的媒介。

其他九位沒有透過社會網絡的受訪者，有些是藉由地緣關係、有些是靠大眾媒體，以下簡單歸類他們接觸宗教的方式：1. 因為地緣關係而主動求助於宗教，如：案例五是看到鄰近的道場信徒眾多，自己主動接觸。案例三十七早期已經信基督教了，移民之後主動尋求附近教堂，而早期之所以信基督教則是因為孩子送去教會學校讀書而有接觸機會。2. 經由大眾媒體如電視、講堂或報紙廣告而進入宗教。3. 危機事件發生主動尋求宗教，如案例二十七因為夫妻關係不佳，導致情緒不穩，在家翻看佛書後，就主動接觸道場。案例二十八是因為生意不順，主動上山找法師。4. 人際關係少且信任不足，如案例三十五提到別人介紹的道場，自己未必信得過，且也沒人來邀他。

進一步分析，在受訪者不同的接觸宗教經驗中，是否透過社會網絡接觸宗教的過程，其實呈現三種不同的模式，1. 一直都不需要社會網絡協助，完全靠自己。2. 是完全都借助社會網絡，如案例三十三有人邀就去，自己不會主動去，案例三十六則是一定要有人帶，不然不敢自己去。3. 是呈現階段性的，初期需要社會網絡，後期因自己已熟悉，可以不靠網絡，如案例一、案例三十一、案例三十四等，第一次由朋友或同事帶，以後自己尋求，這類型在訪問案例中更屬多數。此外，在此子題內也發現是否透過社會網絡是有選擇性與功能性的，如案例二十八平時都是自己去找道場，但遇到想皈依時則找網絡引介。

2. 社會網絡的種類

在接觸宗教的過程中，曾利用社會網絡的種類，以及此種社會網絡與當事人的關係為何？經歸納整理有下列幾項，1. 親戚網絡：在三十八位受訪中

---

[11] 在這個子題中特別只過錄本次入信的社會網絡，以前的其他宗教接觸經驗先不予混談，至於這一主題的其他子題則涵蓋受訪者先前不同的宗教接觸經驗的社會網絡，以蒐集較完整的資料。

有十四位是透過親戚，佔最多數。此種網絡中包括父母、配偶、兄弟姊妹及其他等四類類型。大體說來，親戚網絡中以透過關係密切的兄弟姊妹與配偶為多。2. 工作網絡：有八位受訪者是由同事、同行或客戶介紹去宗教團體的，此網絡比例僅次於親戚網絡。也許是因為工作關係提供了密集的互動環境，因此容易作為進入宗教的媒介。3. 鄰居者，有六位；4. 透過朋友有四位；5. 同學網絡只有一位；6. 是直接透過宗教網絡（有二位），如先前曾經接觸的宗教團體裡的道親、師姐等，而有機會接觸目前入信的宗教團體或道場。當然，在透過社會網絡的媒介時並沒有排他性，當事人可能同時接受各種網絡到處吸收，同時接觸若干個不同道場，且不同網絡間有功能分化的傾向，不同的需求找不同的網絡。

3. 社會網絡的特質

此一子題主要探討社會網絡的機制，是否必要建立在信任的基礎上。從上述社會網絡種類的屬性來看，似乎大多數的人會選擇關係親密、互動密集的親戚和工作網絡，在訪談過程中，有些人特別清楚的提出信任的重要性，如案例九談及：「（這位）鄰居的修養好，可以信任」，案例十八直接點出若不是妹妹，換成別人大概不會去，案例三十五則說一定要有信任的人邀才會去，因為別的地方自己也信不過。

然而，從另外的角度看，那些並未使用建構在信任基礎之上的社會網絡，只是點頭之交或一面之緣的爬山同好、客戶，甚至陌生人，他們又是透過何種機制而參與宗教的呢？1. 是維持人際互動的和諧，有的是屬於順從型的人際互動形態，有人邀就會去。而有受訪者是去了道場後，邀她去的師姐說要皈依，就順人家的意跟著皈依了。2. 是成本的考量，參與宗教活動的成本，包括時間、距離等，如果不致威脅到日常的作息，儘管社會網絡的聯繫不是很強，當事人仍會選擇參與。再如案例十七，因為介紹她去的美髮師有車子載她去，克服了自己的距離成本，所以就加入該道場。3. 是有限的選擇，有一位受訪者是因自己想進入教會，但不知該選擇哪個，所以就想到工作認識的客戶所屬的教會，覺得至少到一個有認識人的地方，感覺較安全。另外一位受訪者在移民來到移居地之後，社會網絡狹隘，但是有求平安的念頭，所以只要有人帶都會去。第 4 種形態是「宗教追尋者」，若屬主動追求宗教者，社會網絡的特質就不再是當事人考慮的因素，換言之，不管網絡的信任與否，只要有人介紹就去接觸。

4. 接觸社會網絡的主動性或被動性

受訪者在本次入信時，是在何種情形下接觸社會網絡，是因產生需求而主動接觸社會網絡，還是被社會網絡說服，屬於被動動員者呢？從二十九位透過社會網絡的受訪者中，一半以上的受訪者都是採被動。

六位採主動的案例中，主要是解決生活中遭遇的問題，或者是好奇，聽說某個道場很好，想一窺究竟；以及為了尋求合乎自己心目中理想的宗教教義或皈依者。屬於被動者有十七位，除了順從或陪伴親人去接觸宗教外，在非親戚的社會網絡中，大部分是受人際互動的機制而被動員，就如前項所說，為維持人際的和諧而採取順從，或者因為不好意思拒絕而順從。

當然，在接觸宗教的歷程中，也有受訪者不全然採取完全主動或完全被動的立場，譬如有位受訪者在有些場合會主動，有些時候卻被動，凡是與生意有關者會主動求助於宗教，其他方面則被動，端視有無需求的存在與否。又如另外一位受訪者早期是被動員去，但因太忙投入少而漸漸疏遠，後因工作不順、生病而成為主動者。

5. 社會網絡對於定著於目前入信宗教團體之影響

探討社會網絡對於定著此宗教的後續效用方面，有些案例有影響，有些沒有作用。譬如有四位受訪者之所以持續留在該宗教的因素，主要來自介紹後的感覺，而不受當時介紹人的影響。這四位受訪者的共同特徵是在訪談過程中，他們都比較少提到人際互動所帶來的滿足，而著重於宗教本身對他們生活的幫助與其教義內容是否圓融周延。而社會網絡對於定著於目前入信宗教團體有影響者，大部分都是一起繼續參與共同的宗教活動，有八位受訪者受到這種擔任媒介的社會網絡所帶來的凝聚力的影響。譬如說一起擔任義工工作的感覺很好，或者說姊姊要求當事人一起去當義工，另外一位受訪者則是受妹妹及師姐們的照顧，因此投入更多。

6. 是否成為別人接觸宗教的媒介

這一子題是想了解受訪者進入宗教團體之後，會不會成為別人接觸宗教的社會網絡？為什麼要別人也信教？是為了消除家中宗教信仰不一致的衝突？或者是協助提供問題解決的途徑？三十八位受訪者中有十九位都成為別人的社會網絡，有十五位是帶著家人，如父母、配偶、兄弟姊妹一起去，有一位是邀朋友一起去，有三位是邀鄰居到他的道場。由此呼應前面第二子題，宗教接觸的過程中，家人的相互影響頗為普遍，也許是他們經歷共同的生活事件，面對相同的問題，也許是來自宗教信仰本身的不一致，所造成的家庭緊張甚至衝突。

為什麼要成為別人的社會網絡？或者說為什麼想要去影響別人的宗教信仰？歸納其類型有：1. 衝突的消除，主要是建立在「家人的信仰是一致的比較好」這樣的想法上，也有的是起初遭到家人的反對，但是當事人運用自己的影響力，反而使家人跟著一起入信，從而消除宗教信仰不同的衝突。但也有受訪者是家中唯一的異教，然而並沒有引起家中的衝突或緊張，因此各信各的，沒有影響家人的必要。2. 親友透過對宗教教義、宗教活動或實際功效的認同而潛移默化，因為感應事件、說服、當事人行為的改變等，而使家人或親戚受到影響，甚至也跟著加入同一個宗教團體或道場。3. 宗教活動成為家庭活動的一環，家人在自然、無形中受影響，或者是成為家庭中社會化的一部分。當然，在主動成為親友的社會網絡時，有時也不為親友接受，有三個案例在動員或是影響家人或親戚時，仍舊遭到失敗的結果。

7. 社會網絡的失能

社會網絡的動員一定會成功嗎？如果不是，那麼何以會失敗？有社會網絡但卻沒有受其影響而參與宗教者，究竟是什麼因素阻礙？以下簡單歸納幾種類型：1. 雖然透過社會網絡而接觸宗教，覺得跟介紹人在一起滿好的，對宗教也有興趣，但是因為沒有特別事件發生，所以即便是不排除試探性接觸，但是宗教需求沒有強到想要繼續深入接觸或者入信。另外一種情形則是受到社會網絡的動員，但是完全沒有意願和需求，所以連試探性接觸的情況都沒有發生。2. 生命週期的限制，對於社會網絡所介紹的宗教團體或道場不排斥或者是有興趣，但是因為結婚後需要照顧小孩，時間與地點無法配合，所以只好中斷而沒有入信。3. 成本因素，有位受訪者是同學帶她去某個宗教團體，她也想去，但因地方太遠，自己不會騎車、開車，所以只好作罷。4. 對教義或是傳教策略不認同。譬如心目中已經有認同的宗教對象，但是所出現的社會網絡卻屬於另外的宗教團體。也有受訪者提到曾經有好幾位同學是一貫道，她們不斷說服人，覺得被強迫，因此覺得不喜歡。

（三）意願和社會網絡的關係

在前面的討論中，作者試圖用「意願」這個主題的討論，初步界定受訪者對於接觸宗教的態度，大體上「有意願」和「無意願」這種劃分，用以區別受訪者是否屬於「宗教追尋者」的類型。不過必須注意的是，作者這裡所說的「無意願」並非完全排斥宗教的意思，而是指這類受訪者對宗教沒有主動追尋的念頭，但是對於宗教也不排斥。至於對宗教採取排斥態度的受訪者，我們透過十位沒有改宗的受訪者的對照可以看出，即便是社會網絡的動員也很難成功。

1. 意願和是否使用社會網絡

在社會網絡的運用上，有意願者和無意願者呈現出不同的模式。就定義上而言，無意願者並非主動追求宗教信仰的一群，因此這類受訪者都是使用社會網絡而接觸到目前的入信團體，這自然不令人意外。唯一的「例外」是案例三十四，因為同事的關係而稍稍接觸基督教，回到臺北後就自己和教會接觸，但嚴格來說仍屬於人際關係的作用。至於有意願者則主動尋找社會網絡、被動等待社會網絡動員以及不經由社會網絡三種行動路徑，其比例相當。這固然說明社會網絡在有意願者當中，對於當事人的信仰變遷仍有相當的影響力，但是也顯示社會網絡在這類受訪者身上可能只是一種媒介，不像在無意願者身上那樣具有「初始」的重要性。也就是說，對於後者來說，如果沒有社會網絡的作用，那麼可能信仰變遷這件事情很難啟動。

2. 意願和社會網絡的種類

在社會網絡的種類上，有意願者和無意願者倒是呈現出沒有差異的狀況。如果將社會網絡的種類細分為「家人和親戚」、「工作關係」、「鄰居」、「朋友」、「同學」、「宗教網絡」[12]，那麼這兩類人對於社會網絡的使用並沒有類別上的差異，都是以「家人和親戚」為主，其餘順序分別如前述的順序。這個結果顯示家人親戚網絡仍舊是社會網絡作為信仰變遷之中介條件時，最常被使用、最可能被使用的形態。[13]由於無意願者在社會網絡的使用上全部都是被動受到動員，因此在「家人與親戚」的這類網絡的使用上，有意願者和無意願者也同樣呈現出差別：無意願者全部都是被動地被家人或親戚動員，而有意願者在透過家人或親戚網絡而信仰變遷這個過程裡，則有一半受訪者是主動使用這個網絡，另外一半受訪者是處於被動。再次說明有意願者在意願形成之後，可能主動使用網絡，也可能呈現等待機會（社會網絡）出現的狀態。

由以上的討論，尤其是「意願」和「社會網絡」這兩個主題的比較分析，可以看出「有意願者」和「無意願者」在社會網絡的運用上有所差別。無意願者必須依賴社會網絡的存在，才有可能出現改宗的行動，並且由於他們並非屬於「宗教追尋者」，因此我們無法說他們具有宗教上的「偏好」，改宗行

---

[12] 「宗教網絡」是指受訪者在宗教追尋的過程中，因為先前的宗教經驗所累積的社會網絡資源，由此展開下一次的宗教接觸經驗，導致信仰變遷的完成。

[13] 在有意願者當中，其「工作關係」的網絡和「鄰居」的網絡是相當重疊的，有好幾個案例是同行兼鄰居、同事兼鄰居。

動的成功通常比較是屬於「消去法」[14]，也就是對該宗教不排斥，甚至於喜歡該道場的氣氛，則改宗行動便有可能成功。至於那些屬於「宗教追尋者」的「有意願」的受訪者，儘管他們也使用社會網絡，而且社會網絡的類型也和「無意願」者沒有差別，但他們並非消極等待社會網絡的動員而使他們改宗，他們可能主動使用社會網絡，也可能等待社會網絡的出現。另外，他們可能使用家人、親友等較具信任關係的社會網絡，但也可能使用完全不具有信任關係的陌生人或是關係很淺的社會網絡。因此，對於這些已經具有宗教「偏好」的「宗教追尋者」來說，社會網絡對他們來說可能具有信任的關係，也可能只是訊息提供的機制而已。換句話說，社會網絡對於無意願者（非宗教追尋者）來說，確實可能是他們改宗的「原因」，而對於有意願者（宗教追尋者）而言，社會網絡可能只是提供接觸機會的媒介而已。

五、結論與討論

Granovetter 認為社會網絡之所以具有重要性，乃因為社會網絡中的信任關係可以克服交易行為中的風險，也就是交易對手的欺詐行為。而理性選擇理論者認為，因為宗教是一個「風險商品」，所以必須由可值得信任者加以「背書」其「效用」。在宗教的領域中，尤其是宗教信仰者的改宗行動中，社會網絡是否真如一般所認為的，具有相當的重要性，以及此種社會網絡在改宗行動中所發揮的作用是否有所不同，是本文的探討重點。

從一九九四年的「第二期第五次臺灣地區社會變遷基本調查」問卷資料的分析中，可以確定社會網絡在宗教信仰的改變上具有相當的重要性。不過，在不同的兩個問卷題目「信仰目前宗教的原因」和「改變宗教信仰的原因」，

[14] 在既有宗教以及新興宗教上是否有所不同當然值得討論，作者準備以另外的文章探討這個部分。

存在著不同的結果。作者對於此一不同的結果傾向於認為，受訪者對於「信仰目前宗教的原因」的題意，較可能理解為「維持在目前宗教信仰的原因」或者是「目前宗教信仰對個人所具有的意義」。從而，「信仰目前宗教的原因」和「改變宗教信仰的原因」是並不完全相同的兩個範疇，後者比較接近於真正「原因」，而非「動機」的建構，或者意義的認知。

就「改變宗教信仰的原因」來看，社會網絡在其中的重要性是相當凸顯的。在有改宗的受訪者當中，有三分之二是因為社會網絡而改宗的。而且這些回答因為社會網絡因素而改宗者，絕大部分都沒有回答其他的選項。換句話說，在複選題的多重選答情況下，社會網絡有極大的可能，是相當比例的受訪者改宗的唯一因素。而這些人在回答「信仰目前宗教的原因」這個問題時，則可能是另外一個社會建構的過程。另外，大部分的社會網絡是屬於家人親友，這也就可以解釋宗教的傳播或是個人改宗行動中，以家庭為擴展範圍或是「家庭化」現象的存在。盧蕙馨（1997）曾認為「家庭化」是慈濟的特性[15]，又在其論文中提到李豐楙教授的說法，認為道教也有「舉家奉道」這個現象，但這其實是所有宗教都可能有的現象。換句話說，由於社會網絡因素在宗教傳播與個人改宗當中所具有的重要角色，「家庭化」的現象並不是某一個宗教或某一類宗教所獨有的特質。改宗的社會網絡因素所造成的家庭化現象可能出現在既有宗教，也可能出現在新興宗教的傳播或是個人改宗上。

從 Lofland 以來的改宗研究，將改宗者主要看成是「宗教追尋者」的改宗，從而改宗是有目的性的，是問題解決取向的。本文根據接受深度訪問的受訪者對宗教所採取的態度，將受訪者分成「有意願者」和「無意願者」。從本文的討論中可以發現，改宗行動的發生未必是要出現在「有意願者」身上，亦即所謂的「宗教追尋者」。也就是說，產生改宗行動的不一定都是宗

---

[15] 盧文中所提到的「家庭化」有兩層意思，這裡是取其其中一意，即以家庭為宗教信仰擴展單位。

教追尋者，而宗教追尋者類型也不一定都是由「生命危機」所促成，除了家庭的宗教社會化之外，可能還有其他有待詳細探討的成因。而至少對於非宗教追尋者這一類型來說，改宗未必是要有目的性的。非宗教追尋者尤其是依賴社會網絡作為改宗行動的發動因子，但是他們的改宗行動不必是具有動機性的，他們對於目前信仰的了解可能是改宗後的建構與認知的結果。換句話說，個人原本的改宗並不具有任何問題解決取向，也不是因為教義的吸引力，但是這並不妨礙當事人在此改宗行動中有所體驗，也不妨礙他後來可能以該宗教之教義為生命史或生命事件之詮釋架構，個人改宗的動機和他改宗之後的「影響」（或說後果）可能是不相對應的。或許，拋開 Lofland 以來的「宗教追尋者」的改宗目的論，我們可以在人的社會行動的邏輯上有新的發現。

此外，「宗教追尋者」和非宗教追尋者是兩群略有不同的改宗者。「宗教追尋者」可能使用社會網絡，但也可能不待社會網絡而產生改宗行動。對於這一類型來說，社會網絡通常也以家人親友為主，但也可以是關係較遠的朋友同事或甚至是陌生人。因此社會網絡的作用是否因為其中所具有的信任關係，而且因為這層關係可以克服所要改宗的宗教信仰所具有的風險性，至少在宗教追尋者這一類型的改宗者來說，是很有問題的。乃至於，對於「宗教追尋者」而言，社會網絡內含的「信任關係」並不重要，頂多只是「訊息提供」的功能，並不像 Granovetter 所說的是基於信任關係，而這種信任關係是為了克服交易過程中的欺詐風險，也不像理性選擇理論者所說，因為宗教是「風險財貨」，所以需要社會網絡中的信任關係為背書。

在改宗行動中，非宗教追尋者對社會網絡中的信任關係的依賴度顯然較高，他們的改宗行動幾乎都是由社會網絡所發動，因此他們的改宗未必都是要先有「動機」，而可能是先有改宗行動的產生，然後才對自身的改宗行動有所詮釋。對於「非宗教追尋者」來說，作者目前正在持續進行的實地訪問中仍然問這類受訪者，如果是別人（社會網絡連結不那麼強的人）的邀約，是否會去參加此類宗教活動，答案通常是不會，顯見社會網絡的強弱影響這類人的改宗成功與否。但是也就正因為如此，這類人的改宗「終點」或是「路徑」是受到這種社會網絡所影響的。就那些目前信仰新興宗教的受訪者來說，他們不必然要成為「某一個」新興宗教團體的信徒，甚至於他們也不必然是要成為新興宗教的成員，而可能是我們所熟知的「傳統」(「主流的」、「正統的」) 宗教（也就是「非新興宗教」) 的信徒。

換句話說，作者找到了一種可以稱之為「隨遇而信」的宗教信徒，他們可能改宗到任何一種宗教[16]，也可能根本沒有改宗行動發生，而這當中社會網絡扮演重要的角色。作者認為這是在社會學有關改宗研究中，可以排除過去的研究取向當中所具有的那種，假定改宗者有一定的社會經濟屬性，甚至於有一定的心理傾向者，尤其是關於新興宗教信徒改宗的這種預設，走回更「社會過程」取向的改宗研究。

但是，社會網絡在改宗當中所扮演的這種角色，出現如下的理解上的困難。對宗教信仰已經「有意願」者（類似於經濟行動中的已經存在偏好者）不必然依靠社會網絡，而沒有意願（類似於經濟行動中對某項商品並未存在偏好者）卻高度依賴社會網絡，而不是如Granovetter所關注的經濟行動領域，或者如理性選擇理論者所言，先有偏好或需求產生，但是因為交易對象本身或是交易過程含有風險性，因此必須藉由社會網絡來降低或克服此種風險。如果按照理性選擇理論的邏輯，那麼可能的解釋是，和宗教追尋者比較起來，非宗教追尋者對於風險更為在意，而宗教追尋者則願意承擔較高的風險。當然，也可能是因為被社會網絡所動員的非宗教追尋者，多半進入較不具風險性的既有宗教，而宗教追尋者則因為較清楚自己的「宗教需求」，因此敢於承擔風險，不必依靠社會網絡作為降低風險的機制[17]，則有待更多的研究案

---

16 但這並不是否認當事人的「主體性」，而是說他們在改宗行動中的選擇邏輯是「消去法」，排除自己潛在所不喜歡的宗教傾向，但是並沒有明確的宗教「偏好」。

17 在八十八年年初在中研院社會所「新興宗教現象及其相關問題」研究計劃的一次月會中，東吳大學的趙星光教授認為在清海教團中，社會網絡在信徒的改宗當中幾乎不發生作用，而當時正在中研院民族所進行博士後研究的丁仁傑博士則以慈濟為例，強調社會網絡的重要性，或許即是因為

例加以證實。

參考書目

林本炫

1998 《當代臺灣民眾宗教信仰變遷的分析》。臺北：國立臺灣大學社會學研究所博士論文。

盧蕙馨

1997 〈性別、家庭與佛教〉。刊於李豐楙、朱榮貴主編，《性別、神格與臺灣宗教論述》，頁 97-121。南港：中央研究院中國文哲研究所籌備處。

瞿海源

1989 《社會心理學新論》。臺北：巨流出版社。

Chalfant, H. Paul, Roberte E. Beckley and C. Eddie Palmer

1987 *Religion in Contemporary Society.* Palo Alto: Mayfield Publishing Co.

Granovetter, Mark

1895 "Economic action and social structure: the problem of embeddedness." *AJS* 91(3): 481-510.

Hechter, Michael

1997 "Sociological rational choice theory." *Annual Review of Sociology* 23: 191-214.

這裡所說的這種差別，也就是說，因為佛教所具有的社會正當性，使得慈濟是一種「風險較低」的宗教團體。不過，在作者目前持續進行的深度訪問個案中，也發現不少並不屬於宗教追尋者，但是卻透過社會網絡的動員而被動地進入新興宗教的案例。

Holte, James Craig

1992 *The Conversion Experience in America*. N.Y.: Greenwood Press.

Innaccone, Laurence R.

1992 "Religious markets and the economics of religion." *Social Compass* 39(1): 123-131.

1994 "Why strict churches are strong?" *American Journal of Sociology* 99(5): 1180-1211.

James, William

1985(1902) *The Varieties of Religious Experience*. Cambridge and London: Harvard University Press.

Lofland, John

1977 "Becoming a world-saver." *American Behavioral Scientist* 20(6): 805-819.

1981 *Doomsday Cult: A Study of Conversion, Proselytization and Maintenance of Faith*. N.Y.: Irvington Publishers, Inc.

Lofland, John and Norman Skonovd

1981 "Conversion motifs." *Journal for the Scientific Study of Religion* 20(4): 373-383.

Lofland, John and Rodney Stark

1965 "Becoming a world-saver: a theory of conversion to a deviant perspective." *American Sociological Review* 30: 862-872.

Nelson, Geoffrey K.

1987 *Cults, New Religions and Religious Creativity*. London: R.K.P.

Richardson, James T.

1985 "Studies of conversion: secularization or re-enchantment?" In *The Sacred in a Secular Age,* Phillip E. Hammond, ed. pp. 104-121.

Berkeley and Los Angeles: University of California Press.

Robbins, Thomas

1988 "The transformative impact of the study of new religions on the sociology of religion." *Journal for the Scientific Study of Religion* 27(1): 12-31.

Spickard, James V.

1998 "Rethinking religious social action: what is 'rational' about rational choice theory?" *Sociology of Religion* 59(2): 99-116.

Stark, Rodney, Laurence R. Iannaccone and Roger Finke

1996 "Religion, science and rationality." *American Economic Association Papers and Proceedings* 86(2): 433-437.

Stark, Rodney and James C. McCann

1993 "Market forces and catholic commitment: exploring the new paradigm." *Journal for the Scientific Study of Religion* 32(2): 111-124.

Suchman, Mark C.

1992 "Analyzing the determinants of everyday conversion." *Sociological Analysis* 53 Supplement: 15-33.

Young, Lawrence A.

1997 "Phenomenological Images of Religion and Rational Choice Theory." In *Rational Choice Theory and Religion*, Lawrence A. Young, ed. pp. 133-146. London: Routledge.

第十八章　一貫道歷史新研：淵源、特點及其早期史初探*

王見川
南臺科技大學通識教育中心助理教授

本章大意

本文透過一貫道十八代祖張天然在民國二十六年出版的《一貫道疑問解答》做為討論一貫道的文本依據，並結合一貫道內外經卷文獻與官方檔案討論一貫道的內涵、教名由來、創立者及其淵源、早期史等問題。透過對一貫道早期材料的爬梳加上林萬傳等學者的研究，可以得出以下結論：一貫道的義理三期末劫、九六原人部分是承繼明末以來民間宗教的大傳統，而理天、三曹普渡的理念，則是王覺一創造。以儒家主管末後一著與扶乩宣傳教中大市的傳統，則源自十五代祖王覺一形成的傳統，至於以儒家為末後一著一貫道的教名來自王覺一派下的發明。母自、明明上帝可能都承襲自十七代祖路中一時代。張天然熟捨棄內丹改採靜坐外，在教階、真言（〈無字真經〉）、道統等方面有所創造與改革。從本文的爬梳中，重要的是十八代祖張天然撰著《一

* 本文主要參考、引錄、改自筆者以下文章：〈先天道前期史初探：兼論其與一貫道的關係〉，氏著《臺灣齋教與鸞堂》，頁107-114，臺北南天書局，1996年。〈「一貫道」的內涵與淵源：以《一貫道疑問解答》為討論中心〉，王見川等編《歷史、藝術與臺灣人文論叢》(5)，頁275-300，臺北博揚文化公司，2014年7月。〈一貫道早期史新探〉英譯，收於荷蘭Brill出版的《宗教與中國社會》（出版中）。〈王覺一新論〉。

貫道疑問解答》及《暫定佛規》，正式確立一貫道這個宗教的內容。不僅保留先天道系的傳承，亦在教義的思考上與時俱進。

一、前言

以往，研究一貫道早期歷史與其淵源者，除林萬傳外，因掌握一貫道原始資料太少，所談不是張冠李戴，就是錯誤百出。所謂的一貫道原始資料其義有二，一是係指同時代的一貫道資料，不僅是張天然派下文獻，也包含路中一門下，劉清虛派下的子弟經卷文獻。沒看過這些材料，很難分辨一貫道的特性，以及它的變與不變，也無法凸顯各代祖師的創造性與堅持。二是指檔案資料，在清末與中共建政初期，當時政府官員都曾逮獲一貫道高層領導，留下一些審訊資料。其中當然有逼供材料，但也有不少訊息是可靠的。

另一方面，也要注意一貫道經卷文獻不同版本、不同時間出版的文獻。僅據其中之一，就大談一貫道如何如何？是會產生不少謬誤的。本人之前曾就不同版本、不同時間出版的《一貫道疑問解答》的對照研究成果，已證明這樣的研究方式是會出現大錯誤的。[1]

在現今臺灣等地區與部分海外國家，「一貫道」已經成為眾所周知的宗教。這個宗教的內涵是什麼？有何特徵？歷史為何？是何人所創？一連串的疑問，接踵而至，讓人不得不回應。有的學者說：「一貫道」的創立者是十五代祖王覺一，有的認為是十六代祖劉清虛，「一貫道」一稱是其所創。也有視十七代祖路中一為「白陽初祖」，真正開創「一貫道」。[2]以上諸說，因其立足點不同，皆有所見，也皆有所蔽！

---

[1] 王見川〈「一貫道」的內涵與淵源：以《一貫道疑問解答》為討論中心〉，頁 276-296。

[2] 〈先天道前期史初探：兼論其與一貫道的關係〉，頁 107-114。

為免雞同鴨講，我們以「一貫道」十八代祖張天然在民國二十五年完成初稿，二十六年公開出版的《一貫道疑問解答》，做為文本依據，結合「一貫道」內外經卷文獻與官方檔案，討論以下課題：

1.「一貫道」的內涵。

2.「一貫道」教名的由來。

3.「一貫道」的創立者及其淵源。

4.「一貫道」早期史：路中一至張天然掌道初期情形。

二、「一貫道」教名的涵意及其由來

在《一貫道疑問解答》「何為一貫道」部份，對一貫道名稱有所解釋。[3]由此可見，「一貫道」重點在「一」，即理。而貫是貫徹，道是路，也都是理字，所以「一貫道」意謂是將無極至理貫徹到天地萬物的宗教，也就是說「一貫道」是個說理・明理・實踐理的宗教。所以南屏道濟活佛師尊自序即說：「道者，理也，不明理，焉修道。」而這「理」意義為何？照郭廷棟等人的說法是「先天大道，乃一貫真傳，綜合三教聖人之教義。」所以，「一貫道」主張「三教合一」，專研儒釋道三教經典，是此理路之必然結果。所謂的「五教合一」是後來的發展提出的口號。

以往，學者大都認為一貫道一稱取自孔子《論語》吾道一以貫之。假如一貫道當初真的是取自孔子（《論語》），為何在「何為一貫道」部份解釋一貫道名稱，也引孔子（《論語》），卻未言及此語，可見一貫道的名稱原與《論語》無關，源自《論語》吾道一以貫之是後來者的詮釋！那麼是何時做如此的詮釋？民國三十年刊行的《華北宗教年鑑》第三章「一貫道」〈略史〉記

3 《一貫道疑問解答》，頁 1-2，青島俊德昌承印本，1937 年。

載提供一點線索：

> 一貫道之名，係根據孔子曰：吾道一以貫之而來，其意甚深，其理至妙，簡而言之，一即是無極之真，先天之妙，至神至明，亦名之曰理……[4]

將「一貫道」〈略史〉記載與上引《一貫道疑問解答》「何為一貫道」敘述對照，很明顯可以看到在《華北宗教年鑑》已出現一貫道源自《論語》「吾道一以貫之」的說法。但這不是《華北宗教年鑑》編寫者的意見，而是採自一貫道的文獻。這個用孔子吾道一以貫之詮釋一貫道名由來的文獻，根據上述二引文對照可知係寫於民國二十六年《一貫道疑問解答》出版之後，《華北宗教年鑑》出版之前。從《華北宗教年鑑》採錄的一貫道書目出版時間是在民國二十七年至二十八年五月的事實來看[5]，用孔子吾道一以貫之詮釋一貫道名由來的文獻，寫於民國二十七年至民國二十八年五月間。也就是說，在《一貫道疑問解答》出版流通二年內已有有心信眾（道親）對一貫道名作出孔子化的詮釋，為「真儒復興」做理論的詮釋。

既然如此，那「一貫道」教名的由來為何?《一貫道疑問解答》「一貫道何時發現」部分敘述有所解答。[6]

據此可知四個事實：一是十五代祖王覺一，教名叫「東震堂」。二是「一貫道」名稱是在十五代祖王覺一去世後，信眾得到教中扶乩指示改稱的，時在十六代祖接任之前。三是十六代劉祖教中領導中心在東魯，其教要點是「三教合一」。四是十七代祖路祖之後是十八代長弓祖繼承道統。由此可知，一、「一貫道」名並非十六代劉祖所改稱。目前所知，將「一貫道」名稱的出現

---

4 興亞宗教協會編《華北宗教年鑑》，頁 498-499，興亞宗教協會，1941 年。

5 《華北宗教年鑑》，頁 665-666。

6 《一貫道疑問解答》，頁 2，青島俊德昌承印本，1937 年。

歸於十六代祖劉祖的說法，首見於民國三〇年代後期編成的《奉天承運道統寶鑑》:「十六代祖姓劉諱化普，號清虛老人，青州人，光緒十二年奉命三教合一，改稱一貫道」。[7]後來不少人受此書及其模仿簡化版〈先天大道道統源流簡明表〉[8]影響，錯誤認為「一貫道」名稱是十六代祖劉清虛創立的。二是在《一貫道疑問解答》出版時「一貫道」十八代祖只有一人，即長弓祖張天然。當時，師母孫素真還不是十八代祖師。

三、關於「一貫道」創立者王覺一

既然王覺一被道親視為是「一貫道」十五代祖，為何學界一般認為「一貫道」真正創始者為清末王覺一[9]。要釐清此一問題，有必為先了解王覺一的生平與著作。關於王覺一的生平事蹟與著作，檔案中有所記載。其敘述與一貫道文獻所記，大致吻合[10]。尤其是後代門徒所編的《十五代祖北海老人全書》中的記載與馬西沙、周育民所發覺的檔案資料，有不少處若合符節[11]。

---

7 《奉天承運道統寶鑑》，頁 370，臺南大千世界出版社印本，1980 年複印。此書收入王見川編《一貫道經卷‧劉伯溫錦囊與其他》第一冊，頁 337-379，臺北博揚文化公司，2011 年。需要注意的是此書複印時原書頁 10（博揚版，頁 348）被誤植為書名，形成缺失，非常抱歉！萬有善書出版社 1979 年也複印此書，名叫《奉天承運普渡收圓正宗道統寶鑑》。此書的〈歷代祖師道脈源流〉與民國三十年天津理氏佛堂出版的〈歷代祖師源流道脈〉內容近似。

8 《天然古佛普度正宗》，頁 357，此書收入王見川編《一貫道經卷‧劉伯溫錦囊與其他》第二冊。

9 一貫道的創始者為清末王覺一，不少前輩學者，皆已言及，王見川，前揭文，頁 107。宋光宇，《天道鉤沈》（臺北：元祐出版社，1984 年 12 月），頁 117。林萬傳，前引書，頁 188。《馬西沙‧韓秉方合著，《中國民間宗教史》，頁 1150-51。周育民，〈一貫道前期歷史初探——兼談一貫道與義和團的關係〉，《近代史研究》，期 3（1991），頁 75-87。

10 周育民，〈一貫道前期歷史初探—兼談一貫道與義和團的關係〉一文中提供檔案上記載：王覺一即王希孟及其兒子籍貫山東益都皆與《道統寶鑑》記載一致。另周文中言及王覺一著作，《一貫探原》、《三易探原》、《學庸聖解》等經卷，皆與《十五代祖北海老人全書》所收相同。

11 如周育民文章所提供，王覺一有庚辰年書帖一事與《十五代祖北海老人全書》，〈歷年易理〉所載相同，另馬西沙提供「重整三教，整編道統」一事亦與《歷年易理》辛巳光緒七年條所載相同，至於幾年前韓志遠所發現的王覺一案案卷檔案，與一貫道文獻如《歷年易理》也有一些可以互相參證[12]。

目前所知，一貫道內部文獻記載關於王覺一的傳說，大約有六種：

一是郝寶山《領袖指南》（1942）：十五祖王覺一……北海老人號稱……原籍直省天津地楊柳青……自幼好學訪道，師侍山西姚鶴天，得授金祖之道統，執禮弟子西乾堂，自從金祖羽化後，改名東震度群賢，悟透三教一貫理[13]

二是《奉天承運道統寶鑑》〈道祖略歷〉：十五祖王諱希孟，字覺一，號北海老人，光緒三年承運道統……，改稱東震堂。[14]

三是《奉天承運道統寶鑑》〈歷代道脈源流〉：十五祖姓王諱希孟，道號覺一，原籍青州益都縣城東北里闞家庄，乃水精子化身，名為北海老人。三歲傷父，七歲母親去世，幸蒙族叔收留，十三歲給劉府牧牛。十七歲聞山西有道……王祖……奔到山西太原府……見了十四代祖……老母託夢指示降道統……傳授王祖執掌……[15]

四是《歷年易理》序（1941）：……十三祖以後，天命實暗轉於山西姚祖鶴天，是為十四祖……祖歸空後，道統自此以混，下傳王祖覺一仍係暗授，道統益亂。王祖……惟恐覺傳旁門……因有是書之作。是書做非一時，理本三易，故曰：《歷年易理》……光緒十年丙戌春三月王祖歸空於天津楊柳青……王祖覺一諱學孟，號北海老人，著有《學庸解》、《三易探源》、《一貫探源》、《三教圓通》等書……[16]

五是《一貫理問答》（1946）：王覺一祖，道號北海老人，山東青州人

例子甚多，不備舉。不過，誠如路遙來信所言，《十五代祖北海老人全書》中，也有一些文章，是後人添加的。

[12] 韓志遠〈王覺一與末後一著教新探〉，頁 188，《近代史研究》2007 年 4 期。

[13] 郝寶山《領袖指南》，頁 22。

[14] 《奉天承運道統寶鑑》，頁 345，此書收入王見川編《一貫道經卷‧劉伯溫錦囊與其他》第一冊。

[15] 《奉天承運道統寶鑑》，頁 369。

[16] 《歷年易理》，頁 3-4。

……前為東震堂之師祖，著有《理數合解》、《子曰解》、《一貫探源》、《闡道文》等書在世，論大道之傳，自古單傳口授。天運道光初，普渡始開，初是西乾堂。北海老人西乾之弟子也，西乾堂祖師辭世時……瑤池金母乩諭改名東震堂，命王祖執掌……當時各領袖……各立門戶……王祖歸空時……壇諭改名三極一貫，交付劉祖，道號青虛老人執掌……[17]

六是《張英譽自白書》(1952)：在滿清的末葉，一貫道第十五代祖王覺一(不知是否此二字)係山東清洲人，曾以「北海老人」著有《理數合解》、《歷年易理》等書，傳道至河北省楊柳青北滿清政府逮捕。[18]

《張英譽自白書》是張英譽小時候聽其父張天然（一貫道十八代祖）談到貫道道中傳說記憶的。而張英譽生於 1917 年，所以這段話大約聽自 1926 年左右。

根據以上六種教內記載與清官方檔案，我們打算討論王覺一：1. 生平大略 2. 著作 3. 創新處。

（一）生平大略

1. 生年與創教時間

一貫道內部文獻記載十五代祖王覺一生於農曆二月初九，卒於光緒十年，未提出生年代。著名一貫道學者林萬傳在《先天大道系統研究》根據《歷年易理》推算，認為：王覺一約生於道光元年（1821）。[19]與此不同的是，韓志遠的研究披露的一些檔案提到王覺一年紀，可以由此推知他的出生年代：

王覺一，又名養浩，又號王古佛，年五十二歲，山東益都縣人，身長

[17] 李世瑜《現在華北秘密宗教》，頁 36。

[18] 《張英譽自白書》。

[19] 林萬傳《先天大道系統研究》，頁 188，231，臺南市靝巨書局，1986 年訂正二版。

> 面黑，有嫩麻微鬚，……左右手掌有紋，像日月古佛字樣。[20]

這一則檔案，是光緒九年所寫。當時王覺一五十二歲，由此推知，王覺一生於道光十一年（1831）。另一則光緒九年王繼太供詞則說：「父親王覺一……現年五十歲」[21]，那王覺一則生於道光十三年（1833）。韓志遠從《庚辰年書帖》：「六陽馭駕金蛇年，萍綜百芒寄書篇」字句，認為王覺一出生在蛇年道光十三年（1833）。[22]真的是如此嗎？我們先來看看這一段句子：

> 六陽馭駕金蛇年，萍綜百芒寄書篇。是是非非不必辨，長長短短何須談。
>
> 千不怨來万不怨，怨得无皇慈愛偏。天下英俊多多少，單單命俺覺一男。[23]

從這一段話完全看不出「六陽馭駕金蛇年」意謂王覺一生於蛇年：道光十三年（1833）。現存一貫道流行的書帖寫的是這樣：

> 六陽馭駕金蛇年，萍綜百忙寄書篇。是是非非不必辨，長長短短何須談。
>
> 千不怨來萬不怨，怨的无皇慈悲偏。天下英俊多多少，單單命俺明一男。[24]

---

[20] 韓志遠〈王覺一與末後一著教新探〉，頁 3。

[21] 韓志遠〈王覺一與末後一著教新探〉，頁 2。

[22] 韓志遠〈王覺一與末後一著教新探〉，頁 3-4。

[23] 韓志遠〈王覺一與末後一著教新探〉，頁 12。

[24] 《歷年易理》（1941），頁 19，王見川編《一貫道經卷、劉伯溫錦囊與其他》（臺北博揚文化公司，2011 年 5 月）第一冊。

就辭意而言，兩相對照，可知此帖原文應是這樣：

> 六陽馭駕金蛇年，萍踪百忙寄書篇。是是非非不必辨，長長短短何須談。
>
> 千不怨來万不怨，怨得无皇慈愛偏。天下英俊多多少，單單命俺覺一男。

從文意來看，此段帖文是說金蛇年王覺一很忙，還寄書篇給人。當時宗教界是非謠言很多，他都不理會，因為這是「無皇」選擇他來承擔傳教大事。所以這裡的「金蛇年」不是指王覺一生年，而是指他已在傳教的光緒七年。那麼，王覺一何時被「無皇」選中傳大道？清代檔案提供一點線索：

陳士杰奏摺云：

> 王覺一幼習算卦卜課，本名王希孟，又名王養浩。在家時并无王覺一之名，亦未誦經吃齋及傳徒習教。光緒四年間，王覺一出外謀生。王李氏等不知其前往何省……。嗣王李氏因王覺一日久不回，先后令王繼太、王繼和上路前往尋找，亦未回家。八年九月，不記日期，有一人至王李氏家，自稱姓張，名廣業，由江蘇赴登州貿易，帶回王覺一家書一封，并銀二十四兩。王李氏等并不識字，即挽張廣業〔叶〕代看家書，只言現已改名王覺一，在三江兩湖營生。[25]

由此可見光緒四年間，王覺一出外謀生，從此未回，也就是說他自此開始專心傳教。明瞭此點，再看《書帖》中的一段話似乎反映王覺一重大的宗教行跡：

---

[25] 轉引自韓志遠〈王覺一與末後一著教新探〉，頁4。

> 丁丑歲月戊寅日，己卯大道遍二南。庚辰冬間天機現，前輩猶在夢中眠。
> 牢守死見不回轉，老母把錨要開船。單等金雞三唱曉，四十八龍入中原。[26]

文中的「丁丑」、「己卯」、「庚辰」都是紀年干支，表示光緒五年大道已傳遍「二南」，隔一年光緒六年冬天（庚辰冬）收圓（救度失散原人）時機出現無生老母即將開動救生船。因此就文脈來看，首句的「丁丑歲月戊寅日」應是有意義，而不只是表示時間。循此來看，一貫道中流行的王覺一書帖上近似的話就值得注意：

> 況我老母親家眷，捨二撇三怎收圓……若非無皇真天命，一手恩能青天。
> 丁丑歲暮戊寅始，己卯大道遍二南。庚辰冬間天機現，前輩猶在夢中眠。
> ……牢守死見不回轉，老母把錨要開船。……但等金雞三唱曉，四十八祖入中原。[27]

由於文中的丁丑己卯庚辰都是紀年干支，所以合理說「戊寅」，不是紀月或日，也是紀年，指光緒四年。也就是此段話意謂王覺一光緒三年受無皇指示當教主，光緒四年再次出外傳教。庚辰書帖即寫著：

> ……無皇親臨東震，親命俺掌一貫總理道統……自丁丑至戊寅，道開

---

[26] 轉引自韓志遠〈王覺一與末後一著教新探〉，頁 13。

[27] 《歷年易理》，頁 21。

二南至中央[28]

關於光緒三年王覺一創教這一點，在《歷年易理》收錄書帖中得到反映。[29]據此可知王覺一真的在光緒三年自立為教主。如再對照王覺一四十歲後得佛指示傳道，依此前推，那王覺一生於道光十七年之前。另從檔案來看，至晚在光緒四年王養浩已叫王覺一。[30]所謂的「覺一」應是道號，覺一指覺悟「一」是宇宙人世的真理，覺悟「一貫」是天地人生萬物根源這個大道理。按照常理，這一刻悟道也是創教的日子，也是王覺一自認受天命，是古佛轉世或化身的時刻。也就是說，王養浩號稱王覺一、王古佛、創教都在光緒三年。清檔案說：「夢見菩薩，叫他傳道，因即設立教名，始稱先天無生老母教」[31]可見這位菩薩就是無生老母。循此來看，《歷年易理》收錄書帖紀載，王覺一創教時得到無生老母啟示，是有事實根據的。

2. 名字與籍貫

既然如此，那王覺一的名字與籍貫為何？有的檔案說他是山東青州人，而一貫道文獻談到王覺一是青州益都縣城東北里闕家庄。這個說法值得重視，因為檔案記著王覺一其子王繼太是山東青州益都縣人，住闞家庄地方。根據韓志遠考察山東青州益都縣沒有「闕家庄」只有「闞家庄」，「闕家庄」是「闞家庄」之訛誤。[32]也就是說王覺一籍貫山東青州益都縣闞家庄。

至於其名字，有二則清代檔案提供訊息：

1. 該犯王繼太在逃之父王覺一，即王希孟，又名王養浩，在家賣卜持

[28] 《歷年易理》，頁 21。

[29] 《歷年易理》，頁 21。

[30] 韓志遠〈王覺一與末後一著教新探〉，頁 7。

[31] 韓志遠〈王覺一與末後一著教新探〉，頁 5。

[32] 韓志遠〈王覺一與末後一著教新探〉，頁 3。

齋有年。四十歲後，因見左手掌紋形似古字，即自稱古佛降生，並言夢見菩薩，令其傳道，當即設立教名，始稱先天無生老母教，後為末後一著教……勸人入教吃齋……並用紅色印出手紋給教徒收徒，說可免災……[33]

2. （王繼太）山東青州益都縣人，住闞家庄地方……父親王覺一，即希孟，又名養浩……[34]

前引檔案已提及王覺一：「本名王希孟，又名王養浩」。這一點與諸供詞相同，王覺一本名王希孟，又名王養浩，應屬真實。由此可知，王覺一父親應屬讀書人，所以希望他學孟子，一貫道中傳說他叫名「學孟」[35]是有事實根據的。至於他叫王養浩，雖是學孟子吾善養浩然之氣的合理行為。但也有可能是王希孟學道（先天道）後取名的，因為學道後要養氣才能悟道，養浩然正氣既合孟子之意，也適合修道後的目標，所以取名「王養浩」。陳士杰奏則說王覺一「幼習算掛鋪課」，說明他識字，王覺一在《一貫探源》有一段自述。[36]

它反映三點訊息：一是王覺一家窮沒有上學入塾。但家中有聖賢書。二是他自學聖賢古籍多年。三是二十七歲那年由劉萬春引進宗教，開示師是山西姚鶴天。從上引檔案「持齋多年」等記載來看，《一貫探源》此段內容是可靠的。對照檔案中天恩引恩正恩等教階記載[37]，王覺一加入的宗教是先天道派下。從二七歲到四十歲後開悟創教，王希孟至少有十餘年的先天道徒經歷。這之間，王希孟不只是在家吃齋自修而已，應該還有到外傳教的經歷。

---

[33] 韓志遠〈王覺一與末後一著教新探〉，頁 5。

[34] 韓志遠〈王覺一與末後一著教新探〉，頁 2。

[35] 《歷年易理》，頁 4。

[36] 参見王見川 1996 年文，頁 108。

[37] 韓志遠〈王覺一與末後一著教新探〉，頁 20。

所以他才能熟知先天道各派歷史與實況。

3. 傳教略歷

以往，有的學者認為王覺一在光緒元年之前即已外出傳教，支持這種說法的證據是光緒九年左宗棠的奏摺。[38]

據此檔案可知，王覺一在光緒元年即收有弟子張道符，當時他即以掌上古佛印吸引信眾，傳的是末後一著教。從前述可知，王覺一當時傳的應是是「先天無生老母教」，尚非「末後一著教」。

另一份資料蘇天爵供詞提到他並到王覺一另一個徒弟蕭鳳儀是在大約同時入教：

> 光緒三年五月間我在給學生講課，他聽見說講的好，他還有奇書數種，名曰《三易探源》、《一貫探源》他的教名是末後一著……他說二年前已拜他為師。[39]

依此來看，王覺一確實在光緒三年已在傳教末後一著教。這個「末後一著教」是他自創？還是沿襲自先天道系宗教？前已提及他在二十七歲加入先天道派下，開始持齋，在家讀書賣卜營生，吃齋多年。四十歲後，約在同治十二、三年間因生有古佛掌文及夢見菩薩啟示傳道，於是「始創先天無生老母教，後為末後一著教」。從書帖可知，最晚在光緒三年王覺一改用「末後一著教」傳教。[40]為何王覺一不再用「先天無生老母教」，改用「末後一著教」傳教？原因很簡單，「先天無生老母教」雖然是王覺一受無生老母啟示後領悟的先天大道理，但因「無生老母」名諱犯禁，難吸引

[38] 參見馬西沙・韓秉方合著，《中國民間宗教史》，頁 1156、韓志遠〈王覺一與末後一著教新探〉，頁 7。

[39] 韓志遠〈王覺一與末後一著教新探〉，頁 7。

[40] 《歷年易理》，頁 9。

人入教，所以他改採具神祕終極意義且民間宗教界較流行的「末後一著教」當教名。根據檔案，同治十年冬河南即有人在傳「末後一著教」。[41]

這個檔案，反映幾個事實：一是同治十年王國敬傳的「末後一著教」有吃長齋、點玄、崇奉無生老母等特點。二是王覺一與王國敬是同一教門份子。三是王覺一會煉氣功夫。從吃長齋、點玄、崇奉無生老母等特徵來看，王國敬是先天道系宗教信眾。而王覺一在光緒四年還認同王國敬是「同教」，顯示此時王覺一還在先天道系宗教內尋找信徒。他之所以捨棄新創教名，採用傳統教名「末後一著教」，目的在吸收力量可觀的先天道系宗教信眾。創教早期，王覺一憑古佛掌紋吸引信徒，後開始著作經卷《圓明範格》、《三易探源》、《一貫探源》等書。光緒三年，王覺一他開始創作書帖告訴外界，他已得到無生老母授予天命，由他收圓。光緒四年，他毅然別家，專心傳教。

根據檔案記載[42]，王覺一的行歷是這樣：

光緒四年春河南風後頂

光緒五年河南汝寧收吳何氏為徒

光緒五年南陽武陽城講學庸解

光緒五年冬南陽武陽城講《一貫探源》

光緒六年二月收高勤等人為徒

光緒六年五月到河南汝寧講易經八卦

光緒六年十一月到南陽講學庸聖解

光緒七年七八月到上蔡

光緒八年到清江晏儒棟處談經論易

對照上述行歷，可知王覺一書帖上所說的「己卯大道遍二南」這個「二

---

[41] 韓志遠〈王覺一與末後一著教新探〉，頁 6。

[42] 韓志遠〈王覺一與末後一著教新探〉，頁 6、7、19、20-26。

南」就是河南與南陽。

（二）王覺一的著作

既然如此，那王覺一著作多少經卷？清檔案記載的至少有下列幾種[43]：

1. 《三易探源》
2. 《一貫探源》
3. 《學庸解》
4. 《書帖》
5. 三師條一紙
6. 圓明範格
7. 三極圖
8. 一貫圖
9. 《庚辰年書帖》：從乩壇抄來

由於未見《理數合解》，韓志遠認為一貫道中流傳的《理數合解》等書有些是後人冒稱的。[44]王覺一確實未著有《理數合解》，因為這本書是由後人集合《大學解》、《中庸解》、《三易探源》、《一貫探源》、《理性釋疑》成書，取名《理數合解》。目前所知，至少在光緒乙未（21，1895）年《理數合解》已出版。當時由樂善堂出版，書前附有光緒乙未竹坡居士《理數合解》序以及《學庸序》，提名作者是北海老人。《理數合解》中的《大學解》、《中庸解》應是《學庸解》，由此可見《理數合解》中除《理性釋疑》外，所收文章都是王覺一的著作。此外，王覺一最重要的著作應是《書帖》。清檔

[43] 韓志遠〈王覺一與末後一著教新探〉，頁 8-13。

[44] 韓志遠〈王覺一與末後一著教新探〉，頁 8。

案保存多篇書帖[45]：

1. 明咱替母把道辦，重整三教命脈傳。現今道統危如線，千真萬聖困塵凡。

   吾等皆是蓬華士，無皇欽命玉帝宣。再三叮嚀再三勸，寒門草舍掌道權。

2. 千真萬聖同追趕，大道三年滿世間。通天撤（徹）地名一貫，無極至理包人天。

   斷港絕河歸道海，歧路傍溪見本原。一合理相方方現，不填真空在在原。

3. 末後一着儒家管，題目怎錯是違天。四億下凡各有願，稍書傳信度荒緣。

   末後一着未來管，他晴現成古有言。今日領袖前輩祖，老年到庄變少年。

4. 慈船攬在菩提案，一止能躲五殿閻。聖域賢關踏實地，才算末後一枝蟬。

   三華五華諸前輩，慢慢想想那陰緣。若非無皇真天命，一手焉能遮青天。

這些只是《書帖》其中一些內容，與《歷年易理》幾乎一樣，但文字略有不同。如《歷年易理》的吾等皆是蓬草士，《書帖》是吾等皆是蓬華士。[46]《書帖》是末後一着儒家管，《歷年易理》的末後收圓儒家管。[47]這些差異關

---

[45] 韓志遠〈王覺一與末後一著教新探〉，頁 12-13。

[46] 《歷年易理》，頁 19。

[47] 《歷年易理》，頁 21。

係不大，但有的不同就不一樣，如《書帖》的「才算末後一枝蟬。三華五華諸前輩」，《歷年易理》是「才算末後一指禪。三華西華諸前輩」[48]，末後一枝蟬沒有意義，而三華是清末先天道之派，可是先天道沒有五華只有西華派[49]，很明顯末後一枝蟬、五華都是訛誤！所以《歷年易理》的「才算末後一指禪。三華西華諸前輩」，才是正確的！循此來看，《書帖》中常被拿來指責王覺一搞叛亂的「單等金雞三唱曉，四十八龍入中原」，就可能有不一樣的解讀。《書帖》這句話，在《歷年易理》是這樣：「但等金雞三唱曉，四十八祖入中原」[50]。《歷年易理》尚有相近字句：「署部盡說不完四十八祖亂收圓，都說是掌天盤」[51]「掃有為還無為，才算末後一指禪……天元佛開口袋，渡回九二眾殘緣，四部洲共一家，四十八祖湊中原，分金爐左一遍，纔知天外還有天」[52]從文脈來看，這是指宗教界最後收圓時各派領袖會聚的情形，所以講四十八祖是對的，而《書帖》的「四十八龍入中原」不是被官員書吏改過，就是被有心信眾利用來起事，動員群眾之用。需要說明的是，上引《書帖》內容一般被認為是庚辰年所作，所以稱作《庚辰年書帖》，可是《歷年易理》歸在「辛巳」光緒七年，究竟何者正確，尚需進一步資料證實。

（三）王覺一的宗教淵源

接著我們要釐清的是一貫道十五代祖之前的歷史與先天道的關係。我們先來看看王覺一是如何看待他的宗教的道脈源流，《歷年易理》收錄的《章帖》寫著：

---

48 《歷年易理》，頁 21。

49 林萬傳《先天大道系統研究》，頁 153-155。

50 《歷年易理》，頁 21。

51 《歷年易理》，頁 20。

52 《歷年易理》，頁 25。

袁十二祖現身謂金祖曰：二十臨凡把道辦，十五代祖掌道盤，開荒祖數已滿……迨至丁丑彌勒出世東震，才能收圓。達摩初祖、神光二祖、普庵三祖、曹洞四祖、黃梅五祖、慧能六祖、白馬七祖、羅八祖、黃九祖、吳十祖、何十一祖、袁十二祖、徐楊十三祖、火木土金水五祖，為水金掌道。金祖稱西乾堂，丁丑轉盤東震，東震繼西乾，傳玄大收圓。[53]

這則資料顯示二個訊息 1. 王覺一自稱接續金祖，是十五代祖。2. 自初祖達摩至他之間各祖師只有名，無內容。可見王覺一並不重視祖師，而其師姚鶴天也不被王覺一視為祖師。王覺一這種不重視各祖，祖師只有名，無內容這一特點，張天然有所繼承。如《一貫道疑問解答》只告訴我們一貫道的初祖達摩，十五代王祖至十八代張祖的「事實」，但之中的祖師全無說明，而現存張天然相關記載[54]，也顯示他對此未多言。可是，在民國三十六年夏月臺灣崇華堂重印的一貫道小冊子《道理新介紹》寫著一貫道祖師道脈源流：

「天道之沿革」……自梁武帝達摩西來，真機復還於中國，諺所謂老水還潮也。自達摩入中國，真道仍是一脈相傳，達摩為初祖，神光為二祖，以後僧燦三祖，道信四祖，宏忍五祖，慧能六祖。俗傳至六祖衣缽又失，其實道統又歸俗家。六祖度白祖及馬祖二人，道傳火宅，是為七祖。由是歷代相傳，羅八祖、黃九祖、吳十祖、何十一祖、袁十二祖、徐楊十三祖、姚十四祖、王十五祖、清虛十六祖……[55]

---

53 《歷年易理》，頁 5。

54 《張英譽供詞》，1950 年。

55 無線癡人《道理新介紹》，頁 8-9，臺灣崇華堂，1947 年重印。

此書重印時內頁稱「《天道新介紹》」，但文中還殘留一貫道稱呼、應是戰後初期國民政府查禁一貫道下改頭換面的產品。上引沿革很奇特，寫到十六代祖後即跳到弓長祖接續道統完全不見路祖，加上該書末小註提到：「鄙人經友人介紹得入一貫道」，得知大道真確，於是「願介紹於親友之前，……為一知半解，錯誤時多，……尚請高明，不吝朱玉，詳為指教……東原無線痴人，壬申冬月」。[56]壬申年是民國二十一年。也就是說，《道理新介紹》底稿是民國二十一年成書。又在此書附錄提及：「今夏訪舊師李先生，談及道學，蒙以幼時筆記相示。閱之，得十五代祖王覺一老夫子十二歲牧牛時所作之五更一首……」。[57]從上引內容來看，東原無線痴人加入的一貫道可能是十六代祖派下的一貫道，所以才沒提到路祖及尊稱十六代祖為「清虛十六祖」。根據李世瑜《現在華北秘密宗教》記載，無線痴人著的書原叫《一貫道新介紹》。崇華堂在民國二十九年曾重印，其章節「計分九節：一貫道之意義、一貫道之性理……一貫道之沿革……」，此書在一貫道中非常流行，多次重印。[58]民國三十六重印《道理新介紹》時，除改名外，可能也改動部分內容，如稱「弓長祖繼續辦理末後一著」[59]。又其文中提及姚十四祖、都有可能是重印時刪改。當時流傳郝寶山《領袖指南》(1942)、《奉天承運道統寶鑑》等的一貫道沿革，提供一點線索：

1. 郝寶山《領袖指南》(1942)〈一貫道沿革〉：自伏羲氏……為大道降世之始……梁武帝時達摩西來，真機復還於中國，諺所謂老水還朝是也。自達摩入中國為初祖，神光為二祖，以後僧燦三祖，道信四祖，宏忍五祖，慧能六祖。俗傳至六祖衣缽又失，其實道統又歸俗

56 無線癡人《道理新介紹》，頁 14。

57 無線癡人《道理新介紹》，頁 14。

58 李世瑜《現在華北秘密宗教》，頁 103-104。

59 無線癡人《道理新介紹》，頁 9。

家。六祖度白祖及馬祖二人，道傳火宅，是為七祖。由是歷代相傳，羅八祖、黄九祖、吳十祖、何十一祖、袁十二祖、徐楊十三祖、林十四祖、王十五祖、清虛十六祖，此紅陽世之十六代祖圓滿。嗣後道傳東魯，路祖應運普傳，飛乩開化，二陳夫子，繼續辦理末後一著……[60]

2. 《奉天承運道統寶鑑》〈道祖略歷〉：初祖……達摩……二祖……神光……三祖姓余諱普庵……號僧燦……四祖……道信……五祖……宏忍……六祖……慧能……七祖姓白名玉蟾……八祖姓羅諱蔚群……九祖姓黄諱德輝、……十祖姓吳諱紫祥……十一祖姓何諱若……、十二祖姓袁諱退安……、十三祖姓楊名還虛、十三祖姓徐名還無……十四祖姓姚號鶴天……十五祖王諱希孟，字覺一……十六祖姓劉諱化普，號清虛老人……十七祖姓路諱中一……白陽初祖……十八祖姓張諱天然，號弓長……白陽二祖……[61]

3. 《道學新介紹》：梁武帝時達摩西來，真機復還於中國，故曰老水還潮。達摩初祖，神光二祖，僧燦三祖，道信四祖，宏忍五祖，慧能六祖。六祖以後，道傳火宅，……故有南頓北漸之稱。白馬二人為七祖……羅八祖、黄九祖、吳十祖、何十一祖、袁十二祖、徐楊十三祖、姚十四祖、王十五祖、劉清虛十六祖，此洪陽十六代祖圓滿。運轉白陽，路為初祖，弓長子系為二祖，辦理末後一著……[62]

郝寶山《領袖指南》〈一貫道沿革〉因他認為此段敘述「因情真理真由他書摘錄於此」。從內容來看，郝寶山《領袖指南》〈一貫道沿革〉應是摘自前述之無線癡人《一貫道新介紹》。而《奉天承運道統寶鑑》中除收錄〈道

[60] 郝寶山《領袖指南》〈一貫道沿革〉，頁 15，1942 年。

[61] 《奉天承運道統寶鑑》，頁 341-345。

[62] 《道學新介紹》，頁 13。

祖略歷〉外，還有一〈歷代祖師道脈源流〉。雖然〈歷代祖師道脈源流〉內容更豐富，但二者所記一貫道道統幾乎相同。[63]這些一貫道道脈沿革可分成三個系統：一是老水還潮系，二是普庵系，三是姚鶴天系。李世瑜《現在華北秘密宗教》的一貫道沿革敘述，則是揉合三系統，可說是大雜燴一貫道道統系譜[64]，一貫道中非常流行「老水還潮（朝）」的說法，以往大家都不知道這個說法源自何處？其實，是源自民國二十一年無線痴人著的《一貫道新介紹》與稍後流通的王覺一《歷年易理》。[65]不過，這「老水還潮」的詞語並非一貫道創造，而是取材自清嘉慶年間流行的讖書《三教應劫總觀通書》。值得注意的是，老水還潮系的一貫道道脈沿革中的十四代祖是林祖「林金秘」，不是姚祖「姚鶴天」。

目前所知，最早出現十四代祖姚祖「姚鶴天」的一貫道文獻，是民國三〇年代的崇華堂印《歷年易理》序（1941）。之後的《覺路指南》（1942）、《一貫新介紹》（1946）都認同十四代祖姚。民國五、六〇年代在臺灣頗為流行的《奉天承運道統寶鑑》詳細記錄十四代祖姚祖「姚鶴天」的事蹟，很明顯是在這之後出現，對照我二十年前的閱覽經歷，《奉天承運道統寶鑑》初刊於民國三十七年（1948）。[66]

至於普庵系一貫道道脈沿革，則是挪用先天道系的二祖至十三祖祖派源

---

63 《奉天承運道統寶鑑》，頁 349-372。

64 李世瑜《現在華北秘密宗教》，頁 53-55：「……梁武帝時達摩西來，真機復還於中國，道中人稱「老水還潮」是也。自達摩入中國為第一祖，真道仍是一脈相傳，今已至十八代祖，即張天然。道統如次：……神光二祖，……普庵三祖，道信四祖，宏忍五祖，慧能六祖。俗傳至六祖衣缽又失，其實道統又歸俗家。六祖度白祖及馬祖二人，道傳火宅，是為七祖，……羅蔚群八祖……黃德輝九祖、……吳梓祥十祖……何了苦十一祖……袁退安十二祖，……、徐楊十三祖……姚鶴天十四祖，山西人……王覺一十五祖……劉清虛十六祖……路中一十七祖……白陽初祖……張光壁一十八祖號天然……白陽二祖……」。

65 民國辛巳年（1941）崇華堂印《歷年易理》〈丁丑〉，頁 8，此書收入王見川編《一貫道經卷・劉伯溫錦囊與其他》第一冊。

66 王見川〈先天道前期史初探：兼論其與一貫道的關係〉，頁 76。

流資料[67]，作為自己二祖至十三祖的記載。李世瑜《現在華北秘密宗教》與《奉天承運道統寶鑑》的一貫道道統記載都是如此。這樣的敘述，雖然充實一貫道祖師的生平事蹟，卻混淆一貫道與先天道系宗教的區別。從祖師淵源看，一貫道確實源自先天道。[68]可是一貫道創立者對道統傳承（祖師傳承）卻另有看法。從《一貫道疑問解答》可知張天然等：

1. 尊重一貫道淵源流長的道脈傳統，但只重視十五代祖王覺一之後的祖師。可說是個尊重傳統，重視現在的宗教。

2. 認為：一貫道道統每一代只有一個祖師（一師一祖），即所謂道脈單傳。

基於如此原則，一貫道道脈認定七祖白馬、十三祖徐揚都是一人，而非二人，另一方面，張天然等只保留各代祖師傳承，不在乎其內容，也不蒐集、閱讀他們的著作，這也就是一貫道中沒有傳說與黃德輝有關的九蓮經（《皇極金丹九蓮正信歸真還鄉寶卷》）[69]、袁志謙著作，只有王覺一《理數合解》、《歷年易理》等著作，並不斷翻印的原因！後來的一貫道親與學者，受到《奉天承運道統寶鑑》的錯誤引導，又不明《一貫道疑問解答》的用意，一直循著先天道脈，追究一貫道祖師（如白馬七祖、羅八祖）究竟是何人？還將九蓮經當作黃德輝著作與袁志謙等人著作編入《一貫道藏》，視為一貫道經典，推銷給一貫道道親。這種用自己的意見，想矯正或型塑信眾的一貫道歷史或經典的看法，不僅治絲益棼，更將一貫道研究帶入誤區，也干擾信眾的信仰，恐怕也不是學者應有的作為！

---

[67] 關於普庵與先天道的關係，詳見王見川〈普庵（菴）信仰的起源與流傳：兼談其與摩尼教、先天道之關係〉，頁 52-53，氏著《漢人宗教、民間信仰與預言書的探索：王見川自選集》，臺北博揚文化公司，2008 年。

[68] 林萬傳《先天大道系統研究》，頁 184-231，臺南市靝具書局，1986 年訂正二版。

[69] 還有《佛說皇極金丹九蓮證性皈真寶卷》，詳見王見川〈明清以來民間宗教經卷的解讀：以《九蓮經》、《三煞截鬼經》等為例〉，出版中。

（四）王覺一的繼承與創新

關於王覺一其師姚鶴天，《道統寶鑑》記載：號明池，山西太原府人，乃瑤池金母化身，曾收二位義女素陽、素玉[70]。林萬傳則說他是西乾堂弟子[71]。根據王覺一《歷年易理》記載，素陽、素玉是先天道後期掌教林依祕的重要弟子，在林依祕去世後，接掌道統，其所居堂號是西乾[72]。

將上述二傳說對照王覺一的記載，顯然，姚鶴天與先天道西乾堂關係密切。王覺一自承在西乾門下，耳聞不少先天道事蹟。當他「悟道」之後，即借著先天道傳統，以乩示接道統。《歷年易理》〈章帖〉記載：「金祖稱西乾堂，丁丑轉盤東震，東震繼西乾，傳玄大收圓」[73]。金祖即是林依祕，丁丑是光緒三年（1877）。《章帖》這段記載反映王覺一在光緒三年創立東震堂，接續先天道道統。

當然，這一段記載只是王覺一接續先天道統的合理化說辭，正統先天道徒是不承認的。王覺一深知如無充分的證據，很難說服對方，承認自己是真正的教主。因而，他不斷強調「東震繼西乾」的說法，甚至藉著先天道十二祖袁志謙現身謂金祖：「二十（即王）臨凡把道辦，十五代祖掌道盤」[74]的顯化事蹟，來述說自己天命的合法性。另一方面借著先天道扶乩傳統，宣揚無生老母親自臨凡東震堂重立天盤的神蹟[75]。

王覺一借用無生老母信仰，是想藉此吸收非正統先天道信徒。根據研究，陳汶海、彭超凡等正統先天道脈，在道光年間已將無生老母改為瑤池金母。對於這一點，王覺一很清楚。他說：「開道始稱無生，經卷可驗，改無生為

---

70 《道統寶鑑》，頁30-31。

71 林萬傳，前引書，頁188。

72 《歷年易理》，頁2、6、11。

73 《歷年易理》，頁1。

74 同前註。

75 《歷年易理》，頁3。

瑤池三十餘年」。(《歷年易理》丁丑又帖）顯見王覺一企圖恢復先天道傳統來吸引另一批道徒。

王覺一除了利用讖言、乩語，宣揚自己承受天命，接掌先天道統外，更拿出先天道傳統的憑證，來吸引先天道各派。譬如在《歷年易理》己卯光緒五年條，記載他親獲老母親傳《雷》、《唵》訣和萬法令[76]。而癸未又帖則透露：他似乎擁有黃德輝的《禮本》等經卷[77]。這些經卷都是先天道傳統的經典，無比神聖，王覺一拿它們來作宣傳，「證據」是很充足的。

有人可能會質疑，說：王覺一只是耳聞這些經典的權威性，因而借為己用。王覺一《歷年易理》癸未又帖記載：「黃九祖傳《禮本》普行中外，古佛門斗牛宮理性宣揚，《皇極經》開場言佛來子上，艮地真祖出開泰三陽」[78]。這一段話涵括《禮本》斗牛宮信仰及《皇極經》的三陽信仰，顯見王覺一確實擁有《禮本》等經典。

另一方面，「東震繼西乾」的說辭，亦可提供例證。在《白陽聖訓》所錄王覺一〈帖章〉中記載，王覺一用「西乾東震周流轉，外教旁門認不真」，來合理化自己承受天命接掌先天道統[79]。這一段話是《開示經》和《佛說皇極金丹九蓮證性皈真寶卷》中的重要偈語。

總之，王覺一儘可能利用先天道的傳統，來合理自己接續道統的情形。《歷年易理》戊寅又帖記載：無生老母要他「整道統重立天盤，從前的果與位一概統換，取真人拔真才從頭新添」[80]，就是最好的證據。

雖然，王覺一以先天道統承繼者自居，但他並未固守傳統，一成不變。相反，他以回歸傳統的方式來改革先天道。首先，他從《佛說皇極金丹九蓮

---

76 《歷年易理》，頁 22。

77 《歷年易理》，頁 55。

78 同前註。

79 《歷年易理》，頁 108。

80 《歷年易理》，頁 19。

證性皈真寶卷》中，得知先天道早期是崇拜無生老母，並非瑤池金母。因而，主張恢復無生老母信仰。這一主張，以後由一貫道承繼。從此先天道與一貫道分歧。

其次是重視彌勒佛及三陽信仰。這一點，王覺一係承繼先天道十二祖袁志謙的看法。傳統先天道是強調彌陀信仰，其修持真言即是「南無天元太保阿彌陀佛」。在袁志謙時代，他已受「龍華經」影響將彌勒佛三期白陽信仰凸顯出來，但並未突破先天道藩籬。王覺一本人深為仰慕袁志謙，曾假袁祖之口來折服對手。袁志謙的思想，王覺一是相當熟悉的。王覺一極有可能受袁志謙思想的啟發，提出彌勒佛三陽信仰，來解決先天道經典《皇極經》彌陀龍華會的理論困境。

另一方面，王覺一也有可能會受到華北地區民間宗教的影響。在《白陽聖訓》所附王覺一〈帖章〉記載：當時的旁門有龍天門、達摩門、清靜門、皇極門、混元門、一柱香教、八卦教等[81]。這些教派對王覺一道派的發展，威脅甚大。因而，有必要抬出一位有吸引力的祖師，以與各教爭勝。基於這種教派競爭的考量，彌勒佛三陽信仰變成王覺一的信仰重點。後來的一貫道承繼了這二項特色，彌勒佛成為一貫道真言的主神，而路中一，張天然則被稱為白陽初、二祖。

當然，我們也不要忽略王覺一個人的因素。檔案記載：他曾赴金陵、漢口等地邀約徒黨，一起舉事[82]。由於檔案資料中，既未發現刀鎗兵器，又未見封官偽號，有可能這是官方羅織入罪的說辭[83]。不過王覺一的政治關懷，是相當強烈、濃厚的。這在他所著的《歷年易理》有所反映，譬如，「古佛

81 《歷年易理》，頁 104-105、109。

82 馬西沙‧韓秉方合著，《中國民間宗教史》，頁 1151、1159。

83 詳見《曾忠襄公奏議》，卷 22，〈續獲犯正法疏〉，卷 24，〈續獲教匪分別議擬疏〉，《左文襄公全集》，〈奏稿〉卷 60、61，《卞制軍奏議》，卷 4，〈奏為續獲匪犯審明就地正法〉，〈奏為匪犯怙惡不悛請旨即行正法，以弭後患〉以及臺灣故宮博物院清代檔案「軍機處月摺包」光緒十年十一月，孫毓汶、烏拉布聯合奏摺。

印，日月章，合成明，皇白白王」[84]及「東京城淳風師中州顯化，杏林齋露天機內聖外王」[85]。

王覺一借先天道傳統改革的最後一項是：重造道統，標榜儒家。先天道在陳汶海、李一沅時期（道光年間），已編造一份道統系譜：初祖達摩至十三祖徐楊，對於這份道統系譜，王覺一非常清楚。《歷年易理》〈章帖〉記載，他在宣揚自已承受天命，接掌先天道統，即使用這一份道統系譜來證明自已的合法性[86]。當然，為配合當時道統係林金秘繼承的事實，他已將林金秘編入道統系譜[87]。當到他掌握教權，道務大展時，發現原有的道統系譜，太過狹隘，規模不大，不足以囊括其他教派及人民大眾。於是他開始訂定道統，將儒、釋、道三教聖人，納入其中，現今流傳的一貫道道統系譜，初步成型於王覺一的《歷年易理》一書。

王覺一選編道統的立場，是以儒家思想為本位，涵括二教。所謂「今三會儒家管一貫大道徹人天」[88]，即表明這一立場。以儒家為本位，不僅適應中國傳統社會的思想、禮俗結構，也是王覺一思想的必然選擇。林萬傳曾指出：王覺一承襲水法祖（即彭超凡）的遺風，大力倡導儒家化，以儒教的一貫來闡釋先天道義[89]。這是敏銳的觀察，王覺一以其卓越的儒學知識，將先天大道，提到更高層次，徹底儒家化，形成自己的「一貫道」。

當然，王覺一的「一貫道」並非封閉，獨尊儒家，排斥諸教的。它是開放，容納各教的，具有「三教合一」、「萬法歸一」的氣魄。後來的一貫道也繼承王覺一以儒家為本位，包容各教的思想。

---

[84] 《歷年易理》，頁 26。

[85] 《歷年易理》，頁 57。

[86] 《歷年易理》，頁 1。

[87] 參見郝寶山，《領袖指南》壬午年（1942）「一貫道沿革」部份。

[88] 《歷年易理》，頁 38。

[89] 林萬傳，前引書，頁 186。

以上所述，是王覺一使用先天道傳統接續先天道教權及其改革的經過。這是他在光緒三年（1877）建立「東震堂」，至光緒十年（1884）這一期間，逐漸發展出來的言論。從其中，可知王覺一東震堂所傳的教法，已與當時的先天道有所差異，但其源流卻可追溯到袁志謙時代的先天道。

一貫道的創立，其淵源可溯至清末王覺一。他借用《佛說皇極金丹九蓮證性皈真寶卷》及《開示經》中的偈語，建立「東震堂」，接續先天道統。王覺一以「回歸傳統」的方式，強調無生老母的權威，標榜彌勒佛三陽信仰，並以儒家為中心，主張三教合一，改革先天道。這些方面，都是一貫道承繼袁志謙時代先天道的傳統，也是一貫道與當時先天道系各派不同之處。

四、從一貫道的特點看其淵源

除了教名、道統道脈之外，我們也應該從一貫道的特點，討論其歷史或由來。那麼什麼是一貫道的特點？《一貫道疑問解答》提供幾點線索：

（一）母字（即申字）

這個怪字，意味母、母娘或老母之義。在《一貫道疑問解答》及其他一貫道文獻中常見，也是外界辨識經卷文獻是否是一貫道的指標。可是，這母字何時出現？來自先天道或是一貫道獨創？從現存先天道文獻，完全不見此字，應該不是來自先天道。目前所見，母字也出現於郝寶山的《一貫佈道大綱》、《領袖指南》，郝寶山與張天然是師兄弟，但在十七代祖路中一去世後，各自發展，而二者都用母字，可見路中一時代，一貫道中流行母字。從現有資料來看，至晚在民國二十年郝寶山已在用母字，《道情大要》即云：

> 吾道供奉者，無極老母也……凡一切含靈之物，皆老母所生……母音

> 母，先天之母，字義同。[90]

不久前，我又看到民國十八年（1929）東郡養性齋竹溪居士甘偉三著的《道貫九則》也提及母字[91]：

> 孚佑帝君奉母懿旨對眾詳批……命三教佛聖仙各個倒莊，分五行派十地，頂天保障……求名師指一貫存心休養，用離火，練坎水，復還乾陽……九節工有次序層層動靜……第三則說的是金木二老……登頂保引證恩舵艄掌好……

從內容來看，此書是先天道金、木祖派下作品。但因文中每則出現母字及偈言：「一貫大道度群迷」、「傳留一貫度良賢」，加上出版時間，《道貫九則》有可能是在民國十八年由一貫道信眾[92]翻閱校正出版時，將母字替換母及添上一貫大道內容。不管為何，至晚在民國十八年已有不詳派別的一貫道徒在宣揚母字，而這也較張天然為早。

（二）點傳師

這是現今海內外一貫道親耳熟能詳的稱呼，意味代師點道傳道者。這樣的代理人，先天道時代是天恩級以上，路中一時代是保恩，稱傳道師。在張天然刊佈《一貫道疑問解答》時，叫「代表師」：代表老師往各地傳道，當時是四十餘人。到了民國三十一年，新版的《一貫道疑問解答》已將「代表師」改為「點傳師」，人數改成百餘人，短短數年代師傳道者增加一倍多，

---

[90] 郝寶山《道情大要》，頁 10，和香齋石印局，1931 年。當時郝寶山是「經理」。

[91] 〈「一貫道」的內涵與淵源：以《一貫道疑問解答》為討論中心〉，頁 300。

[92] 從序文「道在於上則傳君相，道在於下則傳師儒。降至末世，俗衣說法則道在庶人」可推知作序翻印者是一貫道信眾。

可見當時一貫道發展之迅速！另一方面，我們也看到張天然在民國二十六年至三十一年間新創名詞「點傳師」，並賦與其神聖地位：只低於老師，革新十七代祖承襲先天道的舊教階。

（三）坐功

著名一貫道專家林萬傳在其名著《先天道系統研究》提到：一貫道在佛堂設置全襲先天道、而職級方面一沿用舊規，但這種制度在十八代祖時廢除。另在「一貫道之教義大體上仍沿襲先天道，為未因應時代趨勢，做了若干改革。資分數如下：1. 三曹普渡……2. 心法……在口訣方面，王祖廢除了先天道之九節玄功，只教人盤腿守玄靜坐，涵養心性，不再煉金丹。」[93]林萬傳的看法很多是高見，值得注意。郝寶山在《道情大要》中提到一貫道的「坐功」說：「做養功夫，修道人逐日之功課……道本無為，然吾人久被事情纏繞，不借抽填之法，怎得行復乾初，以決輪迴之苦。……此功是於十二時中，盤膝端坐，手扣合同，默念無字經幾遍。舌尖上砥，令舌下生津，滿則嚥下。更將新捤注於玄關，謹記迴光返照。意不出入，若亡若存。初則守有，有至於無。無至人我皆不知，心如秋水寒潭一般，此一法也。」更有一法，壇詩云：「一貫真傳自古稀，有緣方德育三期，位軍職指性命理，彈藥心與性相依。心性相依與做工大能得力。」他又說：「今一貫所傳抽坎填離功夫，係由後天反先天，無如謂闕性復初此……」。[94]寫《道情大要》時，郝寶山已入路中一門下約十年，他所說的「坐功」，顯然還是煉金丹（內丹）一類的功夫，與守玄靜坐不同。而這樣的功夫，從《一貫道疑問解答》相關記載來看，十八代祖張天然並未繼承，反而改採靜坐，這也是張天然他一大革新之處！

至於一貫道的「五字真言」，據張英譽供稱是其父張天然時代採用，而

---

[93] 林萬傳《先天大道系統研究》，頁 190-192。

[94] 郝寶山《道情大要》，頁 7-8。

「無極老母」與「明明上帝」對照郝寶山《一貫佈道大綱》相關記載，則可知是沿用十七代祖路中一時的崇拜方式與稱呼。此外，就一貫道中的點玄與入道詞而言，王覺一的「點玄歌」與「進道文」與張天然的相關文獻對照，也可看出王覺一的入道與「點玄歌」，到張天然時代已完全被捨棄不用。

五、「一貫道」早期史：路中一至張天然掌道初期情形

最後，我們要談的是「一貫道」早期史。前引祖脈源流資料提到，王覺一之後的領導者是十六祖劉清虛。馬西沙認為劉清虛就是王覺一重要弟子劉至剛。[95]從地位名字來看劉清虛有可能是劉至剛的道號。而路遙從田野所得劉清虛是官員之後，又是深受儒家影響的讀書人，認為他不是參與起事的劉至剛。[96]在官方嚴查王覺一案相關份子下，劉至剛仍未逮獲，可見其善於隱蔽。清檔案只有其他信徒說，他是商人的記載，其餘情況不明。所以，尚需更多證據才能說明劉清虛是否是是劉至剛。

目前所知，「一貫道」中關於十六祖劉清虛的記載至少有三種：一是《道統寶鑑》所收〈道祖略歷〉:「十六祖姓劉諱化普，號清虛老人，青州人，光緒十二年奉命三教合一，改稱一貫道。」一是〈歷代祖師道脈源流〉記載的「十六代祖姓劉諱清虛，益都城里西街歷代富翁」。

（一）關於十七祖路中一

一是一貫道十八代祖師張天然的兒子張英譽在1953年的「自白」所述：

---

[95] 馬西沙・韓秉方合著，《中國民間宗教史》，頁1167。

[96] 路遙，《山東民間秘密教門》，頁386，北京當代中國出版社，2000年。

……在青州方面，若干年後，就有「王厥一」弟子，名「劉清虛」者，繼承傳道，即一貫道之十六代祖，亦青州人，傳道地區，約在青州附近，未聞有其他特殊情況。我在幼年時，曾聽到我父與別人講述此事經過，說：十六代祖「劉清虛」在求壇訓時，壇訓上指示：將來有彌勒佛在「劉清虛」壇下求道，叫劉清虛到「燕南趙北求大賢」。於是劉清虛即行前往。此時有「路中一」者，山東齊寧人。自幼從軍，在天津營盤中教德國操……不知因為何故辭職南返，將所得薪金百餘兩銀帶在身邊。當時因為交通不便，步行至某山邊休息時，遇見「劉祖清虛」，由閑話而勸其入道。「路中一」該時……所得百餘兩銀子，一文不留捐出來作功德費，交與劉清虛，同時隨劉清虛同到青州。就在劉清虛家中打柴燒飯的效其勞來，為此約有十餘年之久。一日，劉清虛又在乩上求訓，問到底彌勒佛是否求道？後身在什麼地方？壇訓上說：「若問彌勒在那裡，燕南趙北觀仔細，頭戴羊絨帽，身穿傳家衣。張口吐真寶，人工手中提。為問彌勒在那裡，時還未至，難對爾提」（幼年時常聽，所以記得一二……），在下壇後，於是大家議論紛紛……此時路中一……他的手紋好像有點人工的意思，於是就跑到劉清虛的面前，伸開手請他看，那知劉清虛將他一推，說不用看……至此以後，路中一無論做什麼活……講什麼話，劉清虛聽著也討厭……劉清虛就對路中一說：你在我家中若干年，我也不白用你，與你天命（即是點傳師），你離開此地去傳道吧……[97]

由此可知，「一貫道」一直傳說十六代祖劉清虛是青州人。但是十七代

97 《張英譽自白書》，上海市人民政府公安局，1953 年 12 月 3 日。一貫道的十五代祖「王厥一」（不知是否此兩字）係山東青州人，曾以「北海老人」的別名，著有「理數合解」、「歷年易理」等書，傳道至河北省之「楊柳青」而被滿清政府逮捕……後被充軍雲南。聞其後人亦隨之遷徙於陝於「漢中」。在前六、七年時聽說「王厥一」孫子……已七十餘歲，依然傳道，家中藏有「理數合解」、「歷年易理」木刻底版。……

祖路中一與十六代祖劉清虛的關係，卻是眾說紛紜，張英譽「自白」說是劉清虛找到路中一，〈歷代祖師道脈源流〉則說是路中一找到劉清虛求道。對此，路中一妹妹之子陳恩覃在 1950 年 6 月 17 日的〈悔過書〉上則云：

> 路中一老師，濟寧人，係本城東鄉五里營庄人，生在民前六十年四月廿四日。幼年識字，壯年務農，在廿八歲入伍有年，在小站練兵處充當考拔之職。民前四十七年退伍入道。有友人介紹在青州進道，祖前效勞五年，經祖放命代師傳道。民前三年在糧船介紹河南鞏縣孫德博入道，又有李永芳、劉蘭堂、田應法、劉同堂相繼而進。數年之間，往來河南鞏縣。在民國七年來濟寧回家探親，介紹母親、哥哥入道，在三月十五日。後六月十五日介紹姨母、姨姐、姨哥及二舅舅始入道。民國八年介紹姑丈姑母、表哥在九月十五日入道。又回河南，凡所入道資費不過一吊錢，貧者不取。忽聞青州音耗複至，急往奔喪，以待送葬大事完備，復轉河南開道，遂即放孫德博為傳道師。路師掌道，母親幫扶。母親又往曲阜我表姑家辦道，代上師命傳道，遂介紹表姑全家入道。
>
> 在民國十一年二月聞及八月初旬，路師赴河南鞏縣滎陽傳道，介紹李得春赴華陽，介紹入道者有張昭乾、彌順昌，到山西太原介紹周培林、介休郝震東，年底回家靜養三月。民國十二年四月初旬，路師攜帶我哥赴河南一帶，認識道友，好繼續辦理。因舅父年近古稀，行動不便，我哥代師命辦理河南道務，由七月回家，至民國十三年六月得病，十四年二月初二壽終，享年七十三歲。僕匍風塵廿餘年辦道。由幼而壯、由壯而老。童身貞體，不失本來，凡衣衾棺本有大眾功德貲作殯葬費，下餘作道友往來度用……[98]

[98] 《陳恩覃悔過書》，1950 年 6 月 17 日。此份資料在濟寧市中區公安分局檔案科《一貫道材料》中。感謝陸仲偉先生提供此份資料抄件。

引文中言及路中一在民前四十七年退伍入道，對照相關史料，可能是民前十七年之誤[99]。以往，臺灣一貫道流行的路中一略傳是張天然派下傳述的，與張英譽自白較接近，與上引〈陳恩覃悔過書〉有所差距[100]。從親疏關係而言，〈陳恩覃悔過書〉陳述的路中一生平略歷似較為可靠。據此可知，路中一是經由友人介紹加入「一貫道」，後在劉清虛身邊效勞五年，被任命傳道師，外出傳教。也就是說，咸豐三年（1853）出生的，初識文字當過兵的路中一在光緒末已當傳道師，宣統元年（1909）在河南吸收孫德博等人入一貫道。民國七年（1918）才回山東濟寧渡化其妹一家人等入道。1919 年 9 月，在一貫道十六代祖劉化普去世後，路中一方自立為祖，升孫德博為傳道師，所以一貫道傳說張天然在民國五年由路中一點道或昇任「天恩」級傳道人之說[101]，並不正確。其次，路中一一生傳教重點放在河南、山西，而非山東，郝寶山亦是他在山西所渡。既然如此，那路中一去世後，一貫道領導由何人擔任？《張英譽自白書》說：

> 路中一終身鰥居，約於 1928 年二月二日逝世，其任「路成華」承嗣……路中一原籍為濟寧城東五里營村，年七十三歲去世。至於老姑娘看十二年之說，未聞出自何經何典……

老姑娘指的是路中一妹妹路中節，《張英譽自白書》即云：「路祖（名中一）逝世，道中起了變化，各地道中領導者，相率自立門戶，先父追隨於老姑太太（即路祖之妹）……」。張英譽先父，就是一貫道十八代祖張天然。

99　陸仲偉先生在《陳恩覃悔過書》中的「眉批」。

100　孚中編著，《一貫道發展史》，頁 130-131。正一善書出版社，1999。林萬傳，《先天大道系統研究》，頁 194。臺南靝青巨書局，1986 年訂正二版。

101　孚中前引書，頁 138。

（二）十八代祖張天然的早期生活與道中經歷

關於張天然，一貫道後學有不同傳說，但以其子張英譽 1951 年 11 月的筆供，最值得注意：

> 先父生於 1889 年（即光緒十五年）一個沒落地主家庭中，大約曾讀私塾十餘年。在十六歲時（或十八歲）與先母朱氏結婚。先母朱氏曾生子女數人（不詳），存者惟家姐，後因難產而歿，時家姐僅兩、三歲。家母劉氏為續絃，仰事先祖母，俯育家姐，生活雜務，日在勤勞操作中，曾生我兄弟姐妹凡九人，在者惟英譽一人耳……
>
> 曾聞先祖母言：先父幼年時即不滿現狀，曾在二十歲左右，即單身南下，以謀出路，約二年之久。回家先祖父有病召回。翌年家先祖父逝世，此時家中無人照顧，所以不能外出了。因為不習於田間工作，故而對於田間一切之操持，多係先祖母親手為之，家中之燒菜煮飯家母為之。當 1916 年先父友誼褚思恕者，始勸闔家入道。後因全家篤信關係，家中開辦佛堂。至於佛堂中一切接待道親等，花費均係出自個人。自此以後，家中生活一日不如一日了。吾在五、六歲的時候，先父曾在城外開設先明德雜貨店，經營正好，藉此以補生活。惟先父日忙於道務，荒於店事，以致內部司帳先生偷陋，不到二、三年間，即告蝕本歇業。俟後得機，唯做土產生意，然先父全身為道，不能兼顧，又兼所託非人，均告失敗。
>
> ……吾的全家，除吾之外，都對鸞堂有很大信仰，甚至一切之道事、家事，均聽鸞壇的指示……[102]

[102] 1951 年 11 月張英譽筆供，又稱「自白書」，原件存上海市檔案館。此資料感謝陸仲偉先生提供複印件。

由此可知，臺灣一貫道中流行張天然是在民國四年（1915）由褚老師或耿老師渡化，加入一貫道的說法[103]，略有訛誤。另張德福《先師張公天然與其道盤》中記載張天然的家中情形以及他在民國二年皈依一貫道的陳述[104]，證之上引文，亦是頗有問題的。

雖然如此，身為張天然乩手「天才」三年的張德福，其書中仍記載不少一貫道中大事，值得注意。如民國二十五年（1936）張天然被捕事件[105]與抗戰時期汪精衛政權中的高官如周佛海、孫祥夫、李麗久加入一貫道[106]。

關於張天然被捕事件，張英譽筆供云：

> ……此時先父及孫氏常住濟南，道務日漸宏展……到了 1936 年春，先父同齊銘周、王星五及路過之張振忠、胡德群南京辦道，車行到蚌埠，即被一批特務持鎗，迫使先父等下車而被捕，後解南京，押於憲兵司令部，渺無消息者半年餘。後得先父親筆所寫之明信片，始悉先父等均甚平安，尚待當局調查中（然先父等之被捕，原因有三：1. 為「滿洲國」溥儀之欽差；2. 為日本所使者；3. 為有宣傳共產黨之□□），當先父等事情發生後，家中獲得消息，罔知所措，家母命吾急去濟南面見孫氏，詢問先父消息與辦法……至 1937 年先父與齊銘周始獲自由……[107]

齊銘周的供詞與此相近[108]。由此可知，張德福、王效峰認為張天然被捕

---

103 孚中前引書，頁 139。林萬傳前引書，頁 207。

104 張德福，《先師張公天然與其道盤》，頁 13-15。自印本，1991 年。

105 張德福前引書，頁 54-57。

106 張德福前引書，頁 103-109。

107 1951 年 11 月張英譽筆供。

108 陸仲偉前引書，頁 18。

是出於國民政府人員誤認張為「一心天道龍華會」教主馬士偉所致[109]，是有問題的。

六、結論

總上所述與林萬傳等學者的研究，我們可以說：

1. 一貫道的義理三期末劫、九六原人部份是承繼明末以來民間宗教的大傳統，而理天、三曹普渡的理念、則是王覺一的創造。

2. 以儒家主管末後一著與扶乩宣傳教中大事的傳統則源自十五代祖王覺一形成的傳統。至於以儒家為末後一著一貫道的教名來自王覺一派下的發明。

3. 母字、明明上帝可能都承襲自十七代祖路中一時代。

4. 而張天然除捨棄內丹改採靜坐外，在教階、真言（無字真經）、道統等方面有所創造與改革。

最重要的是十八代祖張天然寫出《一貫道疑問解答》、《暫定佛規》正式向信徒與世人宣告「一貫道」這個宗教的內容性質、特點等方方面面，從這個方面與後來發展成果來說，「一貫道」完成於十八代祖張天然時代，並不為過！需要注意的是，「一貫道」與先天道系宗教有一個很大不同點，是先天道系宗教習慣往後看、注重傳統，而「一貫道」則是向前看、與時俱進！

---

109 王效峰，《一貫道內幕》，頁 5。《湖北文史資料》輯 2，1994。此資料感謝蘇慶華教授提供。

第十九章　西方基督教在臺灣的歷史詮釋*

梁唯真
臺灣基督教長老教會雙連教會牧師

本章大意

多年來，臺灣基督教學者與教會歷史撰述者身處兩難之間，存在一些問題；特別在於臺灣基督教團體內部，除了經典(聖經與西方主要神學作品)翻譯，過去研究多著重於教會歷史撰述、主要教義論述與實務討論，關於歷史著作與神學論述作品，多數注意將本身宗教團體的正統性向上延續於基督宗教的起源，或是歐洲宗教改革傳統的延續。但由於臺灣學界宗教研究興起，新研究法引入以及不同領域學者加入，遂促使研究專論的範疇開始改變，漸漸形成當代臺灣基督教研究的特質。本文擬從臺灣基督教內部論述與研究和臺灣宗教學術脈絡中的基督教研究兩大層面，來處理臺灣基督教歷史與神學兩者間的交互辯證史。

作者梳理1949年以來臺灣面對特殊的政治處境下區分而成的「臺語教派」(以臺灣基督長老教會、臺灣聖教會為主)與「國語教派」(1949年後由中國遷臺的基督教派)，兩者不同的歷史論述基礎，以及不同時空脈絡下的歷史建構。作者進一步指出教會內部論述與臺灣學界論述中間的張力，並主張教會若要對臺灣史及宗教思想做出貢獻，就必須要跳脫以教會為主體的神學論述。

---

* 本文原為〈臺灣基督教研究之內部研究——以基督教歷史與神學為主要探討範例〉，刊於《世界宗教文化》總第 82 期（2013）：24-31。

一、前言

臺灣基督教研究，至今仍是臺灣宗教研究中，全貌呈現相對缺少者。在臺灣基督教團體內部，除了經典（聖經與西方主要神學作品）翻譯，過去研究多著重於教會歷史撰述、主要教義論述與實務討論。關於教會歷史撰述與神學論述之作品，多數特別著意於將本身宗教團體之正統性向上接續於基督宗教起源（耶穌、使徒與初代教會，亦即所謂「救恩歷史之統續」），或是在神學上與歐洲宗教改革呼應傳續。因為強調統續問題，特殊取材之歷史記載與相關神學議題論述，成為著墨最深之處：或者強調該宗教團體之純潔正直、與世俗相抗衡之受苦經驗，或者宣揚「基督征服異教」的豐偉事蹟。若是論及以臺灣社會為脈絡、以宗教互動（競合融斥）為經緯的研究，則相對有限。

至於一般學界，長期以來，對臺灣基督教研究亦是相對缺乏。鑑於一百五十年來，臺灣基督教會是西學（西方學術、學制、知識與學習方法）暨西方文化與生活風格之重要引介者，臺灣學界對臺灣基督教之研究質量，落差甚遠。少數嘗試者，或是對於宗教團體知識缺漏、或是囿限於本身觀點，亦有精確度不足之憾。

近年來，由於臺灣學界之宗教研究興起，東西方各式研究方法受到引介，不同領域的學者加入研究行列，研究方向與論文專書的之寫作範疇開始改變。從此，臺灣基督教研究開始出現由裡而外之層次，從基督教團體的自我撰述、基督教學者的論述、宗教學者對臺灣基督教的論述、到各領域學者對臺灣基督教所涉及之相關議題的論述，層層擴展，逐漸形成臺灣基督教研究之當代地圖。

故此，本文以「臺灣基督教研究之內部研究」為題，初步論介臺灣基督教研究的特色，以及內部研究之長短優缺，期待藉此為新一階段的臺灣基督教研究，提供可能。本於作者所學，亦為使論文撰述之舉例有所聚焦，本文所舉範例多集中於基督教歷史（教會史）與神學之學者與著作。更由於基督教內部研究者與撰述者之介紹，或因非正規學術訓練出身、或因所關注議題與當下學術朝流出入，相對有限，故本文以較多篇幅引介這些研究者與著作者，期待能使內部研究與外部研究之引介平衡，並使臺灣基督教研究不至淪於僅只身為「研究對象」，而亦呈現其論述之主體性。至於宗教研究或其他人文社會研究領域中臺灣基督教之案例，則須另文撰述作進一步深研探究。

二、臺灣基督教內部撰述與研究

臺灣基督教之內部撰述與研究，與臺灣基督教團體的版圖與版塊移動極為相關。在 1949 年之前，若以臺灣基督宗教之整體範疇而論，以天主教會（1859 年開教）與基督教之長老教會（南部與北部分別為 1865 與 1872 年抵臺）為大宗，並有日本教會（聖教會等）與真耶穌教會等團體後來加入。

1949 年之後，由於數十個基督教團體遷臺，臺灣基督教遂以臺灣基督長老教會（以下稱「長老教會」，1951 年正式南北合併成為一個教派）與聖教會等形成「臺語教會」，而與 1949 年與其後抵臺之多個教會團體所形成「國語教會」，形成競合局勢。此一局勢在 1970 年代再次因為臺灣政治局勢緊張，「臺語教會」與「國語教會」進而因為政治立場與族群問題等，形成長達二十餘年的緊張關係。

基於一百五十年來、多次變異之臺灣政經社會局勢所導致之宗教版圖，臺灣基督教內部撰述與研究可為三個時期。這三個時期，於筆者所撰述之〈西學東進，生根臺灣——基督新教百年學術進程，以學術建制與出版研究為例〉[1]，將西學建制（學校開辦與學制成立）與相關基督教研究之發展相互

1 梁唯真，〈西學東進，生根臺灣——基督新教百年學術進程，以學術建制與出版研究為例〉（The

連結，因此分期。其中，第一個時期稱為「草創擴展時期——長老教會學校時期」，第二時期稱為「基督宗教大學建立時期」，第三時期稱為「宗教研究相關系所成立與宗教學門發軔時期」。

這三個時期的基督教作品，各有其特色。其中，早期的作品多以「撰述」為主、「論述」為副，解嚴前後開始有更多論文專書從事研究。至 1990 年代末期，因宗教研究興起，臺灣基督教的內部研究亦產生改變。若是以發軔年代、教勢成長與注重教育等因素考量，基督教中之長老教會，則是撰述與研究較為完整之範例。在本論文中，第一與第二時期將綜合論述於本節之中，第三時期則將於次節說明。

（一）臺灣基督教早期之撰述研究

臺灣基督教早期之西學建制，也就是「草創擴展時期」可以被稱為「長老教會學校時期」，是因為在 1895 年日本政權進入臺灣、進而造成日本學校與教會隨之進入之前，長老教會與「基督教」幾可等同。至於臺灣之真耶穌教會更是晚於 1927 年由脫離太平境教會（南部長老教會之首間堂會）之執事吳道源醫生所設立。[2]更有甚者，即是在此之後長老教會之教勢、學校與著作，仍占優勢地位。

此一臺灣基督教之草創擴展時期，可以從 1865 年、隸屬英國長老教會之宣教師馬雅各醫師（Dr. James Laidlaw Maxwell, Sr., M.D.，1836～1921）抵臺，並於 1869 年開始成「傳道者速成班」（臺南神學院前身），作為西學進入臺灣之起點。然而，若是以正式學校之成立，南臺灣則是以宣教師巴克

Rooting of Western Learning into Taiwan—The Centennial Academic Progress of Taiwan Protestantism with the Crucial Educational Systems and Academic Publications as Examples），收錄於《人文百年，化成天下》（臺北：聯經，2011），493-502。

2 吳道源醫生，曾參與日人和平進入府城一事，並推動天然足運動，後參與真耶屋教會在臺創設（1927）。參：黃茂卿，《太平境馬雅各紀念教會九十年史》（臺南：太平境教會，1988），211-213。

禮牧師（Rev. Dr. Thomas Barclay, D.D., 1849-1935）於 1876 年成立臺南神學院為起始；[3]北部則是以 1882 年、首位宣教師馬偕牧師（偕叡理，Rev. Dr. George Leslie MacKay, 1844～1901，隸屬加拿大長老教會）[4]所設立之「逍遙學院」（Peripatetic College）正式定址，並進而更名為「牛津學堂」（Oxford college），是為正式學校之開辦。牛津學堂更是臺灣神學院（臺北神學校）、淡江中學與真理大學（淡水工商專科學校、淡水工商管理學院）之共同前身。這一段長老教會學校時期的結束，則是以 1949 年及其後之華人基督教團體遷臺，並進而導致相關學校之復校與開辦，劃下歷史分界。

在長老教會學校時期之早期，其歷史撰述由於起源於學養較佳之外國宣教師的工作，其歷史與教義神學撰述，甚至是實務方面的著作，早於十九世紀末與二十世紀初之第一代宣教師時期，即已開始。這一代宣教師的作品，有三個主要的聚焦，第一是對臺灣之觀察與報導，第二是引介基督宗教之歷史、教義、制度等，第三則是教會實際需要之寫作。

第一類作品成為瞭解早期臺灣的重要紀錄，其寫作所設定之對象主要為西方教會與基督徒，其目的在於一方面記錄宣教地之種種、另一方面引介臺灣於西方世界。此類作品包括馬偕之《臺灣六記》（*From Far Formosa*，臺灣遙寄，1895）與南部基督教第二位宣教師甘為霖牧師（William Campbell）[5]之

3　黃武東與徐謙信編，《歷史年譜》，29-87；賴英澤，〈南部教會建立時期：1875-1895 年〉，64-94；黃茂卿，《太平境馬雅各紀念教會九十年史》，（臺南：太平境教會，1988），109-110。

4　馬偕（George Leslie Mackay，偕叡理，1844-1901）為加拿大籍宣教師，於 1871 年抵臺，1872 年開始在淡水工作。至 1901 年因喉癌過世為止，不到三十年間，在北臺灣的漢人與平埔族社群中，建立數十間教會，並開始北臺灣西式教育（牛津學堂與淡水女學），亦成立西式醫療之偕醫館（1880）。馬偕可為北臺灣最具指標性之外國宣教師，除了教會工作之外，於醫療、教育、博物、開拓等領域皆有貢獻，其與張聰明之跨國婚姻亦首開先河，亦成為話題。2001 年以降，經由淡水地方之教會、社區與學校之合作，馬偕成為淡水文化象徵，並有「馬偕日」（6 月 2 日）之訂定。

5　甘為霖（William Campbell, 1841-1921）為蘇格蘭籍宣教師，於 1871 年底抵臺，主要在南部教會工作。1891 年在臺南創立「訓瞽堂」盲人學校，為臺灣特殊教育先鋒。1917 年退休返國。甘為霖為南部著作最豐富的宣教師，其中教為重要的包括臺灣宣教報告之《臺灣佈教之成功》

《素描福爾摩沙——甘為霖臺灣筆記》（*Sketches from Formosa*, 1913）。其中，馬偕身份特殊，近年更以外國人而成為淡水文化之代表人物，形成所謂「馬偕學」與「馬偕現象」，實可作為歷史發展曲折難料之例證。

馬偕同時以博物學家、冒險家與基督教宣教師的眼光，從臺灣的自然、史地、種族、語言、文化等，一直寫到北部長老教會的創設與進展，豐富也帶著「西方基督徒的偏見」。其中最明顯的就是關於艋舺教會曲折之創設過程，毫不掩飾地帶著「基督征服一地之文化與社會」的宗教自負：「艋舺的人民以前是那麼傲慢，如今也改變了。……我們上船時，異教徒與基督教徒都大聲歡呼。……民眾在門外歡迎，其熱烈之情形達於極點。……艋舺是這樣為我們所征服的。主啊，這種光榮不屬於我們，而是屬於您的聖名！」[6]

第二類作品主要是為了教育當時對基督教幾無概念的第一代臺灣信徒，但卻在其中卻仍然包含了當代世界觀、學術研究與神學議題的討論。以在中部教會工作的宣教師梅監務（Campbell N. Moody, 1865-1940）[7]為例，這位著作最豐之宣教師的作品包含《佈道論》（*Po-To-Lun*, 1914）、《談論道理》（*Tam-Lun To-Li*, 1920）與《古早的教會》（*Ko-Cha e Kau-Hoe*, 1922）等書。為了讓宣教有方法所撰寫之《佈道論》（1914），所寫的主要不是佈道學理論，

（*Missionary Success in Formosa*, 1889）、荷治臺灣史早期作品之《荷蘭統治下的福爾摩沙》（*Formosa under the Dutch: Described from Contemporary Records*, 1903）、臺灣踏查報告之《素描福爾摩沙——甘為霖臺灣筆記》（*Sketches from Formosa*, 1913）等書。甘為霖於臺灣語言之貢獻亦不容忽視，其所校編之《廈門音字典》（又稱「甘字典」，1913），應用甚廣；此字典於1924年由巴克禮牧師校訂而再版。

6 馬偕，〈這樣征服了艋舺〉，收錄於《臺灣六記》，周學普譯（臺北：臺灣銀行經濟研究室，1960），67-70。

7 梅監務（Campbell Naismith Moody, 1865-1940）。梅監務牧師與蘭大衛醫生（彰化基督教醫院創始者）同為長老教會中部宣教先驅。於1895年抵彰化工作，首開臺灣露天佈道風氣，並曾開設數十間教會。梅監務亦是宣教學者與臺灣第一位教會歷史學家，與甘為霖同為駐臺宣教師中，著作最豐富者。由於出色工作成果與簡樸生活風格，被稱為「英國乞丐、臺灣保羅」。梅監務最有趣的是漢名在教會史上多有議論。其中包括：梅監務（霧）、梅甘霧與梅鑒霧等。參：阮宗興，〈必也正名乎？——從不同角度看梅監務之漢名〉，《臺灣教會公報》（2483期，1999年10月3日），11。

卻是很實用地從宗教比較、基督福音之核心內容、到祭祖等實務倫理問題，提供當時宗教資源及有限之臺灣基督徒一本佈教參考書，並達成「領人歸信、並教導之」之目的。《談論道理》(1920) 則是系統性地介紹基督宗教教義的一本教科書，旨在幫助臺灣信徒認識基督信仰。以初代教會歷史為撰寫時序之《古早的教會》(1922)，則是臺灣早期少數之教會歷史教科書。上述三本著作都是以白話字撰寫，對當時基督徒具有容易閱讀之便利性，但卻於後代學者研究成為難以閱讀之反效果。

第三類作品，是清楚有著宣教目的的「報告書」等會內作品。其讀者可能是宣教師故鄉的教會與基督徒，有時亦包括臺灣教會與基督徒。這類作品可以巴克禮[8]所著之《為基督贏得臺灣》(*Formosa for Christ*, 1934) 為說明的範例。這是南部第二位宣教師領導人物巴克禮牧師最後的宣教報告，是為了身在故鄉英國的青年所寫，其目的是為了激發迴響，進而鼓勵更多人投入海外宣教的行列。在本書中，巴克禮充分發揮宣教學者沃斯 (Andrew Walls) 所描述的「雙重身份」(double identity)[9]，對於臺灣人同時是基督信仰與西方文明之仲介人，更藉此書「將臺灣帶進世界」。[10]難能可貴的是，巴克禮面對當代之國際神學與政治潮流，判讀經準，清楚道出「當時逐漸流行的國家

---

[8] 巴克禮 (Thomas Barclay, 1849-1935) 為蘇格蘭格拉斯哥人，畢業於格拉斯哥大學，為電學專家。於十六之際撰寫獻身誓約、並於每年生日簽名確認；是為劍橋七傑之前的「格拉斯哥三傑」(另兩人為前往孟買的 D. MacKichan 與前往汕頭的 J. C. Gibson)。巴克禮於 1874 年來臺，其最重要貢獻，在教育與出版方面，包括創設臺南神學院、推行白話字運動、翻譯白話字新舊約聖經、創辦臺灣出版印刷事業 (聚珍堂書房與臺灣府城教會報) 等；在教會工作方面，參與南北合一，於 1912 年成立臺灣大會等。由於居臺時間約 60 年，為早期長老教會南部宣教影響最為深遠之宣教師，也是最重要之教育家。參：林彥如，〈從開拓到鞏固：比較巴克禮與吳威廉於南北長老教會之貢獻〉，第三屆北臺文史與資產保存學術研討會，臺北：真理大學，2011。

[9] Andrew F. Walls, The Missionary Movement in Christian History: Studies in the Transmission of Faith (Maryknoll, NY: Orbis Books, 1996, 2004), xviii.

[10] 梁唯真，〈所愛所識之島：巴克禮筆下的臺灣〉(The Island That He Knew and Loved—Formosa in Thomas Barclay's Writings)，「宣教士比下的中國與臺灣」學術研討會，桃園：中原大學，2012。

宗教、造神運動與政治力結合的危機」：[11]

> Yet a more serious danger lies ahead of the Christian Church, not only in Formosa and Japan, but Germany, France, America, and England. Whether the method employed be Shinto, Nazi or Fascist, all Christians must be on their guard lest the government attempt to pervert the church into a deification of the state. Japan is watching the controversy between Church and State in Germany and much depends on the Lutheran Church's resistance to the Nazi demands.[12]
>
> 然而，無論是位在臺灣與日本、德國、法國、美國與英國的基督教會即將面對一項更為嚴重的危險。無論是神道教、納粹或是法西斯的方法，所有基督徒必須有所警覺，就是政府嘗試將教會帶入國家神格化的謬誤之中。日本正在關注德國教會與國家之間的爭論，並且極為倚賴路德宗教會對納粹要求的抵抗。[13]

巴克禮所提出之深入觀察，實是超越其時代所見。其中最驚人的包括對日本、義大利與德國政治－宗教結合的點名，令人驚嘆。在當時，西方社會與教會普遍還對政治與政治人物有所期待，甚或依附。即使是在西方世界中，亦只有少數學者與教會領袖，驚覺政權與宗教結合所導致之重大問題即將發生，並進而提出警告者。其中最著名者，就是同年由神學家巴特（Karl Barth, 1886-1968）與潘能華（Dietrich Bonhoeffer，潘霍華，1906-1945）等人透過

[11] 同上。

[12] 巴克禮，〈為基督贏得臺灣〉（*Formosa for Christ*，中文書名為筆者暫譯），收錄於《巴克禮作品集》（臺南：教會公報社，2003），100。

[13] 中文譯文為筆者暫譯。

《巴門宣言》的發表，對德國政治局勢與希特勒崛起，發出警訊。[14]

從以上之範例，吾人可以發現這些宣教師所撰寫之作品，在過去常被基督教會之藩籬所囿限，更被臺灣學界對基督教認識之缺乏與偏見所忽略；但若細查其撰寫討論之內容，就會發現能與當代西方神學學者匹敵之能力洞見，無怪乎可以勝過僅只半世紀之短暫年日、相對少數之人力、外來宗教之疑慮，使基督教成為臺灣宗教版圖之一方。

（二）第二次世界大戰後的臺灣基督教撰述與研究

第二次世界大戰之後，臺灣政經勢隨國際局勢之劇烈變化而變動。1949年之後，隨著數十個基督教團體遷臺，基督教版圖亦隨之改變。初期，甫遷臺之基督教團體忙於恢復教會組織與復校，無暇它顧，著述有限。但是，正值此時，卻是長老教會得利於日本政府戰時的教會統合政策，因為外力加速南北合一，進而成為一個含跨臺灣之教派的時期。因此，南北合一之長老教會於 1951 年正式成立總會，並開始為慶祝教派成立一百週年而預備。此時的長老教會，因為戰時宣教師曾一度撤離，而首次有機會真正按照「自立、自傳、自養」的三自原則，學習獨立自主，維持一個教派的基本運作。政權因為服務自身目的的政策，卻意外將宗教團體的成熟，推進一步。

為了預備教派成立一百週年的慶祝，長老教會開始推動所謂「倍加運動」（Poe Ka Un-tong, PKU），也就是人數與堂會的倍增。第一任總會議長黃武東牧師為此撰寫首份本地基督徒領袖對整個教派之完整評估報告：《臺灣之宣教》（*Ecumenical Studies, "Evangelism in Formosa"*）。這份研究報告是臺灣

---

[14] 《巴門宣言》（*Die Barmer Theologische Erklärung, the Barmen Declaration*, 1934）是以告白教會為首、超過百位德國神學學者與教會領袖所共同發表之神學宣言（The Theological Declaration of Barmen），旨在反對納粹勢力與德國基督教結合而產生之「德國基基督徒運動」，並由此產生對國族主義的皈依與希特勒的個人崇拜。《巴門宣言》強調基督徒只能告白一位上帝，只能承認一位救主與主宰，就是耶穌基督，並藉此提醒對任何政治人物的過度推崇，都會形成基督教教義所反對之「偶像崇拜」的問題。

基督教實務研究之重要文獻。在這份長達四萬字的論述中，除了對教勢評估與基督教散布臺灣之不足，提出反思呼籲與相關建言。[15]黃武東自長老教會退休後，曾移居美國牧會，並撰寫《北美洲臺灣基督教會開拓史》[16]，對臺灣人移居美國所建立之教會，進行宣教簡史之撰述與現況報告。

在此之後，長老教會成為對本身歷史深有知覺的宗教團體，歷史撰述相對於其它基督教團體，顯得完整。其中最重要的包括《臺灣基督長老教會百年史》[17]與《臺灣基督長老教會原住民族宣教史》。[18]前者，為臺灣基督教團體第一次完整編纂之教派歷史專書，該書以年代分段、南北東等分區、各族群機構團體分群等為原則，記述一個世紀的宣教發展，並提出評估與反思。後者，在臺灣原著民族歷史之撰寫，實為重要里程碑。筆者曾於〈西學東進，生根臺灣——基督教百年學術進程，以學術建制與出版研究為例〉一文中評析：「對於臺灣原住民族之研究，部份因為南島語族研究之故，國內外人類學研究學者成果均豐。然以原住民族自身觀點發聲，為自身族群之宗教信仰寫史」者則少矣。[19]

出身圖書館學之賴永祥教授，則是臺灣基督教史研究中非正規歷史學訓練之特殊典範。賴永祥教授身為早期臺灣大學圖書館管理學系創系元老之一，曾發展中文圖書分類法（賴永祥中國圖書分類法）。赴美發展後，曾長期任哈佛大學燕京圖書館副館長，主管中文圖書，並參與宣教師史料鑑定工作。然而，賴永祥對於臺灣歷史研究尚有三項直接貢獻。首先，在任職臺大圖書館長期間，發掘另一位非正規訓練之歷史研究者曹永和，日後成為臺灣荷蘭史研究與古荷蘭文權威，弟子繁盛，甚至成為受邀訪問荷蘭、協助研究

---

15 黃武東，《臺灣之宣教》（*Ecumenical Studies, "Evangelism in Formosa"*）（臺南：公報社，1954）。

16 黃武東，《北美洲臺灣基督教會開拓史》（洛杉磯：北美臺灣基督教會協會出版社，1986）。

17 鄭連明等編，《臺灣基督長老教會百年史》（臺北，臺灣基督長老教會，1965）。

18 酋卡爾等編，《臺灣基督長老教會原住民族宣教史》（臺北：臺灣基督長老教會，1998）。

19 梁唯真，〈西學東進，生根臺灣〉，500。

之少數臺灣學者。其次，賴永祥之七冊《教會史話》，為史料散落、口述訪問缺乏之臺灣教會史研究奠定基礎。《教會史話》以短篇文章為主，從設教之宣教師與初期本土信徒，舉凡家族譜系、師生傳承、教會機構開設始末等，點滴將臺灣基督教歷史之點線串連，讓後繼研究者可以按圖索驥。第三，賴永祥所開始之臺灣基督教歷史研究網站，亦即「賴永祥長老史料庫」（http://www.laijohn.com/），目前已是臺灣基督教歷史研究最大之網站，除了基督教宣教師與本土信徒之外，亦將天主教資料涵納於內，形成臺灣基督教史研究者「必須參考」之資料庫。[20]較為特殊之處，在「本土信徒」一項，使用白話字拼音，以與其他早期資料（宣教報告、書信、教會公報等）記載一致，便於交互查詢。

至於在神學上，當時任普世教協（The World Council of Churches, the WCC）之「神學教育基金會」（Theological Education Fund, TEF，由洛克斐勒基金會贊助成立）副主任之黃彰輝（Ng Chiong-Hui, 1914-1988，臺南神學院前院長）提出「實況化」（contextualization，處境化，脈絡化）的觀念。[21]如此觀念之突破使其「一詞而成大師」，也讓二十世紀對於在地化（indigenization）的詮釋與實踐，進入嶄新而動態之可能。這是臺灣神學學者參與普世神學建構之里程碑，從在地化之「與地同存」加入「與時俱進」的元素，讓神學建構成為有機進程。自此，神學建構之在地性與當代性，漸成普世價值。在臺灣之處境中，產生幾位各有特色之神學學者，包括王獻治之「鄉土神學」等。這些神學理念都因為受到社會福音、解放神學與社會主義影響，而為當代臺灣福音派神學所難以理解與接納。

其中，旅美神學家宋泉盛（C. S. Song, 1929-）[22]尤其重要。宋泉盛提出

20　許雪姬、張隆志與陳翠蓮共同訪談，《坐擁書城：賴永祥先生訪問紀錄》（臺北：遠流，2007）。

21　Ray Wheeler, "The legacy of Shoki Coe," in *International Bulletin of Missionary Research* (Vol. 26, No. 2 2002), 78.

22　宋泉盛長以英文著作，因而成為輸出亞洲神學元素於西方世界之重要引介者，其重要著作包括《第

「故事神學」之理念，參與在亞洲神學之建構，其作品《孟姜女的眼淚》（*Tears of Lady Meng: A Parable of People's Political Theology*）[23]原為 1981 年於亞洲基督教協會大會之演講，進而發展成書。此書將中國民間故事中之女子弱者孟姜女編織進入亞洲神學建構的進程中，進而讓政治弱勢者所凝聚之反抗帝制的人民解放力量呈現。根據臺南神學院王崇堯院長於《海外臺灣基督徒聯合通訊》所描述，孟姜女的故事早在 1955 年就曾為路工以馬克思主義之觀點重新寫成《孟姜女萬里尋夫集》（上海出版社）[24]，並由此成為階級鬥爭的典型範例。然而，王崇堯認為，宋泉盛在此之外，加上基督教神學元素，形成以「愛」為中心、認為「人民的力量勝過統治者赤裸裸的權力更為有力」的政治神學。[25]

至於國語教會，為了讓新進成員不至或忘其起源，對中國教會史之撰述與研究，成為多年來持續之努力。其中從事系統性著作編輯者，首推林治平教授，曾主編多部中國督教史叢書，從 1990 年代之《近代中國與基督教論文集》與《臺灣基督教史史料與研究回顧論文》，至 2000 年之後的二十冊《基督教與中國歷史文化相關人物傳記》與七十冊《馬禮遜入華宣教二百年紀念文集》等，成為持續努力推廣教會歷史研究於民間者。[26]

然而，因為時空轉換，因為有相當時間沒有機會接觸第一手史料文物，

三眼神學》（*Third-Eye Theology*, 1979）、*Theology from the Womb of Asia*（1986）、《耶穌，被釘十字架的人民》（*Jesus, the Crucified People*, 1990）與 *Tell Us Our Names: Story Theology from an Asian Perspective*（2005）等。

23 C. S. Song, *The Tears of Lady Meng: A Parable of People's Political Theology* (Lima, Ohio: Academic Renewal Press, 2003). 最早的版本為日內瓦之普世教協的 The Risk Book Series（1981）。

24 王崇堯，〈愛與恨的交織：《孟姜女的眼淚》讀後感〉，收錄於《海外臺灣基督徒聯合通訊》（176 期，1991 年 4 月）。

25 同上。

26 林治平主編，《近代中國與基督教論文集》（臺北：宇宙光，1990）；林治平主編，《臺灣基督教史史料與研究回顧論文》（臺北：宇宙光，1998）；宇宙光編輯部，《基督教與中國歷史文化相關人物傳記》（臺北：宇宙光，2006）；宇宙光編輯部，《馬禮遜入華宣教二百年紀念文集》（臺北：宇宙光，2007）。

也無法作口述歷史訪問，歷史撰述與研究日漸乾涸。近年來，多位從事中國教會史研究與寫作之學者漸漸轉向臺灣教會史研究。其中包括王成勉與查時傑等人。查時傑轉向臺灣教會中的基督徒家族譜系之研究，對於長老教會「蕃薯藤」（賴永祥語）、「肉粽掛」（筆者語）之師生、親朋、同道（同學、同事、同行等）之交錯關係，進行追蹤與釐清工作。至於王成勉，則早於 1980 年代即開始從事地方堂會研究，並於近年成立「臺灣基督教史學會」，每年聚集學者進行學術研討會與論文專書集成之工作，以群體力量期使臺灣基督教史研究可以更有所聚焦。

在 1980 年代之後，在國語教會之知識份子群體中，亦有開始覺醒於本土神學建構之必要性者，其中早期之作品包括葉仁昌所著之《邁向臺灣神學的建構》[27]。此一著作在臺灣甫經解嚴、政治運動風起雲湧的年代中寫作而出版，並對當時神學教育困境提出反省與建言。由於並不忌諱當時尚且敏感的政治議題，在出版之初，在當時尚稱保守的國語教會，形成激盪。葉仁昌與上述多位作者不同，本身為政治學學者，以信徒與學者身份論述神學，在當時尚稱少見。

三、臺灣宗教學術脈絡中的基督教研究

1990 年代後期，臺灣政經社會與宗教研究局勢再次改變。其中，「宗教研究」興起，過去所累積之研究能量在十餘年之間，大量釋放。十餘年過去，臺灣之宗教研究逐漸回歸學術正軌，然因臺灣嚴重少子化現象所形成之高教危機、神佛學院立案所形成之效應、以及經濟蕭條所形成之就業與研究困難，宗教學系與研究所之營運，以及相關研究之進行，再次面臨新一波之挑戰。

---

[27] 葉仁昌，《邁向臺灣神學的建構》（臺北：校園書房，1992）。

無論如何，過去十餘年之臺灣教研究興起，對臺灣基督教研究仍有助益。裨益之處可以分為三方面來討論。首先，是寫作與出版質量提昇。其次，是基督教成為重要政經社會議題（不僅只是宗教研究）之研究對象。第三，是基督教社會所發展之宗教研究方法與方法論可行性議題之討論。

首先，由於近年來臺灣研究與宗教研究之興起，臺灣出版業界重新重視相關之學術與普及叢書等之出版。其一是過去曾經出版之相關書籍的重印或重譯，其中最著名的例子仍是馬偕所著之 *From Far Formosa* 一書。此書早於 1960 年代前後即由分別由林耀南與周學普譯成，以《臺灣遙寄》（臺灣省文獻委員會臺灣叢書譯本第五種，1959）與《臺灣六記》（臺灣銀行經濟研究室編臺灣研究叢刊第六十九種，1960）為名出版。這本過去數十年來最常受到參考引用、關於臺灣基督教拓展紀錄之書籍，於最近再次重譯校訂而成為《福爾摩莎記事：馬偕臺灣回憶錄》[28]。另外，諸如甘為霖之《素描福爾摩沙：甘為霖臺灣筆記》[29]也翻譯出版。這些出版，不只是過去宣教師與冒險家、學者等之作品受到翻譯或重譯，更是透過這些作品，進一步引介該時期之臺灣歷史，以及相關在地與國際議題。

在這一波著作出版風潮中，宣教師與本土信徒領袖之傳記仍為大宗，例如鄧相揚的《愛在福爾摩莎》與陳金興的《臺灣另類牧師‧醫師：謝緯》[30]。其中，有一位民間學者受到注意，這就是任職臺東馬偕醫院院牧部之潘稀祺（打必里‧大宇）牧師。以醫院牧師工作之餘，自費旅行蒐羅，至今已出版多本宣教師傳記著作，包括：《為愛航向福爾摩沙：巴克禮博士傳》、《臺灣盲人教育之父：甘為霖博士傳》、《臺灣醫療宣教之父：馬雅各醫生傳》、《臺

---

[28] 馬偕，《福爾摩莎記事：馬偕臺灣回憶錄》，林晚生譯（臺北：前衛，2007）。

[29] 甘為霖，《素描福爾摩沙：甘為霖臺灣筆記》，林弘宣、許雅琦與陳佩馨譯（臺北：前衛，2009）。

[30] 鄧相揚，《愛在福爾摩莎》（臺北：晨星，2003）；陳金興，《臺灣另類牧師‧醫師：謝緯》（臺北：草根，2010）。

灣街頭佈道之父：梅監務博士傳》等書[31]。其作品介於通俗文學與學術傳記、蒐羅史料與撰述人物之間，以一介民間研究者與著作者身份，其作品數量甚至超過許多專業學者，著作辛勞功不可沒。

除了基督教會內部著作產出豐富，基督教史學者與宗教研究相關學者亦加入出版行列。基督教史學者中，包括王成勉之《教會、文化與國家：對基督教史研究之思索與案例》[32]與新進學者查忻之《旭日旗下的十字架：1930年代以降日本軍國主義興起下的臺灣基督教長老教會學校》[33]。前者，可以看到一個原本著重中國教會史學者之轉向，以作者擅長之機構歷史探討臺灣基督教於「合作」與「本土化」之困境與可能。後者，則是作者之學位論文的擴展，探討教會學校南北合一的問題，以及應對殖民政府之異同處。

其中，比較特別的是長期研究與撰著臺灣民間宗教的董芳苑牧師，近期卻出版關於基督宗教信仰源頭之著作：《摩西與猶太教》[34]，以「民族解放」與「心靈重建」為焦點，探討摩西作為猶太民族形成時期領袖之身世與作為，並進一步討論猶太信仰之歷史流變與未來，成為臺灣學界引介基督宗教信仰起源之少數至中文專書。

另外，臺灣基督教之研究不再只是臺灣教會與學者的專屬，任職於福建師範大學之林金水教授著作之《臺灣基督教史》[35]甚至超越臺灣學者之前，將臺灣基督教發展從荷治、日治到二戰後發展，分章論述。更難得的是該書甚至涵納臺灣本土神學發展之梗概，從黃彰輝到宋泉盛與黃伯和等人的神學

---

31 潘稀祺，《為愛航向福爾摩沙：巴克禮博士傳》（臺南：新樓，2004）；潘稀祺，《臺灣盲人教育之父：甘為霖博士傳》（臺南：人光，2004）；潘稀祺，《臺灣醫療宣教之父：馬雅各醫生傳》（臺南：新樓，2004）；潘稀祺，《臺灣街頭佈道之父：梅監務博士傳》（臺南：公報社，2008）。

32 王成勉，《教會、文化與國家：對基督教史研究之思索與案例》（臺北：宇宙光，2010）。

33 查忻，《旭日旗下的十字架：1930 年代以降日本軍國主義興起下的臺灣基督教長老教會學校》（臺北：稻鄉，2007）。

34 董芳苑，《摩西與猶太教》（臺北：前衛，2011）。

35 林金水，《臺灣基督教史》（北京：九州，2007）。

論述，都持平包括，實屬難得。

西方之宗教學者亦有以臺灣為主要研究對象者，諸如 Murray A. Rubinstein 所編輯之 *The Protestant Community of Modern Taiwan: Mission, Seminary, and Church*[36]。而在外文著作中，令人驚嘆的是馬偕仍不缺席（Clyde R. Forsberg Jr., *The Life and Legacy of George Leslie Mackay*）。[37]

在臺灣基督教之研究中，吾人仍可以看見長老教會幾乎無役不與。無論從歷史與神學，或實務研究，或政教關係，都可以看見長老教會的蹤影。最近臺灣基督教研究還可以看見兩個較新議題的討論。其一是所謂「復興現象」的觀察與分析。因應都市化與大都會生活而產生之「巨型教會」（mega church），在美國與韓國等基督教興盛的國家，是行之有年的現象。近二十年來，臺灣亦趕上如此潮流，靈糧堂系統成為第一波巨型教會現象之典型範例，如今臺北與高雄等大都會之巨型教會林立，動輒數千之教眾人數，引發學者討論臺灣基督教版圖之消長，與背後所代表之宗教與社會意涵。然因，這些研究仍屬初期，巨型教會亦有待時日觀察，目前仍無較為成熟之專書作品產生。

至於其他議題，如：西方以基督宗教為主體的社會所產生之宗教方法對臺灣之可行性與適應性、基督教對臺灣的貢獻、當代基督教的問題、以及基督教與現代化宗教的印象等，亦都出現在不同學者之論文專書中。在「出版或滅亡」的時代中，學者必須不斷「產生議題」與「製造文本」，但是真正成熟而能成為長期研究主體者，則實為有限。這一波臺灣宗教研究中的基督教研究，或者將因為宗教研究之歸於平常，而再次回歸一般。其中，有多少議題將隨之消滅，又有哪些議題將因為教會興滅而繼續，仍有待觀察。

---

[36] Murray A. Rubinstein ed., *The Protestant Community of Modern Taiwan: Mission, Seminary, and Church* (NY: Armonk, 1991).

[37] Clyde R. Forsberg Jr., *The Life and Legacy of George Leslie Mackay: An Interdisciplinary Study of Canada s First Presbyterian Missionary to Northern Taiwan (1872 1901)* (New Castle, UK: Cambirdge Scholars Publishing, 2012).

四、評析與展望

多年來，臺灣基督教學者與教會歷史撰記者身處兩難之間。一是內部學者較能掌握宗教團體之史料與發展，不至在專門用語與基本知識上出錯。但是，由於宗教情感與華人「人情世事」的風俗使然，卻容易輕則筆下留情、有失公斷，重則成為佈教宣傳品、滿紙讚揚。閱讀與引用這些作品，需要更多背景知識，以便還原所記人事物之歷史真相。另一是，外部研究者早期之兩項缺憾（偏見與無知），近期這些偏見已漸稍減，但是知識之補強，仍須耗費時日。筆者曾如此評析：「各宗教神職人員與內部學者，善於理解詮釋經典與教義、判讀歷史與經驗；一般宗教研究學者則對宗教現象與統計研究等，有其正面貢獻。」[38]

但是，若是臺灣基督教內部研究想要更進一步成為臺灣歷史與宗教思想之重要貢獻者，就必須跳脫教會本位之撰述模式。其實，臺灣由於交通與戰略位置所致，政權轉換與文化交流頻仍，形成特殊實況。因此，臺灣基督教研究非常適合以後殖民理論加以觀察理解。

若以後殖民理論，特別是巴巴（Homi K. Bhabha）之論述，宗教傳播實為一種「跨界行為」。巴巴以「邊界生活」（border lives）來形容後殖民之「居間」（in-between-ness）狀態。在兩種社會、文化、宗教之交界處，不只是兩者區分他我之處，也是兩者互動而形成至嶄新事物之處。在此，許多力量與元素，透過衝突、競合與融滲，進行重組。[39]這就是筆者所特別命名的「文化潮間帶」（cultural littoral zone）[40]在此，持續不斷之創新性（novelty）成為

---

[38] 梁唯真，〈西學東進，生根臺灣〉，499。

[39] Homi K. Bhabha, *The Location of Culture* (New York and London: Routledge, 1994), 1.

[40] Jane Weijen Liang, *Imperialism, modernization and postcolonial Christianity: The indigenization of American Methodist China missions (1880-1930)* (Ann Arbor, MI: ProQuest, UMI Dissertation Publishing, 2011).

標記。若以臺灣基督較為例，「臺灣」與「基督教」互為主體，形成凱勒（Catherine Keller）所言之「多語系身份認同」（polyglot identity）[41]。

臺灣基督教就是後殖民理論最佳之研究與論述對象。基督教之於臺灣社會，以「外來宗教」身份進入，進而與本地文化與宗教形成「跨界互動」。臺灣基督徒成為跨界互動之所產，擁有「基督徒」與「臺灣人」之雙重身份認同（double identity），並不斷面對當代處境與議題，嘗試基於「三自原則」讓教會「本土化」（indigenization）、讓神學「實況化」（contextualization）；並在進程中，涵納西方與母教會之文化傳統教義制度，卻又成熟而至獨立自主，成為「臺灣基督教」。

研究之轉變從方法論開始，過去宣教師與本土學者已精衛臺灣基督教奠定基礎，未來則需要從研究方法之擴充，為臺灣基督教研究尋找新路與可能。

參考書目

巴克禮（Barclay, Thomas）

2003 〈為基督贏得臺灣〉（*Formosa for Christ*，中文書名為筆者暫譯）。刊於巴克禮著，《巴克禮作品集》，頁 75-105。臺南：教會公報社。

王成勉

2010 《教會、文化與國家：對基督教史研究之思索與案例》。臺北：宇宙光。

[41] Catherine Keller, *God and Power: Counter-Apocalyptic Journeys* (NY: Fortress Press, 2005), 103-5.

林金水

2007　《臺灣基督教史》。北京：九州。

查忻

2007　《旭日旗下的十字架：1930 年代以降日本軍國主義興起下的臺灣基督教長老教會學校》。臺北：稻鄉。

酋卡爾等編

1998　《臺灣基督長老教會原住民族宣教史》。臺北：臺灣基督長老教會。

馬偕

1960　《臺灣六記》。周學普譯。臺北：臺灣銀行經濟研究室。

梁唯真

2011　〈西學東進，生根臺灣——基督新教百年學術進程，以學術建制與出版研究為例〉（The Rooting of Western Learning into Taiwan——The Centennial Academic Progress of Taiwan Protestantism with the Crucial Educational Systems and Academic Publications as Examples），刊於楊儒賓等編，《人文百年，化成天下》，頁 493-502。臺北：聯經。

2012　〈所愛所識之島：巴克禮筆下的臺灣〉（The Island That He Knew and Loved—Formosa in Thomas Barclay's Writings）。「宣教士比下的中國與臺灣」學術研討會。桃園：中原大學。

黃武東

1954　《臺灣之宣教》（*Ecumenical Studies, "Evangelism in Formosa"*）。臺南：公報社。

1986　《北美洲臺灣基督教會開拓史》。洛杉磯：北美臺灣基督教會協會出版社。

黃茂卿

1988 《太平境馬雅各紀念教會九十年史》。臺南：太平境教會。

葉仁昌

1992 《邁向臺灣神學的建構》。臺北：校園書房。

董芳苑

2011 《摩西與猶太教》。臺北：前衛。

鄭連明等編

1965 《臺灣基督長老教會百年史》。臺北，臺灣基督長老教會。

Bhabha, Homi K.

1994 *The Location of Culture*. New York and London: Routledge.

Keller, Catherine.

2005 *God and Power: Counter-Apocalyptic Journeys*. NY: Fortress Press.

Liang, Jane Weijen.

2011 *Imperialism, Modernization and Postcolonial Christianity: The Indigenization of American Methodist China Missions (1880-1930)*. Ann Arbor, MI: ProQuest, UMI Dissertation Publishing.

Song, C. S.

2003 *The Tears of Lady Meng: A Parable of People's Political Theology*. Lima, Ohio: Academic Renewal Press.

Walls, Andrew F.

2004(1996) *The Missionary Movement in Christian History: Studies in the Transmission of Faith*. Maryknoll, NY: Orbis Books.

第二十章　評黃倩玉的慈濟詮釋學

江燦騰
臺北城市科技大學退休教授

本章大意

本文是針對黃倩玉所著《魅力與慈悲：證嚴與佛教慈濟運動》一書，提出新的批評，雖因其實際存在諸多詮釋邏輯思惟的缺陷、及其曾出現佐證偏頗或嚴重缺失等研究問題，而有待商榷。但本文也承認，黃倩玉此書的最大優點，是在於其巧妙運用社會學的概念名詞，作其全書分析時的導引。

關於黃倩玉所著《魅力與慈悲：證嚴與佛教慈濟運動》一書（*Charisma and Compassion: Cheng Yen and the Buddhist Tzu Chi Movement*. Cambridge, Massachusetts: Harvard University Press, 2009，354 頁），雖因其實際存在諸多詮釋邏輯思惟的缺陷、及其曾出現佐證偏頗或嚴重缺失等研究問題，而有待本文以下的分項舉例商榷；但首先，仍不能否認，黃倩玉此書的最大優點，是在於其巧妙運用社會學的概念名詞，作其全書分析時的導引，並能罕見地聚焦於單一非凡的本土女性宗教領導人所散發巨大的特殊感召「魅力」場域，來貫串其全書的論述進路於當代臺灣慈濟功德會所屬的「六百萬名」所謂以女性為主的該會原創辦人兼最高領導者的證嚴尼師個人所擁有的：廣大「信徒」彼此之間的集體互動溝通、和其以「灑眼淚」與「打手語歌」兩者交雜的、特殊表達方式，來從事彼此間的相互深情流露。

所以，其全書的內容陳述，可讀性便因而大為提高，並頗有能一新非該相關主題研究的專業學者、或非深入研究其相關領域者的眼界之作用和彼等通常會因此而願意給予其書相當好的肯定評價，甚至是缺乏嚴謹性的溢美之詞，也不少見。[1]

但是，我們若能根據專業來重新解讀和親自判斷，便可清楚地發現：上述外文的觀察和論斷，雖略有可取之處，但絕非定評。例如因為不同的質疑角度，不久便出現在華文學界的社會學研究者之二篇書評和其他各種批評聲音的相繼出現。因此，本文的評論將一併綜合這些在先前已出現的質疑角度，之後再進一步提出新的相關批評觀點：

首先是，作者在全書中論述其概念時，所出現的重大瑕疵，主要是在其分析概念「魅力」一詞的提出、及其將韋伯式的「魅力」概念原意，放在全書詮釋上所出現的多處不恰當的使用或不盡切題地據以論述，因而連續地，曾遭到臺灣本土社會學者們的多處質疑。其一是任職於中研院民族所的丁仁傑博士（同為研究慈濟志業的專家）在其一篇專業的【書評】中，即曾質疑過此問題（見《臺灣人類學刊》7 卷 1 期（2009）：126-134）。以及在 2010 年時，也同樣有另一社會學家陳慧娟博士的【書評：書寫慈濟的身體】，是針對其「魅力」理論的詮釋有效性，也是多所質疑（見《臺灣社會學》20 期（2010）：189-195）。

此外，包括海峽兩岸的二位人類學家，即大陸學者梁永佳和臺灣學者盧

---

1 若要在此舉出此等評論的最具體的例子，並無困難，那就是本書於 2009 年以英文版在美國地區的大學出版社出刊後不久，便已出現的多篇外文相關書評。並且，原作者黃倩玉博士本人在 2010 年時，於「臺灣宗教學會」所舉辦「傳統宗教與新興宗教」的學術研討會，便曾於其報告此書內容得全文中，還納入有相關此評論資料的重點摘述。除此之外，本書的英文版，也拿下「2009 最佳商業圖書領導類獎」、以及曾先後獲得 98 年度國科會吳大猷先生紀念獎、中央研究院 2010 年「年輕學者研究著作獎」。儘管如此，本書的諸多可商榷之處，卻是嚴重無比。因而，本文的撰述用意，就是試圖提供另一個不同角度的觀察視野。

慧馨這兩人，也都有：或對其詮釋概念的質疑（如前者），或提出非常不同於本書的人類學論述方式（如後者）。

而其中之一的大陸人類學學者梁永佳，更堪稱是本書最善意的批評者，但是仍在其【評《卡里斯馬與慈悲：證嚴與佛教慈濟運動》】一文在內，同樣曾多次質疑此書作者黃信玉博士，在詮釋其書中的主要分析概念的「魅力」和相關影響時，並不盡允當（資料出處見《宗教人類學》第 3 輯（北京：2012）：340-344）。至於臺灣人類學家盧慧馨博士的不同詮釋方式，尤其值得注意。

因為作者黃信玉博士將其英文書名：*Charisma and Compassion: Cheng Yen and the Buddhist Tzu Chi Movement*（可直譯為《魅力與慈悲：證嚴與佛教慈濟運動》）於 2009 年元月出版時，最大的誤導讀者之處，是其將當代號稱已達「六百萬會員」之驚人數字的「慈濟人」或「慈濟會員」——其實主要是來自臺灣社會和國外的各種宗教徒和各種階層的參與「慈濟功德會」的各種活動或捐款者——不加以分辨地，都一概當成是該會創辦人兼最高組織領袖的證嚴本人——一位資深且著名的臺灣本土佛教尼師——所散發出強大「領袖魅力」號召下，才熱烈響應和紛紛出現的眾多虔誠行動「信徒」。其中，既有本土的，也有國際的。所以此一現象，目前已是全球化的普及發展。

因此，在其書中，有關證嚴尼師個人獨具無比感召性的特殊宗教「領袖魅力」，就被其過度渲染和極力地描述成為一位能感召「慈濟功德會」中，所有「六百萬名信徒」（其實只有部分是「信徒」）主要的磁吸力之源。本書作者還在其書中特別地描述說：該會就是由於有這位非凡女性領導者的所特具宗教無窮「魅力」之巨大影響，才使得該會當代的這「六百萬名信徒」的身體行為和情感表現，還經常會出現「打手語歌」和「灑眼淚」這兩種的集體性互動與情緒渲洩表現。

問題在於，當代號稱已達「六百萬」名「慈濟會員」，有何文獻證據和田野事實，可以證明彼等都是基於證嚴個人的宗教無窮魅力感召，因而成為大乘佛教的「信徒」？其實，並沒有被提出。因此，在全書中，作者黃信玉博士是完全忽略此兩者（「慈濟會員」與「佛教信徒」之非同一性）的巨大差異之處的。所以，在其書中，黃倩玉博士對於慈濟之對外行為表現時的刻意淡化宗教色彩、提倡跨宗教交流和超國界、超人種、超社會文化的人道關懷或急難救助，便只是將其過於簡化為、並同時也因而將其主題論述整個誤導成為：是由戰後當代臺灣的一位具有特殊宗教「魅力」的佛教女性領袖個人，對其數百萬「信徒」的驚人影響所致。

不過，像這樣極度缺乏說服力的非嚴謹論述，是不可能不暴露其謬誤之處的。最好的例子，就是在黃倩玉博士之書出版之後才出版的同一主題的人類學民族志的現代性書寫報告。而在我們國內，有關此一主題的研究新成果，就正好有一本是由同為人類學者所撰出的最新研究著作和其所（非正式地）提出的強烈質疑：此即新書作者，正好是由「慈濟功德會」組織的長期性核心成員、並有擁有該組織最重要的正統派詮釋者之雅稱的盧慧馨博士（現任慈濟大學宗教與人文研究所的副教授和前所長、並曾是黃倩玉博士最初接觸慈濟團體活動的引介者），其於 2011 年 12 月才出版的《人情化大愛：多面向的慈濟共同體》（臺北市：南天書局，全書 10 章，共 449 頁）一書，對其（非正式地）提出的強烈質疑。

因為，盧慧馨博士本人雖於書中也坦承：其本人其實是以「局內人」和「局外人」的雙重角色，來長期對「慈濟信眾」世間情感的變化與生命的蛻變從事深刻的觀察，並有其非比尋常的個人體會（見原書，頁 17），但她卻完全沒有呈現出之前曾在黃倩玉博士於其書中所強烈表達的那樣：認為有「六百萬」的大乘佛教「信徒」，以及彼等會經常出現「打手語歌」和「灑眼淚」的集體性互動與情緒渲洩這樣的顯著現象（因為其書中未有特別提及二者和其重要性，這不能看作是由於盧慧馨博士的疏忽，而是認為其重要性不值得一提才對）。

除此之外，盧慧馨博士在書中，當其對整體慈濟的「六百萬」名「會員」有所指涉時，是謹慎地使用「會員」一詞的。事實上，她雖非總是全書都論述嚴謹，卻通常都能僅限於其討論是涉及「慈濟共同體的師徒關係」之下的相關課題時，才說明其中女性主導的志工結構、角色分工的模糊化與「中性化」,「母性情感」的特質和「大家庭化」的「慈濟共同體」所衍生的「宗教家庭化」和「家庭宗教化」現象，才是證嚴個人作為宗教師的強大感召力之關鍵所在。亦即結合親情和人間大愛，才是「慈濟共同體」的所具有「情以載道」之特色所在（見原書，頁 17)。

所以，透過上述的與盧慧馨博士在此一新著作內容和詮釋觀點的對比之下，我們即可清楚地看出：本書《魅力與慈悲：證嚴與佛教慈濟運動》作者的黃倩玉博士，於其書中的整體說明，其實只是運用了其曾觀察到國內外極少部分的幾個不同地區的「慈濟人」(按：其中，可能有的只是「會員而非信徒」，也可能真的大多數是「會員兼信徒」的）活動個案和相關的宗教行為表現，便據以在其全書敘述的邏輯思維上和在對其整體內容的書寫呈現上，都充分運用了極其高明與生動的現代民族志之書寫技巧和頗為取巧地將其所擁有的僅具局部性有效的證據力：亦即，僅只根據來自其曾幾次從事國外和臺灣田野訪談的不多數量之個案資料，便來進行其並不十分嚴謹的推論思維方式，因而才能使其所著之書，能順利地成為：一本由兼有強烈主觀意象化所建構而成的高可讀性現代民族志之創作內容與鮮活性呈現之動人外貌。

但是，除卻上述的重要批評之外，假如再改以從戰後臺灣佛教轉型史學詮釋史的觀察角度來看的話，則本書的整體內容，雖仍能敘述生動有趣，但若根據文本學術審查要項的「見解與論斷」之點，來評估其論述的真正價值，則此書最大優點的「敘述生動有趣」之流暢書寫手法，則顯然地並非是最關鍵性的評估重點和其最大比率的計值之根據處。換句話說，由於其全書絕非能夠完整地論述和較周延地理解與相對較具正確性表達出的有關證嚴本人與其所主導下的整個「佛教慈濟運動」之歷時性與同時性兩者兼具的嚴謹史實論述。所以，其最後實質上能獲得評估值，將不可能列入屬於較優等級的百分比。茲再論述其在此方面的最大缺失處如下：

從 1966 年的證嚴本人因目睹花蓮當地一位山地婦女的「一攤血事件」開始，她雖於當年即成立「佛教克難慈濟功德會」欲思有所幫助，但她的不斷努力，卻收效甚微，因而直到 1979 年她開始發願籌建在花蓮當地的一間不收保證金即能住院醫療的全臺第一家濟貧的現代醫院為止，這前後一共的十三年之間，參與其活動的人數，仍只不過數千人而已，可見其宗教「魅力」，實相當有限。

然而此一階段，卻正是西洋宗教在臺發展，由盛轉衰的關鍵階段。對於「佛教克難慈濟功德會」這一遲緩發展期的現象，已有臺灣佛教史學者如江燦騰教授與王見川教授等人的相關研究出現，可是本書作者，並不參考此一部分的相關研究，在其書中也忽略或完全避開此一問題。

但，正如證嚴本人已承認的：她早其活動曾對於戰後西洋宗教在臺發展經驗和活動模式有所重要借鏡、甚至於她也的確曾受到日本新興宗教組織「立正佼成會」創會長庭野日敬的所著《新譯法華三部經》的重要佛教思想啟蒙這一事實，都和 2006 年她所新成立的「慈濟宗」有所重要關聯。所以，本書作者對於證嚴本人的「魅力」來源交代，顯然是有欠周延的歷史說明。

1986 年是興建已歷時六年之久的花蓮慈濟醫院落成之年，也是臺灣政治解嚴之前一年。然而，此時的「慈濟會員」也不夠是區區八千人而已。之後，在一年之內，「慈濟會員」就劇增為 9 萬 4 千人，以後每年都是以成倍數、或數倍之多的快速成長，募款金額也從 1966 年時的不足三萬元，到 1986 年的超過一億元，到 1993 年的 46 億元。至於募款委員的人數，至 1986 年時才有 190 人，花蓮慈濟醫院落成之後劇增為 870 人，至 2011 年為止則已超過 4 萬人。可見，花蓮慈濟醫院落成、政治解嚴、民間組織可以自由多元化發展等多種有利外在條件，是極為重要的促成因素，在論述上，是必須有更精確的相關研究分析或徵引與歸納。

但是，本書對於這些有助於「慈濟會員」快速地劇增和募款急速地擴大等諸多外在現象，都是簡略地引用少數的二手研究的資料說明以充數，其詮釋的主軸，卻是依賴其透過本身在慈濟的幾處和不同時間的田野調查之後，所新創並提出作為分析「領袖魅力」的「三身模型」概念，來試圖說明其本人在細想和追尋「領袖魅力」時，至少就某些推測方面，會遇到的議題和困難和能試圖加以克服的詮釋進路。

因此，她後來即曾如此回憶性地提到，她的英文版 *Charisma and Compassion: Cheng Yen and the Buddhist Tzu Chi Movement* 一書的全書敘述概念和詮釋進路，原是植根「在慈濟的脈絡中，身體（body）是文化的表述和存在的基礎。在這個宗教領袖魅力運動中，考量的「三身」為：一、『領袖之身』。具感召力的女性領導人個人魅力，從最初的展演貫徹到尾，特別是在例行化的過程被美化，信徒感知、詮釋和希望與之融合（就 Lindholm（[1990] 1993：74-89）的觀點來看是無私的合併），或者在其領袖魅力中找到個人的認同。二、『追隨之身』。在韋伯（Weber [1946] 1958: 278、[1968] 1978: 401-402）的概念中是領袖魅力忘我的媒介；對傅科（1979）來說是需要被規訓的對象，就 Csordas（1990、1997：133-153）而言，領袖魅力的概念化則是提供互為主體的自我經驗之源頭。三、『集體之身或是樂音之身』。從剛開始無定形的情緒「交融」狀態，轉變和變形成精心設計且形式化可為之詮釋的社群」（以上引文出處，見黃倩玉 2010 年新書發表之說明）。

因此，她的英文著作在 2009 年出版後，在其書中指出的「慈濟認同深繫於其領導人的感召力，證嚴法師如何揉合領袖魅力與佛教慈悲，轉化領袖與信徒之間的個人連結，這些都是慈濟運動成功之所繫」這些觀點，就成為多篇外文評論者的高度肯定之觀察與判斷的重要依據，並認為「這本重要的著作開創了宗教與文化認同研究的新視界」。可是，像這樣非專業的偏頗論斷，正是本文上述的撰述各點說明，所要強力反駁的。

參考書目

黃倩玉

2009 *Charisma and Compassion: Cheng Yen and the Buddhist Tzu Chi Movement*（魅力與慈悲：證嚴與佛教慈濟運動）. Cambridge, Massachusetts: Harvard University Press.

‧第五部份‧

宗教身體與環境研究選萃

第二十一章　從自我關注到倫理主體的建構生成，及其餘韻：以慈惠堂母娘信仰為例*

余安邦
中央研究院民族學研究所退休副研究員

本章大意

當代歐洲哲學思想中，環繞著「真理」、「工夫」、「自我」、「主體」及「主體化」等關鍵概念的各種觀點或論述，主要可分為兩種類型，亦即（1）強調追求「自我發現」、「自我提升」及「精神進展」等以「心靈修煉」為目標的修養模式；以及（2）重視追求「自我創造」、「生活風格」及「生存美學」等以「關注自我」為核心的修養模式。前者以Pierre Hadot的主張為代表，後者則以Michel Foucault的觀點最為突出；但這兩種論述卻不約而同地以倫理主體（ethical subject）為共同核心議題。所謂「主體」的倫理意涵指涉一種個人式的創造修養，也就是一種非（去）形式化的生活美學；相對於主流的

* 作者在此特別要感謝新北市（舊稱臺北縣）SH 慈惠堂堂主行梅師姐樂意接受本人以她所創立的神壇做為研究田野場域。行梅師姐與諸位堂生信眾們多年以來對本人百般的照顧、無私的接納及協助，謹致上無限的敬意與謝意。謹將本文獻給「母娘」及祂的契子女們，假使本文還有若干價值的話。本文原題為〈以 Michel Foucault 的觀點為核心，論述倫理主體的構成與裂解、消融與轉化：慈惠堂的例子〉，收錄於余安邦主編，《本土心理與文化療癒——倫理化的可能探問》（臺北：中央研究院民族學研究所，2008），303-374。

美學形式或意識形態，倫理主體的歷史建構意味著「生存美學」之差異性的優位價值，以及倫理主體在不同生活處境的顯現與樣態。

本文主要以Michel Foucault的思想觀點為參照架構與對話對象，試圖探討臺灣新興宗教慈惠堂瑤池金母（簡稱金母或母娘）虔信者的修養工夫及其倫理主體的型塑過程；進而耙梳從身體到心靈的進展與提升，釐清從自我關注到倫理主體的型塑、裂解與消融的錯綜複雜關係，當中的提問與論述皆涉及不同行動介面的結構化過程。

本研究擬從社會及文化心理的層面，探討個人在生命歷程中發生危機時，如何得以透過深刻的宗教經驗，以及正面而積極的信仰關係網絡而重新獲得生活的意義。研究中試圖說明「倫理主體」在「自我」與「原靈」、「原靈」與「母娘」，以及「前世」、「現世」與「來世」不斷位移穿梭與差異轉化的樣態。宗教虔信者的「自我關注」與「心靈工夫」某種程度都指向某種「來世」烏托邦美麗遠景到來的可能性；倫理主體於是逐步開展出一種獨異的歷史性，如同藝術作品般的建構生成與自我創造。

一、研究問題的提出與背景

近年來，國內學者例如文榮光（1992），文榮光、林淑鈴、陳宇平（1993），余德慧、彭榮邦、石世明（2006）等都曾針對牽亡儀式及與其相關的巫文化現象，分別就文化心理學或精神醫學的視角提出相關的研究論文。而以慈惠堂為研究主題的論文則有兩篇關於花蓮慈惠堂石壁部堂的牽亡儀式之碩士論文（彭榮邦 2000；許雅婷 2001），以及一篇慈惠堂系統外的牽亡儀式研究之碩士論文（詹碧珠 1998）。在這些論文中，文榮光等人因其研究對象為精神科門診之患者，所以將研究對象所呈現的通靈及附身現象，視為精神病患的心理現象之一，同時也著重於通靈及附身現象之文化心理意義的闡述與分析。其它研究者則正視了文化的心理療癒層面，並就牽亡的哀傷療癒及本土民間信仰中關於亡者死後世界的處境，做了相當深刻的描述與分析。

這些論文都提及靈媒在成巫之前，普遍有著社會角色及家庭倫理等層面的問題，並因而造成個人心理問題或生命危機感。如果說依據成巫的事實而得以辨識個人為神明的代言人——靈媒，或是鬼煞附身所造成的瘋狂，那麼或可說，成巫的過程就是巫者療癒的過程。巫者作為「受過傷的治療者」（wounded healer）所代表的正是其背後支撐的文化援助網絡。整個宗教活動與儀式也正是這個網絡的具體行動之一，而巫者即是代表這個援助網絡對受苦者個人或其家庭進行療癒（healing）工作。在中國或臺灣，民俗宗教可被視為一種方法論，也就是術的一種；中國民間宗教可被分類為「命」、「卜」、「相」、「醫」、「山」等五術體系；靈媒或巫者做為一種神職人員，即在指導或詮釋一般人對於對立事物，例如陰與陽、天與人、神與鬼等等，從感應與共鳴進而達到「中和」的狀態（李亦園 1994；渡邊欣雄 2006）。換言之，在這個意義之下，靈媒或巫者即是扮演人間俗世「諮詢者」或「醫療者」的角色。

然而，此處所謂的療癒／療遇（healing encounter）工作，與現代醫療體制的心理治療（psychotherapy）顯然是兩種不同的思維與徑路。療癒／療遇倫理（the healing encounter ethic）是一種精神性的生產，它本身透過自我的技術不斷地在形成、又放棄、再形成，不斷地在錯誤中嘗試，體會差錯，尋求妥協；在這種情況下的療癒／療遇倫理涉及到整個個人生活的出發點，所經驗的一定要直接能碰觸到自己跟自己的關係，這種碰觸本身會產生自我轉換的效果（余德慧 2007）。

本研究目的之一，擬從社會及文化心理的層面，探討個人在生命歷程中發生危機（crisis）時，如何透過深刻的宗教經驗以及正面而積極的關係網絡而重新獲得生活的意義。本研究關心的主要課題是：作為臺灣新興宗教慈惠堂的虔信者，如何型塑與轉化為主體的方式，也就是倫理主體化的型塑與構成的問題，而這也關涉到倫理主體與生存美學的基礎問題（黃冠閔 2006）。

二、慈惠堂的源流與瑤池金母

（一）慈惠堂的源流

根據「中華道教無極瑤池金母」發祥地花蓮聖地慈惠堂（即一般通稱的慈惠堂總堂）之簡介（慈惠堂總堂 2005），「慈惠堂源出道教，崇奉道教供奉之瑤池金母（俗稱『王母娘娘』、『金母娘娘』）為主神，為道教六大派中之瑤池派，即屬丹鼎道教。其修行功夫有內丹、外丹之分，由守戒不渝，立德、立言、立功而成者為外丹；由健全體魄、雙修性命而成者，為內丹。外丹內丹相互倚重，去人慾存天理，擇善固執為外丹中之內功，由修身、齊家、治國、平天下，亦是皆以道義為本，是外丹中之外功。打坐守竅，由小周天而大周天，鍊精化炁，鍊炁化神，是為內丹中之內功，如此內外雙修，相輔相成，由定靜而安慮，進於危微精一，性靈神明，德高行潔，進可救人救世，退可延年益壽，故慈惠堂是臻人生功果圓滿之修道場。」

慈惠堂為一本土性之有組織、有系統的教團，以本省閩南人為主要傳教對象，各地分堂乃共同成立「中華道教瑤池金母慈惠協會」，並分北、中、南、東四個區域聯誼會。慈惠堂有其獨特之創教神話，大部分分堂主張「靈修」，強調他們的修行是學習「動靈」（以及其它修行法門），而此類修行某種程度具有「集體心理治療的效果」；講究「夫妻同修」，重視女性在堂務中的角色地位，強調以家庭式為主的兄弟姊妹倫理關係，並以《瑤命皈盤》及《瑤池金母普渡真經》為經典（周益民、林美容、王見川 1997: 138-143）。另各分堂亦有其自創自屬的鸞書系統（陳立斌 2004）。依鄭青萍（1983: 190）之見解，慈惠堂乃以道教為本，但以鸞堂為體，實為混合儒、道、佛之臺灣民間信仰。簡言之，慈惠堂的發展主要是透過廣納海內外分堂的方式而得以發揚光大，而信徒則以訓身、自身起乩（本文所謂靈動之意）、或扶鸞等修煉方式實踐其宗教生活。

（二）無極瑤池金母略歷

依據《松山慈惠堂沿革簡介》（1995: 12）所示，瑤池金母，俗稱西王母，是匯集西華奇妙真氣，降誕於神州伊川的道教崇高女神，仙居西方，德配坤元，主掌陰靈真氣，是洞陰至尊。再據《有象列仙全傳》所述：

> 西王母。即龜臺金母也。以西華至妙之氣。化而生於伊川。姓緱。（一作何，一作楊），諱回。字婉姈。一字太虛。配位西方。與東王公共理二氣。調成天地。陶鈞萬品。凡上天下地。女子之登仙得道者。咸所隸焉。居崑崙之圃。閬風之苑。玉樓玄臺九層左帶瑤池。右環翠水。女五。華林。媚蘭。青娥。瑤姬。玉卮。周穆王八駿西巡，乃執白圭玄璧。謁見西王母。復觴母于瑤池之上，母為王謠曰。白雲在天，山陵自出。道里悠遠。山川間之。將子無死。尚能復來。後漢元封元年降武帝殿。母進蟠桃七枚於帝。自食其二。帝欲留核。母曰。此桃非世間所有。三千年一實耳。偶東方朔於牖間窺之。母指曰。此兒已三偷吾桃矣。是日命侍女董雙成吹雲和之笛，王子登彈八琅之璈，許飛瓊鼓靈虛之簧。安法興歌玄靈之曲。為武帝壽焉。（王秋桂、李豐楙，1989: 32, 33）

據此，瑤池金母和東王公分別掌理陰陽二氣，調和而成天地萬物，並同心協力考核男女真仙的品德，作為升遷降罪的依據，所以西王母與東王公可說是衍育萬物的主宰，調和陰陽二氣的統領，是天地間最高的神靈。上古時候，渾沌初開，真氣凝聚，欲化生萬物，必須先以東華真氣演化為木公，再用西華真妙的靈氣演化為金母，木公與金母合力啟迪下，才得以造化萬物。

瑤池金母雍容華貴，風姿綽約，婉嫻優雅，身穿黃金編織而成的華麗衣服，色澤鮮亮無比，散發著光采氣息，腰帶飛揚有如靈鳥展翼，其間還佩帶一口分景寶劍，頭上梳攏太華髻，腳下穿著鳳凰紋裝飾的彩鞋，外表看來年紀將近三十左右，身材適中，容貌和藹，溫順的眼神如同慈母一般，由此可見，金母國色天香，光彩奪目，是凡間少見風華絕代的母神。西王母之圖像，參見圖 21-1。

圖 21-1　西王母圖像（王秋桂、李豐楙 1989：69）

每逢農曆七月十八日為瑤池金母聖誕佳辰，仙界眾神都會親赴瑤池祝壽，由此可見金母神格之崇高。而瑤池金母聖靈來臺，始於民國三十八年（另一說法為三十七年或三十九年）（詳細說明另參考簡東源 2006），自此而後，瑤池金母信仰發展相當迅速，信徒幾乎遍佈全島，甚至若干原住民部落（例如花東地區）都有信徒存在，使臺灣成為瑤池金母信仰最主要的地區，也是瑤池金母信仰擴散最快的社會。

（三）慈惠堂發展沿革及典故

據言歲次己丑年（民國三十八年）六月三日普渡盛會，瑤池金母大發慈悲，救苦救難，聖駕下凡，並於花蓮市郊田埔一地的小茅屋中，曉諭世人造德修身，遵言向善，奉道而行，持戒以修，勤積功德，以化除劫難，共登瑤池仙境。由於金母之顯化，聖教之偉大，因此崇拜金母慕道來皈依之信徒，與日俱增，使得原有之發祥小屋已不夠信徒頂禮朝拜，故乃於歲次癸卯年（民國五十二年）秋月，擇金母最初下凡降鸞發祥聖地興建慈惠堂，即總堂現址，後於民國五十三年二月十五日完成此一美輪美奐無極寶殿之興建。無極寶殿供奉無極瑤池大聖西王金母，左奉太白星君、王府天君，右奉孚佑帝君、太乙天尊。

在信徒眼中，金母慈悲為懷，時加指點迷津，民若困苦，禱之必響，故而信徒日增，海內外均普設分堂。且根據鄭青萍（1983: 190, 191）之觀察：慈惠堂組織凝聚力強，信徒與信徒之間及信徒與神明之間均類比成大家庭的形態，故彼此之認同度與參與性都很高。周益民、林美容及王見川（1997: 117, 118）也指出：慈惠堂總堂（採金母娘娘之聖號）與相鄰之勝安宮（採王母娘娘之聖號）實乃同出一源，信徒皆自認所祭祀者乃同一神明。慈惠堂堂生著青衣，勝安宮皈依信眾則著黃衣。[1]周益民等人根據花蓮慈惠堂總堂的說法，

[1] 臺灣瑤池金母信仰的緣起，大致如下：臺灣西部苑裡人張煙，在臺灣光復後，攜家眷到花蓮謀生，不久，張煙不幸亡故，其妻請苑裡來的一位算命先生「關落陰」，想探悉張煙在陰間的狀況，當

當時全臺的慈惠堂分堂已達八百多間。現各地分堂已逾過千，信徒已達數百萬人（慈惠堂總堂 2005）。金母聖誕節慶時由各堂自行舉辦祝壽儀典，而每年農曆二月十八日總堂堂慶，乃各地分堂回總堂朝聖之日，熱烈隆重，行禮如儀，慶典連綿數十日，十六日起即有各堂執事率契子女信眾等組龐大朝聖團。

慈惠堂總堂位在花蓮吉安鄉，主祀為瑤池金母。另建有玉皇宮，奉祀玉皇大帝。每年亦有三大祭典：二月十八日為建廟紀念，六月初三為龍華會、七月十八日為金母娘娘誕辰。每年堂慶前兩天（目前已經延續到堂慶前後一、二個月之久），全臺各地信徒，即金母的契子女，多恭送金母分身回到總堂，年年場面都十分盛大熱鬧（瞿海源 1992: 967）。慈惠堂創立以來，十二年前全臺估計約有三百個以上分堂，以瑤池金母為崇拜主神，與無生老母信仰極為近似（同上引 1992: 905）。而胡潔芳八年多前的保守估計，也支持了將近有八百多個分堂分布在全省各個地方角落的說法（胡潔芳 2000），可見做為臺灣新興宗教的教派之一，慈惠堂的蓬勃發展是不可忽視的社會現象。此外，慈惠堂的分堂傳播是依據信仰認同，而非組織認同，且並無大型教團的組織結構，而是完全由各分堂依其運動能量向外擴充，發展出多元的經營模式。

再根據鄭志明（1984, 1985）的研究，慈惠堂這個在光復以後才萌生的新興宗教，在教義思想方面深受民間教團，如儒宗神教、天道、羅教系統等之影響，大致揉合了各教團的教義，並在民間信仰求福報的心理基礎上，發展出一套有關瑤池金母的神話理論。而其整個思想體軸心則是佛道交融的

時在場的除張家家人外，還有房客蘇列東（一作烈東）等人，作法後，蘇某突然「著童」為西王母附身。西王母藉蘇列東遍告村民：「吾乃天上王母娘娘，欲在此駐驛，解救人間一切苦厄，宣化渡眾，勿相驚駭」。據鄭青萍（1983）的研究，這天是民國三十七年八月十五日，但鄭志明記為三十八年六月十三日。自此，「王母娘娘」每日降鸞闡教，據說曾醫好張煙之妻，後來看病行醫，靈驗異常，問事事靈、失物物歸，信的人愈來愈多。先是收林九嬰、劉永江為契弟，後又廣收契子女。信徒們都稱林九嬰為大舅，劉永江為二舅，信徒之間則以兄弟姊妹相稱。稍後，因乩童蘇列東處置信徒紅色事，造成意見不合，遂分化成兩派，一為慈惠堂，另一為勝安宮，各自尊奉瑤池金母分別發展，勝安宮稱主神為王母娘娘，慈惠堂則稱金母娘娘。（瞿海源 1992: 966, 967）

「三陽劫變」（依序為青陽劫、紅陽劫、白陽劫）、「龍華三會」、「末劫說」、「無生老母」為信仰核心（簡東源 2006: 359-360）。

> 老母將九十六億真靈變成男男女女，投下凡塵，又命聖人出，與煙火，種五穀，造衣冠，萬民樂業。上世之人，混噩成鳳，先天之真性未離，是時也，人之初，性本善，天和地合，風順雨調，人人行善作福，大同化治，萬邦咸寧。到了中古時候，爭強奪霸，擾亂綱常，原人由此迷昧，漸失本真。老母憂煩靈根，將本失去，沈淪不返，設以初二龍華，渡回回億真靈。到了今日末世之時，世風遞降，道德淪亡，老母滿腹辛酸。（瞿海源 1992: 969）

質言之，慈惠堂的宗教活動基本上屬於靈乩運動模式，「強調母娘救劫的靈驗法力，建立在母娘與契子間的精神感通」，並「以降乩的方式直接展現母娘濟世的宗教情懷，以聖顯的神蹟來渡化眾生，以化災解難的靈驗神能，來代天行道與引迷度眾。對其門生契子們著重在靈力開發的『訓身』或『訓乩』上，要求弟子們能成為感應母娘神聖能力的靈乩」（鄭志明 2001, 2005: 9, 10）。此外，慈惠堂做為臺灣新興宗教之一，從以上的說明與分析可知：做為一種宗教組織或者慈惠堂的皈依信眾，慈惠堂相當程度地具備了臺灣新興宗教的基本特徵：亦即（1）全區域性、（2）悸動性、（3）靈驗性、（4）傳播性、（5）信徒取向性、（6）入世性、（7）再創性與復振性（瞿海源 2006: 179-183）。即便係出同源（西王母、西王金母、母娘或無生老母等）的花蓮勝安宮與慈惠堂總堂，均採扶鸞儀式，透過鸞生傳達仙神之旨意（簡東源 2006: 352, 353）。靈乩不同於乩童之處，在於強調神明救劫的濟世責任，有著較成系統的宗教認知；前者並著重「在於病因的解釋上緊扣在靈界的和諧與沖犯上，認為疾病與災厄的產生，都不是孤立或自發的現象，主要是由於自己的靈性與靈界的衝突所致，大多是靈界的失調與混亂，干擾了人主體存在的實踐場域，或者是人的靈性缺乏了與靈界交流與感應的自覺能力，雙方在對應關係不良的情況下，造成了傷、亡、病、災、禍等凶事」（鄭志明 2003, 2005: 14-16）。「靈乩在儀式活動中特別重視靈療，不只是引靈界的力量來為人治療，也能化解各種與靈界糾葛衍生而出的疾病與災患」（鄭志明 2005: 22）。本研究對象 SH 慈惠堂主要以靈乩模式為主，誦經模式為輔（SH 為本研究田野對象名稱之英文縮寫，以下同）。

三、田野說明與進香儀式

慈惠堂是臺灣近五、六十年來發展迅速的新興宗教團體，其特色是信徒透過對主神「瑤池金母」的崇拜，以母娘的契子女的身份，在全省各地開設慈惠分堂，以此形成一個龐大的信仰網絡；位於臺北縣中和市的 SH 慈惠堂正是慈惠堂的分堂之一。SH 慈惠堂正門（參見圖 21-2）及其所供奉之瑤池金母（鎮座母娘）神像，參見圖 21-3 及圖 21-4。

圖 21-2　SH 慈惠堂正門

圖 21-3　瑤池金母（鎮座母娘）近照

圖 21-4　SH 慈惠堂瑤池金母（鎮座母娘，居中者）及其他仙佛神像

自 2002 年起，本研究乃以北縣 SH 慈惠堂女性靈媒所進行的宗教儀式與所構築的社會網絡系統為主題。本研究旨在呈顯靈媒及同在一個靈知系統下的同修堂生們所形成的社會關係網，這個關係網絡同時也是一個援助網絡（helping network）；此網絡看似鬆散，實際上卻有著高度的凝聚力與行動力，這正是臺灣民間宗教信仰頗具特色的組織型態。

慈惠堂堂主與堂生之間，基本上是種上下階層關係，充滿著階級性；而堂生彼此之間則是一種平行（或平等）的同儕或同修關係，因而具有一定的對等性、親近性與相容性。臺灣民間社會中亦不乏這種既富階級性且具平等性的網絡組織型態，慈惠堂做為臺灣民間宗教團體便是其中一例。透過對 SH 慈惠堂堂主與堂生們的宗教活動與個人生命經驗及日常靈修生活的探討，本文試圖探討與瞭解本土漢人社會中針對失序個人所進行的心理援助及宗教療癒的集體化過程。

SH 慈惠堂的宗教活動與儀式主要是由一位女性靈媒所主導（即行梅師姐）。此一團體又以幾位早期的堂生為核心，緊密地圍繞著堂主而構成一個宗教信仰靈修團體。另外，這些核心人物的親屬亦是構成此一團體的重要元素。所以，這種以附靈現象為主要宗教活動而組成的信仰團體，並沒有十分嚴謹的教義與制度組織，故與其將之視為一般定義下的宗教團體，不如稱之為「宗教性人際關係網絡」更能充分彰顯其內涵。本研究主旨之一即在藉由長期的現場觀察與訪談，深入瞭解此一宗教網絡的人際動力模式及其所帶動的療癒功能。圖 21-5 至圖 21-8 為母娘開堂辦事之若干情景。

SH 慈惠堂母娘辦事流程（每週三下午、週六全天開堂辦事；地點在臺北縣中和市）：

1. 信眾來堂之前——為何來，如何來，期待，動機，情緒……；

2. 掛號——姓名、年齡、地址、電話、問題（身體、婚姻、學業、事業、運途、房舍、土地、過火、祭解、或其它）；

3. 上香，先拜母娘，而後拜天公（堂門口大爐），再拜內堂土地公後，排隊等候；

4. 行梅師姐來堂，更換道袍（青衣），燒香，敲三次鐘聲，請示母娘，上香，叩拜，唸咒語，呼請母娘，母娘駕臨，燒十二張金紙，淨堂；

5. 師姐坐定木椅，母娘（鎮座母娘、出巡母娘、或三娘附身）開始辦事；

6. 依序過火，燒七張金紙（過路費），於堂門口外，先淨正面，後淨背面，呼喚信眾姓名歸來（收魂）；（或者以未到場信眾之上衣代替，先正面，後背面），（祭解者將頭髮置紅包內一起放入臉盆中），金紙燒正旺時，信眾跨過臉盆；

7. 欲祭解者，將上衣一件帶來堂過火，並於過火前剪一些頭髮；回去後，上衣連穿三天，才能洗；頭髮則置於枕頭下方半年；半年到時，將頭髮帶來堂，放進紅袋中於過火時一起與金紙燒掉；同此做法再做一次，半年後再將頭髮帶來堂過火燒掉；

8. 母娘詢問信眾之問題，開天筆；（1）硃砂天筆用來開吃令、催令、淨令，或賜東西給信眾吃（吃令燒過後，加溫水、鹽少許，給信眾喝）；（2）陰陽筆用來開洗身令；（3）解身體筆可解身體病痛、開智慧等；其它吃令帶回去使用；淨令則用來淨家、洗身、驅邪；

9. 濟公師父協助辦事；

10. 結束辦事；

11. 母娘退駕，敲一鐘聲，二鼓聲，連續三次。

圖 21-5　向母娘問事前信眾須先行過火淨身儀式

圖 21-6　母娘以陰陽筆為堂生之子治療頭疾

圖 21-7　母娘以陰陽筆為信眾治療腳疾

圖 21-8　信眾向母娘問事情景

SH 慈惠堂以「問事解厄」的儀式聞名。目前該堂堂主行梅師姐除了平日降天筆為人作「問事治病」或是「祭改補運」的儀式之外，也常擔任堂生或信眾的宗教通靈經驗與生活受苦處境的啟蒙者、解說者及輔導者，行梅師姐和這些堂生或信眾之間也因這個特別的關係而保持相當密切的聯結。有些信眾因為信奉母娘從而皈依成為祂的「契子女」，即所謂的堂生；有的信眾則曾經是其它民間信仰神明的「乩身」；有的信眾則原本就有特殊的靈異經驗或感應體驗，從而與母娘及行梅師姐之間有著特殊的「啟靈」關係或會靈經驗；他們都是 SH 慈惠堂重要的關係網絡之一員。

慈惠堂堂生、信眾們特殊的宗教經驗，及其所形成的關係網應被視為一種文化系統（cultural system）；堂生、信眾的宗教經驗常發生在個人生命中的危機時刻或受苦處境。我們可將此種由靈象徵所帶動的社會關係，視為文化對於個人生活的陷落與心理的失序（disorder）所給出的援助網絡；此一網絡有別於一般常見的社會人際關係。

從初步的田野觀察及現有的相關文獻可以看出，SH 慈惠堂之堂生、信眾的宗教皈依與信仰歷程主要的關鍵有二：一是「神選」，亦即啟蒙經驗；也就是說與母娘或是其它的神祇之間，有過某種原靈交會的經驗。一旦有過此種體驗與確認之後，當事人就與母娘或其主神有了一個特殊的關係；通常這個過程並沒有一個明顯的儀式宣告，但從當事人的敘述則可分辨得相當清楚，例如在某次廟會或晉（進）香活動時無意的進入出神（trance）的狀況（劉枝萬 2003: 14-20），或謂某種狂喜或失神的狀態，此與盧蕙馨（2003）所謂的「同理心」或「神入」（empathy）是兩回事。另一個關鍵則是堂生或信眾們所謂的「領旨」，也就是說當事人在或長或短的「訓身」中，會在某個時機獲得神祇（母娘）所頒布的天上旨令，從此他（她）就必須服從且履行這項（些）旨令，為母娘替天行道，為蒼生除困解厄。在此，必須進一步指出：慈惠堂堂生之宗教生活經驗與一般「補運」、「安太歲」或「祭改」等法事儀式明顯的不同之一，在於堂生當事人的身體參與及身體經驗感受，以及「自我修煉」的精進超俗與創造過程，而非僅僅是為了安撫凶神惡煞，或者象徵性地滿足煞神（或祖先）的索求，祈保運途平安無礙而已（許麗玲 1997, 1999）。

（一）朝聖的過程影像與紀錄

2002 年（民國 91 年）1 月 11 日、12 日兩天，SH 慈惠堂由堂主行梅師姐帶領眾堂生、家屬及一般信眾共約六十餘人，前往花蓮慈惠總堂進香。1 月 10 日下午一行人先行搭火車抵達花蓮，一位住在花蓮的堂生載著我們先到慈惠總堂觀察地形，並做簡單的介紹。

總堂建築氣勢規模莊嚴宏大，門口的牌坊寫著「聖地慈惠堂」；大殿更是氣宇非凡，雕樑畫棟，金光閃閃。尤其在每年總堂開堂紀念日（即堂慶，農曆二月十八日），或者瑤池金母聖誕時（農曆七月十八日），前來朝聖者更是絡繹不絕，人滿為患，每每到了回娘家的日子更是擠得總堂水泄不通，信徒虔敬地在此祈求母娘保佑平安順利。

瑤池金母的大殿，後面連接另一加蓋的五層樓大型建築，具備餐廳與廂房的功能，並且於四樓左側廂房供奉最重要的開基母娘，此尊母娘是最早下凡顯靈給信徒的化身。此堂空間雖小，但是此地清幽，是信徒最喜愛的打坐地點，堂主行梅師姐也經常於此傳達母娘旨令，直接為信徒訓身或教導。每每回總堂進香時，SH 慈惠堂堂主都會在此開堂辦事，解決眾生問題，比如堂生問事或改運等等。大殿頂樓供奉玉皇大帝的神位，大廳肅穆清幽，金碧輝煌，更顯示出慈惠堂系統信眾香火不斷，財力雄厚（誠如堂主行梅師姐憶及：當我回到大廳後，就有一種奇特的感覺，覺得頭皮整個發麻，似乎身體開始有了異樣，好像被電到般，心裡直覺我與慈惠堂似乎有特殊的能量交錯，一進堂裡就有感應了）。

當天晚上，堂生帶領簡單說明、介紹後，便到比鄰總堂的勝安宮參拜該廟所供奉的王母娘娘，這兩間所供奉的都是母娘的原神，只是後來兄弟分家，王母娘娘廟分到母娘的金身，而目前興盛壯大的瑤池金母慈惠總堂，原先是分到香爐。顯而易見的，這兩座廟宇的風格截然不同，慈惠總堂目前香火較盛，財力也較雄厚，廟宇裝飾繁複多樣，氣宇恢弘；而王母娘娘廟則顯示出小家碧玉，古色古香，庭園曲橋，並且花園裡，還豎立有一特殊的碑牌，立柱上寫著「無極消劫救世天具王母娘娘聖跡下降紀念碑」，旁邊另一柱則寫著「分靈十方善信法緣」。

中午十二點左右，SH 慈惠堂一行人浩浩蕩蕩的來到總堂，總堂以震耳欲聾、喧天鑼鼓的鞭炮聲歡迎他們。堂主光著腳丫子第一個下車，其餘堂生帶著疲憊的身軀魚貫下車，並且快速排好隊伍，前面開路者拿著令旗，青衣捧著香爐與堂裡的眾佛像，而這些佛像除了該堂的鎮座母娘之外，其餘的都一齊帶回娘家來了，依序為：出巡母娘、玉皇大帝、王府天君、呂洞賓、福德正神、臨水夫人等等。

（二）進香與祭拜儀式的流轉

行梅師姐率領眾堂生及家屬入堂，每位堂生都拿著各樣供品，有鮮花、素果、素菜、蓮花金紙、香、糕果、米香、金桔餅等等，大家依序排隊，一個個以跳舞的步伐前進堂裡；堂主在前面領隊，踩著蓮花步伐，率領眾生，浩浩蕩蕩的拿著旗子進駐大廳。而堂生捧著佛像一一穿過香爐（此為過火），大聲喊著「到了」，並跳躍著迎神的舞步，開始降靈、靈動、訓身的過程。而青衣們誰捧神像、誰舉令旗、誰拿貢品，都非任意安排，皆由母娘指定。這裡必須注意的是，每位堂生的前世元（原）靈及其與母娘的關係親疏遠近，是決定誰必須捧花或頂果的主要依據。

約莫十二點三十分，堂生一一跳著步伐進入大廳，把鮮花素果放到供桌上，行梅師姐接過佛像金身，安置在瑤池金母神像旁的案頭上。此時大廳迴盪著鏗鏘有力的鐘聲，堂生開始跪拜。堂主（自從進堂之後，行梅師姐已經化身為母娘，或者說已被母娘附身）率先捧著一大籃的鮮果，高高舉過頭頂，往前三步，跪拜，起立，又跪拜又起身，如此重複三次。再來就問堂裡男眾，有沒有人要接手，於是某位師兄一個箭步衝上來，接起果籃頂在頭上，跪拜三次，然後再由其他男性堂生輪流祭拜，接著再由有意願的女堂生接手。如此，重複跪拜直到無人接手為止。最後再將所有供品獻在瑤池金母的面前，這時眾生集體拿香跪拜，然後拍手鼓掌，禮成。

SH 慈惠堂此行來花蓮進香的目的之一，是回娘家感謝母娘這一年來對大家的庇蔭與保佑，故大約十二點五十分，眾人在一樓母娘大廳跪拜完後，即往樓上玉皇大帝及開基母娘所在處移動。堂生在此跪拜，重複所有進香儀式，並在此向外天爐跪拜祈願，此時母娘就當場吟詩做詞，向玉皇大帝及其他神明一一唱名稱頌，並表明此行之目的與祈求，並感謝眾神尊這一年來的保佑。接著，眾人就轉往樓下，往開基母娘的堂裡再行進香儀式。圖 21-9 為 SH 慈惠堂堂主、堂生及信眾一行於堂慶期間回花蓮總堂入門前之情景，圖 21-10 則為來自全國各地分堂信眾於夜間進行團拜之景象。

總地來說，整個進香儀式流程大致如此：

> 下遊覽車→排隊→堂生（著青衣）[2]捧著令旗、神像、鮮花素果→跳著迎神舞步（各種隨性自由之手舞足蹈），捧著神像祭品、過火→進入大殿將神像放入內堂供桌上→開始跪拜→堂主率領堂生致三跪九叩

---

[2] SH 慈惠堂的「青衣」：堂生又稱做青衣，因為只要皈依後的堂生，參加晉香或集體儀式活動都必須穿著青藍色的制服，男性青衣為中式旗袍，女堂生衣服為改良旗袍且旁邊繡著黑色花邊（這表示女性業障較重），兩者皆為褲裝，而且此堂的青色制服是特別經過行梅師姐挑選布料，並修改過樣式，整體看來整齊畫一、美麗大方。而女性堂生必須蓄留質樸短髮（因為長髮會沾惹不好的業力），並在頭上夾一紅色小花，只有堂主可以留長髮，因為她要幫堂生背業力。回娘家時，當行梅師姐進入總堂的剎那，已是母娘的化身，故當行梅師姐抵達堂裡之後，即以母娘代言人的角色發言，母娘在此展現出一種強烈的領袖魅力氣質，性格好惡壁壘分明，發號施令威嚴決斷，並隨時能夠出口成章，信手拈來皆是文言佳句，博覽群經，預知未來，神通再現。而在她身旁會有一位堂生隨側拿著錄音機，隨時記錄母娘的文言絕句，並將它撰寫成逐字稿。而在此堂裡的女性青衣晉香過程當中，母娘也不斷的藉由各種儀式與訓身動作，來教導堂生，比如手有沒有舉直，腳步有沒有踩穩，堂生並在此時開始將自己的自我放下，讓自己的原靈與母娘交通互動。

大禮→向母娘稟告眾契子女回娘家來了，堂主並率眾堂生說明回堂之原由→部分堂生開始靈動、訓身。接著是考驗過關儀式：堂主與眾堂生頭頂祭果行跪拜之禮[3]→考驗堂生功力有否增加。之後眾人上樓至玉皇大帝殿→三跪九叩→向外天爐向眾神明稟告回來之意，並感謝這一年來眾神尊的保佑→青衣在此又頭頂祭果考驗，訓身。而後眾人再下樓至開基母娘殿跪拜→頂果、考驗、訓身，禮成。

圖 21-9　SH 慈惠堂堂主（前捧香爐者）與堂生回總堂入門前情景

---

3 關於 SH 慈惠堂頂果、考驗儀式之意義：此儀式過程富有重要的象徵意義，母娘將裝滿供果竹籃高舉過頭，手直捧著沈重的果籃向前三步，跪拜、叩首，來回三次，再後退，向外天爐，同樣動作再做三次，這其中蘊涵重要的訓身意義。因為當堂生將果籃高頂過頭，瑤池金母會將沈重的能量壓在果籃上，所以並不容易將果籃舉正、舉直；此儀式目的是要考驗堂生的修行功力，若功力夠、力道夠才足以扛起水果的重量；若功力不足，水果可能根本舉不起來。堂生舉果是為了考驗修為，氣足才能夠行得正、站得穩，頂果手直、步穩意味著這年來的功力有增加。此舉果動作之目的要堂生測驗自己的修為有否進步。而行梅師姐總是帶頭先頂果考驗，對行梅師姐舉果動作而言，不只是考驗自身功力，更是一沈重負擔，因為她舉（扛）的是所有眾生（尤其是虔信徒們）的業。而行梅師姐考驗完，她會起意指定各個堂生依序來接果、測試。

圖 21-10　來自全國各地的信眾於總堂前夜間團拜之景象

（三）從自由舞動、訓身到靈動

下午兩點吃過午飯後，大家驅車到附近瑤池金母法華山慈惠堂，展開此行最重要的目的之一：進行堂生之靈動、訓身儀式。法華山位於中央山脈附近山腳下，離總堂約有十五分鐘車程，群山環抱，風景秀麗，法華山斜斜的屋頂，耀眼地寫著斗大三個字：法華山。信眾爬上如通天的石階，進入大堂，上香、跪拜、儀式，再經過堂主的上香之後，眾人（約有一半左右的堂生）開始一一靈動起來，部分起靈的男信眾就開始打拳，女信眾有靈動感覺的就自動繞圈或跳起舞來。

如同在總堂一般，堂主依慣例開始進香儀式動作，將鮮果高舉過頭，前進跪拜，退回往後，來回三次，接著由其他堂生換手進行。再來，堂主就開始點名女堂生出來靈動、訓身，一開始堂主會先握住堂生的手，要他（她）們繞著堂主轉動，直到堂生加速度到可以自己轉圈，堂主才放（鬆）手。這個時候堂主大多會詢問堂生，有沒有感到天旋地轉？然後就放手，堂生開始好像被啟動一般，開始慢慢旋轉，或跳著如仙女般的舞姿，或做手勢，前後來回在大廳裡奔跑、跳躍，或轉圈、跪拜、垂打自己，直到疲累為止。例如，有位堂生是濟公的降靈（附身），會拿個葫蘆酒瓶、扇子，走路時如同企鵝般搖搖擺擺，然後向前為其它需要的堂生灌氣、解厄。另外，有些會打拳或功力較高的師兄，會在需要的信眾身體上化符，或在背後打幾掌，將他（她）們不好的氣化出。而這個動作，更是堂主經常幫助堂生或信徒處理身體病痛或不適的方式。

另外，一位堂生似乎在此時也有感覺，堂主將她帶往香爐前面，面對一望無際的群山環抱，白雲飄飄，指著清朗的天空，對她說：你有沒有看到天上各種形狀的記號與顏色，那是母娘特別要顯示給你看的五彩繽紛。此時，只見她呆住許久，突然說有看到，然後開始流淚跪拜，之後堂主將她帶回大廳轉圈，將她繞了起來，這時她也開始進入靈動的狀態過程。圖 21-11 及圖 21-12 為堂生於慈惠總堂後廳內訓身、靈動之情景。

圖 21-11　堂生於總堂後廳內訓身、靈動情景之一

圖 21-12　堂生於總堂後廳內訓身、靈動情景之二

質言之，慈惠堂堂生、信眾的儀式活動與宗教經驗，無論是日常的祭拜、請求母娘消災解厄、定期誦經、訓身靈動，以及赴總堂及友堂晉香朝拜等等，實皆涉及虔信者之「自我修煉」與「自我技藝」，那是某種「生命轉化」與「自我提升」，甚至「自我超越」的修行法門，凡此實乃涉及「倫理主體」及「主體化」的問題。

四、宗教場域權力關係中的主體

慈惠堂虔信者的倫理主體之構成與裂解，消融與轉化，乃涉及從自我關注、自我修養，從而使之成為倫理主體的過程；也就是透過一種過程及方法以改變自己的存在方式，改變自我與自我的關係（自我關係的形成），增進自我掌握能力，選擇自己的生活方式，並努力自我修煉，使自己成為倫理的主體。

關於權力問題與主體問題的關連性與連貫性，M. Foucault 在〈跋：主體和權力〉（Power and Subject）（Dreyfus and Rabinow 1983:208, 209, 1995: 267，268）一文中即清楚表明：他所研究的中心主題不是權力，而是主體。這並不意味，因為主體或主體化問題與權力（關係）毫無瓜葛。Foucault 指出：在西方文化中，將人轉化為主體有三種客體化或客觀化（objectification）模式，第一種模式是透過探究試圖賦予自身以科學的地位。例如，說話主體、生產主體或生物主體等事實的客體化。第二種模式是所謂「分離實踐」中的主體客體化，例如瘋人與正常人、病人與健康人、罪犯與「好人」等。最後一種模式是透過「自我關注」（care of the self）而把人自身變為主體，亦即主體化（subjectification）的過程，也就是人類存有者如何將其自身轉變為主體的方式。換言之，知識（客體化的認識方式，屬於第一種模式）、權力（以客體化的知識施加於人，屬於第二種模式）、倫理觀（將自身客體化，並進行檢視，屬於第三種模式），乃是現代人主體的建立方式（舒奎翰 2006）。

早期 Foucault 之理論所關注的是知識與權力的問題，也就是前述第一種及第二種人類存有轉化為主體的客體化／對象化模式；晚期 Foucault 的思想已有明顯的轉向，轉而重視自我關注與自我修養的問題，是自我自發地對自我施加權力，以求改變自我、創造自我的基本存在方式。從 Foucault 的觀點來看，自我關係也是一種權力關係，是自我治理的一種方式（黃瑞祺 2003: 17）。由 Foucault 晚年（1980 年前後）所出版的《主體解釋學》（*L'hermeneutique du sujet*）（2005a）與《性經驗史》（*Histoire de la sexualite*）（2005b）第二卷《快感的享用》（*L'Usage des plaisirs*）及第三卷《關注自我》（Le Souci de soi）來看，他強調主體既不是既予的、也不是超驗的，而是在經驗世界中逐漸形成的，包括所謂的「自我技藝」（self-technology）以型塑自我（黃瑞祺 2005: ii, iii），也就是自我如何透過自我技藝或自我修養構成他自身而成為主體的系譜學（何乏筆 2003a, 2003b；Foucault 1988）。進一步說，Foucault 想要破除的是當代一般的主體觀，「認為主體具有某種特定而不會變動的本質性，是一種具有固定質性的存有，而人們當前的任務就是去發現它」。但 Foucault 主張「主體不是一種定性或範形，知識對於主體的型塑方式會因各個時代的知識審視模式而有所不同」（舒奎翰 2006）。

主體並非現成的或靜態的，而是朝向某個目標、主觀努力的自我塑造過程（黃瑞祺 2003: 18, 19）。更進一步而言，Foucault（1997: 166）主張：自我不是既予的或先天的，並非有一種本質或秘密真理等待人們去發掘或發現，而是因為反思而建構起來的。所以，他反對「自我同一」（self-identity）的概念（黃瑞祺 2005: ii, iii）；主張書寫自我、發明自我、改變自我、創造自我；這是一種自我對自我所做的工夫，也就是一種透過自我實踐而形成自我風格。Foucault 反對自我本質論，而主張建構論，也是一種自我的非同一性（黃瑞祺 2003: 24-27）。換言之，Foucault 晚年關注的是「自我的倫理學」，這種倫理學並不關注主體的問題，而是關注自我或主體之構成的方法和過程，或他所謂的「主體化」（subjectification）。

再者，根據黃冠閔（2006: 158）的說法：「倫理」問題是 Foucault 思考的關鍵；Foucault 不僅只將「鍛鍊術」或「工夫」理解為「自我技術」的一環，更重要的是其動態的轉化意義——倫理化的過程；「倫理」的意義也指風俗習慣，也是指個人的「存有方式」、「存在樣態」，或是「生活方式」；「倫理化」可理解為某種「塑造倫理的功能」，而主體的倫理化則同時意味著倫理風俗之生活方式乃是主體的生活方式；並且，主體自己成為「倫理主體」。

但誠如 Foucault 所言：「各種權力形式體現於人的日常生活當中，它為個體分類，用其自身個體性為它註上標誌，使它依附於自身的個性，並在它身上強加一種個體必須認可、別人也不得不從它身上識別出來的真理規律。這是一種個體變為主體的權力形成。主體一詞有兩個意思：一是通過控制和依賴主從於（臣服於）（subject to）別人，另一是通過良知和自我認識而縛於自己的個性。這兩種含意都意指一種使個體屈從並處於隸屬地位的權力形式」（Foucault, 1995: 272）。雖然 Foucault 強調當今反對主從形式或者反對主體的屈從性變得愈來愈重要，也愈來愈普通；Foucault（同上引: 273）指出：主從關係的機制是極為複雜而循環的關係，且自十六世紀以來，一種新的政治權力形式不斷得到發展，這一新的政治結構就是國家，國家的權力既是一種整體化，也是一種個體化的權力形式，且它是源自於基督教機構的舊的權力技術，這種權力技術稱為「牧師權力」(pastoral power)。

Foucault 的思想與論點對本研究的立場有一定的重要啟發。換言之，本研究關心的主要課題是：作為臺灣新興宗教慈惠堂的虔信者，如何型塑與轉化為主體的方式，也就是倫理主體化的型塑與構成的問題。考察慈惠堂宗教組織的政治權力特性，或者說它的權力形式，究竟對個體（虔信者）或群體（虔信者間）的關係如何發揮作用，乃成為一個重要且必須處理的問題。或許慈惠堂宗教空間權力形式是一種使個體變為主體的權力形式。

以慈惠堂的例子來說，SH 慈惠堂堂主行梅師姐於三十六歲左右自花蓮慈惠堂總堂「領旨」濟世救人之前，即以「駱太太」或「駱媽媽」的身份幫人改運解厄，化解危機。根據第一代堂生的說法，當時的「駱媽媽」即具備預卜人之吉凶、運途好壞的天賦能力；她擅長米法、水法等法力技術，也擁有「通靈」、「觀景」的本領，真可算是奇人異士、天賦異稟。也就是說，行梅師姐在尚未皈依瑤池金母，正式開堂辦事、執行母娘懿旨、濟世救人之前，即有不尋常的「身體經驗」與「特異功能」。據堂主行梅師姐自述：她在皈依瑤池金母門下，正式成為母娘的「契子女」後，在日常生活中，母娘會透過各種不同的方式教誨她、訓練她，使她獲得種種救人技藝法門，瞭解母娘的訓令以及作為一位靈媒的使命，責無旁貸的為眾生服務，消災解厄，建立美好生活。在此期間，行梅師姐的「特殊能力」來源，一方面立基於自身的先天條件與特質，另一方面乃來自母娘的「神授」。在此援引 Foucault（Dreyfus and Rabinow, 1983: 208-217, 1995: 267-277）所謂「牧師權力」的特殊權力形式，就慈惠堂的宗教組織來說，這種類似「牧師權力」概念可稱為「靈媒權力」；「靈媒權力」一方面透過慈惠堂各個分堂機構化起著相當的活力作用，另一方面它以一種綿密交織的宗教社會網絡而滲透到每位虔信者的日常生活裡頭。換言之，不僅在正式公開的宗教活動或儀式，而且在非正式、隱密的日常生活之中，「靈媒權力」以一種崇高的姿態、多元的方式被行使，種種宗教經驗於是在虔信者身上開始發生與展演。

進一步說，SH 慈惠堂「靈媒權力」的運作與行使，具有一定的特殊性與普遍性。所謂普遍性意指「靈媒權力」透過慈惠堂宗教空間與母娘駕靈救世濟人而顯現；虔信者之所以虔信，是經過一道道的考驗而證成的；「靈媒權力」不僅被虔信者認可與認同，且相信它是外在於人而真實的存在。換言之，就 SH 慈惠堂而言，「靈媒權力」並不像陳緯華（2005: 140-155）所說的是種交換關係或交換活動，虔信者獻上金錢與勞力等「心意」以求取「靈力」的保佑，亦即這些金錢與勞力成為靈力中心（即神壇或廟宇等供奉神明的地方）生產神明靈力的資源。

也就是說，就 SH 慈惠堂虔信者來說，金錢或勞力的奉獻雖然不完全沒有世俗的工具性目的（例如治病、保平安、開智慧、求順利），但更可說它是種「自我技藝」的實踐，或者「自我創造」、「自我更新」的方式，不管它是表現在個人的事業、婚姻、家庭、人際關係裡頭。換言之，虔信者相信「靈媒權力」是真實存在的，而非人利用金錢、勞力所生產出來或交換來的。比如說，虔信者因努力工作而獲得事業的成功，從而能夠奉獻更多的金錢或資源給堂裡，並不是以獲取更多的靈力為手段來求得更多的財富與社會關係，而是為了追求靈性的提升與來世的福蔭，進而彰顯母娘的存在以及母娘「靈力」的無所不在與法力無邊。此外，虔信者也不是要有意的忽略或委婉的掩飾這種世俗性的動機需求（此處陳緯華借用 Bourdieu〔1998: 93-123〕的「婉飾」稱之，即便如陳緯華所說，婉飾並非虛假，而是一種慣習），其背後實涉及「關注自我」、「認識自我」，進而達到「自我轉化」、「自我創造」的修養工夫，而這些精進的技藝不僅包括對世俗慾望的節制，也涉及身體的（或肉體的）與靈魂的（或心靈的）鍛鍊，這也就是「心靈工夫」的社會實踐與生命態度。

必須特別說明的是，類比於 Foucault 所謂「牧師權力」，「靈媒權力」乃有別於陳緯華（2005: 56-58）所謂的「靈力」觀念。陳緯華的「靈力」觀念一方面係指神明(例如瑤池金母)能夠感應人的祈求並有所回應的感應能力，一方面是指神明處理事情的能力或權威。但「靈媒權力」指涉的是一種「整體化」，同時也是「個體化」的權力形式；整體化意味著某種整體化程序而構成宗教組織普遍的運作邏輯，個體化則表示「靈媒權力」以某種形式行使於個體，以及行使之後可能的結果，這也就是一種個體化技術或自我技藝的問題。但無論如何，「靈媒權力」蘊含著如下特殊的權力形式：

（1）這種權力形式透過整體化程序與個體化技術的過程，其最終目的在於使個體確信在來世得到拯救，但也同時向人們（虔信者）保證在現世的福報與拯救，例如：好日子、健康、安全、和諧、防範生命危險等等。而來世的獲得拯救必須經由現世的修養工夫或心靈工夫來努力達成，這點將會在本文延伸討論。

（2）「靈媒權力」不僅僅是一種下命令的權力形式，它還必須樂意為眾堂生（虔信者）的生活和生命拯救獻身，且不求回報。這一點從堂主行梅師姐積極主動（但就私人而言不一定完全樂意）為堂生信眾擔負累世業障，承受病痛苦痛可以明顯看出：那是種宗教神聖使命與責任。

（3）這種權力形式不光考慮到（或者照顧到）每個個體，尚且包括他（她）的家庭、家族，甚至他（她）的現世與來生。不可諱言地，這種權力形式，有其一定的封閉性，也就是它主要作用於或行使於該堂虔信者（包括堂主和眾堂生）所構成的宗教社群（community）。

（4）這種權力形式之得以實施，靈媒（或堂主）定得瞭解人們的心靈深處，感通他們的靈魂，揭示他們的內心秘密，同時也包含一種良心的知識和指導他們心靈的能力。

歸納而言，「靈媒權力」形式是獻身於宗教的、傾向於拯救的、個體化的、與生活相處共存的，同時它也是與真理，尤其是個體自身的真理聯結在一起的。「靈媒權力」不僅散播且充斥在整個宗教空間，並且獲得整個宗教社群與機構的支持，同時也存在著一種個體化「策略」（tactic）推動某種新的主體性形式的產生。誠如 Foucault（Dreyfus and Rabinow1983: 277-289）所言：權力關係乃紮根於社會網絡之中；一個沒有權力關係的社會只能是一種不存在的抽象概念；同時，權力關係與對抗策略關係總存在著不可分的聯結性，如果沒有不服從的方法，亦即逃脫方法的存在，也就不可能有權力關係的存在。此外，這裡所謂的主體，彷彿尼采以「強力意志」為根據的「力的存有學」，使得主體成為（多樣的）力的對抗場所，同時，藉著力的意志讓主體進入「生成變化」的流動中（黃冠閔 2006: 165）。

五、關注自我與自我認識

Foucault 在六〇年代關注知識與論述（discourse），七〇年代關注權力（power）或權力關係，八〇年代起轉而關注自我或自我管治，分析人如何透過各種方法及過程來型塑自我、改變自我、創造自我，因而自我倫理學或倫理主體及自我的技藝乃成為他生命晚期最為關心的課題之一。

Foucault（2005）在《主體解釋學》一書中關於古代西方歷史關注自我與自我修養的分析中，依照整個歷史發展的進程，將其區分為彼此關連卻又具有顯著區辨性的四種模式。第一種模式是所謂的柏拉圖模式，強調透過回憶自身的方式來認識自我，認識自我是關注自我的先前步驟與先決條件。在這種模式中，知識（理性思辨）和精神性（倫理觀）彼此呈現一種互動關係，人透過關注自我進而認識自我，認識到自我與神靈之關係，理解了自身和真理的關係，從而建立起真理主體。

第二種模式是希臘化與羅馬帝國時期。於此時期，關注自我取代了認識自我的地位，變成一種純粹的精神活動，這種精神活動非少數特殊階級的專利，而是一種普遍誡律，自我成為關注的對象與目的，這也就是自我皈依（conversion）；而持續地關注自我，讓自我保持清明是這個階段最重要的價值與工作。於此時期，關注自我的修身實踐是個人生活風格的自我選擇；人是自己生命的主人，它具有普遍性的存在價值，是每個人都應該做的事；但它僅是個人的一種倫理要求，而非律法的強制規約。

第三種是所謂的基督教模式，也是種禁慾懺悔模式。關注自我的目的主要是發現自身的罪惡、慾望、不好的念頭與想法，並盡力排除這些妨礙自身與上帝之間關係之建立的因素；可見於此時期，強調的是個人的精神性修為，而非認知性的工作，不在於改善或改變自我（改善自我的重點在於自我發現），而在於要透過放棄自身以得到上帝的救贖。換言之，基督教模式於關注自我的過程中必要的懺悔與自白（例如告解儀式），並以此型塑了「牧師權力」，而這種權力在當今教會力量消退之際卻散佈到整個社會之中，例如家庭、學校、警察機關等。人們必須透過一套套外在的真理標準不斷地進行檢視，而這個自我檢視的完成，只有在不斷地吐露內心深處的秘密、慾望、想法、意圖之後才有可能達成。這個說出真相的過程使得自我得以實踐主體化的工作，讓自己成為一個能被認識的說真話的主體。

Foucault 分析的第四種模式也就是笛卡兒模式的現代主體觀。這個模式強調：人只要透過認知，而不需要改變自身，主體不必改變，就能認識真理，達到真理。換言之，主體的確認不必透過行為的實踐來完成，主體與真理之間於是產生斷裂，主體求知過程中於是變成一個需要（被）研究的客體，自我變成是（或者說把自己當做是）知識對象。可見，在 Foucault 看來，自我關注是一種理性求知欲求中建立起來的。人必須透過知識，也唯有透過知識，才能認識自我，並理解主體和真理的關係（舒奎翰 2006）。

然而，Foucault 在從古代到現代關於關注自我技藝的考察分析中，對於主體及主體化的立場與視角，對於慈惠堂虔信者的修養工夫與主體化的構成與裂解、消融與轉化，又有何深刻的啟示與清晰的觀照呢？

> 誠如 Foucault 所強調的：「個人的美妙整體並沒有被我們的社會秩序所肢解、壓制和改變，相反的，個人是被按照一種完整的關於力量與肉體的技術小心地編織在社會之中。」（舒奎翰 2006）

作為臺灣民間教派或新興宗教之一，慈惠堂自戰後興起至今，已成為一股分佈廣大的宗教勢力，各地分堂保守估計至少有一仟多個以上。對於慈惠堂瑤池金母信仰內涵的耙梳與探究，乃與虔信者的宗教生活及修養工夫息息相關；換言之，我們發現，虔信者「關注自我」的現實條件必須植基於「認識自我」這個基礎之上，因此慈惠堂母娘信仰的內涵及其轉變過程，便成為一個重要的關鍵所在；也因此慈惠堂的經典與教義內容就必須加以說明與交代。

慈惠堂的主要經典是《瑤池金母普渡收圓定慧解脫真經》（簡稱《真經》）、《瑤命皈盤》，以及由南投竹山慈惠堂主事者林國雄校閱編撰的各種書籍。例如《真經》首頁〈瑤池金母讚〉的內容，重點即在於規勸眾生要存養心性，學習正確良好禮儀，並要人能夠徹底懺悔累世惡行或邪念，迷途知返，以修成正果。〈瑤池金母讚〉內容如下：

> **〈瑤池金母讚〉：**
>
> 瑤池金母普徧瀛。東測妙機。勸眾存德學善儀。覺悟懺悔修正果。慧智貫徹登中池。金筆開科無私曲。章成耀珠燦鯉魚。全憑道心挽迷路。卷讚團圓樂福基。逍遙快樂位。無極瑤池大聖西王金母大天尊。

在《真經》懿旨中，更強調「人心陷溺。多失心田。輪迴無息。禍難慘纏。人皆佛性。無以回天。誰知性命修養周全。說茲定慧。解脫為先。」

> 道者、反本之用也。萬物皆有本。由本、而生枝。由枝、而生葉。由葉、而生花。由花、而結果。人與萬物、不同質、而同理也。本立、則根生。根生、枝葉茂。本枯、則根朽。根朽、枝葉零。是以修道固本。固本者、何。人以孝弟為本。道以精神為本。孝弟立、而人無愧。精神足、而道可修。修道無他。還全本來面目而已。精神從何處散出。還從何處收來。

這兩段精簡的經典文字其實透露著許多重要訊息。例如，人心陷溺所指為何？性命該當如何修養？人究竟要解脫什麼？以及如何解脫方能修成正果？而所謂正果究竟為何？凡此不僅涉及修養工夫或心靈工夫的問題，也意涵人（或虔信者）的終極關懷與生活目標。換言之，這些提問可以放在前述 Foucault 所謂「關注自我」與「認識自我」兩個面向之間的複雜互動關係加以探究。

《真經》中另一段文字也清楚說明了慈惠堂經典所要傳達的要義。例如，其中一段文字說：

> 〈天從〉：
>
> 無極中開。太極日月三臺。日月陰陽運轉。人從陰陽胚胎。或為男兮為女。皆從無極而來。只為中間一動。霎時落下塵埃。墜入五濁惡世。貪戀酒色氣財。因此輪迴旋轉。情波慾海生災。血水週流可愍。尸骸遺脫堪哀。

可見，在慈惠堂的信仰中，人所構成的這個世界是充滿污濁邪惡、財色誘惑的，而人易於墮入各種慾望的追求與逸樂；而且因緣輪迴的觀念也表明在此經典中。母娘信仰的內涵包括了幾個重要關鍵概念，即輪迴、情慾等，而這些正是母娘經典欲以提醒、告誡堂生信眾，甚至所有人類的金玉良言。

以上《真經》的內容要旨，在《瑤命皈盤》中也相互呼應著。例如，後者在〈開卷須知〉中即開示：

> **〈開卷須知〉：**
> 瑤命皈盤史。金母度東林。淨手端嚴看。文淺意義深。安供休污瀆。焚香即降臨。看完宜轉送。啟化慰母心。金盤玉露撒塵凡。六道輪迴苦萬般。奪利爭名何日止。貪嗔癡愛幾時完。妻兒不繼臨危命。金寶難買斷氣丹。早覺人生如夢幻。奉行瑤命趕皈盤。

此外，《瑤命皈盤》作者羅臥雲（1998）在該書序言中也強調：

> 自從先天至聖，無極瑤池金母，造化萬物，投下九六原人以來，已經六萬星霜之人。輪迴旋轉，變幻無窮，千災萬刦，苦海茫茫，金母慈悲每嘆原人，忘本就末，沈迷於紅塵火宅之內，輪轉於情波慾海之中，蒙於五邪十惡，蔽諸六慾七情，而致皈原無路，出苦無方，不知回頭是岸，反省即是天堂。
> 至今（中華民國五十六年歲次丁莫）十八星霜，雖已發展到臺疆六十餘處分堂，實未達成　金母聖願，誠令智者不安，宇內有知，應早丟開紅塵業障，快認娘親，尋路皈原，而慰　金母愛子之心。

這兩段經文說明了：在慈惠堂的經典教義中，這是個多元的世界，有天堂、有地獄、有六道輪迴、有業報等。而人，不僅要認清世界的本真樣貌，更要瞭解人生畢竟是場夢，人的無窮欲望（例如，貪嗔痴）必須節制、控制，甚至棄絕。人生本是苦海，而人很容易被七情六欲及各種邪惡所遮蔽，從而陷入苦海之中。因此，經典旨在告誡人要認識自我，認識世界，以及自我與世界的關係。序文所言：「回頭是岸，反省即是天堂」，即表明「反省」作為

修養工夫的一種方式，懂得超脫俗塵、「割捨」、「拋棄」罣礙與紅塵業障才是正途。又如，

〈題瑤命皈盤〉：
（一）瑤章勸子淚頻頻。命早修持脫俗塵。皈復先天長日月。盤傳大道化迷人。（二）瑤會三期被龍華。命修道果早還家。皈依無極來源遠。盤練菩提燦翠霞。（三）瑤程渺渺道無邊。命鍛金身挽大千。皈位祇有勤積德。盤收玉露證金仙。（四）瑤聲呼破五更鐘。命子登舟赶皈帆。皈赴龍華祝聖會。盤中妙諦細推詳。（五）瑤舟破浪海天昏。命子留心勿陷淪。皈化險途為大道。盤除掛礙是真空。

也就是說，《真經》與《瑤命皈盤》的經文內容已涉及宇宙觀與工夫論的問題，亦即堂生信眾因為關注自我的未來，因而必須認識自我，認識世界本體，以及如何透過一套修養工夫或身心鍛鍊，達到最高、最理想的生存狀態，這也就是從自我到主體化的進展過程。在此，「主體」不被當做「實體」看待，「主體」乃被理解為「形式」，而此種形式則依照不同的關係而成立；換言之，形式使得主體得以成為主體，主體根據其實踐關係而「成為」特定的主體形式；這些「特定形式」並非封閉場域，而是「發現」轉變的場域，於是某形式與另一形式之間有著歷史關係，亦即，變化的關係。這種歷史關係所涉及的乃是主體的存有學條件；「存有學條件」指涉著主體之存有的狀態（黃冠閔 2006: 159）。依慈惠堂的例子來說，堂生信眾在「修煉」過程中，透過「自我關注」與「自我技術」的中介與條件，使得「自我」的生成與轉化成為主體形式的生成與轉化過程，其中涉及的不僅僅是「自己與自己之關係形式」的改變過程，同時也是「自己與自身原靈之關係形式」，或者「自己與母娘之關係形式」等等實踐關係的過程。這也是種「倫理化」或「塑造倫理」的問題，亦即主體自己成為「倫理主體」的過程。此外，此種以「關

注自我」或「自我關注」的優先性，並作為其反身形式的提法（亦即將「自由」、「倫理」的關係設定為一種「自己與自己的關係」之反身形式）（同上引：160），不僅意味著「自由的倫理」——某種自由的生活方式，並隱含了以不忽略自己與他人（包括母娘等神祇）之關係為前提；這也就是從「照顧他人」反身觀照「關注自我」的倫理學問題化的根本探問。

必須說明的是：慈惠堂信仰所建構的宇宙本體，即大道本源或天地人物之始，究竟是什麼？這對於堂生信眾而言，是至關重要的。也就是說，「我們是誰」、「我們從哪裡來」、「我們將往哪裡去」，以及「該經由如何的修養工夫，以永恆的回歸原鄉」等等問題，這是虔信者所關心的。其實，對於這些問題的關懷，在臺灣其它宗教信仰或靈修團體，也有類似的探問，譬如，「會靈山現象」即為一個 1980 年代臺灣所興起的類似慈惠堂的典型例子。「會靈山」是一種集性起乩運動，信徒多來自四面八方，由各地神壇宮廟主事者所帶領，且通常以小團體方式到各地之「母娘廟」進行起靈之朝靈活動。「會靈山」雖然逐漸產生系統性教義，卻仍保留著民間信仰無正式組織、無教派歸屬的信仰塑型。這個特色與慈惠堂母娘信仰雖有明顯差異，但其與所謂「會靈山」觀念彼此則是異曲同工的（丁仁傑 2005）。

簡言之，從慈惠堂的發展歷史來看，它是承襲自「無生老母」的信仰脈絡而來；「無生老母」是指救世主，也是創世主，在許多教派中都被尊奉；「九六原人」或「九二原人」就是指人類。《真經》名稱中所謂「收圓」係指九六原人在人世受苦，無生老母悲憫子女，乃救渡人類回到原先的家鄉（指靈山聖地）。可見慈惠堂所信奉之主神瑤池金母下凡渡凡契子女的神學色彩鮮明，強調的是「救渡」的意義（胡潔芳 2000: 3-7）。

由於本研究立旨並非在於慈惠堂的發展與信仰內涵之特色及其轉變，而是在於慈惠堂虔信者如何透過關注自我、認識自我、自我技藝與自我創造的過程，而開展「主體化」的工作，並進而探討「倫理主體」的構成、消融與轉化。雖然如此，慈惠堂經典及教義的文本內涵與其宗教實踐，對於虔信者而言，乃是認識自我，關注自我的重要媒介材料。以本研究對象 SH 慈惠堂來說，經典閱讀仍是非常重要的「自我修養」工夫之一，每月農曆初一及十五日晚上的誦經（或唸經）活動，是非常重要的功課與活動，慈惠堂經典教義內涵一方面有助於虔信者對自身的認識與瞭解，也開啟了其靈修道路上的一盞明燈。

從慈惠堂經典教義的發展來看，在初期是非常依賴扶鸞。從《瑤命皈盤》這本重要經典的內容可知，在各分堂中的「扶鸞」是極重要的儀式與信仰活動（Jordan and Overmyer 1986, 2005），且「扶鸞」降示的內容往往成為信徒行事的準則與備忘錄，而其鸞示的詩文或是訊息，又是經過事實的發生或是信眾的詮釋，成為一股極強的向心力與對老母信仰的信心。SH 慈惠堂堂主曾經降示的經文或訓令，被堂生抄錄之後，即張貼公布於堂內明顯位置，以供堂生信眾參考訓勉。由扶鸞或母娘降筆的內容多半是教誨、教信徒避災、警示危難、治病、反省、節制、寡慾，或是特殊事務的交辦等。例如，以下幾篇訓文即為明證：

〈丁丑年九月　母娘降示〉：

堅強智慧湧現。期待大家勇敢。才有結尾圓滿期。學道要學真道理。只有怨聲載道起。誰知乾坤扭轉時。駕著娘鑾回轉運。不知方向如何駛。船隻入港要隨灣。晚霞餘輝照孤帆。日落斜西水平面。

〈丁丑年十月　母娘降示〉：

修行難修真實心。未知過去未顯境。猶如幼兒歸母身。觀看世間無情海。何人可知母娘情。入世難悟出世情。徹悟、謹慎、解脫。

難關要過心要淨。宇宙世界難尋形。只要心中一點清。靜心清心淨口在。如何可知世間事。觀看過去與未來。何用再用言來開。修持要待真心意。才華出竅入玄境。渡眾顯化慈悲心。

〈戊寅年九月二十八日下午一時行梅師姐筆降〉：

災難臨頭才破得開。精氣神調順集中。何時出現遭瘟起。三期未定時。母喚孩兒趕緊行。

千呼萬喚世人之心。萬般無奈追求何因。慨宇宙氣清濁未分。感嘆人生沈迷不醒。風雨交加眾生難定。清湮瀰漫化成愁霧。陣陣秋風梧桐雨落。一葉扁舟江面行過。

母娘降筆訓文一方面表示堂主做為一堂之尊的地位，以教規作為開堂佈教的準則，二方面表示堂主超凡的能力，作為母娘威靈顯赫的具體象徵。而虔信者將之作為自我警惕、自我反省的寶貴材料，成為一件很尋常的事。

此外，慈惠堂在一定程度上仰賴一般民間信仰的運作型態，允許信眾堂生自由分靈請乩，強調醫療與靈驗，且在鬆散的組織型態條件底下，再加上特殊的教義，信徒以青衣為獨特的外在標誌，信徒間親密的擬親屬關係（類似兄弟姊妹關係）以及母娘直接的感應，例如練身（訓身）、托夢等。再者，慈惠堂建立在女神與母親形象間的類比關係，堂生信眾直接與母娘（人與神）的互動形式與親近性，再加上母娘治病的靈驗上，慈母的救渡與死後樂園的概念成為慈惠堂主要的教義綱領。這兩項特徵對於虔信者的信仰態度與自我修養工夫是密切相關扣連的。凡此，使得慈惠堂在臺的擴展勢力與時俱增（胡潔芳 2000: 30-34）。堂主及堂生回總堂晉香的情景，參見圖 21-13。

胡潔芳（2000: 37）在探討慈惠堂的發展與信仰內涵之轉變中曾指出：「慈惠堂所信奉的瑤池金母是將無生老母的教義，包裹上道教中的西王母信仰，並進一步與道教的色彩與內涵混雜、融合入原有的教義內涵中，形成今日一般對慈惠堂的印象是『道教的』，『瑤池金母是道教的神』等。」換言之，慈惠堂的教義不僅承襲了無生老母／末世救渡的特質，相對於一般民間信仰也確實多了幾分「末世」與「救渡」的意涵；但在臺灣社會歷史發展與宗教組織與時俱變的過程中，末世救渡的教義特質也有所轉變與「現代化」。這種

圖 21-13　行梅堂主手捧母娘神尊與堂生回到總堂朝拜的情景

現象與西方基督宗教的末世運動也有幾分雷同呼應之處（蔡彥仁 1998, 1999）。即便起初信眾主要在乞求母娘治癒疾病，但最終目的是要從痛苦的塵世中獲得解救。慈惠堂吸引一般信眾的主因是因為「母娘」的靈驗，即便「經典」或「教義」一開始是沒有的，除了降乩的詩文或乩童交代事項言說之外。但筆者認為：慈惠堂經典教義的宗教意涵，伴隨經典的吟誦或唸經的宗教活動（個人式或集體式的），以及其他各種宗教儀式／科儀，均必須擺放在道教的宗教實踐加以領會與理解，從而這種修行或修養之道對虔信者從認識自我、關注自我，到「主體性」的構成之影響，是有其清楚脈絡及美學深度可循。

《真經》與《瑤命皈盤》做為慈惠堂的教義經典，不僅建構了慈惠堂信仰的基礎，達到宣傳教化的宗教目標，同時也建立起「渡化」的概念，亦即一方面藉助信仰、修行、做善事、遵守倫理道德等，以求死後能夠回歸老母（或母娘）身旁，永享安樂，這是偏重在求道、對死後世界安頓的追求；另一方面是藉助老母（或母娘）的靈力，解救已有的罪惡與痛苦，尤其是針對未能得道回瑤臺者（胡潔芳 2000: 52, 53）。特別是從《瑤命皈盤》內容所呈現的無非是以無生老母信仰為裡（內在精神），而以道教（道教瑤池派）與中國神話傳說中的西王母為外衣，所型塑出以「三劫救渡」為主軸的慈惠堂核心思想。因而也就有所謂「道教化的慈惠堂」的提法（同上引：70），以致於道教（會）的介入慈惠堂，不管在經典教義思想或儀式活動方面，對於慈惠堂的組織運作與個人修行，皆產生關鍵性的作用與影響。

因而，李豐楙（1997）關於道教劫數論與當代度劫之說的討論，對於我們所關心的問題，在釐清與瞭解方面，有著相當大的裨益與啟發。依李豐楙（同上引：303-332）的論點：首先，道教「開劫度人」度脫論的宗教角色，不僅解放了個人，建立其「功德論」的倫理學及「養生論」的身心哲學，並經由「性命之學」的實踐，提供個人獲得拯救的希望（這與以 Hadot 為代表的歐洲古代心靈修養或心靈工夫論，以及 Foucault 所謂基督教模式的救贖意涵，均有某種程度的契合與類似性，後面將詳加討論）。此外，更藉由集體的誦經禮懺儀式，凝聚共願以達成「救濟」的目標，建立天上與地下的仙境，作為宗教人所共同期望的理想世界。在類似基督神學「救世論」（蔡彥仁 1998, 1999）的道教思想中，「劫運」、「劫數」的末世論表明了人將因奉道行善而獲得拯救，終能進入一種超越時空及生死的仙界；而凡是有道緣的修道者，都得以透過自身的修煉與修行，例如誦經、打坐、訓（練）身及靈動等等，而得以脫離世間疾苦。反之，凡是不能奉道行善者，將遭受天帝或天道嚴厲的譴責或懲罰，甚至集體承擔可怕的嚴重後果（李豐楙 1997: 307）。

在慈惠堂的信仰中，也特別強調「救劫」的「救世主」神性性格。堂主必須先瞭解信眾，尤其是虔信者的累世業報以及靈魂不滅因果輪迴的核心觀念。於此同時，在一般宗教活動之中，尤其是各類型儀式進行時，例如犒軍、母娘誕辰祭典、友堂進香等等，堂主通常必須有一定的神秘特質，並在彼此互動、訓示、加持或解厄過程中加以道德性勸說及教育，以拯救或消解堂生信眾於人間現世及末世的罪惡苦痛。在各種正式或非正式場合中，堂主的領袖魅力通常表現在「概括承受」的承擔堂生信眾的全部業障；這種義無反顧的責任承擔，一方面表示作為一位領導者「關切他人」、「普渡眾生」的謹遵母娘懿旨，另一方面顯示這正是堂主「自我修養」、「靈性精進」的必要途徑與修養工夫。我們可以這麼說，堂主及其虔信者一方面透過誦經（及其它方式）、解經來闡述「開劫度人」的理念，一方面則以「性命雙修」的工夫來進行自我認識、自我創新及自我轉化工作；透過誦經或讀經的途徑所構成的是一種「認識主體」的概念，而其目標則是朝向「心靈純化」、「心靈淨化」，最終自身「原靈」與母娘「靈體」方有交會、感通、互動的可能。關於「原靈」的觀念後面將進一步說明。母娘的契子女們回到娘家的情景，參見圖21-14。

圖 21-14　母娘的契子女們回到娘家欣喜的模樣

如同道教思想所強調的，慈惠堂虔信者修行的重點在於瞭解「我（人）是誰？」、「我（人）是什麼？」、「我（人）從哪裡來？」、「我（人）（死後）將往哪裡去？」等大問題。在人性本質的基本假設是：人極易因外物之誘惑而陷入難以自拔的痛苦深淵之中。行善去惡、寡欲清心、積功德、造福人我，乃成為人人修行之目的，因而，以 SH 慈惠堂來說，每週例行性的到療養院照顧老人，每逢假日堂生集體到公園整理環境、打掃清潔成為虔信者生活的重要部分，同時也是習以為常的事。這是虔信者修煉過程的一種方式，且融入其日常生活之中。這種善舉一方面為了積功德、去業障，另方面在於造福田，精進靈性，回歸原鄉。這種堂規的完備乃建立在「功過」之說的基礎上。換言之，人在現世的自力、自律、積功累德、布善行仁，以安己利人為目的的修持當中，道德行善的整全記錄將會忠實的反映在「天」的算計之中，用以在生命終極的時刻審判人的「生命價值」（李豐楙 1997: 310），甚至決定人來世的歸屬命運、福禍吉凶。以下慈惠堂十條戒令的內容也清楚說明了這個道理，這十條戒令是：

> 慈惠堂系統在教徒修行方面，強調：一、四維八德，二、除病強身之道，三、忍辱修道，四、定禪養性，五、修煉心法，六、鍛煉精氣神，七、煉性之道，八、先天妙理，九、性命兼修，十、反本還元。

此外，無極瑤池金母慈惠堂還訂有法門堂規八則（參引並修改自瞿海源 1992: 970-971），這八則堂規是：

> （1）本堂法門，乃神道聖教，以化育庶民，勸人向善，孝悌忠信為立身之本，禮義廉恥為潔己之根，故凡入堂受訓者，當勤謹修為，以立身濟人，如故意乖違，迷途失足，自遭天譴，若犯者當速回頭是岸，未犯者預防失足，受訓基礎重大，非同等閑兒戲，造功辨果祇在此心之立向，必先懍遵而行之也。
>
> （2）凡入堂服務或受訓者，宜衣冠履整肅，禮貌端莊，洗掃聖前，依職務各勤其事，焚香頂禮端正鞠躬，出入必由禮門義路，謙讓溫恭，上行下效，然後歸休，以盡真誠焉。

（3）凡誓願信仰者必要去邪歸正，切戒姦賭慳貪，確遵聖神訓誨，不宜驕矜傲物，同類相欺，必要愷悌慈祥以師美德，庶不失母教之主旨也。

（4）凡入堂受訓服務者，必要入則孝出則悌，尊母重道，修身勵行，一團和氣，滿堂春風，引導莠人向善，樹立善良典型，不宜狎昵（暱）非類，朋比為奸，辱身敗行，違者罪獄難逃。

（5）凡神令職事者司香茶，或司課誦，學經典，必須各盡其誠，精神貫一，以受耳提面命，不許前荒後廢，又當耳目貫注，庶得真傳妙果，以實（貫）母意焉。

（6）凡門下，一登聖域，除職務時間外，必要研究經文，學禮學詩，修養有志竟我，虔誠尊崇母教，雅納箴言，日進有功，無益詼諧，不許妄談，肅靜致敬，緘滅修養，不失謙恭之君子呼（乎）。

（7）凡一堂門下者，須要和睦親愛，善從相勸，過之必改，以先進學啟後學，以先知覺後知，同心相應，災難扶持，方母教之友愛也，不許翻弄是非，挑撥情誼，積怨成仇，貽笑大方，反招咎戾，切宜戒之。

（8）凡信者來堂，必須親切歡迎，諄諄善誘，進接盡誠，助諸善信，如問事，或求方，宜詳明指導，謙己待人，神人合一，上下誓願，母堂非營利之機關，非異端之邪說，光明宗旨，指導民生，救人濟世，誓願效勞者，無量為造功辦果，修身立品起見，必要克盡其誠，義務奉行，勿謂空勞無益，退志妄為，昧卻本來面目，必貽身後之嗟，以重母門方便之善路，得渡誠心向善者，則功德無量矣。

「性命雙修」、「救世度人」是道教各派共同的宗旨，且是宗教人之修養工夫與人生目標。當慈惠堂虔信者經過皈依盟誓儀式之後，他已經從一位「普通人」或「一般人」過渡到一位「修道人」或「虔信者」；換言之，他（她）已經正式的、公開的宣示由一般的生活意境轉向修道、修行的神聖境界，從此他（她）必須透過一套修養工夫，抗拒濁世慾望，遠離人生各種誘惑，勵行守戒的規律生活，經歷身心（性命）的雙重淨化，強調肉體與精神的修行，從而「自我超越」，繼續往靈山、仙道方向邁進，也就是從「人界」往「仙界（他界）」的目標發展、回歸（李豐楙 1997: 309-316）。

以《真經》與《瑤命皈盤》，以及慈惠堂門規或堂主降示訓文等等作為論述的材料與依據，可發現對於虔信者心性之陶冶、身體之鍛鍊、集體誦經產生之願力或念力，或對於彼此研讀討論經文、交換心得等之修行，甚至對於「自我認識」之啟發，進而「關注自我」今生來世之福祐，以及「救劫度人」之宗教情操的培養等等修為而言，經典文書或母娘訓示的內涵及其意義，皆扮演著關鍵性角色。

正如李豐楙（1997:321）所說：

> 在祈請祝禱的儀式中，對於這些救劫真文的誦念，道教中人都深信正是修道者在身心高度和諧的狀態之下，反覆地誦唸經咒後發出那些內心的聲波，由內而及於外，由近而及於遠，終能讓它超越此界的時空之維而「傳譯」向另一他界的時空，將訊息傳送回到原本發出的神尊之前。「天書」中的大梵隱韻讓神尊感到當時「救劫」之念，因而重又發揮其不可思議的功德力，凡在歷劫中經揀選的就能得救，而那些尚可救度的也應可度脫。那種超越此界的誦念聲波，在誦念之中，重新發揮了無窮的經德之力，特別是集體的誦念所形成的澎湃而持續的頻率，不僅人神得以交感互振，就是那些得聞此音者也得以當下了悟。所以誦經唸誥的神聖場所通常都能成為一種高度凝聚靈力的磁場。誦念之力之所以會有作用，乃因「我們更能和諧團結，並凝聚念力而感動上蒼惠助」，以此「化解眼前大劫」，這是臺灣民間扶鸞性宮壇所採

取的方式。

誦唸經懺、訓文降示等等看似極為普通的宗教行為，但其背後卻意喻深遠地扣緊儒、道「悔過除罪」的道德行為。「懺悔」成為其「心靈工夫」的關鍵旨趣；「懺悔」建立在人可以且樂意自我反省的能力與條件之上。而自我反省經常伴隨沈思行為，這裡於是可以發現到慈惠堂虔信者的修養工夫（尤指心靈修養或工夫）與 Hadot 所論古代歐洲哲學活動中一項重要的修養方式有對話的可能與深刻意涵。關於這點，我們將在下一節再做討論。尤有進者，唸誦經懺，尤其是集體持續性唸誦的過程中虔信者彷彿進入某種特殊的「神入」氛圍之中。於其間，「自我」似乎進入到一種「無意識」(或非意識)的意識狀態;於是人神溝通、交會的可能性也就在「神入」(empathy, feeling into）的條件或背景之下襯托或烘托出來。「神入」在此可被理解為：「人類的特性被投射到某件物質或自然對象上頭，以致於這些特性讓人覺得就存在於被感知的這些物體對象裡頭。……『神入』的經驗牽涉人體內的驅動反應，然而，並非是這些反應，而是那外在的物體是經驗的對象，在此經驗中，感受者不覺『自我』和『對象』是分離的」(盧蕙馨 2003: 6, 7)。

換言之，在此「神入」代表虔信者與母娘（神靈）的合一，亦即虔信者完全理解認同，或融入母娘的靈力或象徵系統(或者是靈力場所構築的氣層)之中。與其說在此修煉過程中虔信者的自我與母娘的靈合一，不如說是虔信者自我的客觀化與對象化，這也就是虔信者主體化的構成形式之一；也就是說，自我從分化（或分離）、裂解到消融於母娘的「靈知系統」氛圍，所謂「倫理主體」的主體化於是成為可能。換言之，虔信者與母娘之間，透過(經由）誦經吟唱的中介狀態，彼此交融纏繞，那是種「非意識」情態，是一種人神之間難以言說、不可名狀的情感性締結；同時，它也是一種「純粹力動」現象，它是超越沒有感覺經驗的內容，在存有論上先於主客的質體，故為一「純粹力動」(reine Vitalität)，它超越了「絕對有」與「絕對無」二元對立的局面，它展示了真理的全面的、完整的性格；此外，「純粹力動」自身是一種活動，一種動感，力用即在其中；它也是一切現象的本體、本源，現象即成立於這力動之中，因為它們是力動下墮、凝視而成；它具備超越性格，而不是經驗性格（吳汝鈞 2005）。後文有關「訓身」與「靈動」部分，筆者將進一步討論「神入」及「純粹力動」現象在個體「主體化」過程中可能的理論意涵。凡此，這也就是以「鍛鍊術」為核心的主體化作用；而「『鍛鍊術』作為『術』而言，乃是『存在之技術』，此一技術與技藝賦予風格、產生形式，亦即形構出主體的生命。而當此主體有著不同的形式時，他也有其形式的轉變，此乃主體的轉化」（黃冠閔 2006: 167）。

六、儀式、語言及展演

《真經》以及《瑤命皈盤》等慈惠堂重要經典的流通性與重要性除了顯示在個別性、例行性及集體性的誦經唸經的普遍活動之外，虔信者對它們的認知理解與詮釋，對其修行本身及日常生活的作用與影響，尤其在因應各種生命難關，應對人際關係之矛盾與衝突，甚至疾病與生死問題等等，皆起著一定的關鍵作用。然而，就慈惠堂之宗教實踐面而言，除經典訓文外，訓身與靈動才是至為關鍵的儀式活動與修行法門。

由於慈惠堂的特殊宗教信仰，人（或虔信者）與神（主要是母娘）之間是可以直接溝通的，特別是在母娘開堂辦事時親自到堂裡請母娘開示。就 SH 慈惠堂來說，母娘有鎮坐母娘、出巡母娘兩種身分。鎮坐母娘以鎮守該堂為職責，出巡母娘通常雲遊四方，探訪民間疾苦。三娘則是堂主行梅師姐的「原靈」。母娘這兩種身分各有不同性格與處事風格，當母娘附身堂主之後（一般又稱降靈），虔信者多半能夠分辨究竟是哪一位母娘或三娘降靈。虔信者或一般信眾直接與母娘（三娘）附身的堂主面對面溝通、請示、求治。

根據 Jordan 與 Overmyer（1995, 2005）的考察，慈惠堂的儀式包括集體唸經、降乩會、敬神降僮等。在降僮方面最奇特的是「跳神」，受到神靈影響的某人會「舞蹈」起來，較文雅的形式是「練身」。關於練身或訓身，下節再表。本節乃就降乩問事加以說明與討論。

除非堂主行梅師姐突有要事無法開堂辦事外，每週三下午與週六是 SH 慈惠堂母娘降駕、開堂辦事的例行性活動。堂生或一般信眾按先來後到的順序掛號之後，即坐立在堂裡等待堂主的到來。通常正常的程序是信眾問事之前先要進行「過火」儀式，由某堂生一一唱名，堂主一面燒符一面在當事人身體前後揮動，唱名堂生則持續呼喊著「XX 回來」；這是種呼喚當事人靈魂回到軀體的象徵形式，同時也有除穢作用。過火結束後，才正式辦事。信眾堂生（通常是先處理一般信眾的事，堂生則多留在最後才處理）按掛號順序一一向前，來到堂主（母娘）身邊，距離母娘「靈體」約一公尺左後方就位。通常母娘在過目掛號單上當事人的姓名後，會直接詢問當事人來此之目的，問題是什麼？母娘會根據當事人問題的內容、性質、嚴重程度，例如「被陰卡到」、運途不順遂、事業有麻煩、情感有波折、家庭有糾紛、財物有麻煩、或者身體有病痛、家有不潔之處等等，而給予不同的處方與治療方式。例如開符令泡澡、淨屋、服用，或者賜果、賜酒、賜糖果餅乾等供品食用等，不一而足。

在母娘開堂辦事過程中，最特別同時也是最震撼的景象是：儀式過程中母娘的語言與展演，以及母娘將堂生信眾之三世因果與原靈、神話故事或傳說典故密切勾連的編織能力。於其間，「因緣」首先被帶入對話現場的神聖空間，否則堂生信眾不會現身當前，透過當事人社會苦痛、生命難關、人際障礙、婚姻失和、社會關係斷裂等之自傳性的敘述，加上各種社會關係樣態的顯現，這些均被母娘的語言象徵系統全然的攫獲，一種宗教文化內在邏輯論述於焉形成。換言之，母娘（或堂主）透過特異的表演形式，以某種神話故事的象徵系統含攝了堂生信眾種種問題表徵的內在肌理與歸因組型，進而讓「對症下藥」、「切中要害」的「除邪」或「治療」空間被建構出來，且隨著問題的延伸持續變動劇本。唯母娘（或靈媒）細微隱晦的語言邏輯之差異性特徵，只有資深的虔信者方能有效辨識與理解，於是站在母娘左右兩側的堂生（俗稱桌頭）便成為母娘旨意的翻譯者或詮釋者。以 SH 慈惠堂而言，即便是母娘降靈附身的堂主，或者堂主以其原靈（三娘）的身份顯現，雖然所使用的是日常性的通俗語言，有時摻雜吟詩作對式的吟唱，表面上之意義實不難理解，但日常語言背後的深層涵意，卻需要母娘或桌頭進一步的翻譯與解說。母娘語言所指涉的及其表演形式所體現的「語言性的秩序」，例如對於當事人的問題癥結、疾病的根源、治病的方式等等，可稱為具「修辭學性」的語言性秩序（戴思客 1997a, 1997b）。以疾病治療為例，SH 慈惠堂母娘開堂辦事過程中，凡屬於具體明確生物性病源的疾病，母娘（或堂主）通常會建議當事人先到醫院檢查，尋求西方醫療或中國醫學的協助解決；至於西方醫療（或中醫）無法處理或改善，而屬於與鬼神有關的病痛疾苦，則需要先解決神鬼有關的事情（例如沖煞）。對虔信者而言，人是活在一個有神明、鬼魂幽靈的世界；正常的情況下，是彼此各居其所，各行其道；但當一方不慎有所冒犯，或無意間觸犯某些禁忌，或者對之不敬等等，就會引起或輕或重的「症狀」或「疾病」，嚴重的話甚至有生命之危。堂生向母娘問事情景，參見圖 21-15 及圖 21-16。

就 SH 慈惠堂母娘開堂辦事的儀式當中，關於語言指涉架構分析以及語言與主體（或主體性）之間的關連性，是值得推敲探討的重要課題。戴思客（1997a: 288-293）在臺北南港「明德堂」的研究發現：信眾求治過程中，乩童經常交替互用兩種不同性質的語言，一種可稱做「天言」（glossolalia），另一種可叫做「實踐性言語」（performative utterance）。前者具有至高的語言位階，有多元的音韻特徵與表現型態；基本上「天言」是種「反觀性」的語言，沒有任何語意上的功能；「天言」唯一的意義就是語言本身，或者說「語言

圖 21-15　堂生向母娘問事情景

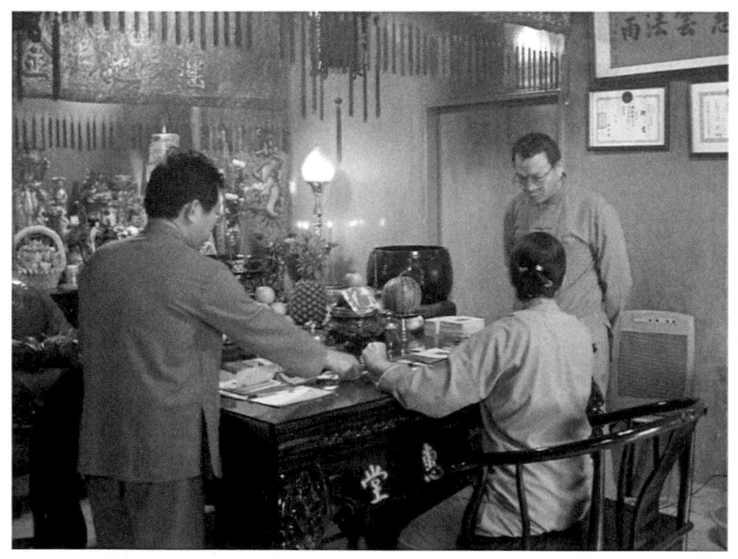

圖 21-16　母娘開堂辦事，左右兩旁為桌頭

在運用中」的意思；且「天言」常夾雜在辦事過程中，與「實踐性言語」交叉運用，靈活自如。而「實踐性言語」是：當人（乩童）講它時，在妥當的場合下，所說出來的內容就是它當場所針對的實用效果或真實力量。因此，「實踐性言語」是因為說了什麼，而同樣做到了該事，同樣有了所說的效果。在此，語言的反觀性是：言語中提到它自己所攜帶的實用效果。

戴思客（1997a: 299）從明德堂的田野資料記載一段頗具啟發性的話：在明德堂問神的經驗，開頭與結束的具體象徵都以火為主（慈惠堂的例子也是如此，亦即以過火為始，以火燒符令於水中一齊服下為終）。而正好在最核心的、問神治病的高潮，就有火與水混和在一起的服靈符之類的儀式。正好在這種時刻，信徒能夠領到神明寫出來的（或說出來的）「語言」；這又是無語意的，只以語言的樣子代表語言之存在的後設性象徵，是「天言」的具體實現。「天言」本是由乩童的嘴中說出，那麼它轉身為具體象徵的靈符就可經信徒的嘴而服用（慈惠堂的情況也是如此）。可見明德堂的例子所展示的語言（及其象徵）的重要性。這種現象在許麗玲（1997, 1999）有關紅頭法師補運的儀式現場，亦有類似的發現與討論。戴思客（1997a: 293）也明白地表示：「語言在明德堂治療中的意義不是為了傳達訊息，而是為了創造一個具有治療性的環境。因為語言脫離了指示對象和傳達訊息的功能，它的性質就顯得跟音樂很接近。並且在明德堂，重點不是放在語言或意識的完整性，而是在語言和意識的瓦解。」這個觀點，至為關鍵，值得繼續探究。可以說，明德堂的環境是由於語言的分散而構成的：詩句、詩歌、天言及舞蹈等，它是從語言的象徵意義而演繹出來的。因此一旦進入明德堂的人，都會感受到那個環境很特別，好似有一種和外在社會隔離的氣氛。因此，與其說乩童在創造語言，不如說是自我的創造性給出了乩童主體性的特殊風格，這種風格既來自語言的反身性探問，同時也構成了「流動的主體」。但在本文，筆者所關心的不是語言的客體化或對象化問題，也不是「天言」所表達的究竟是什麼意思？它的社會性功能是什麼？以及為什麼「乩童」會說出這些類似「瘋狂者」或「精神異常者」所說的話語？筆者關心的重點反而是主體如何被語言及其宗教象徵系統所型塑，甚至被其所裂解？語言與主體（或主體化）有何關係？語言又如何可能從符號系統滲透入「象徵界」。於是 Kristeva（1986）關於語言的「表意過程」的分析探討，對本研究問題也就具有一定的啟發意義與參考價值（詳見下節之分析）。全國各地分堂之乩童回到總堂的集體展演情景，參見圖 21-17。

圖 21-17　全國各地分堂之乩童回到總堂集體展演情景

在 SH 慈惠堂的例子裡，母娘（堂主）藉由語言的論述，以累世因果（或果報）的觀念為基架，並透過神話故事或民間傳說的譬喻取經，編織出累世因果的多重網絡，這種多重網絡的開展基點乃是現世經驗，而所有累世因緣與關係構作，都透過語言來勾連與構成；由於虔信者（包括堂主及堂生）相信靈魂不滅，相信鬼神存在，相信循環轉世，相信因果報應之說，堂主與堂生（或堂生與堂生）之間現世的種種關係得以獲得理解（例如，夫妻關係、母子關係、手足關係等等），虔信者的性格、情性與生活風格等等也得到綜合性的澄清。尤其是現前堂主與堂生關係之親疏遠近、尊卑上下，也都是累世因緣的命定所致。這種透過語言論述的虛構情節或故事並非純然是種幻想或想像，而是對應在虔信者彼此之間的關係紐帶以及其社會生活的內容組成。例如，某位堂生久婚未能得子，根據母娘的說法是這位堂生在某世是位產婆，在一次接生的過程中，不小心造成出生嬰兒死亡，於是所謂的嬰靈將會不停地尋找復仇的機會，只要這位堂生育有子女（不管是親生或領養的），此嬰靈都會附身或轉世為其子女並藉此伺機復仇。換言之，有朝一日這位堂生的子女將會弒父，以報某世之仇。

但累世因果觀念，透過語言論述的操作，並非憑空而來，而是有其現實條件與現世經驗基礎的。誠如余德慧與劉美妤（2004: 89）所說：

> 累世因果論述主要著眼於現世，只有現世才能提供可見的生命經驗，但生命經驗不是現實的感覺經驗，而是遠遠拉到個人對其整個生命宿緣的觀看與說明，並以意義系統為主要的操作中介。這意味著相信累世因果的人對自身採取一種縱貫時間的長距離觀看，觀看的感受器是語言論述給出的意義，而不是親身經歷的體驗。與之相反，敘說者試圖將現世的親身體驗搬運到論述空間，論述空間本身是由語言構成，在本質上兩者可以是平行，也可以是交互滲透，端看其是否積極進入驗證過程，並相信驗證的效度。

如此透過語言論述所搭織起來的「累世多層虛構結構」與「現世社會關係結構」之間遂有某種呼應與譬喻關連性。而前者所具有的「超驗性」與後者所具有的「社會性」之間，乃透過母娘的中介面而貫穿，成為類似螺旋多層的網狀組織，而且它是根據現世經驗的生產與再生產，而不斷增生、成長、分枝與轉換，筆者把這種模式稱為「蔓藤理論」或「蕃薯藤理論」。這其中最為關鍵之處，就在語言。這裡，筆者想借用 Kristeva 的觀點進一步闡述「累世多層虛構結構」與「現世社會關係結構」兩者和自我的「越界」及象徵空間的「構成」之間的特殊樣態與性質。

就慈惠堂虔信者而言，母娘（或者說堂主）的語言形式或發言過程可以用 Kristeva（1986）的符號界與象徵界這兩個相互依存且共同構成指涉過程的樣式來說明。「符號界」是指佛洛伊德所謂的無意識原初過程，它既是能量的釋放也是精神刻痕的欲力；它是一個有滋養孕育而尚未定型的語言之前的「母性空間」，它只能透過聲音、姿勢或運動節奏的方式呈現。這種符號欲力，永遠是朝向母親的身體發動，立即具有吸納與摧毀的反向矛盾。由於母親（在此，母娘可以是母親的同義詞）是所有發言的對象，母親因而佔據著「他性的空間」（the place of alterity）（Kristeva 2003: xx）。母娘針對不同產生信眾的問題處境及其在「多層交疊的虛構網絡空間」與「現世置身所在的社會關係網絡」之間，以神話故事人物的交織纏繞，營造出各種不同的故事情節與想像空間。虔信者的幻想於是透過說話主體的符號動力而滲透入象徵界，製造能指的斷裂。或許可以這麼說，母娘建立與具體化的文字書寫（例如因人問題的不同而劃出的符令圖示）的客體，替代母娘，將「母性空間」重新且重複投注於象徵秩序之中，從而逾越其固定規範與象徵法則（Kristeva 1986: 114, 2003: xxi）。據此，母娘做為一種靈象徵或象徵界的能動主體，本身便是不穩定的，也正是這種無終止、不需結構與統合而不斷湧現的符號動力，使得文本（包括言說、聲音、姿態、身體、舞蹈、符令等等）成為意義實踐的場域。換言之，這「也觸及主體性的根基、『前語言』、節奏，以及一整套意義力學；它未必就存在於文字上，而會出現在旋律、疊韻及節奏當中」（Kristeva 2005: 143）。同時，此處多元、多重、多層次空間，甚至真實空間與虛構空間的交疊與互換的意涵，可比擬為 Kristeva 所謂的「互文性」（inter-textuality），這意味著欲望、歷史、文本等語言學或非語言學、文學文本或非文學文本的相互指涉；互文性還意味著一個（或幾個）符號系統與其他符號系統之間的互換（transposition）（羅婷 2002: 117）；唯其如此，主體才會不斷朝向既定的斷論提出質疑（例如，母娘這樣交代好嗎？母娘真正的意思是什麼呢？）而置換出新的位置（Kristeva 1986: 104, 2003: xxi）。

因而，就慈惠堂虔信者在整個宗教生活領域範疇而言，母娘信仰的符號系統及其與象徵（或靈象徵）之間的勾聯與會通，是憑著靈媒給出的語言，並黏附著個人的生活經驗，從而開展出兩個世界，也就是對應於具象徵性（或虛構性）之「累世多層虛構網絡」與「現世社會網絡」之交接纏繞。從語言可以觀看到主體如何在現實層與象徵層之間往返穿梭、來來回回；個體便是猶如 Kristeva 所謂處於邊緣狀態沒有固定身份的主體性，也就是「流動的主體」的概念；換言之，對立於笛卡兒式的「認知的主體」，「流動的主體」更適合於用來說明無政府狀態的主體，一個沒有固定的身份認同、持續的變化、流動的主體，才可能藉著修養工夫（例如誦經、打坐、觀想，或者訓身與靈動種種不同的修養工夫），而不斷的自我創造、自我分裂、自我消融、自我轉化與自我超越；這也就是 Kristeva 所謂「過程中的主體」的一種表現形式（Kristeva 2003: xii, xiii）。誠如余德慧與劉美妤（2004）所說的，在堂主行梅師姐的靈知系統中，生命裡的一大部分是無法強求，其中的道理必須透過累世因果來加以耙梳方能豁然開朗。堂主與堂生、或堂生與堂生、或堂生與其親人之間的種種因緣，都可以從現世的「耦連關係」（dyadic relationship）對應到某一前世之間彼此的關係。某一前世彼此之對待方式穿越時空的藩離，且規約了現世的關係樣態。換言之，母娘（或堂主）以象徵性語言所構架的神話故事情節，彷彿不停上演的影像，片斷式的浮光掠影般的記憶，不是「思辨性」的認知形式，而是「自發性」的創生引導，也是不可見的可見性，或者不在場的在場，其中，語言的虛構性或虛構性的語言發揮了無比的威力，讓自我被黑洞吸納進無底無邊的深淵；儘管虛構的故事一再地被提出，且呼應現世生活處境的種種遭遇與難關，都無損於它的豐富性與暴力演變。虛構的故事不是無的放矢，也非真實的謊言，但卻讓我們感受到活生生的真實，而真實總在生命各個渡口與難關，顯現它自身，且獲得一定的驗證與切身感受；它不在遙遠的地方，而在俯拾即是的生活世界當中。

SH 慈惠堂的田野也顯示：累世因果藉著母娘的「天語」與「實踐性言語」，穿插著神話傳奇的鋪陳與情境化過程，虔信者即使不是完全的無言以對，也無法尋得支點為自己辯駁，因為語言的虛構性已經完全攫獲個體能指的能力；沈默，或者認錯，或者懺悔，成為慈惠堂宗教儀式中常態。Ricoeur（1992）在「懺悔」現象學開宗明義的提問：「我們將如何實現由人身上的惡的可能到惡的現實的轉換、從易有過錯到犯過錯的轉變？」變成是一種深刻的提醒與指示。虔信者的自我修養於是取得了施展的空間與不可迴避（也是無法消隱）的理由。自我消融從而變得可能，它承襲自過往累世種種作為，它也指向（或朝向）來世可預期的美好福田。虔誠信徒毫無轉圜的餘地而必須「重新規定」（re-enacting）源於母娘信仰的懺悔，進行「雖千萬人吾往矣」的自我轉化。懺悔既是惡的終點，也是惡的開端，因為它總處在論述空間的邊緣境地，有時呼嘯而過，抵達無垠的邊境，有時緩緩回歸，站立在主體的頂端，俯瞰著大地。

誠如 Ricoeur（1992: 7）在《惡的象徵》（*The Symbolism of Evil*）導言中說到：

> 懺悔者做懺悔的那種體驗是仍還深陷於情感、恐懼、苦惱原狀之中的無識別力的體驗。正是這種情感的暗示，形成懺悔供述的客觀化；懺悔表達了情感，從而推向了外界，沒有懺悔，情感本身就可能封閉著，猶若靈魂中的一個印記。語言是情感之光。透過懺悔，對於過錯的意識投入言語的光亮之中；透過懺悔，人留下言語，甚至在對他自己的荒謬、苦難和苦惱的體驗中。

然而，

> 信徒在對罪的懺悔中所產生的那種體驗由於其非常生疏而造成一種適合它自身的語言；這既是自身又與自身疏遠了的體驗得以按質疑的方式直接在語言的水準上被譯出。做為跟自身疏遠的罪，是一種甚至比自然界奇觀更使人驚訝、困惑和令人反感的體驗，並且由於這個原因，它是質疑的思想的最豐富來源。

可見，懺悔做為一種「自我技藝」，透過語言可以表達的形式（公開承認累世及現世的所作所為），以及語言無法表達的窘境（誰能告訴我，我真的做錯事了嗎？），「重新規定」始終活在語言的要素中，就像反思從靈知回復到神話，並從神話回復到過錯的懺悔中所利用的原始象徵的表達形式一般，這種向原始象徵（母娘的靈象徵原型）的回復，從而讓人把神話和靈知看做是建立在解釋初級象徵基礎之上的第二和第三級的象徵（Ricoeur 1992: 9）。因此之故，當我們回到慈惠堂虔信者的宗教經驗來思考，象徵系統中語言的虛構性所構架的體驗，絕對是抽象的，但弔詭的是它又顯得如此貼切真實（彷彿是剛剛才發生過的事情）。換言之，這種體驗之所以如此這般的抽象，更不是直接面對面的臨在，因為它早已逃脫在總體意義網絡之外；因而它只能在神話與思索所開闢的道路上向前邁進，暗中摸索。於是，我在表達世界的過程中表達了自己，開顯了自我；我也在詮釋世界的神聖性過程中探索了自己的神話性，隱約領會到了自我的轉化。所謂主體的開顯，在筆者看來，就是在遮蔽世界的盡頭，也就是在語言不可及之處，露出幽微的靈光，照見自身。在這個意義底下，也呼應著前述 Foucault 的論點：「主體不是實體，而是形式」的基本存有學基礎；據此，主體又彷若是某種附加被虛構者、在後隱匿著……（黃冠閔 2006: 165）。

七、訓身、靈動與意識轉換

訓身（或練身）、啟靈與靈動是慈惠堂的重要儀式與修行法門，有時是個人性的，有時是集體性的。Jordan 與 Overmyer（1995, 2005）對慈惠堂的觀察指出：「慈惠堂的儀式包括集體念經、降乩會、敬神降僮等。在降僮方面最奇特的是『跳神』，受到神影響的某人會『舞蹈』起來，較文雅的是『練身』。練身在這裡是指一種迷狂的狀態，通常伴有虛舞拳掌，或以極快的頻率反覆將兩手輪流伸出，使人體促動起來，據說這特別有益於健康和治病。在迷狂時，所有信徒都會降僮和跳神」（Jordan and Overmyer 1995, 2005: 90）。練身（在 SH 慈惠堂一般都稱為「訓身」，故以下均以「訓身」稱呼），這項慈惠堂特有的活動，是因為慈惠堂投入道教會之下，被用道教的理論來解釋，慈惠堂屬於道教丹鼎道派之瑤池派，「其修行功夫有內丹、外丹之分。由守成不渝，立德立功立言而成者，為外丹；由健全體貌，雙修性命而成者，為內丹。外丹內丹相乎攀附」（王志宇 1997）。而外丹中所謂立德立功立言最好的方法莫過於勸人入教，這不僅是勸人為善，多做好事而已，更有具安頓死後生命，永享樂園的意象在內。換言之，這種具備「救贖」的教義思想，是緊扣無生老母而產生的（胡潔芳 2000: 83）。

而訓身，根據對 SH 慈惠堂儀式的觀察，至少有兩層意涵，其一是僅指身體的伸展活動，猶如中國功夫的暖身運動，或如舞蹈律動般舒展筋骨，它並未涉及自我意識的觸發或變形；其二是藉著訓身的深化，自我意識產生解離或分化狀態。並非每位虔信者都會進入如此狀態，但很明顯地，在意識分化或裂解的狀態，當事人很清楚這兩種異質的意識狀態共存於個體之內；通常，這兩種意識中，其中一種是個體原本「正常」的自然意識，另一種則是「非常」的意識，後者又可稱為個體的「原靈」。每個人都有自己的「原靈」，它會因個人累世的作為與業障而有所轉化，並有其異質性。因而，訓身的目的一方面是鍛鍊體魄，另一方面是人的原靈透過各種不同的修養工夫，例如訓身、母娘的加持等等，以逐步朝向本真的「原靈」狀態改變；所以「原靈」的純化與淨化就是修煉工夫（例如懺悔改過，減除欲望，做善事、積功德，或者打坐、誦經等等）的主要目標，而其終極關懷，在於個人「精神性」的至善，從而能與母娘（神靈）直接互動溝通；當然，如此的修養工夫，並非一般人可以達成。

堂主信眾每年回總堂「歸寧」或「回娘家」，或者到友堂進香，或者回堂裡參拜母娘，參與儀式活動，基本上都是訓身、啟靈或靈動的大好時機。每位堂生都會訓身，也是經常該做的功課；但啟靈與靈動就非所有堂生會做的事；有些資深堂生雖然跟隨堂主已久，但就是從來未曾啟靈或靈動，其原因除了因個人先天體質之外，個人修養工夫的高低深淺也有密切關係。換言之，就慈惠堂的例子來說，身體與靈魂的修養與鍛鍊同等重要，但修養卻有等級高下之分，身體的鍛鍊層級較低，靈魂的精進提升層級較高，而啟靈與靈動是除了誦經打坐之外，直接的精神性修為，至為要緊。陳立斌（2004）關於《臺灣慈惠堂的鸞書研究》的探究中也曾指出：慈惠堂的降鸞活動（不管是鬼神論或非鬼神論者），其實都與靈動的現象有直接的連結。此外，蔡志華（2003）關於彌陀慈惠堂的乩示活動研究，也發現啟靈與靈動及乩生的請示活動有關。

此外，就慈惠堂母娘信仰而言，訓身及靈動不僅是心靈（或靈性）工夫的特殊方式，更是辨識一個人是否為真正的虔信者最為顯著的身體身份等級標記（胡潔芳 2000: 102）。周益民、林美容及王見川（1997: 120, 121）指出：臺北「樂善壇」堂生有打坐及外功之「靈動」，「此為神靈附身之訓練，使人身心不由自主的亂跳、亂跑、氣喘神移，甚至會唱歌賦曲、怒笑哀哭、亭中叩頭、地上打滾者，這不但能強身健體，又因為其能替人解脫，消滅累世以來的業障及災殃冤孽」。另在高雄旗山玉池慈惠堂的田野調查也發現：該堂即以「練身」（訓身）為號召，但將「練身」稱為「動靈」，亦即讓每個人原有的「靈」自由的活動，如此，身體的磁場和能源就能更健全（同上引：136-138）。

八、倫理主體與生存美學的基礎探問

何乏筆（2003a: 48-55）在對比 Hadot 與 Foucault 的修養論模式時指出：前者所代表的心靈修養（心靈工夫），乃基於心靈進展的觀念，其目的是為達至靈人的真純境界；換言之，Hadot 乃代表一種以「心靈」為中心的修養模式，這種「心靈工夫」蘊含著自我提升的過程，而「心靈進展」的目標是「智慧」的狀態或是「聖人」的境界。Hadot 對於古代哲學的工夫或基督教的苦工夫，均強調與確保期向智慧之理想狀態的心靈進展。由 SH 慈惠堂的田野觀察，筆者認為：雖然 Hadot 的觀點指涉遙遠過去的歐洲時空，但他的觀點與看法卻相當程度地與現代慈惠堂虔信者的修養工夫有相互呼應、異曲同工之妙。Hadot 指出古代的修養模式乃基於一種傳統的、被視為理所當然的等級，也就是「情慾」（passion）與「心靈」之間的等級階序。換言之，即心靈優位於情慾的價值判斷，心靈比情慾（或慾望）更具有修養上的優美性，修養工夫即指向一種自我發現與自我提升的心靈修養。即便慈惠堂虔信者無論在經懺唸誦、行善修德、訓身、靈動等修養工夫指向某種自我（或主體）的構成、裂解，甚而主體消融，提升到自身原靈的純化、淨化與精進，進而與母娘能會通互動、對話，尤有進者能與母娘之靈體有感通之可能。這就是自我轉化或主體轉化的過程。這種修養工夫不僅是一種「生活藝術」，也是一種治療方法，或對情慾的治療（或禁治）（同上引：50, 51）。

至於 Foucault 所代表的創造修養或創造工夫，根據何乏筆（2003a, 2003b）的理解與詮釋，乃是以「自我改變」、「自我創造」的「自我技藝學」，而以「創造性」為核心的「現代性態度」，以創造之開展接合修養與身體；Foucault

以「生活技藝」或「生存美學」取代（或對比）Hadot 的心靈工夫，清楚表明了他的論述旨趣與重點之所在（另參考高宣揚 2004: 405-430）。「自我創造」的過程也就是一種將自我的生活當作一種藝術作品般的創造、經營與雕塑的過程，自我即是創造的對象；它不強調人進行自我內在本質（如真我、真人、聖人）的追尋，這也正是慈惠堂虔信者追尋、精進原靈的修養目標；往外的目標乃在宇宙的擴展，此正是慈惠堂虔信者追隨母娘的訓誨、教義與靈力，而與「會靈山」或「靈乩」運動所強調的與神佛之會靈、或自我調靈，或原靈尋找與自身相應靈脈之靈體開發（或開發自我靈源）的宗教運動的相互契合，並以最高階之修行方式，亦即自我靈性的開發與修持（靈體自持修煉），以達到證悟之境界而回歸靈山（丁仁傑 2005；呂一中 2001；鄭志明 2005）。例如，堂生信眾臨別合影是一種集體性身分認同的展現與欲求，參見圖 21-18。

圖 21-18　堂生信眾臨別合影是一種集體性身分認同的展現與欲求

正如余德慧（2007）所言：「生存美學的核心問題是：『我將如何活下去？』當我們探問『我將如何活』的時候，我們回到一個非常返祖式的問題，我們的生活就是不斷與這個問題相應答，不斷生產豐富的創造，因為問題本身還處在前圖像（pre-figure）的狀態，它還保留在一個原初的探詢，它本身不告訴人『那麼我將如何活』，這個探詢也不是去選擇一個已成形的生命格調去模仿、或見賢思齊，而是去探問型塑（forming）如何可能；亦即，生活圖像還不清楚它本身的時候，你如何在裡頭日復一日生活。」以慈惠堂的例子來說，母娘的契子女們不就是在這追求或回返靈山的過程中，不斷沉浸自我主體的構成與裂解、消融與轉化的折磨與撕裂之中，而其中也就涉及自我創造與自我否定之間往往復復、來回穿梭的歷程；這個歷程也就是主體倫理化的歷程，一種以「創造性」為中心的修養論，或者說是一種以創造及追求自我的「創造化」為核心的後現代自我觀。在這層意義底下，倫理主體指涉的就是個體之「生存美學」或追求「某種生活方式」的問題，此亦可串連於Foucault「心靈工夫」所指涉的與一般日常生活產生斷層（或啟蒙）所可能產生的智慧，從而自我才能建造自身而成為「自律主體」（何乏筆 2003a: 63），亦即成為「一個透過自我修養而能夠自我治理的、自由的人……」（何乏筆 2003b: 95）。

誠如何乏筆在論析 Foucault 的思想觀點後，總結地說：

> 「心靈工夫」中的當下說便是起自於兩種日常生活之間的區分，而追求「智慧」必須先與一般日常生活產生斷層。這樣的斷層便是真正能夠實現「當下」或心靈昇華的起點。傅柯所謂「工夫」也包含跟日常生活的斷層而「違犯」現實，但傅柯稱此斷層為「啟蒙」，而此意指一種「對我們歷史存在的持續批判」（critique permanente de notre etre historyique）。透過這種批判，自我才能建造自身而成為「自律主體」（sujet autonome）。「創造工夫」的原則乃是「一個對我們自身所處的

自律性之持續批判和創造的原則」，但此「自律性」不是指「內在的自由」，而是指不斷地從現實的社會生活出發的一種自由。（何乏筆 2003a: 63）

甚且，Foucault 也曾指出，他真正所要討論的：

具體的說，便是「倫理主體」（ethical subject），也就是個體的行動本身或行動的殊異性（singularity）不僅僅是道德的，而且，在行動的偶然性整合中，或者行動在其行動模式中所占之位置或居所，也都是道德的。……個體如何建構他與道德規範的關聯性，且認知到自身有義務與責任去加以實踐；個體如何忠誠而嚴格地去執行加諸於其之上的箴言或告誡，如何調節在服從社會規範與控管自身慾望間之掙扎；因為個體瞭解到他是被整個團體所接受的一份子，且宣稱他是依附在其中，並且安靜而沉默地保存著而成為慣習。（Foucault 1985: 27）

據此，自 Foucault 的觀點來說，自我的技術必須是修煉的工夫，包括慾望、感覺與認知、情緒等不同層面，其美感不是美術的美，而是自己的特異性所形成的心靈物質性（mind substance）。正如何乏筆（2006: 184）所強調的：「（就 Foucault 而言）主體的構成可由知識話語、權力關係或生活風格的自律型塑來加以分析。後者（指生活風格的自律型塑）是意謂具倫理意涵的美學工作。」

換言之，這些倫理面向牽涉了「個體與自我之關係的形式」（the forms of relation with the self），也就是傅柯所謂的「服從的模式」（the mode of subjection），而個體之所以有所服從或實踐，因為他認為自身是精神傳統的法定繼承人，且他有責任去保存與復活（恢復）此精神傳統；

> 個體也可能因為某種呼籲或懇求而奉獻自身，忠誠地去實踐；或是透過個人生活以尋求某種形式，來應答顯赫、美麗、高貴或完善的標準。此外，個體在倫理工作（ethical work）或闡述（elaboration）的形式上也會有差異，這不但是因為個體為使其行動能服從或順從規範，而且是個體試圖轉化自身而成為其行為的倫理主體。（Foucault 1985: 27）

總之，這些問題在 Foucault 那裡只能往內裡問，最後就問到一個生存美學的核心問題是：「我將如何活下去？」（余德慧 2007）。顯然地，Foucault 的自我修養觀中所強調的「自我」與「極限體驗」的關係（與靈動經驗之對照與呼應），以及「越界觀念」（黃瑞祺 2003），甚至「主體」與「虛構」之間的關係（楊凱麟 2005），在慈惠堂宗教人的例子裡，未來可以引伸或開展出更多重要而亟待回答的問題。

誠如黃冠閔（2006: 168）在論述〈晚年傅科中的主體形構與轉化〉一文中的結論所指出：

> 而主體化也意味著主體的形構與轉化，然而透過古代主體實踐技術的系譜學分析，傅科為我們展示出一種倫理主體在歷史中的如何成形的複雜過程，這呈現出主體化跟歷史化的彼此交織。……這種主體化與歷史化重新界定著存有與生成變化，我們似乎可以得出幾個原則：原則一：生成乃是倫理性的生成，此原則有兩點可引申：1）倫理性的生成乃成為倫理主體，2）倫理主體在自我關係中進行轉化。原則二：倫理性的生成同時是歷史的生成，這也包含：1）歷史不作為先驗的根據而設定主體性，2）主體性藉著倫理生成、形構、轉化而成立：使主體成為主體。

黃冠閔（2006）的論析與見解，確實對本研究所關心的問題起著一定的啟發作用。爾後，在母娘信仰的宗教經驗與生命實踐的過程當中，如何開展出以「靈動」及「靈力」為核心概念的存有學基礎，俾使主體的內部蘊含一種動態的可能；甚且，更進一步地，關於「倫理主體」、「關注自我」、「自我技藝」及「生存美學」等等之間複雜而動態的辯證關係，都值得吾人繼續深入地加以探索、釐清與理解。

參考書目

丁仁傑

2005　〈會靈山運動的社會學考察：去地域化情境中民間信仰的轉化與再連結〉。《臺灣宗教研究》4（2）：57-111。

文榮光等

1992　〈靈魂附身現象：臺灣本土的壓力因應行為〉。《中央研究院民族學研究所集刊》73：1-32。

文榮光、林淑鈴、陳宇平

1993　〈靈魂附身、精神疾病與心理社會文化因素〉。《本土心理學研究》2：2-35。

王志宇

1997　《臺灣的恩主公信仰——儒宗神教與飛鸞勸化》。臺北：文津書局。

王秋桂、李豐楙主編

1989　《有象列仙全傳》。中國民間信仰資料彙編，第一輯第六冊。臺北：臺灣學生書局。

全國寺廟整編委員會策劃主編

1995　《松山慈惠堂沿革簡介》。臺北：松山慈惠堂。

何乏筆

2003a 〈自我發現與自我創造：關於哈道特和傅柯修養論之差異〉。刊於黃瑞祺主編，《後學新論：後現代／後結構／後殖民》，頁47-73。臺北：左岸文化公司。

2003b 〈從性史到修養史：論傅柯《性史》第二卷中的四元架構〉。刊於黃瑞祺主編，《後學新論：後現代／後結構／後殖民》，頁75-106。臺北：左岸文化公司。

2005 〈修養與批判：傅柯《主體詮釋學》初探〉。《中國文哲研究通訊》15（3）：5-22。臺北：中央研究院中國文哲研究所。

2006 〈生命美學與自我修養的批判反轉〉。刊於「晚期傅柯與傅柯之後：跨文化視野下的主體問題與自我技術」研討會論文集，頁183-200。臺北：中央研究院中國文哲研究所。

余德慧

2007 《生存美學做為臨床心理的終極視野》。（未出版）

余德慧、彭榮邦、石世明

2006 〈臺灣巫宗教的田野反思〉，刊於余德慧等著，《臺灣巫宗教的心靈療遇》，頁20-58。臺北：心靈工坊文化公司。

余德慧、劉美妤

2004 〈從俗智的啟蒙到心性與倫理的建構——以一個慈惠堂虔信徒的網絡療癒為例〉。《新世紀宗教研究》2（4）：71-117。

吳汝鈞

2005 《純粹力動現象學》。臺北：臺灣商務印書館。

吳靜宜

1998 〈一貫道「發一崇德」的制度化變遷〉。臺北：國立臺灣大學社會學研究所碩士論文。

呂一中

2001　〈「會靈山」運動興起及其對民間宗教之影響〉。《臺灣宗教學會通訊》7：88-98。

李亦園

1994　〈傳統中國宇宙觀與現代企業行為〉。《漢學研究》12（1）：1-26。

李豐楙

1997　〈道教劫論與當代度劫之說：一個跨越廿世紀到廿一世紀的宗教觀察〉。刊於李豐楙、朱榮貴主編，《性別、神格與臺灣宗教論述》，頁 303-332。臺北：中央研究院中國文哲研究所。

周益民、林美容、王見川

1997　《高雄縣教派宗教》。高雄：高雄縣政府。

胡潔芳

2000　〈慈惠堂的發展與信仰內涵之轉變〉。花蓮：國立花蓮師範學院鄉土文化研究所碩士論文。

高宣揚

2004　《傅柯的生存美學：西方思想的起點與終結》。臺北：五南圖書公司。

許雅婷

2001　〈母娘與祂的兒女——慈惠石壁部堂宗教人的經驗世界〉。花蓮：國立東華大學族群關係與文化研究所碩士論文。

許麗玲

1997　〈臺灣北部紅頭法師法場補運儀式〉。《民俗曲藝》105：1-146。

1999　〈臺灣民間信仰中的補春運儀式——以北部正一派道士所行的法事儀式為例〉。《中央研究院民族學研究所資料彙編》13：95-129。

陳立斌

2004 〈臺灣慈惠堂的鸞書研究〉。臺北：私立輔仁大學宗教學研究所碩士論文。

陳緯華

2005 〈靈力經濟與社會再生產：清代彰化平原民間信仰與地方社會的形成〉。新竹：國立清華大學人類學研究所博士論文。

彭榮邦

2000 〈牽亡——惦念世界的安置與撫慰〉。花蓮：國立東華大學族群關係與文化研究所碩士論文。

渡邊欣雄

2006 〈作為「術」（方法）的宗教：漢人的民俗宗教分析概念之再檢討〉。刊於張珣、葉春榮合編，《臺灣本土宗教研究：結構與變遷》，頁 169-184。臺北：南天書局。

舒奎翰

2006 〈晚期傅柯的主體與權力觀：一個嘗試性的分析〉。《文化研究月報》55 期。

黃冠閔

2006 〈晚年傅科中主體的形構與轉化〉。刊於「晚期傅柯與傅柯之後：跨文化視野下的主體問題與自我技術」研討會論文集，頁 155-169。臺北：中央研究院中國文哲研究所。

黃瑞祺

2003 〈自我修養與自我創新：晚年傅柯的主體／自我觀〉。刊於黃瑞祺主編，《後學新論》，頁 11-45。臺北：左岸文化公司。

2005 〈編者序〉。刊於黃瑞祺主編，《再見傅柯：傅柯晚期思想新論》，頁 i-vi。臺北：松慧文化公司。

慈惠堂總堂

2005　《花蓮聖地慈惠堂總堂簡介》。花蓮：花蓮聖地慈惠堂總堂。

楊凱麟

2005　〈自我的去作品化：主體性與問題化場域的傅柯難題〉。刊於黃瑞祺主編，《再見傅柯：傅柯晚期思想新論》，頁 47-74。臺北：松慧文化公司。

詹碧珠

1998　〈尪姨與其儀式表演：當代臺灣女姓靈媒的民族誌調查〉。新竹：國立清華大學人類學研究所碩士論文。

劉枝萬

2003　〈臺灣之 Shamanism〉。《臺灣文獻》54（2）：1-32。

蔡志華

2003　〈彌陀慈惠堂乩示活動之研究〉。臺南：國立臺南師範學院鄉土文化研究所碩士論文。

蔡彥仁

1998　〈評介西方天啟思想之形成〉。《新史學》9（3）：163-212。

1999　〈宗教史與末世運動研究——以基督教之興起為例〉。《新史學》10（2）：77-106。

鄭志明

1984　〈臺灣瑤池金母信仰研究〉。《臺灣風物》34（3）：29-52。又刊於《臺灣民間宗教論集》，頁 63-90。臺北：臺灣學生書局。

1985　《無生老母信仰溯源》。臺北：文史哲出版社。

1997　《西王母信仰》。嘉義：南華管理學院。

2001　〈臺灣西王母信仰的母娘救劫運動〉。刊於《華人宗教的文化意識》，第一卷，頁 199-226。臺北：宗教文化研究中心。

2003 《華人宗教的文化意識》，第二卷。臺北：宗教文化研究中心。

2005 〈臺灣靈乩的宗教形態〉。《宗教與民俗醫療學報》創刊號：1-29。

鄭青萍

1983 〈臺灣的西王母崇拜〉。刊於董芳苑編，《臺灣民間信仰之認識》，頁 181-201。臺北：永望文化事業公司。

盧蕙馨

2003 〈宗教研究的神入〉。《臺灣宗教研究》3（1）：1-48。

戴思客

1997a 〈明德堂靈媒經驗：整體與層次〉。刊於李豐楙、朱榮貴主編，《性別、神格與臺灣宗教論述》，頁 275-302。臺北：中央研究院中國文哲研究所籌備處。

1997b 〈語與女：試探乩童修辭學〉。《思與言》35（2）：267-312。

瞿海源

1992 〈其他宗教〉。《重修臺灣省通志》，卷三，住民志，宗教篇（第二冊），頁 905-974。南投：臺灣省文獻委員會。

1996 〈解析新興宗教之現象〉。刊於徐正光、宋文里主編，《臺灣新興社會運動》，頁 229-243。臺北：巨流圖書公司。

2006 〈解析新興宗教現象〉。刊於《宗教、術數與社會變遷（一）》，增修訂版，頁 175-187。臺北：桂冠圖書公司。

簡東源

2006 〈青黃本一家，何來分金王——探討花蓮西王金母信仰〉。刊於花蓮教育大學民間文學研究所編，《2006 民俗及民間文學學術研討會論文集》，頁 347-372。臺北：文津出版公司。

羅　婷

2002 《克里斯多娃》。臺北：生智文化事業公司。

羅臥雲

1998 《瑤命皈盤》。花蓮：法華山慈惠堂。

Bourdieu, P.

1998 *Practical Reason: On the Theory of Action*. Cambridge: Polity Press.

Dreyfus, H. L., and P. Rabinow

1983 *Michel Foucault: Beyond Structuralism and Hermeneutics*. 2nd ed. Chicago: University of Chicago Press.

1995 《傅柯：超越結構主義與詮釋學》，錢俊譯。臺北：桂冠圖書公司。

Foucault, M.（米歇爾・福柯／傅柯／傅科）

1985 *The Use of Pleasure, Volume 2 of The History of Sexuality*. Robert Hurley, trans. New York: Pantheon Books.

1988 "Technology of the self". In *Technologies of the Self: A Seminar with Michel Foucault*. L. H. Martin, H. Gutman, and P. H. Hutton, eds. pp. 16-49. Amherst: University of Masschusetts Press.

1995 〈跋：主體和權力〉，錢俊譯。刊於休伯特・德雷福斯（Hubert L. Dreyfus）、保羅・拉比諾（Paul Rabinow）主編，《傅柯：超越結構主義與詮釋學》，頁 267-289。臺北：桂冠圖書公司。

1997 *Ethics: Subjectivity and Truth*. New York: New Press.

2000 《性經驗史》，佘碧平譯。上海：上海人民出版社。

2005a 《主體解釋學》，佘碧平譯。上海：上海人民出版社。

2005b 《性經驗史》(增訂版)，佘碧平譯。上海：上海人民出版社。

Jordan, D. K., and D. L. Overmyer（焦大衛／歐大年）

1986 *The Flying Phoenix: Aspects of Chinese Sectarianism in Taiwan*. Princeton, N.J.: Princeton University Press.

1995 〈臺灣慈惠堂的考察〉，周育民編譯。《民間宗教》1：83-92。

2005 《飛鸞——中國民間教派面面觀》，周育民譯。香港：香港中文大學。

Kristeva, J.

1986 *The Kristeva Reader*. T. Moi, ed. Oxford: Basil Blackwell.

2003 《恐怖的力量》，彭仁郁譯。臺北：桂冠圖書公司。

2005 《思考之危境：克莉斯蒂娃訪談錄》，納瓦蘿（Marie-Christine Navarro）訪談，吳錫德譯。臺北：麥田出版公司。

Ricoeur, P.

1992 《惡的象徵》，翁紹筆譯。臺北：桂冠圖書公司。

第二十二章　大眾信仰中常見的藥籤、占卜與醫療行為*

宋錦秀
曾任中央研究院臺灣史研究所助研究員

本章大意

本文對內容龐雜的臺灣寺廟藥籤資料，在分類上提出綜合性論述，藉以全面掌握其資料的基本性質。再者，以臺灣寺廟藥籤中具有代表意義的《呂帝仙方》籤本為中心，說明寺廟藥籤占卜問疾的文化運作，以及藥籤「療癒之力」（healing power）的來源。作者將藥籤分為四個體系「方論型」、「方藥型」、「空籤」及「另類」藥籤，並同時分析臺灣提供藥籤之寺廟的神明系統、証治分類及藥物組成，從類型學的爬梳中看見臺灣寺廟藥籤的龐雜與內部之歧異性。從田野的例證顯示，藥籤作為一套「宗教醫療」的俗定慣習或實踐策略，其權威性及有效性並不因某些社會條件遞變或使用頻率的式微，而導致藥籤的文化內涵產生結構性的改變。藥籤是一套根植臺灣民間宗教與醫療的慣習與策略，它通常必然指涉一套認知，這套認知是一可資實際操作、達成時效的建構體。建構體的奏效，其所依據是能夠用來組織人們感知的概念分類系統，「籤卜」則是這複雜面向的其中之一。籤卜抓藥的過程除了「神明」

---

* 本文係按拙著〈寺廟藥籤療癒文化與「疾病」的建構〉，刪改而成；該文原刊於《臺灣文獻》，第 62 卷，第 1 期（2011 年 3 月），「民俗宗教與醫療」專刊，頁 55-96。

是主導因素外，廟公、解籤者、中藥師等不同執事或職業者，對於判定藥籤用藥及因應可能差異的策略運用上，都扮演醫療中介者的角色。藥籤是臺灣漢人鄉民社會的集體論述；他的基本前提，乃是建立在以道德、敬誠為基礎的占卜操作的邏輯上，夠過占卜問疾的文化操作，藥籤在疾病經驗中也隱然具有「提示性」的醫療作用。寺廟藥籤作為一套「宗教醫療」的俗定慣習或實踐策略，其如何成為俗民日常生活中具體而微的醫療過程，並且在疾病經驗的脈絡中創造性地再現，所依憑的應不只籤本文字或文本傳統的權威而已。研究仍需要回歸籤卜信者的生活世界，進一步進行有關疾病敘事的分析。

一、臺灣寺廟藥籤與民間醫療

臺澎民間社會早自漢人移民社會形成、開展以來，在沿襲相對較為制式的中醫傳統之外，同時也發展出了許多以本土文化為基底的民間醫療系統（folk medicine）來處理「疾病」的問題，其相關策略及內容更屢見於臺灣方志資料中。正如《澎湖廳志》所論，

> 《澎湖紀略》謂：『澎湖之人信鬼而尚巫；凡有疾病，不問醫藥，只求神問卜而已』……南方尚鬼，有疾問神問卜，各處皆然，不但澎湖而已。而澎人亦非不問醫藥也。若皆不醫不藥，媽宮街熟藥店十餘處，豈皆虛設哉？[1]

類此有關「凡有疾病，不問醫藥」的載述內容，正所謂「有疾問神問卜，各處皆然」的一些具像而已。時至於今，收驚、補運、做獅、落地府、觀落

[1] 林豪：《澎湖廳志》（臺灣文獻叢刊 [以下簡稱「文叢」] 第 164 種；臺北：臺灣銀行經濟研究室，1963 年），卷 9，頁 326；胡建偉：《澎湖紀略》（文叢第 109 號，1961 年），卷 7，頁 149。

陰、扶輦、降筆、求籤等民間醫療的內容，仍為吾人熟悉，調經、安胎、做月等醫療策略猶存，共同組構了別立於傳統中醫體系之外的另一個龐大醫療體系，其對庶民生活的影響，至深且鉅。

即便在當前臺灣鄉民社會中，這類龐大的民間醫療仍與傳統中醫體系，以及更為「機構化」、「科學化」的近代西方醫療體系，三元並立。不過，在時空變移下，這類別立於傳統中醫及近代西方醫療之外的民間醫療體系，有時則被通稱為「第三類醫療」或「另類醫療」(complementary and alternative medicine)。筆者以為，「另類」之詞的使用，往往帶有強烈價值評比的意涵，同時也無法突顯這類醫療體系的本質問題。事實上，扶輦、求籤、收驚、安胎等類民間醫療的性質，究與氣功、丹道、導引等一般民俗療法不同；其「不問醫藥，求神問卜」的醫療本質，應即「宗教醫療」才是，從而也更突顯出臺灣傳統漢人社會中，民間宗教與醫療互為表裏、民間信仰與醫學互為涵蘊的這個文化事實。

例如，所謂「俗尚巫，疾病輒令禳之」；[2]顯示由道士、客師、乩童、尪姨等民間儀式執行者所擔綱的「巫醫系統」，誠是臺灣宗教醫療體系中的一個大宗，其有關「進錢補運」、「扶乩出字」、「指示方藥」等的醫療行為，也最常出現於各類臺灣方志的載述之中。[3]再者，臺灣各地寺廟供予信眾經日求

---

[2] 劉良壁：《重修福建臺灣府志》（文叢第72種；臺北：臺灣銀行經濟研究室，1961年），卷6，頁96；王必昌：《重修臺灣縣志》（文叢第113種，1961年），卷12，頁402；周鍾瑄、陳夢林：《諸羅縣志》（文叢第141種，1962年），卷8，頁147-148；陳淑均：《噶瑪蘭廳志》（臺灣研究叢刊 [以下簡稱「研叢」] 第47種；臺北：臺灣銀行經濟研究室，1957年），卷5，頁191；倪贊元：《雲林縣采訪冊》（文叢第37種，1959年），卷1，頁29；不著撰人：《嘉義管內采訪冊》（文叢第58種，1959年），卷1，頁13。

[3] 陳培桂：《淡水廳志》（研叢第46種；臺北：臺灣銀行經濟研究室，1956年），卷11，頁303-304；林百川、林學源：《樹杞林志》（文叢第63種，1960年），卷1，頁103-104；鄭鵬雲、曾逢辰：《新竹縣志初稿》（文叢第61種，1959年），卷5，頁186；沈茂蔭：《苗栗縣志》（文叢第159種，1962年），卷7，頁119-120；蔡振豐：《苑裏志》（文叢第48種，1959年），卷2下，頁89。亦見宋錦秀：〈臺灣寺廟藥籤彙編：宜蘭「醫藥神」的系統〉，《宜蘭文獻》，37期（1999年），頁3-4、16。

取、使用的「運籤」及「藥籤」系統，無論就民間知識或臨床心理醫療的層次而言，皆具有某種不可取代的重要地位，且俱含了本土疾病文化的豐富內涵。例如，運籤籤詩解中，大抵都列有「疾病」這一項目，書有或如「凶」、「吉」、「無防」、「有祟」、「留連」、「久好」、「求醫小吉」、「求神難安」、「病醫相合」、「服藥有救」、「病免憂熬」等多種可能疾病狀態的提示，對症治療的解答，以及疾病治療結果的預期等等，呈現出漢人文化體系中有關「疾病」描述、對應、評價等的多層面相。[4]筆者在臺中縣田野工作所採得的《三崁五穀王靈籤》，其問疾籤解的辭彙則更為細緻，列有許多多重宗教性的解說內容，例如「修心作福災禍自除」、「積德延年」，或如「不孝父母應有疾病」、「能孝父母疾病自除」，或如「貪緊反延纏」、「無憂飲藥有效」，或如「時垂運蹇那得有效」、「現行歹運祈禱無益」等等。[5]不過，相對於運籤，寺廟藥籤系統的功能及內涵則顯然更為複雜豐富了。

本文主要目的，即企圖對內容龐雜的臺灣寺廟藥籤資料，在分類上提出一個綜合性的論述，藉以全面掌握這些資料的基本性質。再者，本文將繼之以臺灣寺廟藥籤中具有代表意義的《呂帝仙方》籤本為中心，說明寺廟藥籤占卜問疾的文化運作，以及藥籤「療癒之力」（healing power）的來源。資料來源，主要根據筆者田野工作所得的普查資料，以及張永勳等（1999）、宋錦秀（1999）、魯兆麟（1998）、邱年永（1993）、林美容等（1991）、施振民（1977）等的前人研究成果（詳附錄：徵引寺廟暨主祀神明一覽）。這些普查性的資料，正可以呈現寺廟藥籤在臺灣民間流佈、使用的一般現象。[6]又，

---

4 以上修正自宋錦秀：〈臺灣寺廟藥籤彙編：宜蘭「醫藥神」的系統〉，《宜蘭文獻》，37 期（1999 年），頁 5、17。資料來源：1997 年五結孝威村「五福宮」、1998 年礁溪三民村「天農廟」、1998 年宜蘭「南興宮」田野工作。另參滿庭芳出版社編：〈（天上聖母）六十甲子籤詩解〉，《靈籤詳解》（臺北：滿庭芳出版社，1990 年），頁 211-331；竹林書局編：《關聖帝君．城隍爺公正百首籤解》（臺北：竹林書局，發行年不詳）。

5 詳見三崁村福興宮編：《三崁村福興宮五穀大帝靈籤籤解》（臺中縣外埔鄉：三崁村福興宮；苗栗市張炳榮印贈，刊年不詳），並筆者 2002 至 2003 年間外埔三崁福興宮田野工作。

6 其中，張永勳等（1999）係民國 88 年初「宜蘭八角蓮事件」之後，接受行政院衛生署委託所進

基於研究策略上的評估，筆者的田野調查係以保生大帝、神農大帝、孚佑帝君等三位「醫藥神」寺廟的藥籤為軸，以宜蘭、臺中兩地為主要普查區域，田野時間集中於 1996～1997 年及 2000～2003 年間。總計，兩地共有醫藥神寺廟（含未登記寺廟）38 座，分別為保生大帝廟 10 座，神農大帝廟 15 座，孚佑帝君廟 13 座。此外，我們也參酌調查 4 座具有全臺代表性的醫藥神寺廟，藉以強化質性方面的資料內容；它們分別是：臺南「興濟宮」（主祀保生大帝；廟史溯自明鄭時期／1661～1683 年）、學甲「慈濟宮」（主祀保生大帝；廟史溯自明永曆 15 年／1661 年）、大龍峒「保安宮」（主祀保生大帝；乾隆 7 年／1742 年），及木柵「指南宮」（主祀孚佑帝君；光緒 8 年／1882 年）。這 4 座醫藥神寺廟，不僅歷史悠久，且建廟以來素有藥籤之設，歷來求問者絡繹於途。

二、藥籤基本類型學[7]

所謂「藥籤」，是指編號在籤條紙上，印寫藥物品名、用量及其適應症狀的一種寺廟籤文。臺灣各地寺廟所見的傳統藥籤，不僅神明系統有別，在証治分類、藥物組成，以至藥籤型式內容等方面，也存在著相當多的差異，可謂複雜多變。

行的調查計劃成果。惟，當年張等進行「全省」寺廟藥籤調查的取樣原則，並未說明；我們僅能由報告書中推測，可能係以全省知名度較高及苗栗縣市各主要寺廟為普查對象。詳張永勳、何玉鈴等：《臺灣地區寺廟藥籤現況之調查研究》（行政院衛生署中醫藥委員會委託研究計畫成果報告；臺北：衛生署中醫藥委員會，1999 年）。

7　本節除特別加註者外，多按拙文〈臺灣寺廟藥籤彙編：宜蘭「醫藥神」的系統〉，《宜蘭文獻》，第 37 期（1999 年），頁 3-20 的相關內容，增補修訂而成。

（一）型制內容

就藥籤的型式內容而論，臺灣各地寺廟藥籤大體呈現出了幾種不同風貌的表現類型，可以分別名之為「方論型」藥籤、「方藥型」藥籤、「空籤」，以及其他多種「另類」藥籤，型式複雜而多變。

所謂「方論型」藥籤，指每一藥籤詩解中兼有「病證」與「藥方」論述資料者。亦即，在論症的敘述之外，隨之列有詳細斟酌藥方，包含藥味、藥劑、用量，以及服食方式等的說明。筆者所採木柵「指南宮」及臺南「保安宮」《保安宮藥簿》[8]（詳附錄：徵引寺廟暨主祀神明一覽；以下同）所示的藥籤，即都屬於「方論型」，每籤必先列疾病證論，後列方治。例如，「指南宮」女科第三首在籤詩主體部份即有論曰：「妊娠虛驚孕不安，閨房弗謹子宮寒；最愁動土無迴避，一見腰酸保甚難」，旨在勸戒妊婦起居謹慎，勿要冒犯、「動土」，其後即列有指引藥方一份，開列「蜜芪（錢半）、北仲（炒姜汁一錢）、茯苓（一錢）、生白朮（五錢）、黃芩（錢半）、甘草（三分）、阿膠珠（一錢）、六汗（八分）」等等，此外並註明「爐丹一包，化單合水一碗四煎七分，渣一碗二煎六分，連飲二服」，內容詳盡而周全（參照圖 22-1）。

「方藥型」藥籤，指藥籤內容僅列藥味、藥劑或用藥方式等方藥資料，而無任何病證方面的論述者。這是臺灣民間最為常見的一種藥籤類型，筆者所採大龍峒「保安宮」、宜蘭三星「鎮安宮」、臺中「元保宮」、霧峰「聖賢宮」、大甲「鎮瀾宮」，以及外埔「三崁福興宮」（晚期）所用的籤方，即都屬於「方藥型」。例如，「三崁福興宮」藥籤簿大人科第一首，即僅列出提示藥方及服食法，寫明「灶心土、鳳凰退（各一錢）、風蔥（一支）、灯心（七條），水一碗煎五分」等等（參照圖 22-2）。

---

8 收於邱年永：《臺灣寺廟藥籤考釋》（臺南縣學甲鎮：全國保生大帝廟宇聯誼會，1993 年）。惟，臺南縣轄內同名「保安宮」者有幾處；此處所指為何暨其背景資料，無法由邱書得知，亦暫不可查。

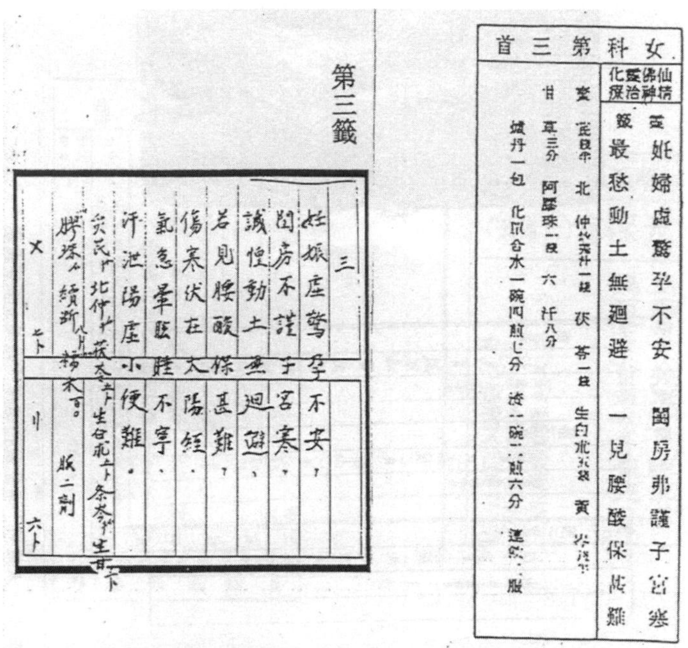

圖 22-1 臺南「保安宮」婦科妊娠第三籤、木柵「指南宮」女科第三首／方論型（資料來源：邱年永，《臺灣寺廟藥籤方藥考釋》（臺南縣學甲鎮：全國保生大帝廟宇聯誼會，1993，頁 330；宋錦秀，1997 年間田野工作。）

此外，寺廟藥籤中有時也可見少數病證與藥方資料全無，而僅以修持、勸化等驚世詩文轉代療方者的「空籤」；民間常見的《呂帝仙方》中，即有許多這個類型的藥籤資料，比例佔約 1／10。例如，《呂帝仙方》婦科第八方論曰：「汝以咒罵為常，天以病痛罰汝；急須改過遷善，或可減輕而已」（參照圖 22-3）；婦科第八十九方論曰：「事到無何叩老仙，和平全在立心田；欲求妙藥多行善，一念精誠可格天」等等，在在足堪玩味。

圖 22-2　三崁「福興宮」藥籤簿／方藥型（資料來源：宋錦秀，2003 年 4 月中縣外埔鄉田野工作。）

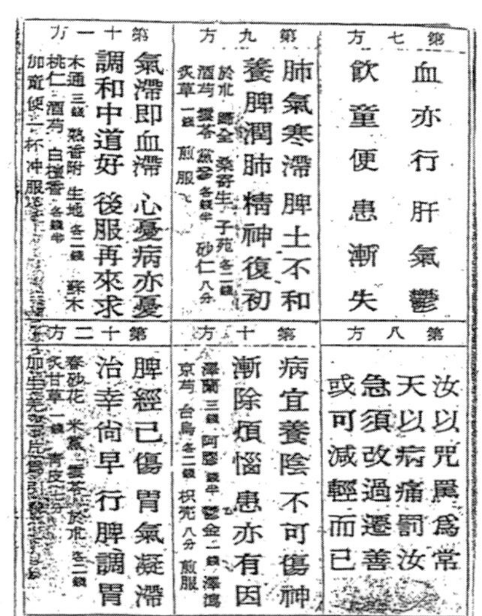

第七方

血亦行肝氣鬱
飲童便患漸失

第八方

汝以咒異為常
天以病痛罰汝
急須改過遷善
或可減輕而已

第九方

肺氣寒滯脾土不和
養脾潤肺精神復初
於朮　歸全　桑寄生　子苑　各二錢
酒芍　雲苓　黨參　各錢半　砂仁　八分
炙草　一錢　煎服

第十方

病宜養陰不可傷神
漸除煩惱患亦有因
澤蘭　三錢　阿膠　錢半　鬱金　一錢　澤瀉
京芎　台烏　各二錢　枳売　八分　煎服

第十一方

氣滯即血滯　心憂病亦憂
調和中道好　後服再來求
木通　三錢　熟香附　生地　各二錢　蘇木
桃仁　酒芍　白檀香　各錢半
加童便一杯沖服[illegible]

第十二方

脾經已傷胃氣凝滯
治幸尚早行脾調胃
春砂花　米黨　雲苓　於朮　各二錢
炙甘草　一錢　青皮[illegible]
加[illegible]

圖 22-3　《呂帝仙方》婦科第七至第十二方／第八方為空籤（資料來源：宋錦秀，1997 年間田野工作。亦收於竹林印書館編，《呂帝靈籤仙方》（新竹：竹林印書館，1977），頁 20。）

再者，在前述三大類型之外，尚有少數特殊「另類」的藥籤，籤中不書任何典型病證或醫藥文字，而僅僅提示若干具有「類巫術」性質的民間神秘驗方，或直接書以儀式、符咒治病者。例如，《呂帝仙方》婦科第四十七方「童便一盅，老酒少許；立即服下，其病如掃」，所用「童便」即具有類巫術的性質。此外，直接書以符咒治病的藥籤，有如《呂帝仙方》婦科第五十一方「去歲端午符，茶中暗化之；密與病人服，邪凶立即離」，及幼科第三十方「惡病纏綿，反覆未愈；賜用靈符，佩服二張」中，有關「靈符」的運用等等（參照圖 22-4）。

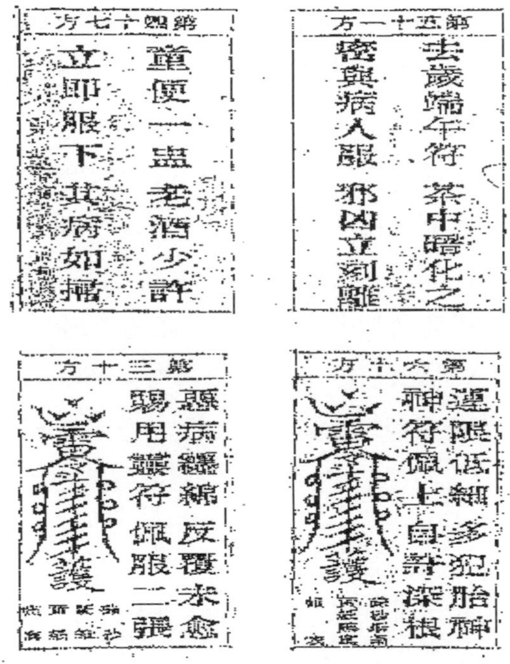
第四十七方
童便一盅　老酒少許
立即服下　其病如掃

第五十一方
去歲端午符　茶中暗化之
密與病人服　邪凶立即離

第三十方
惡病纏綿　反覆未愈
賜用靈符　佩服二張

第六十方
運限低微多犯胎神
神符佩上自[illegible]深根

圖 22-4　《呂帝仙方》婦科、幼科藥籤各兩首／另類籤（資料來源：宋錦秀，1997 年間田野工作。亦收於竹林印書館編，《呂帝靈籤仙方》，頁 26-27、41、46。）

（二）神明系統

整體而論，臺灣傳統寺廟藥籤的來源，最常見於主祀保生大帝（大道公）、神農大帝（炎帝）、孚佑帝君（呂祖）等三位神明的寺廟當中，而民間有關上列「醫藥神」的神話、傳說相當豐富，也都以疾病、醫療或醫藥的主題為中心。[9]以宜蘭、臺中地區總計 38 處「醫藥神」寺廟為例，至今仍有半數以上的寺廟設有藥籤運用的機制，常見信眾前來求取藥籤；有則目前雖已廢弛，但仍留有昔日藥籤醫療的相關傳說，顯示「醫藥神」寺廟應是臺灣最大的寺廟藥籤系統。此外，這類醫藥神寺廟的管理人大都指陳：「有廟即有藥籤」或「藥籤是由祖廟分香時一併傳來的」。亦即，個別寺廟藥籤確實的來由或不可考，但可以確定的是：寺廟藥籤的歷史，大體可以溯至神明香火分屬暨個別寺廟建立的歷史。[10]

除了「醫藥神」系統之外，媽祖藥籤可能是臺灣宗教醫療體系中另一個為數龐大，且具有一定運用療效的寺廟藥籤系統。前述大甲「鎮瀾宮」的藥籤，即普遍為清水、大甲、大安、外埔等鄰近地方信眾，求取醫療諮詢的重要對象。另一著名的鹿港「天后宮」，也有藥籤的使用及豐富的藥簿資料（詳附錄）。除此之外，他如觀音、佛祖（釋迦佛）、關聖帝君、東嶽大帝、王爺等等，也是臺灣寺廟藥籤的幾個神明來源。[11]至於主司婦女受子、胎產、葆幼的註生娘娘（註生娘媽），是臺灣婦女相當敬重的女神，相傳也有所屬藥

---

9 有關「醫藥神」的定義，保生、神農、呂祖等的神話與傳說，詳宋錦秀：〈臺灣的「醫藥神」信仰〉，《文化視窗》，5 期（1998 年），頁 45-49；宋錦秀：〈臺灣寺廟藥籤彙編：宜蘭「醫藥神」的系統〉，《宜蘭文獻》，37 期（1999 年），頁 11-13、18-19。

10 一般而言，臺灣寺廟藥籤成籤的年代，大多可以推至寺廟分香來臺之際或建廟之初，其歷史背景不外與瘟疫、屯墾有關。至於個別寺廟藥籤成籤的歷史社會過程，尚待究明之處頗多，可參陳泰昇、林美容等：〈臺灣藥籤的成籤時間及其影響因素〉，「醫療與文化」學術研討會宣讀論文（南港：中央研究院民族學研究所、臺灣史研究所籌備處合辦，2001 年 10 月）。

11 宋錦秀：〈臺灣寺廟藥籤彙編：宜蘭「醫藥神」的系統〉，《宜蘭文獻》，37 期（1999 年），頁 11、18。

籤的流通與使用，如大龍峒「保安宮」東西護室的註生娘娘即是。惟，我們在全臺唯一一座主祀註生娘娘的宜蘭「南興宮」所得的藥籤資料，實是以觀音佛祖的「佛祖籤」替之，並未見有註生娘娘本身派下的藥籤。[12]

（三）証治分類

依証治分類而論，臺灣寺廟藥籤顯然可以統歸為分科、不分科等兩個大類。

例如，三星「鎮安宮」的「大道公籤」為「第 1 首至 120 首」，不分科類。至於分科者，也有簡、繁之異。最原始者為大人／小兒，或男科／女科之別，較繁者才再旁及外科、眼科等其他科別，或在同一科中再作細分（詳附錄）。例如，木柵「指南宮」、清水「聖南宮」的「呂祖籤」分科較簡，僅有男科、女科各 80 首之別；霧峰「聖賢宮」的「炎帝籤」，分為大人用男科 120 首、大人用女科 60 首、小兒用 60 首；大龍峒「保安宮」的「大道公籤」，分為內科 120 首、小兒科 36 首、外科 36 首；大甲「鎮瀾宮」的「媽祖籤」，分有大人科 120 首、小兒科 60 首、眼科 84 首；學甲「慈濟宮」及臺南「興濟宮」的「大道公籤」，分有大人內科 120 首、小兒科 60 首、外科 60 首、另有眼科 90 首（參照圖 22-5）；三星「保安宮」的「呂祖籤」，則分有男科 100 首、婦科 100 首、幼科 100 首、外科 100 首，另有眼科 53 首，証治分科

[12] 資料來源；1998 年 11 月宜蘭市南館市場「南興宮」田野工作，報導人為管理人李張月嬌女士、信徒謝碧銀女士等。按，「南興宮」是臺灣僅有一座以註生娘娘為主神的「註生娘媽廟」，長久以來前往求嗣、安胎的婦女甚多，香火鼎盛。該廟因日治時期宗教政策上的考量，在官方寺廟登記時將主神登記為觀音佛祖，因此而有當地人向來俗稱的「佛祖籤」。目前，南興宮主殿所祀的主神，業已改回註生娘娘。亦參游謙、施芳瓏：《宜蘭縣民間信仰》（宜蘭：宜蘭縣政府，2003 年），頁 462-465；宜蘭縣政府民政局編：《宜蘭縣寺廟專輯》（宜蘭：宜蘭縣政府，1979 年），頁 192-193、202-204。又，「南興宮」所提供的觀音佛祖籤，分有女科 120 首、男科 120 首。此外，與註生娘娘職司相當的臨水夫人（陳靖姑），該廟在宜蘭地區多以「跳童」的方式替人問事，並不見藥籤醫療方面等的相關資料。亦參游謙、施芳瓏：《宜蘭縣民間信仰》（宜蘭：宜蘭縣政府，2003 年），頁 414-417。

圖 22-5　臺南「興濟宮」藥籤筒（資料來源：宋錦秀，2010 年 9 月田野工作。）

最全；此即竹林印書局 1977 年版《呂帝靈籤仙方》中的《呂帝仙方》刊本（另詳下）。臺南「保安宮」庋藏的《保安宮藥簿》（全國保生大帝廟宇聯誼會版），則是目前僅見一套分科又分門的藥籤資料，內容分有男科（含小兒科）100 首籤方、女科 110 首籤方；而女科之下，又別列「婦科妊娠」50 籤、「增補產後」10 籤、「女科（一般雜病）」50 籤等三門，細目大全，可謂目前所見寺廟女科藥籤最為完備的一套籤本。

（四）藥物組成

一般而言，藥籤配方使用的劑量極輕，不過，仍具有一定的療效。就藥籤籤方之中藥物組成的考察來看，有依據中國醫學經典而出的正統藥方，有中藥與臺灣民間藥方加、減或變方而成的藥方，更有臺灣地區本地特有的經驗秘方，顯示臺灣寺廟藥籤選用藥材暨組成方面的多變性。茲以臺南「保安宮」《保安宮藥簿》婦科妊娠 50 籤[13]為例：

1. 是出自中國醫學經典的正統藥方，所佔比例為 28.3%（13／46）。例如，第四籤即出於宋《普濟本事方》枳殼散加味方，第六籤出於清《驗方新編》保產無憂方（即一般俗稱的「十三味」），第十五籤出於清《婦科玉尺》扈子大清湯。其他，上舉漢代《傷寒論》、《金匱要略》、《濟生方》，宋《太平惠民和劑局方》（和劑局方），以至明、清以後的《證治準繩》、《衛生寶鑑》、《丹溪心法》、《驗方新編》、《婦科玉尺》、《聖濟總錄》、《小兒藥證直訣》等等，皆是藥籤籤方採用的範圍，且每一帖藥方都有所據的明確療效。

2. 是中藥與民間藥方加、減或變方而成的藥方；此類係以中醫正統藥方為本，加以就地採用臺灣土產藥材，增補配合而成，所佔比例為 39.1%（18／46）。例如，第八籤按考據應為《金匱要略》之「芎歸膠艾湯」加「當歸散」合方，第六籤據考為《普濟本事方》之「羚羊角散」加減，第十三籤據考為《和劑局方》「二陳湯」加減之變方，第十四籤據考為唐《千金方》之「溫膽湯」，去大棗，加扁豆、砂仁。

3. 是臺灣本地特有的民間驗方；此類藥方，在正統中醫典籍中查無出典之處，大都是寺廟或在地蔘藥行相關執事者根據籤詩所示、斟酌運用，為臺灣民間秘傳的「經驗方」或「神效驗方」之類，所佔比例為 32.6%（15／46）。

由上明顯可見，無論是以正統中藥配合臺灣民間用藥，或是全以臺灣特有民間驗方為採藥依據，這兩者的個別比例都高於直接採用中醫正統處方者；

---

13 實計為 46 籤；第 28、29、36、37 等四首籤方資料缺。

兩者合計，更佔所有用藥組成比例的 71.7%。這一方面提示了臺灣寺廟藥籤在藥物組成方面潛在多變的可能性，或包融了在地社會傳之為俗的醫療經驗。另一方面，這也顯示了臺灣寺廟藥籤獨樹一格的用藥策略，深具濃厚的地方色彩，某種程度反映了臺灣民間用藥的草根性。

三、文本權威、俗定慣習與歷史

由上述基本類型學的梳理過程中，我們已然可以窺見臺灣寺廟藥籤不僅品類龐雜，且其資料內部充斥多重歧異性。茲舉其一，如若我們單以「主祀神明」做為分類的指標，則這一指標對於全面性地掌握臺灣寺廟藥籤的圖譜，仍是相當侷限的。為此，筆者曾另文運用「系統類型」（lineage system）[14]的概念，提出一個有關藥籤系統所屬「類緣關係」的分類架構，而將目前所見臺灣各地寺廟藥籤，歸併為九個「系統類型」。[15]

藉由這個「系統類型」的分析，我們發現一個重要的現象：臺灣寺廟藥籤的品目與神明來源之間，存在著許多類似「異化」（alienation）的現象。亦即，臺灣藥籤資料的版本與類型，與個別該寺廟所祀的主神之間並無絕對的關聯或必然的對應關係。例如，由附錄所見，所祀主神同為保生大帝的學甲「慈濟宮」、尾塹「保安宮」、臺南「保安宮」、臺中「元保宮」等，其所用的籤本內容便迥然不同，可以歸於四個不同的「系統類型」中。

---

[14] 所謂「系統類型」，係指按個別藥籤版本在型制、分科、方藥內容、數量等方面的實體資料，區其異同、歸其門類，並建立各色不同版本藥籤之間親屬連帶關係的一個分類體系；See Jin-shiu Jessie Sung. 2012. "Authority, Practice and History: Adoption and Re-creation of *Yaoqian* in Taiwan". *Taiwan Historical Research* 臺灣史研究, vol.19, no.3, pp. 151-200.

[15] 這其中也包括幾個與其他「系統類型」缺少類緣關係的孤例，例如，張永勳等（1999 年）所調查的苗栗「雲洞宮」及「濟世宮」（詳附錄）。二者，不排除與在地帝君廟透過乩童「扶輦」、「降筆」指示方藥的藥簿類型資料，混而為一，而必須另置於民間「巫醫」體系考察之。

又如，民間一些通行甚廣的藥籤分科本，常因寺廟不同主祀神明之別，而在不同地區呈現出同一版本但籤本名稱認定不同的現象。例如，大甲「鎮瀾宮」（天上聖母）所用的大人科籤本，收入「臺中縣中藥同業公會」大甲區聯誼會輯成的《大甲天上聖母藥籤‧并田寮廖先生公藥籤》冊中，人稱「大甲媽祖籤」。[16]這份媽祖籤，在外埔地區以「福興宮」（神農大帝）為主的藥籤脈絡中，則被地方信眾稱之為「五穀王籤」（編為大人科），而霧峰「聖賢宮」（神農大帝）又以「炎帝籤」稱之。再者，在大龍峒「保安宮」、學甲「慈濟宮」等保生大帝的廣大信眾間，此本則又轉為救人無數的「大道公籤」（編為內科）。此外，在臺南「正海出版社」發行的鉛版刊本中，這份「媽祖籤」也被訂名為「保生大帝籤」。[17]換言之，「媽祖籤」、「五穀王籤」、「大道公籤」等三式不同神明藥籤權宜流用的情形，並非少數孤立存在的個案，而是普遍常見的。這些現象，一方面說明我們無法單由某一藥籤使用的版本，據以推論其所屬神明來源為何；或單由寺廟主祀神明，據以系統性地推斷「媽祖籤」、「五穀王籤」或「大道公籤」等的實質內容。另一方面，這些現象也更充份透露出臺灣各地寺廟選用藥籤版本的過程，其實是相當具有策略性，並受個別寺廟的歷史因素影響的。

更重要的是，在歷史因素之外，個別寺廟藥籤版本的選擇及確立，其實更有其脈絡可尋的特殊社會情境。[18]而透過幾個藥籤文本權威（authority）建

---

[16] 詳見王義夫搜集抄錄：《大甲天上聖母藥籤‧并田寮廖先生公藥籤》（臺中縣大甲鎮：臺中縣中藥同業公會大甲區聯誼會，1981 年），凡 83 頁。值得注意的是，這個例子，顯示近代藥籤的流佈與地方士紳及中醫業界緊密依存的共生關係。

[17] 詳參道成居士編著、草蘆主人主修：〈保生大帝靈籤與藥籤〉，《全省寺廟靈籤註解》（臺南：正海出版社，1988 年），頁 115-186、187-200。

[18] 最細微之處在於：即便同屬一個「系統類型」下的若干藥籤，也可能因其中個別寺廟在實際操作上的差異或其他社會情境因素，而在分科、方藥內容或藥籤總數等方面有所差異。造成這種差異的原因，可能是因早期藥籤為手抄，而在廟公或廟方執事者逐次謄抄的過程中產生錯誤所致；或因臺灣地區缺少某一味藥，而改以其他本土藥材替之；也有可能是籤本自中國傳入臺灣之後，因大多寺廟廟公熟諳醫藥，乃就地取材、大量選用土產藥材，配成臺灣民間驗方，以資增補所致。資料來源：1997 年 6 至 10 月間之田野工作。

立的社會史之探索，我們更得以對臺灣寺廟藥籤成籤的歷史過程，及與之扣合之臺灣漢人社會移民史的一些面相，有進一步的理解；藥籤是寺廟歷史與社會過程的共同產物。此中一個最顯之例，即是竹林版《呂帝仙方》刊本的刊行與流通，以及這份「呂祖籤」與「大道公籤」、「五穀王籤」相互權宜流用的的現象。

例如，宜蘭三星「保安宮」雖然主祀保生大帝，且是宜蘭當地供予藥籤濟世頗為著稱的一座大道公廟，然而，廟方向來供予信眾求取的，卻是以臺灣竹林印書局 1977 年版《呂帝靈籤仙方》中的《呂帝仙方》為本（參照圖 22-6）。按該廟主要報導人的說法：三星「保安宮」藥籤原與大龍峒「保安宮」同屬一個版本，且該廟是在有清一代由大龍峒「保安宮」分香而來，早年以來一向使用大龍峒「保安宮」的藥籤本。後來，該本藥簿因故外借而遺失之後，廟方才改用竹林版《呂帝仙方》刊本。[19]由此可見，在寺廟採用藥籤版本的選擇過程中，除了母子廟間分香脈絡的理性考量之外，印刷文化的傳播效力，促使某些藥籤版本得以廣泛流通，從而影響或確立了其做為典範藥籤的權威性，也是其中相當重要的一個因素。

竹林《呂帝仙方》為鉛印版刻本，編入《呂帝靈籤仙方》。此本亦目前廣泛流通於臺灣民間社會的一個權威性刊本，藥籤資料共分男科、婦科、幼科、外科各 100 方，另有眼科 53 方，証治分科相當周全。臺灣所見 1977 年竹林版《呂帝仙方》的前一個版本為 1951 年刊本，共刊行 1000 冊，又名《博濟仙方. 內篇》。查當年翻印動機，

> 係因同仁等，於士林「慎修堂」，恭請闡著……等四部真經，並《玉闕元音寶卷》，中恭承糾察司陸恩師傳示，奉南宮恩主聖意，稱恩主

[19] 資料來源：1997 年 4 月間宜蘭三星鄉尾塹村「保安宮」田野工作。亦見蔡欣茹：〈黃財龍、游金生先生訪談錄：尾塹保安宮保生大帝醫療軼事〉，《宜蘭文獻》，37 期（1999 年），頁 91-93。

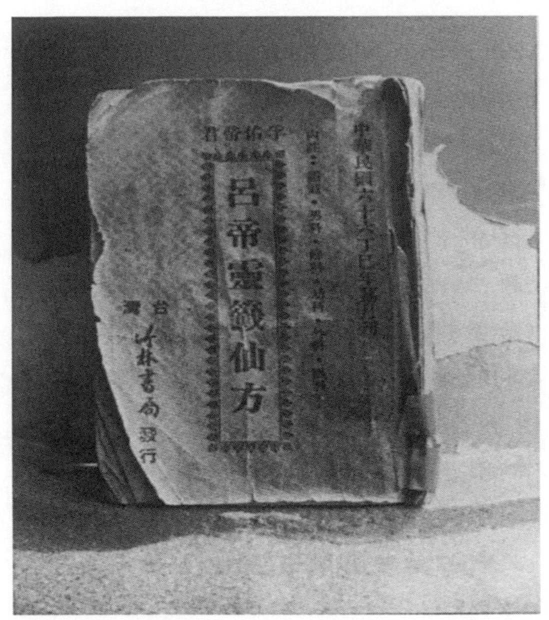

圖 22-6 竹林印書館 1977 年版《呂帝靈籤仙方》（資料來源：宋錦秀，1997 年間田野工作。）

> 曾親著醫書乙冊，現板藏於松山府城隍廟內，藥方既簡，效驗極大，且每方個別，論証甚詳，須乘此良機，抄錄附刊於《玉闕元音》，定能活人不少云……

翻印者並且同時鑑明，此一藏本的舊版係靈籤、靈方兩冊合編，民國 7 年（1918）廣州九曜坊「麟書閣」刊行本。我們由這個刊本的內部線索可知，翻印者暨同修單位，應屬於「恩主公」派下鸞堂或童乩扶鸞降藥的系統。足見，在影響臺灣藥籤成籤的歷史過程中，鸞堂做為一文化仲介，對於藥籤權威傳統的確立與傳播，也具有相當關鍵性的影響。

以上臺灣所見的這兩個刊本，又與香港「陳湘記書局」藏版《呂祖籤》

刊本內容，幾近相同。[20]該本又名《博濟仙方》，出於粵東陳紹修氏募刊本，原刊年已不可考。據知，《呂帝仙方》與《呂祖靈籤》合輯為《呂帝靈籤仙方》一書，最早曾於 1919 年間發行於廣州，為廣州「守經堂」刊本。1974 年間，有李福山、蔡懋棠二氏據此註釋，重刊於臺灣，編成《博濟仙方註解》。[21] 1988 年間，又有臺南正海出版社收錄於《全省寺廟靈籤註解》卷 5。[22]顯見長久以來，透過不同印刷刊本的傳播與流行，《呂帝仙方》無疑已成為臺灣、香港、粵東等廣大地區分佈最廣且甚具影響力的一套藥籤本。

根據一項民國 88 年的統計資料顯示：臺閩地區道教寺廟 7414 所、佛教寺廟 1652 所中，約有 400 家寺廟提供信徒求取藥籤。[23]以筆者抽樣訪查宜蘭、臺中兩地「醫藥神」寺廟的初步成果而論，大約 55%以上的醫藥神寺廟，長久以來確曾提供信眾求取藥籤的服務，且至今都留有藥單、藥籤或藥簿等相關醫療資料。寺廟藥籤在日治時期雖多次遭到禁限使用的衝擊，不過卻也一直持續呈現某種「禁而不廢」、「廢而不弛」的狀態，[24]其鼎盛時期應在日治末期至 1980 年代左右。宜蘭、臺中地區受訪的大多數寺廟也都不否認，目前信眾前來求取藥籤的頻率，大抵已較三十年前減少了許多。另一方面，相應於近年來「醫師法」及相關醫藥法令的頒布與實施，各地寺廟對於藥籤流通、使用的態度，也顯然更為謹慎。例如，大甲「鎮瀾宮」及外埔「福興宮」目前雖然仍存有藥籤簿，但藥籤筒已自前殿改置於隱密處。當有信眾前來求取藥籤時，必須特別向廟方表明用意，而後廟方才會提供服務。大甲「鎮瀾

---

[20] 筆者 1997 年香港上環書肆偶得。

[21] 吉元昭治：《臺灣寺廟藥籤研究》（臺北：武陵出版有限公司，1990 年），頁 116-118。

[22] 詳參道成居士編著、草蘆主人主修：〈呂帝君靈籤·附呂帝仙方〉，《全省寺廟靈籤註解》（臺南：正海出版社，1988 年），頁 3-110、111-190。

[23] 詳張永勳、何玉鈴等：《臺灣地區寺廟藥籤現況之調查研究》（臺北：衛生署中醫藥委員會，1999 年），頁 7。張等係根據內政部民政司民國 87 年底的統計資料；惟資料細節，尚待進一步澄清。

[24] 有關日治時期殖民政府嚴令禁限使用寺廟藥籤的歷史暨相關議題，請詳筆者另篇討論。See Jin-shiu Jessie Sung. 2012. "Authority, Practice and History: Adoption and Re-creation of *Yaoqian* in Taiwan". *Taiwan Historical Research* 臺灣史研究, vol.19, no.3, pp. 151-200.

宮」、大龍峒「保安宮」更改為不直接派發藥籤籤文給信眾，而僅有籤支（另詳下）。此外，大龍峒「保安宮」也透過中醫藥學的研究，詳細考證每一藥籤籤方之出處、功效及其主治的病證範圍，提供信眾一個更為安全的用藥空間。[25]

這些田野例證在在顯示：藥籤做為一套「宗教醫療」的俗定慣習或實踐策略（practice），其權威性及有效性並不因某些社會條件的遞變或使用頻率的式微，而導致藥籤的文化內涵產生結構性的改變。[26]藥籤既是一套根植於臺灣民間宗教與醫療的慣習或策略，它通常必然指涉一套認知。這套認知是一可資實際操作、達成實效的建構體（a practical operation of construction）。同時，這套建構體之所以能奏效，其所依據的乃是若干能夠用來組織人們感知的概念分類系統（systems of classification），[27]涉及許多不同層次的複雜面相。以下，僅就「籤卜」（divination）醫療操作中的「效力」問題，以及其中所涉「療癒之力」（healing power）如何被賦予的文化認知或社會集體體驗（socially constructed experience）的這些面相，做一初步的探討。

---

[25] 例如，聘請北京中醫藥大學教授主持藥籤處方的考證及編註，並將之整理成冊出版。詳魯兆麟，《大龍峒保安宮保生大帝藥籤解》（臺北：財團法人臺北保安宮，1998 年）。

[26] 就筆者在各地寺廟的田野觀察來看，蔡銘雄將臺灣當代社會藥籤的消失，關聯到醫療「權威」轉換的這個假設，仍必須進一步精緻化；詳氏著：〈消失中的民俗醫療：「藥籤」在臺灣民間社會發展初探〉（東海大學宗教研究所碩士論文，2009 年 6 月），頁 61-64。而陳文寧有關現代社會中影響藥籤發展之關鍵因素的討論，則較為周延。除考量醫療資源普及化與多元化的社會背景之外，同時也慮及籤卜者年齡、宗教信仰、慣用醫療經驗，及意見團體等的影響。詳氏著，〈寺廟民俗療法之探究：以求藥籤的主觀經驗為例〉（臺北醫學院醫學研究所人文組碩士論文，2000 年 7 月），頁 70-100。

[27] See Pierre Bourdier, Outline of a Theory of Practice (Cambridge: Cambridge University Press, 1977), p. 97.

四、藥籤療癒之力的操作機制

藥籤在中國的最早源流為何，目前無法判明，僅知它與中國的符籙系統或「五斗米教」相關。所謂「籤」者，是一種用竹片製成的卜具，置神像前，抽出以占吉凶。按清朱駿聲《說文通訓定聲・謙部》:「籤，叚借為讖。今俗謂神示占驗之文曰籤。」[28]可見，原初為工具性的「籤」，在神占的操作下便具有了「靈力」（spiritual power）的意涵，是一種巫術符籙的型式。《辭海》「抽籤」條解:「於神前設籤，抽取以卜吉凶也。」並見其抽籤方法:「王衍禱張惡子廟，抽籤，得『逆天者殃』四字」;「按今俗謂之求籤，籤插竹筒中，其上記明等次號數，以另紙作韻語，別懸一處，求籤者於前持筒搖之，一籤先落，即持以對取紙籤，視其所書以推吉凶。」[29]

一般而言，臺灣民間信眾遇病到寺廟求取藥籤的方法，大抵與如上抽取一般靈籤（運籤）的方法相同。通常是由病者到廟中供禮、膜拜、請願過後，便可以用手搖動裝有藥籤的籤筒，自藥籤筒中隨機抽出神意所賜的一支籤支來，然後再持之對取籤詩。有時也可以托人代理，不必本人親自前來，只要由代理人在求籤時，告知神明當事人的姓名及詳細個人資料即可。重要的是，信眾在求得藥籤之後，還必須「擲筊」（另詳下），藉以確定此籤是否真為神明旨意所指（參照圖 22-7）。通常，須連續擲出三次「聖筊」才可以確認，若非如此，則必須另抽一支籤來，重新擲筊、再度確認神意。待求得所賜的籤後，信眾最後再拿著這張附有神意的藥籤，到寺廟神明所指定的蔘藥房中抓藥（參照圖 22-8）。[30]按，這種運作方式，信眾在求得藥籤籤支之餘，同時

---

[28] 漢語大字典編輯委員會:《漢語大字典》（武漢:湖北辭書出版社、四川辭書出版社，1988 年），頁 3032-3033。

[29] 轉引自張永勳、何玉鈴等:《臺灣地區寺廟藥籤現況之調查研究》（臺北:衛生署中醫藥委員會，1999 年），頁 12。

[30] 宋錦秀:〈臺灣寺廟藥籤彙編:宜蘭「醫藥神」的系統〉，《宜蘭文獻》，37 期（1999 年），

圖 22-7　大甲「鎮瀾宮」內擲筊求籤的信眾（資料來源：宋錦秀，2000 年間田野工作。）

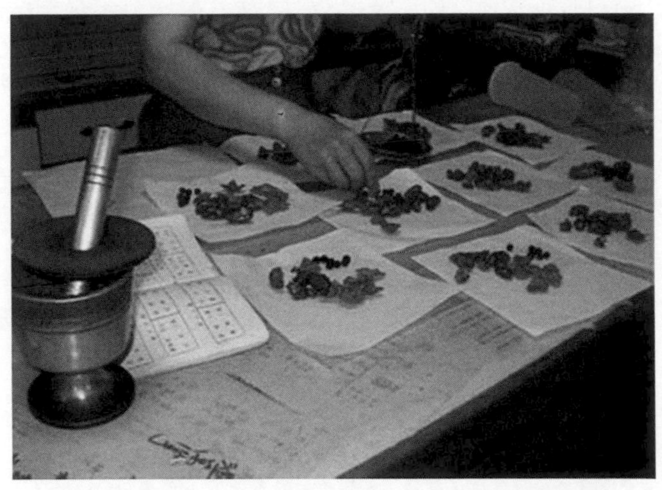

圖 22-8　中藥行執業人員按藥籤／藥簿所示配抓蔘藥（資料來源：宋錦秀，2003 年 5 月大甲地區田野工作。）

頁 6。

也一併獲得了神明所賜下的診療對策或相關醫藥的內容。

不過，民間寺廟也有為了便簡或其他客觀因素的考量，在藥籤運作上僅僅保留了求取籤支的部份，而將藥籤實質內容的資料，另藏於藥簿或傳統漢醫的民間良方之中。這些藥方，信眾可以在廟中依禮求得藥籤筒中的籤支之後，由廟方開立籤方號單（或稱「藥單」），填寫所抽籤支的號序（如「大人，第三十四首」），之後再由信眾憑單至寺廟神明所指定的蔘藥行中抓藥；寺廟本身或藏有藥簿，但並不直接提供此類藥籤或藥方的具體資料。[31]大龍峒「保安宮」、大甲「鎮瀾宮」目前即採取這個方式。此外，也有寺廟因故將籤筒、籤方一併收起，而將全數藥籤依序抄編為籤方號單；求藥籤時不用籤筒，而是由信眾將病症稟明神明之後，逐一依個人喜願的號數擲筊，再以最後擲得「三聖筊」的號碼取得藥單，持單前往神明指定的蔘藥房中抓藥。[32]

比較特殊的是，臺南「興濟宮」信徒求取藥籤時，必須先燃香由神明診斷之後，才可以抽取藥籤。其步驟是：信眾兩手握住三支香在神明之前膜拜，告知症狀，再將此三支香置於手腕上由神明把脈問診，待三枝香的香灰各掉一次到桌上之後，診斷才告完成（參照圖 22-9）。此時，信眾方得以至藥籤筒抽出一支籤來，然後再擲筊請示、確認；亦必須連續擲出三次「聖筊」，才可以完全確認。若非如此，則必須另抽一支籤來重新擲筊、多方確定神意。[33]

至於信者抓藥返家之後，應在「廳頭」（正廳）煎藥，面朝外，並且焚香祈請神明前來。之後，再將香燭插在神明爐或煎藥的烘爐上，[34]亦即所謂

---

[31] 宋錦秀：〈臺灣寺廟藥籤彙編：宜蘭「醫藥神」的系統〉，頁 6-7。

[32] 林美容說明、李俊雄採集：〈彰化南瑤宮的藥籤〉，《民族學研究所資料彙編》，5 期（1991 年），頁 39-40。

[33] 詳參張永勳、何玉鈴等：《臺灣地區寺廟藥籤現況之調查研究》（臺北：衛生署中醫藥委員會，1999 年），頁 23-24；財團法人臺灣省臺南市大觀音亭興濟宮編印：《臺南市大觀音亭興濟宮》（臺南：財團法人臺灣省臺南市大觀音亭興濟宮，2006/2002 年），頁 92。

[34] 資料來源：1996 年宜蘭「五穀廟」、2003 年外埔「三崁福興宮」田野工作。另，詳附錄「徵引

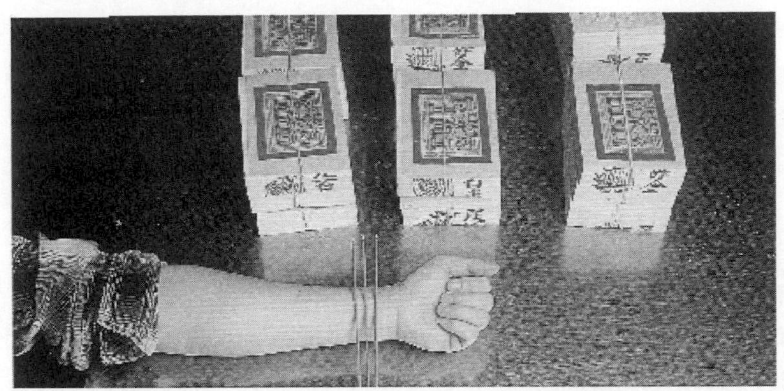

圖 22-9　臺南「興濟宮」燃香把脈求取藥籤（資料來源：財團法人臺南市大觀音亭興濟宮編印，《臺南市大觀音亭興濟宮》，頁 92。）

「到煎藥時，焚香在爐」[35]的做法。因此，服用藥籤有時又稱做「吃香煙」。[36]大甲地區蔘藥房的中醫師[37]指出：「以前老一輩的人煎藥時……並且會告訴神明正在煎藥，若是有藥味不足的地方，還會請神明幫忙再加（藥）上去，這樣效果也會好一點。現在人慎重一點的，只要有點三炷香在爐邊，就算是有誠心的了」。至於信者一次請多少帖藥並不一定，但也必須事先擲筊請示神明。待服用的帖數夠了、要否換藥單時，也要再擲筊問神。礁溪「天農廟」

寺廟暨主祀神明一覽」。

35 亦見「呂帝仙方求方十則」；詳竹林印書局編：《呂帝靈籤仙方》（新竹：竹林印書局，1977 年），序頁 3。

36 林美容說明，李俊雄採集，〈彰化南瑤宮的藥籤〉，《民族學研究所資料彙編》，5 期（1991 年），頁 39。

37 資料來源：2003 年 4 月大甲「裕芳堂」田野工作。主要報導人林葆先生為第五代家傳中醫師，又經中醫師高考及格。「裕芳堂」位在大甲鎮市區，鄰近香火鼎盛的大甲鎮瀾宮。報導人家族熱心地方事務，曾任「臺中縣中藥同業公會」大甲區聯誼會會長（第 15 屆）。乃父林聯芳先生更為該會創會會長，亦是《大甲天上聖母藥籤．并田寮廖先生公藥籤》（大甲鎮：臺中縣中藥同業公會大甲區聯誼會，1981 年）原始藥籤資料的採集者之一，後來並助印成冊。「裕芳堂」為鎮瀾宮指定信眾抓藥、調配「大甲媽祖籤」最主要的中藥行之一，熟稔地方寺廟藥籤的運用和操作。

也指出：「一般來說，信眾在廟中依禮求得藥籤之後，指定的蔘藥行通常一次可能給予三天的藥份。病人服完之後，可以看藥方有效與否，再到廟中另求一次藥籤；或者請配藥的蔘藥行斟酌加、減幾味，甚至依病情狀況，更換處方籤」。[38]甚者，一些素符名望的中藥師還會建議前來抓藥的信者，「若是某一副藥現在（身體）不合吃的話，就會向病人解釋『這藥是神明要你吃的沒錯，但不是要你現在吃』，並且建議他回家之後，用金紙將這藥方寫一寫、當做『化單』，然後點一柱香，再向神明報告本來是要遵照指示吃藥，但因為現在不合，所以就先用『化單』來吃了；藥，必須等到以後再吃」。而信者面對這類建議，大多也都表示歡迎、反映不錯。[39]可見，在抓藥與施藥的實踐過程中，除了「神明」這個主導因素之外，廟公、解籤者、中藥師等不同執事或執業者，對於判定藥籤用藥及因應可能差異的策略運用上，都扮演了醫療中介者（medical medium）的關鍵角色。

五、藥籤占卜醫療的道德文化基礎

值得注意的是，在筆者訪查宜蘭、臺中地區近半數「醫藥神」寺廟的田野經驗中，民間包括寺廟執事、中藥商以及一般信眾類的田野報導人，大都十分強調「藥籤係出於（某某）神明之手」或「藥籤是（某某）神明賜下的藥」，並且務要到神明所指定的蔘藥行配藥。宜蘭「五穀廟」的報導人即表示：「（五穀先帝）藥籤涵蓋的範圍很廣，包括男科、婦科、小兒科。此外，若有跌打損傷、甲狀腺腫大等等，信眾也都會來求『先帝的藥仔』，效果相

---

[38] 詳宋錦秀：〈臺灣寺廟藥籤彙編：宜蘭醫藥神的信仰〉，《宜蘭文獻》，37 期（1999 年），頁 15、19；主要報導人為「天農廟」管理委員會資深委員吳乾助先生。吳先生熟悉廟務及地方典故，有時又兼為藥籤解說者，所述當可呈現社區藥籤使用狀況之一斑。

[39] 資料來源：2003 年 4 月大甲「裕芳堂」田野工作。亦詳前，註 36。

當靈驗」。[40]不過，筆者也觀察到：這些前來求藥的信眾，對於本身所苦的疾病的描述，卻是很含糊的：「我們那個時代大家只知道頭痛、肚子痛、嘴巴苦苦乾乾、發燒這一類的症狀……只知道人很痛苦，到底真的那裡不舒服，不太會講」。[41]亦即，求籤者對於本身疾病症狀的識別，並沒有特定的意識。就如大甲地區調配「大甲媽祖籤」的中藥師所說的：「在大甲地區還是有很多人很相信媽祖……其實，像這藥單上的第一首藥，[42]治頭痛有效，治肚子痛、瀉肚子也有效，是些很平常的、很基本的養生的藥。吃了這些藥有心理因素，就像受到媽祖的保庇，至少沒有害。」[43]臺中外埔田野主要報導人謝炳朗先生（1914-）也提到：「藥籤給的藥都不是很貴的，就幾塊錢而已，相當於現在的十幾塊。不過，這種用青草葉和中藥材配成的藥籤，我以前吃過幾次都很準！記得一、二十年前 [按為 1980 年代前後]，我經常咳嗽，西醫說要驗痰。結果我去廟裡抽了藥籤，拿去中藥店配藥，吃過一次之後就沒有痰了。求藥籤，什麼『症頭』都可以跟神明說，普通感冒、肚子痛也可以；我們一般平常會碰到的，通常就幾樣而已。」[44]

換言之，臺灣民間信仰的一般信眾，當尋求「藥籤」解答自身所苦的疾病問題時，其判準大抵受疾病類型暨其本身病況程度的影響不大。亦即，並

---

[40] 亦詳宋錦秀：〈臺灣寺廟藥籤彙編：宜蘭醫藥神的信仰〉，頁 15、19；主要報導人為「五穀廟」資深管理人吳先生及耆老信眾林老太太。

[41] 蔡欣茹：〈黃財龍、游金生先生訪談錄：尾塹保安宮保生大帝醫療軼事〉，《宜蘭文獻》，37 期（1999 年），頁 98。按，報導人為宜蘭三星「保安宮」（保生大帝廟）信眾暨村落耆老游金生先生（1913-）。

[42] 按為「灶心土、鳳凰退各一錢，風蔥蒂帶根一支，燈心七條；水壹碗煎五分」。

[43] 資料來源：2003 年 4 月大甲「裕芳堂」田野工作。亦詳前，註 36。

[44] 資料來源：2003 年 11 月及 2004 年 2 月田野工作，訪談採團體訪談方式於 2003 年 11 月 30 日及 2004 年 2 月 28 日進行。主要報導人謝炳朗，生於大正 3 年（1914），大正 12 年開始到鄰鄉后里地區修習漢文。大正 13 年就讀大甲公學校，昭和 5 年（1930）考上大甲公學校高等科，後因經濟因素就學未及一年即休學。昭和 8 年（1933）曾至基隆水產講習所就學，旋一個月後即棄學。同年結婚，時年二十。謝先生為外埔三崁村年歲最長的耆老之一，熟悉地方歷史、風俗慣習，亦當年少數接受中高等教育者，在鄰近地區素有德望。

非四方求醫無效或一般藥物無法治癒的人，才會特定選擇「求籤」這個替代的策略。這些現象，一方面顯示在宗教醫療的病例中，患者／信者往往對器官性疾病、功能性疾病、心理性疾病等，並無明顯的區分。[45]另一方面，在「現代」醫療資源相對匱乏或醫療選擇相對稀有的年代，求取藥籤其實是一種廣被認知的、非常生活化的醫療策略。

以竹林版《呂帝仙方》刊本為例；至少在 1970 至 1980 年代以前，《呂帝仙方》做為一種通行臺灣民間社會的「醫藥便覽」，可以提供民間信眾自備籤籌、籤筒，在家應用。重要的是，

> 凡欲求方……必將病勢情形，寫齊稟章，先列案上。倘或未及寫稟，亦要跪稟明悉。務要誠敬，潔淨堂內、神棹敬器、手面、衣服等，虔備清茶香燭。宜加敬果清酒，或設香案，於當空焚香跪請聖駕降臨，後即俯伏。緩半刻，恭待神降，轉向尊前三跪九叩首後，再跪，恭稟或恭讀所要懇求事項。後即連請三筶 [筊]，能得有二勝者，然後乃可求方。倘三筶 [筊] 之中無一勝者，便不宜求矣。須改時或改日求之為妙。凡求方或自求，或代求，務要一心誠信，然後所求應效。倘或狐疑或自行加減，反足自誤。[46]

要言之，「潔誠盡敬，聽命於神，一心求方」正是信眾自我檢證所求之方能否「盡應其效」的道德詮釋基礎。整體而論，求籤程序的嚴謹性最為強

[45] 從西方醫學的角度來看，筆者亦認為「藥籤所治療的病痛有其侷限性」，一般包括那些沒有立即生命威脅的慢性病、隨病程發展可能自行痊癒或緩解的輕症，以及因心理或人際關係失調而引起的身心症；詳蔡銘雄：〈消失中的民俗醫療：「藥籤」在臺灣民間社會發展初探〉（東海大學宗教研究所碩士論文，2009 年 6 月），頁 52-56。不過，以上的說法，並不能真正呈現籤卜信者或患者對各類不同疾病的辨識。

[46] 語出「呂帝仙方求方十則」；詳竹林印書局編：《呂帝靈籤仙方》（新竹：竹林印書局，1977 年），序頁 2。

調，攸關所得藥籤神聖效力的有無及其靈驗程度。其中，「擲筊」更是所有求籤過程中最為關鍵的一個操作機制。

一般而言，臺灣各地寺廟大抵都會要求信眾遵守一些基本的求籤程序：[47]首先，求籤時一籤僅能問一件事情，而且必須先「請筊」，在求得「聖筊」之後才能進行抽籤。其次，當抽到籤支之後，信眾猶必須擲筊請教神明該籤支、籤號是否正確，且必須連續擲得三次「聖筊」後，才可完全確定。至於「請筊」程序，亦嚴謹分明；首先，必須先向神明告明請筊者的姓名、生辰、住址及其所求事項。請筊時，一次僅可請示一件事情、擲一次筊。信者若得到「聖筊」（筊面呈現一陰一陽），表示「好」或「可」，象徵神明已經了解請筊者的心意，或所求之事可行。反之，若擲得筊面呈現二陰面，稱為「陰筊」或「伏筊」，表示「不好」或「不可」，象徵神明已經發怒，或請求無效之意。倘若擲得筊面呈現二陽面，稱為「笑筊」，表示請筊者陳述不明、神明無法裁示，或請筊者明知並無機緣而仍然執著者，也象徵神明冷笑、主意未定，或須斟酌另次請示。在這種情況下，求者必須放棄此籤，並一直待擲出「聖筊」之後，才能再重新求籤。由此來看，這一步步「請筊」、「擲筊」的固定程序，其實就是一套分攤風險、「多重確認」的機制。

換就策略操作的本質而論，「擲筊」就是「占卜」（divination）的一個基本型式，亦即旨在透過「神諭」（oracles）、預測未知的一種儀式操作；[48]「占卜」或是一種「知曉」（ways of knowing）的替代方式。[49]就實際操作的層面

---

[47] 以下綜合性的理解，得自 1997 年大龍峒「保安宮」、2001 年外埔鄉寺廟調查，以及 2003 年大甲「鎮瀾宮」等田野工作。

[48] E. E. Evans-Prichard (1937) 的經典研究，曾對「占卜」（divination）下了一個基本定義：對於 Azande 人來說，「占卜」是透過一些文化性的試驗和邏輯去發現「未知」的一種方法（a method of discovering what is unknown, and often cannot be known, by experiment and logic），而「神諭」（oracles）正是被假設為可以去揭露「未知」的一些技術。See E. E. Evans-Prichard, Witchcraft, Oracles and Magic among the Azande (Oxford: Oxford University Press, 1937), pp. 10-11.

[49] See Michael Winkelman and Philip M. Peek eds., Divination and Healing: Potent Vision (Tucson: The University of Arizona Press, 2004).

來說，在這種請示神諭的占卜過程中，必須使用非常準確的語言，即如「聖筊」、「笑筊」、「陰筊」等的明確判準。而在一次次筊杯起落之間，成敗可以立判，這不僅即時檢驗了擲筊者的宗教心理狀態及其「潔誠盡敬」的道德強度，擲筊操作的「目的性功能」也可以在瞬時之間有效評估，同時逐次增強了這一儀式操作的靈驗度。臺中外埔田野主要報導人謝榮金（1931-）的一些經驗，很能傳達這種擲筊過程中「有心就會順，無心就冇效」的道德心理狀態：[50]

> 自從我開始獨力辦事以來，從來至今這麼多年，我沒有擲過到第三筊才求到「聖筊」的，都是一次得「聖筊」的占大多數，二次才「聖筊」的算是例外。例如在拜天公時，如果大家有誠心，我都會叫大家當天一定要吃素；頭人要吃素，我也要吃素，表示自己的誠心誠意。所以拜神的事，「有心就有神，無心就冇神」，是可以這麼說的。
>
> 有一年拜天公，還沒有擲筊之前我就知道那晚擲不到筊！第一個原因是，那天頭人不知道要請土地公回娘家，土地公還沒有回來。第二是，很多人不知道那天要吃素。第三是，（祭典）時間快到了，催了很久人才來，也是沒有誠心誠意。結果不出我所料，那晚第一次果然得出來的是「陰筊」。後來，我叫那些沒有吃素、有犯錯的一起來向神明謝罪，擲出來的果然是「笑筊」。最後，我再擲一次，心想大家悔過之後、神明若不再順我的意，讓我三次都擲不到聖筊，以後我就不再代理村內的大事了。

總觀之，以上幾個面相在在都揭示著一個文化事實：求取藥籤是臺灣漢

[50] 資料來源：2003 年 4 至 5 月間田野工作。主要報導人謝榮金，生於昭和 6 年（1931），外埔公學校卒業，經年自修漢文，熟諳各類法會科儀、經輯，以及齋醮等上表疏文的書寫。謝先生接手主持外埔「福興宮」頌經團事務並擔綱地方祭祀活動，已近二十年，頗富德望。

人鄉民社會的一種集體論述；它的基本前提，乃是建立在以道德、敬誠為基礎的占卜操作的邏輯上。對於以藥籤來治病的民間信眾來說，選用此一策略並非全然因著藥籤方中的藥物或治療對策有效，而是因著指示藥籤運用的神明有效，正所謂「潔誠盡敬，聽命於神，一心求方」所致。換言之，寺廟藥籤是藉用神明之力來診斷疾病、治療疾病，甚而評價疾病、解釋疾病，並且透過占卜、籤文、儀式等象徵操作達成預期「療效」（efficacy）的一種過程；透過「占卜問疾」的文化操作，藥籤在某類疾病經驗中也隱然具有了「提示性」（suggestive）的醫療作用。[51]此類「宗教醫療」，是大大有別於氣功、丹道、導引等「民俗醫療」或「養生醫療」之屬的。

六、代結語：藥籤「療癒」再探

相較於臺灣民間巫醫系統必須透過道士、尪姨、童乩等「靈媒」（spiritual medium）或其他民間療者（folk healer）為中介，藥籤的求取強調的是一套必須嚴格謹守的固定程序或步驟，在實際的操作面上較為「確認化」（institutionalized），毋需假托於其他中介之「人」；一般籤卜者只要掌握了術數操作的程序或步驟，即可以掌握到藥籤被賦予的「療癒之力」（healing power）。藥籤作為一種占卜醫療，雖然仍必須憑賴一些物質性的基礎，例如，求籤時所運用到的籤支及籤詩、問卜時所擲的筊，以及神明可能賜下的方藥等等；不過，大凡在這類「宗教醫學」的治療過程中，尋求一個文化認可而信者／患者本身又可以理解的「病因」，遠較疾病症狀之去除更為重要，而這個「病因」又往往與該文化體系中的宇宙觀、道德觀或價值觀等，緊密勾

[51] 與此參照的是張育銓有關童乩所開「神明單」的療效研究；參見張育銓，〈神明單的醫療人類學分析——以新竹為例〉（國立清華大學社會人類學研究所碩士論文，1996年7月）。

聯。[52]就如 Bunyole 人透過占卜去確認那些不幸或惡運的起因或探知那些「不確定的事物」（uncertainty）[53]一般，在超經驗的層次上，藥籤這宗教醫療透過「占卜」等的操作，有時更可以進而為患者解釋「為何是你，而不是別人？」，以及如何對應不幸或「不確定性」的這類終極的問題。

不過，寺廟藥籤做為一套「宗教醫療」的俗定慣習或實踐的策略（practice），其如何成為俗民日常生活具體而微的醫療過程，並且在日常「疾病」（illness）經驗的脈絡中創造性地「再現」（representation），所依憑的應不止於籤本文字或文本傳統的權威而已。筆者以為，在本文有關藥籤「占卜問疾」文化機制的基本掌握之外，我們最終仍必須回到籤卜信者或患者的生活世界，進一步進行有關疾病敘事或故事（narratives or stories）的分析。[54]換言之，如何掌握信者／患者呈現於敘事中的疾病經驗，如何在信者／患者的疾病敘事中重構或理解一群人們共有的社會文化情境；或者更具體地說，如何掌握文本、敘事、經驗三者間交互作用的複雜過程，如何由信者／患者的疾病敘事中，透析藥籤本文所提肉體、心性、道德、鬼祟等等反映於集體生活經驗的過程，從而彰顯出漢人文化建構下之「疾病」的特定意義，將是我們未來進一步探討藥籤療癒文化與疾病的研究途徑。

---

52 亦見張珣：《疾病與文化》（臺北縣：稻鄉出版社，1994 年），頁 17-24。

53 See Reynolds Whyte, Questioning Misfortune: The Pragmatics of uncertainty in Eastern Uganda (Cambridge: Cambridge University Press, 1997).

54 相關重要研究，可參 Arthur Kleinman, The Illness Narrative: Suffering, Healing and the Human Condition (New York: Basic Books, 1988); Arthur Kleiman, Veena Das, and Margaret Lock eds., Social Suffering (Berkeley: University of California Press, 1997); Byron Good, Medicine, Rationality and Experience: An Anthropological Perspective (Cambridge: Cambridge University Press, 1994); Cheryl Mattingly, Healing Dramas and Clinical Plots (Cambridge: Cambridge University Press, 1998); Cheryl Mattingly and Linda Garro eds., Narrative and the Cultural Construction of Illness and Healing (Berkeley: University of California Press, 2000).

參考書目

三崁村福興宮編

刊年不詳　《三崁村福興宮五穀大帝靈籤籤解》。臺中縣外埔鄉：三崁福興宮。

不著撰人

1959　《嘉義管內采訪冊》，（文叢第 58 種）。臺北：臺灣銀行經濟研究室。

王必昌

1961　《重修臺灣縣志》，（文叢第 113 種）。臺北：臺灣銀行經濟研究室。

王義夫搜集抄錄

1981　《大甲天上聖母藥籤・井田寮廖先生公藥籤》。臺中縣大甲鎮：臺中縣中藥同業公會大甲區聯誼會。

吉元昭治

1990　《臺灣寺廟藥籤研究》。臺北：武陵出版有限公司。

竹林書局編

刊年不詳　《關聖帝君・城隍爺公正百首籤解》。臺北：竹林書局。

1977　《呂帝靈籤仙方》。新竹：竹林印書局。

宋錦秀

1998　〈臺灣的「醫藥神」信仰〉，《文化視窗》，第 5 期，「民間信仰」專論。南投市：臺灣省政府文化處。

1999　〈臺灣寺廟藥籤彙編：宜蘭「醫藥神」的系統〉，《宜蘭文獻》，第 37 期。宜蘭縣：宜蘭縣文獻委員會。

2011　〈寺廟藥籤療癒文化與「疾病」的建構〉，《臺灣文獻》，第 62 卷，第 1 期，「民俗宗教與醫療」專刊。南投縣：臺灣文獻委員會。

沈茂蔭

1962 《苗栗縣志》，（文叢第 159 種）。臺北：臺灣銀行經濟研究室。

周鍾瑄、陳夢林

1962 《諸羅縣志》，（文叢第 141 種）。臺北：臺灣銀行經濟研究室。

宜蘭縣政府民政局編

1979 《宜蘭縣寺廟專輯》。宜蘭：宜蘭縣政府。

林　豪

1963 《澎湖廳志》，（臺灣文獻叢刊第 164 種）。臺北：臺灣銀行經濟研究室。

林百川、林學源

1960 《樹杞林志》，（文叢第 63 種）。臺北：臺灣銀行經濟研究室。

林美容說明、李俊雄採集

1991 〈彰化南瑤宮的藥籤〉，《民族學研究所資料彙編》，第 5 期。南港：中央研究院民族學研究所。

邱年永

1993 《臺灣寺廟藥籤考釋》。臺南縣學甲鎮：全國保生大帝廟宇聯誼會。

施振民收集

1977 《北港朝天宮聖籤‧附聖籤解、藥籤三種》。雲林縣北港鎮：北港朝天宮。

胡建偉

1961 《澎湖紀略》，（文叢第 109 號）。臺北：臺灣銀行經濟研究室。

倪贊元

1959 《雲林縣采訪冊》，（文叢第 37 種）。臺北：臺灣銀行經濟研究室。

財團法人臺灣省臺南市大觀音亭興濟宮編印

2006（2002） 《臺南市大觀音亭興濟宮》。臺南：財團法人臺灣省臺南市大觀音亭興濟宮。

張 珣

1994 《疾病與文化》。臺北縣：稻鄉出版社。

張永勳、何玉鈴等

1999 《臺灣地區寺廟藥籤現況之調查研究》。臺北：行政院衛生署中醫藥委員會。

張育銓

1996 〈神明單的醫療人類學分析——以新竹為例〉（國立清華大學社會人類學研究所碩士論文。

陳文寧

2000 〈寺廟民俗療法之探究：以求藥籤的主觀經驗為例〉，臺北醫學院醫學研究所人文組碩士論文。

陳泰昇、林美容等

2001 〈臺灣藥籤的成籤時間及其影響因素〉，「醫療與文化」學術研討會宣讀論文。南港：中央研究院民族學研究所、臺灣史研究所籌備處合辦，2001 年 10 月。

陳培桂

1956 《淡水廳志》，（研叢第 46 種）。臺北：臺灣銀行經濟研究室。

陳淑均

1957 《噶瑪蘭廳志》，（臺灣研究叢刊第 47 種）。臺北：臺灣銀行經濟研究室。

游謙、施芳瓏

2003 《宜蘭縣民間信仰》。宜蘭：宜蘭縣政府。

道成居士編著、草蘆主人主修

1988 《全省寺廟靈籤註解》。臺南：正海出版社。

滿庭芳出版社編

1990 《靈籤詳解》。臺北：滿庭芳出版社。

漢語大字典編輯委員會

1988 《漢語大字典》。武漢：湖北辭書出版社、四川辭書出版社。

劉良璧

1961 《重修福建臺灣府志》，（文叢第 72 種）。臺北：臺灣銀行經濟研究室。

蔡欣茹

1999 〈黃財龍、游金生先生訪談錄：尾塹保安宮保生大帝醫療軼事〉，《宜蘭文獻》，第 37 期。宜蘭縣：宜蘭縣文獻委員會。

蔡振豐

1959 《苑裏志》，（文叢第 48 種）。臺北：臺灣銀行經濟研究室。

蔡銘雄

2009 〈消失中的民俗醫療：「藥籤」在臺灣民間社會發展初探〉。東海大學宗教研究所碩士論文。

鄭鵬雲、曾逢辰

1959 《新竹縣志初稿》，（文叢第 61 種）。臺北：臺灣銀行經濟研究室。

魯兆麟

1998 《大龍峒保安宮保生大帝藥籤解》。臺北：財團法人臺北保安宮。

Bourdier, Pierre. Richard Nice, trans.

1977 *Outline of a Theory of Practice*. Cambridge: Cambridge University Press.

Evans-Prichard, E. E.

1937 *Witchcraft, Oracles and Magic among the Azande*. Oxford: Oxford

University Press.

Jin-shiu Jessie Sung

2012 "Authority, practice and history: adoption and re-creation of *yaoqian* in Taiwan". *Taiwan Historical Research* (臺灣史研究), vol.19, no.3, pp. 151-200.

Whyte, Reynolds

1997 *Questioning Misfortune: The Pragmatics of Uncertainty in Eastern Uganda*. Cambridge: Cambridge University Press.

Winkelman, Michael and Philip M. Peek eds.

2004 *Divination and Healing: Potent Vision*. Tucson: The University of Arizona Press.

附錄：徵引寺廟暨主祀神明一覽表

寺廟名	座落處	主祀神	資料來源
五穀廟	宜蘭市	神農大帝	宋錦秀（1996）田野工作
南興宮	宜蘭市	註生娘娘	宋錦秀（1998）田野工作
天農廟	宜蘭縣／礁溪鄉	神農大帝	宋錦秀（1999）
保安宮	宜蘭縣／三星鄉	保生大帝	宋錦秀（1999）
鎮安宮	宜蘭縣／三星鄉	保生大帝	宋錦秀（1999）
保安宮	臺北市／大龍峒	保生大帝	魯兆麟（1998） 張永勳等（1999） 宋錦秀（1997）田野工作
指南宮	臺北市／木柵	孚佑帝君	張永勳等（1999） 宋錦秀（1997）田野工作
雲洞宮	苗栗縣／頭屋鄉	天上聖母	林美容、李俊雄（1991）
濟世宮	苗栗縣／頭屋鄉	關聖帝君	張永勳等（1999）
元保宮	臺中市	保生大帝	張永勳等（1999） 宋錦秀（1997）田野工作
鎮瀾宮	臺中縣／大甲鎮	天上聖母	張永勳等（1999） 宋錦秀（1997、2003）田野工作
福興宮	臺中縣／外埔鄉	神農大帝	宋錦秀（2003）田野工作
聖賢宮	臺中縣／霧峰鄉	神農大帝	宋錦秀（1997）田野工作
聖南宮	臺中縣／清水鎮	孚佑帝君	宋錦秀（1997）田野工作
南瑤宮	彰化市	天上聖母	林美容、李俊雄（1991）
天后宮	彰化縣／鹿港鎮	天上聖母	許雪姬提供
朝天宮	雲林縣／北港鎮	天上聖母	施振民（1977） 林美容、李俊雄（1991） 宋錦秀（2002）田野工作

寺廟名	座落處	主祀神	資料來源
興濟宮	臺南市	保生大帝	張永勳等（1999） 宋錦秀（2010）田野工作
慈濟宮	臺南縣／學甲鎮	保生大帝	張永勳等（1999） 宋錦秀（2010）田野工作
保安宮	臺南縣	保生大帝	邱年永（1993）

第二十三章　北部正一派道士的補春運儀式*

許麗玲
自由作家與心靈探索者

本章大意

本文以臺北市大稻埕媽祖廟的駐廟道士所行補春運儀式為對象，主要探討這儀式在春節期間舉行所具有的時間意義，進而分析中國民間傳統的時間及時序觀。另外文中也透過儀式過程的描述，分析法事儀式中驅邪除煞的象徵意義。從補春運的儀式中，可看到其蘊含豐富的象徵符碼，中國傳統思想中的陰陽觀念處處表現在儀式的運作上。另外一個值得注意的是，在儀式中與身體有關的意象，如替身的使用就是十分明顯的例子。生命中屬陰的、隱微的意識，可能指涉人體的整體意識，也就是說，補春運儀式所針對的不只是單純潛藏在人心理中的危機感，同時也涵蓋到整個身體所意識到的危機。在儀式行為這個文化設計中，可能包含比被壓抑的個人衝動還要更廣、更深的集體潛意識。在宗教的儀式當中可看到，人的身體意識和語言並無多少直接關聯，反而和非語言或是流露在語言之外的象徵符碼有密切關聯。

* 本文曾在一九九八年二月份於中研院民族所「臺灣民眾宗教系列演講會」上初步發表。後以〈臺灣民間信仰中的補春運儀式——以北部正一派道士所行的法事儀式為例〉刊於《民族學研究所資料彙編》13 期（1999 年 2 月）：95-129。

一、前言

臺灣民間每逢農曆春節，從大年初二開始，無論是地方上的廟宇或是私人經營的神壇，都設有為民眾補春運的儀式，每一年都會引來大批的信徒，前往補運的人潮往往要到元宵過後才有稍減，不過整個補春運儀式則可持續到月底。此種吸引大批信眾的儀式，也為廟宇及行使儀式的神職人員帶來大筆的收入，甚至是一整年的主要收入，例如臺灣北部大多數的正一派道士就是以開春的補運儀式及平日的小法事為主要的經濟收入。

北部的正一派道士所傳承的儀式有所謂的「道法兩門」，二者分別代表著不同的儀式傳統。「道」指的是道教儀式，例如：醮典及禮斗法會等大型的儀式。而「法」指的是法術儀式（或巫法儀式），其儀式內容大多是屬於驅邪治病的範圍，除了一些較大型的如：「法場」、「祭路煞」等儀式，會到事主家中或出事的地點去做之外，其餘都是日常在社區廟宇或道士自家的道壇中所行使的驅邪法事。這類法事儀式的規模都不算大，通常從五分鐘到二、三十分鐘不等，其對象也有別於道場祈福儀式以信仰圈或生活同體為主，而以家庭或個人為主。補春運儀式即是屬於小型的法事儀式，因此文中在描述儀式過程時，又會以「法師」來稱呼行使儀式之人[1]。本文以臺北市大稻埕媽祖廟的駐廟道士所行的補春運儀式為對象[2]，主要探討這項儀式在春節期間舉行所具有的時間意義，進而分析中國民間傳統的時間及時序觀。另外文中也透過儀式過程的描述，分析法事儀式中驅邪除煞的象徵意義。

---

1 由於兼習有關道、法二門的儀式傳統，道士或法師的身份有時是完全混合在同一場儀式之中，很難絕對的區分，但如果就儀式本身來看，仍然可以區分出其不同的傳統。

2 本文所根據的田野調查工作時間，乃是從民國 85 年 10 月開始直至 87 年 5 月止，除了集中在春節期間的補運儀式之觀察記錄之外，平時在廟中所進行各種祭改、補運儀式，也都在觀察的範圍之內。

二、過年、流年及補春運

翻遍各種臺灣民俗節慶的書籍與文章，都找不到有關新春補春運的記載，根據媽祖廟的朱道長[3]所言，補春運儀式的由來與依據是：農曆正月為三陽開泰之際，也是補運的最佳時機，臺灣北部靠近基隆、宜蘭、礁溪一帶（大多為漳系移民），有在新春期間延請法師到家中作大型補運儀式的習俗，此稱為「補乾運」。至於現今在廟宇及道壇中的小型補春運儀式，則是近二、三十年來才普遍盛行的。如果要對這個儀式作歷史上考證，則可從目前觀察到的補春運儀式中所祭送的神煞來看，這些神煞都是中國傳統星命術中的星名，其歷史淵源根據侯錦郎在“The Chinese Belief in Baleful Stars”一文中所作的考證[4]，可追溯至先秦戰國時代。本文的重點乃是在探討儀式本身的象徵意義，所以只就目前田野所見的作為討論的對象。補春運儀式普遍見於臺灣南北各地，這個儀式也可見於春節期間之外，一般稱為「補運」或「祭改」。之所以著重在新春期間舉行，主要是因為過年時民間有安太歲的習俗，但是除了這個因素之外，如果從年節這個特殊的節日時序來探討，補春運儀式蘊含有相當豐富的時間象徵意義。

首先要探討的是時間的意義，為何在農曆的新春正月舉行這種驅邪儀式？這又與民間一般在新春期間謹守各式禁忌，唯恐觸犯諸多不祥的心態有無矛盾？首先我們從字義上及本地民俗來探討「年」及「過年」的時間意義，另外則要探討在臺灣民間信仰中十分重要的的「流年」觀念，以了解個人的

---

[3] 朱道長年約四十多歲，本名朱建成，小名堃燦，父、祖三代均擅道法，道壇位於臺北縣蘆洲鄉的顯妙壇，平日朱道長大都駐守於大稻埕媽祖廟中。朱道長本人師事桃園客籍道長黃乾，其道法傳承屬北部正一派的劉厝派道士，有關臺北一帶的正一派道士傳承，參閱勞格文（Jhon Lagerwey）著，許麗玲譯，〈臺灣北部正一派道士譜系〉，《民俗曲藝》第 103 期，頁 31-47，1996.9。

[4] In *Facets of Taoism, Essays In Chinese Religion*, Edition By Holmes Welch and Anna Seidel, 1979, Yale University Press, New Haven and London.

命運乃至家運和整體宇宙時間的運作關係。

（一）過年

「年」在說文的解釋是「禾熟也」，意指冬末農作盡收的時序，是以大地的季節及農作的收成來區分時間。這在臺語中就更明顯了，臺語稱一年為「一冬」，指的就是這種季候時間。另外年又可稱為「歲」，而「歲」指的則是歲星運行一度的時間，「歲星」即是木星，根據文獻考證[5] 可知最晚約在戰國時代就發現歲星運行黃道（即太陽行經的軌道）一周的時間約為十二年，因此就將歲星運行一周天的路徑分為十二段，名為「十二次」，歲星每運行一「次」也就是一年。傳統民間的習俗中，各種年節慶典中以過年最為受到重視，除了在年前歲末就有許多習俗及食物的準備之外，過年夜的全家團圓及大年初一人人見面還要互道「恭喜」。關於這點還有一個廣為人知的傳說[6]：年是一個怪獸，它會在歲末冬尾時吞食人們，後來人們得知以桃符、鞭炮等物可以厭勝此獸，因此每到過年家家戶戶就在門前掛桃符、放鞭炮及敲鑼鼓，而人們碰面時也會心喜安然逃過年獸而互道「恭喜」。這個傳說及過年期間種種的禁忌，充分呈現了過年所具有的「過渡儀禮」性質，如果以 Van Gennep 的理論來看，則更可看出其象徵意義。Van Gennep 所提出的過渡儀禮一詞其法語原文為「Rite de passage」，「passage」中文譯為「過渡」，而法語中此字除了有代表特定時間的意思之外，尚有「通道」、「渡口」等代表某一特定地點之意，另外還有一個同字根名詞「passe」也有「關卡」、「關口」等意義。再者，過渡儀禮又可見於個人或群體生命中的危機時刻，所以也可稱之為「Rite de crise」，中文譯為「危機儀禮」。總而言之，臺灣民間在過年後的補春運儀式，不論是就宇宙時序的關口（如過年）而言，或是人類生命時序的

---

5 參見劉波、張文主編，卓曰編撰，《四庫全書術數大全——算命術、星命術》，海南出版社海南國際新聞出版中心，1994.6 再版。

6 這是一則普遍流傳在民間的傳說，至於相關的歷史文獻的記載則有待進一步的考據。

危機（如下文將提到的流年不利），都符合了上述的過渡儀禮的理論範圍，在儀式過程中，我們可看到處處充滿了豐富意涵的象徵，例如：儀式中需要「祭關限」即是一端。

（二）流年與補春運

民眾根據何種理由前往廟壇行補春運的儀式呢？這又與中國傳統的星命學說有所關連。每到年末交春之際，臺灣民間就會出現大批印贈的農民曆，同時書店報攤也販售有比農民曆還要詳細的通書（或稱皇曆、黃曆），這些曆書除了標示傳統天文學所推測出來的節氣以供農作參考之外，還有一個十分重要的用途，那就是流年的推算。星命術中所謂的流年即是算命的當年，而「流年」的「流」在字意上應作「輪流」或「流轉」解，指的就是星命術中年運的循環。我們常可在臺灣的各大小廟宇及私人神壇中，看到一種形式簡單的流年圖，以下就是臺北市大稻埕媽祖廟所看到的流年圖（參見附錄一）：

一進媽祖廟裏，在大殿供桌顯眼處就可看到一張印在桃紅色紙上的流年圖，這是駐廟的道士朱堃燦所印的，這張流年圖也就是朱道士每年為人補春運的理由依據[7]。上頭是以十二生肖為排列順序，每一生肖包含八個年歲，也就是說從一歲的新生兒到九十六歲的老人，今年的運氣都涵蓋在這張圖中。再從圖內的文字來看，除了寫明地點是大稻埕媽祖廟（「媽祖宮」），還有介紹其本身為：「道士朱建成（堃燦）」，此外還寫明其職務所司：「朱明理擇日館」及「擇日、命卜、專門吉事」。從這兒我們可看到朱道士除了行使道法儀式之外，還兼學有五術中的命相（尤其是星命術）及卜卦。

從這張流年圖中，可以看到在十二生肖底下分別排有十二個輪值的神煞

---

[7] 這張流年圖普遍為北部正一派道士所使用，並以此作為平日為人祭改、補運的推算依據，至於其來源，朱道士謂：此為臺灣中部一星命家「鐵筆子」所傳。坊間也常可見到類似的流年圖，因此應是相當民間化的星命圖。

[8]，這些神煞也大都出現在祭改儀式的唸辭中[9]，依序（由當年生肖算起）是：一太歲、二太陽、三喪門、四太陰、五官鬼（五鬼）、六死符、七歲破、八龍德、九白虎、十福德、十一天狗、十二病符、十三飛簾。這些神煞都是星命術中的星名，其實星命術中的神煞數目相當繁多，應該不止這些。北部正一派道士在行使祭改儀式的唱唸中，也會提及這十二個流年的神煞——其實應是十三個。之所以會有十三個，是因為這些神煞不只代表十二生肖的流年運勢，同時也代表十二個月份的運勢，而第十三「飛簾」星則代表閏年多出的那一個月份。

這十二個神煞的排法是從當年的生肖開始算起的，圖中就以今年的生肖「虎」為太歲所在，因此屬虎之人在年初時需要安太歲，流年圖的最下一欄則列出當年的運勢歌，比如屬虎之人今年的運氣是：「太歲當頭座，無災必有禍。寧可直中取，不可曲中求。宜安太歲星君保平安。」接著，第二太陽則排在右邊的牛生肖，以此類推。換言之，十二神煞的次序是不變的，其運行的順序是由十二生肖分別依順時針方向進入十二流年神煞之中，以圖表示應如下圖：

[8] 這十二神煞又稱為「流年十二神煞」或「十二月建」，也都是傳統星命學中的術語。參見註 3。

[9] 流年圖中屬猴的那一欄之下寫明「安太歲」，其下又有解釋「宜送歲破」，也就是輪到第七歲破星。另外屬羊的有「紫微星高照」也就是第八的龍德星，還有屬蛇的應是第十福德星，但流年圖中只註明「偏沖」要「安太歲」，其下註解是「年煞宜蓋魂」。

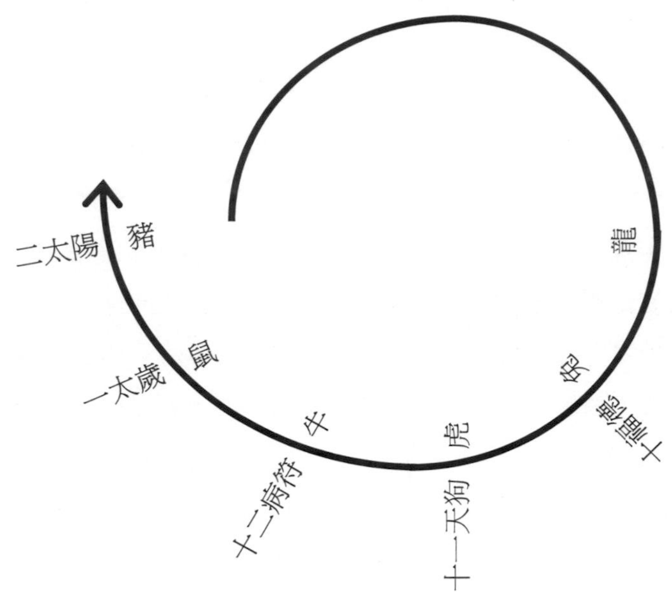

（繪圖：高宇衡）

上述十二神煞在民間最常被提及的是太歲、五鬼、天狗、白虎等四個凶星，侯錦郎的文章中就對這些凶星信仰作了十分詳盡的歷史考證，文中並也以臺灣南部所收集到的法事抄本，來探討凶星信仰在臺灣民間所具存的樣貌。作者在其論述中也提及，雖然民間的凶星信仰和古老的星相及星命學有關，但在民間則呈現出更簡單素樸的特質，例如太歲、天狗及白虎等凶星就脫離了不少星命的色彩，而更具體的以人或動物的形相和屬性表現出來。關於這種民間信仰的素樸特質，我們也可在上述十二神煞的口訣運用中看出，這個簡單的口訣將宇宙的時間給安置在一個循環不已的狀態中，這個時間循環所包括的範圍可說上至國家、小到個人。因此前來廟宇的民眾在參考過這張流年圖之後，就會明白今年自己及家人要作何種儀式來「補運」。所以補春運雖然也是屬於驅邪儀式，但是唯一不同於其他常見的驅邪儀式之處是：補春運儀式是防範未然的儀式，而其他常見的驅邪儀式則大多是事後補救的法事[10]。

在整個儀式中，最重要的是民眾必須提供自己及家人的生辰八字，以便法師為他們書寫補運的疏文。此處我們可以看出其象徵意義：過年是一個宇宙時序的門檻，而代表個人命運的生辰八字也是來自天體運作的規律，藉由儀式的運作，又可將三個不同的時間聯接在一起；那就是過去、現在及未來。八字代表的是過去發生的某一特定時段（個人出生的時間），而舉行儀式的過年時節是現在的時間，透過儀式則可對未來（流年運氣）發生影響。如此我們可以用下圖來表示這三個時態的關係，這應該是一個直線的形式：

過去　↓　（出生的時間）
現在　↓　（舉行儀式的時間）
未來　↓　（即將來臨的一年）

但是很快地我們就會發現，這樣的圖是無法完全解釋中國傳統的時間觀及生命觀，主要的關鍵在於傳統的時間觀念是循環不已的，也就是說上圖的流年平面圖比較接近這種傳統的時間觀，更完整的應以下圖來表示：

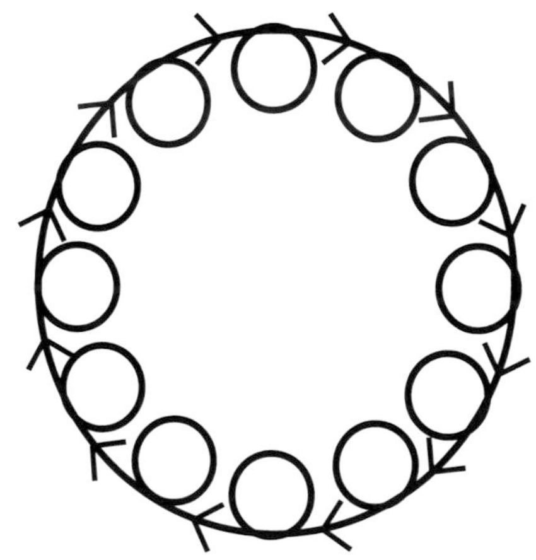

10 當然這是一個大致的區別，但是事先預防和事後補救的區別有時也會出現在同一場儀式之中。

上面的圖表可說是中國傳統民間的時間觀，呈現的圖形是封閉的十二個向右旋轉的螺旋體。因為按照十二流年的觀念，時間的循環是每十二年就會再回到原點，也就是說時間的意義既非無限的直線向前，也不是無限延伸的旋繞，而是有限的、封閉的（每十二年回到原點）循環。在循環範圍之內的就是我們所認識的時間，但那是「有限」的，至於「無限」則存在於循環之外。因此所謂的時間指的是可知的（或是可預知的）、有秩序的生命存在的狀態，相對於時間之外的則是無限、不可知、非存在的，或是非生命、無秩序的混沌狀態。這使人聯想起常見的輓聯用語：「一別千古」，這個成語十分清楚地表現上述的時間觀，也就是說無限的、永遠（千古）的時間是死亡（或是非生命）的狀態。因此，年節或是個人生命中的某一年紀（如逢九這個數字），可以說是時序循環的重要關卡，亦即時間存在的保證。因為時間之外是危險的，所以年節也是最為危險的時刻，因為在這些關口上[11]，生命有可能被拋出時序的循環之外，而舉行儀式正是為了要確保個人及家庭或是整個生命共同體，重新納入循環的時序之中。

三、補運（保運）、安太歲及祭改

前文提到在生命存在的時序循環中，每一個生肖在新的一年都會遭逢到不同的神煞，而這些神煞正是流年的輪值者，或是說它們即是時序循環的本身——沒有十二神煞也就沒有時序的循環。但是十二神煞卻又是威脅生命存在於時序循環之中的因素，在這十二個神煞中，有些屬性比較凶惡；例如：太歲、死符等等，有些看起來又是相當吉祥，例如：第八的龍德星，即是上

[11] 在臺灣民間，這些關口的名稱，除了有十二神煞之外，還有兒童過的「童限」，也是以十六歲以下的兒童為儀式的對象，因此也和時間、時序有關。

文所附的流年圖中的「紫微星高照」。但是如果再詳細地參看龍德星底下的註解文字：「雖是勞心並勞力，一年四季利汪洋，莫道小舟將到岸，須防一陣宿山風，有喜逢安安且貴，無喜事端來」，文字中卻又透露出吉中帶凶的意思。由此可知，只要是存活著，不論流年的好壞，都有其凶險。但是如上文所言，這些凶險又是時序循環的本身，因此根本無法將之消除，因為如果神煞消失了，那麼生命的時序循環也隨之消失。如果無法使存在於命運之中的神煞消失，那麼補運及祭改的儀式，究竟是如何才能達到消災解厄的目的？我們將試著分析儀式的過程及內容，或許可以掌握到驅邪法事儀式的運作契機。

（一）補運

其實補運儀式不一定在春節期間才有，民眾平時只要感到有需要，也可到廟中或私人的道壇中行補運儀式。補運又稱保運，因「補」與「保」諧音，所以常混著講，若不細聽還真分辨不出，但是在附錄一的流年圖上我們就看到寫的是「保」運，兩者其實都有意思，若細究語意則可發現其區別在於主詞的不同，說「補運」者大多為一般民眾，因為唯恐流年不利，所以需得補救一番。而說「保運」者則是施行儀式的法師，因為他們在儀式中，以疏文及禱祝為民眾向神明（神明的身份視所在地點而異，如在媽祖廟就是媽祖）祈保運途無礙。

補運既是儀式的統稱，同時也是整個儀式中的一段。筆者在大稻埕媽祖廟的觀察，發現整個補春運儀式還包含有三段不同的儀式：補運、安太歲及祭改。全部的儀式都在媽祖廟的右側供奉註生娘娘的偏殿進行[12]，以下就是第一段儀式——也就是「補運」的過程：

---

[12] 原本是在左側的太歲殿舉行的，因為與安太歲儀式有關，但因今（1998）年太歲殿翻修，所以才改在註生娘娘殿，而註生娘娘又與法師所崇奉的主神三奶夫人有關。

信徒在交代過家人姓名、地址及生辰八字之後，法師即手持寫好的疏文，在註生娘娘殿中左側，一張供有觀音菩薩、媽祖、福德正神等神像的供桌前，展開第一段的補運儀式。首先信徒將金紙一份；其中包含有：大壽金、小壽金、改連（補運）錢及刈金，以及麵線和龍眼乾各一包放在供桌上，然後站在法師的後面持香跟拜。法師則右手持鈴，左手持淨板，一面搖鈴一面唱唸召請神明，而在每個唱唸的段落時則拍打淨板。以下就是這段唱唸的內容：

> 道香德香無為香，清淨自然妙當香，願此香煙通法界，無量無邊香供養。道由心合，心遐香篆，香爇玉爐，心存帝前，真靈下盼，仙佩臨軒，今臣關告，速達參天，爐內真香，恭心拜請，請到天地神門，日月三光，昊天至尊，金闕玉皇上帝，三元三品三官大帝，上元一品賜福天官紫微大帝，中元二品赦罪地官清虛大帝，下元三品解厄水官洞陰大帝，乾元四品火官大大帝……

如此依序召請神明來臨，然後宣讀疏文事因。接著將杯筊放在疏文上頭，再由事主捧著疏文卜擲杯筊，祈求神明答允庇佑，如果得不到聖筊，法師還會在一旁說好話，例如：「陰杯陰微微，神笑人歡喜。」若是一再得不到神諾，那麼還得提醒事主是否有什麼該注意之事，或是應向神明許下何等的謝願等等。總而言之，無論如何是一定要得到聖筊才能再繼續下一段儀式。而當事主卜得聖筊時，法師則以欣喜的口氣大聲地說：「一杯見聖，歡喜有感應。」在這樣的氣氛下，我們可以充分體會出法師作為人神中介的角色，並且了解，整個補運儀式的主要態度其實就是處處的「協商」，而這種協商的態度不只見於第一段祈求庇佑的儀式，就連最後的祭改儀式也是同樣的態度——只是在方法的運用上有所不同而已。

事主卜得聖筊之後，法師接著手持淨板拍碎龍眼乾的外殼，一面口中唸著：「龍眼褪殼褪伶俐，事主一家大小吃百二」，然後將金紙及疏文交付給事主到廟中的金爐中燒化，至此儀式告一段落，而麵線及龍眼乾就由事主帶回去食用。這一段儀式中，最主要的就在卜筊的時刻，如果信徒一下子就求得聖筊，臉上也隨之出現欣喜的表情，而連擲數次不得之人，最後終於求得神諾之時，也都會出現如釋重負的表情。法師通常會根據卜筊的情況，叮囑事主今年要更加注意哪些事項。這一段透過擲筊卜得流年順利的懸宕過程以及褪殼的龍眼乾，也都具有明顯的通過關口的象徵。

（二）安太歲

前文提及侯錦郎的論文中，對於臺灣民間的凶星信仰有相當深入的探討，其中論及太歲的信仰可以上溯至先秦。「太歲」又可稱為「歲陰」或「胎歲」，其由來是：古代星相家因為歲星繞行黃道的方向是由左而右的逆時針方向，這與由右向左的十二宮方向相反，為了方便紀年起見於是有了太歲的說法，認為有一顆和歲星運行相反的看不見的太歲星，而這顆太歲星由於直接關係著每一年的紀年名稱，所以星命家又相信祂主宰著當年運勢，並且又因為其為歲星之陰，其氣屬陰，因此也是主宰凶逆之氣的凶星。最早的太歲應為十二個，分別輪值在黃道十二宮中[13]。但後來由於天干地支的配合，於是有了六十甲子本命元辰之說[14]，並且發展為現今的六十值年太歲。太歲是當年最兇惡的神煞，並且也掌管著十二個凶星，若是流年裏沖犯太歲，不論是正沖（該年為本命年者，如肖虎者今年為本命年，則正沖太歲）或是偏沖者[15]，都要作安太歲的儀式。「安」字在此的字意可以相當多重，有「安奉」、「安鎮」及「安撫」等，安奉及安鎮指的是將值年太歲的名諱寫在符上，安在神壇中（除了可在廟宇及道壇安奉之外，也可安在自家宅中），以安鎮當年的神煞，使之不敢為害。至於安撫的含意，則隱藏在更深一層的象徵意義

---

13 參見註3。

14 同上。

15 參見附錄一流年圖。

中，這可從下面儀式過程的分析中看出：

首先法師必需敕符，視事主一家有多少人需要安太歲，就得敕多少張太歲符。符的上頭寫有：「奉安某年太歲某某藏蓋某某某三魂七魄」等字樣。敕符的儀式過程很短，只在第一段補運儀式結束時於神明的香爐上旋繞三次，然後再由法師將太歲符貼在設於神殿右側的太歲神位（是一張大型的紅色符令，其型式和小的太歲符大致相同）旁。當法師行此儀式時，口中還要低唸著：「開天門閉地戶，留人門塞鬼路，破鬼心穿鬼肚，藏魂蓋魄，人不知鬼不覺，神兵急急如律令」。貼完之後事主再持香朝拜。拜太歲的金紙是大壽金，供品是較高價格的進口餅乾（這些都在廟中有售），拜過太歲的餅乾也可帶回家吃。

從祭拜太歲的金紙及供品可以看出太歲的神格不低，市面上流通的通書也說太歲是：「地神中最有力的年神」，或說：「太歲為百神之統，俗謂之年中天子」[16]。雖然太歲的神格不低，但是其屬性仍是煞神，是臺灣民間所謂的：「屬陰的」，因此其神格仍比媽祖等保護神還要低，這可從太歲桌位於右側，而保運諸神則位於左側的方位安排看出。關於太歲的神格及屬性，侯錦郎的論文中也有相當篇幅的探討，文中也以臺灣南部祭改的補運錢來探討太歲的神格。臺灣北部並不流行這類補運錢，但侯氏的論證有助於我們的了解：南部用來燒給太歲的補運錢上頭繪有太歲的模樣，那是一個一手持劍，一手持人頭的凶煞之像。在星命術的說法及上述有關太歲的文字記載中，都可看到太歲是主刑戮的凶神，沖犯祂可能導致生命的危險。面對如此可怕的危機，儀式的處理方式是將之直接藏匿在凶煞之下，此舉也符合了星命學中所謂的「太歲可座不可犯」之說。也就是說若要轉化厄運唯有藉由法術，而法術的原則是：由於命中沖犯大凶——因太歲統領百煞，所以唯一可躲藏之處也就是所沖犯的對象。因此在儀式中我們見到流年中犯太歲的民眾將其姓名藏寄

[16] 參見袁樹生著，《為你解通書》，禾馬文化事業有限公司，1994, 11。

在太歲的名諱之下。類此藏寄的儀式也可見於另一小型的法事：「蓋魂」，不同的是流年中需行蓋魂儀式者[17]，只需將自己的魂魄藏在媽祖這類保護神的爐中，而犯太歲者卻要冒險藏於最凶險之處。不論如何藏寄儀式都有使自己在時空中消失的用意，前文提到，所謂的時間之外指的是非時間的無限，也就是非生命的死亡狀態。因此無論是安太歲或是蓋魂儀式，都是當事人象徵性的死亡。更由於太歲是惡煞的元首，也是致命的凶神，所以安太歲儀式將沖犯者藏寄在太歲之下，也就具有納命以安撫凶惡神煞的象徵意義。

（三）祭改（送）

流年圖上寫的是「祭送」而非祭改，不過在口語上，仍是較常說祭改。「祭」這個字在臺語的發音上又與「制伏」的「制」同音，我們也可看到附錄的流年圖中有「制喪門」、「制病符」等字語，而臺灣民間也常可見到「制改」或「改制」等說法，指的就是祭改的儀式。從字面上來看，「祭」指的是供品的祭拜，而「制」則是偏重於儀式進行中的法術部份，也就是用法術制伏危害的神煞。至於「改」依其字面來看，則是指透過法術儀式來改變命運，但是臺語的「改」又和「解」同音，作解字來看，則有解除（厄運）之意[18]。 前文提及，流年中所沖犯的神煞也正是時序循環的本身，因此命中所沖犯的應是無法可以改變才對，而民間的祭改儀式從字面上看來，卻又有「改變命運」之意，這之間豈不矛盾？如果從上一段安太歲的儀式來看，就可以發現，安太歲的法術機制主要是「藏蓋」——也就是躲避之意——既然命運是循環的，那麼只要躲得過當前的災厄，自然就會有「時來運轉」之日。然而我們又知道藏蓋的法事儀式，同時也具有當事人象徵性的死亡之意，如此一來，我們是否可以進一步推論，民間的補春運儀式之核心機制事實上是：

[17] 蓋魂儀式也是北部正一派道士日常所行使的小型法事儀式之一。

[18] 在法師的手抄本中可以看到，這一段祭改儀式又稱為「解祭天狗白虎五鬼煞神關限」。

使厄運提早在儀式時空之中發生。正因為是儀式的時空，所以也是象徵的時空，換句話說是個可以人為操控的時空；這也是法術（或巫術）儀式和宗教祈福儀式最大不同之處[19]。因此雖然儀式的過程如卜擲杯筊及安太歲儀式中的藏蓋，在在都充滿了危機重重的張力，但也都在法師的調停及法術的運作之下化險為夷，如此一來，就更貼近解除厄運的意思。至於危機是如何具體地在象徵性的儀式時空中發生，也許從下面的祭改儀式過程中可以更清楚地看出：

這段儀式是整個補春運儀式的最後一段，也常被安排在大型的法場補運儀式中[20]。只是在法場儀式中，供品的擺置是朝外放在大門口的地上，法師是蹲踞在地上進行儀式。在媽祖廟中所觀察到的儀式，其地點也由戶內改到戶外，法師則站立著進行儀式：在註生娘娘殿的外面右後方放有一張桌子，上頭擺滿了需要祭改的民眾所置放的紙糊「關限」，另外還有祭改的祭品：小三牲或餅乾。所謂的小三牲是由一小塊生的豬肉（五花肉）、三塊豆干及三個生鴨蛋（也有人以皮蛋取代）所組成的。餅乾則是市面上最常見的較廉價的「可口奶滋」。從食物祭品我們可初步了解祭改儀式的對象應是屬於較低位階的小神，更因為小三牲是生的、帶血及屬陰的（生食屬陰、熟食屬陽），所以祭拜的對象性質應是凶惡（嗜血）及屬陰的煞神之類。再從紙糊的關限來看，這些神煞的身份就更清楚了：紙製的關限是硬紙板彩色印刷的一個類似城門的建築，上頭是雙龍搶珠的飛簷，在城門之中站了一個童子，那是兒童過「童限」時的童子替身。另外還有依實際祭改的民眾之性別而放置的男、女替身（薄紙單色印刷的男、女人像），除此，還有彩印的天狗、白虎及五

19 宗教與巫術之區別是個傳統的宗教學及人類學議題，時至今日甚至有學者會認為此議題本身是能成立？不論如何，在實際的田野調查中，北部正一派道士特殊的「道、法二門」傳承，十分明顯的觸及這個問題，關於這點，朱道長的說法是：「在我們行內，有所謂：『法是開墾，道是流水。』」這句話生動地描述出法術儀式的主動性（可操縱）及道教儀式的儀禮化與被動性。

20 在法場儀式中又稱這段儀式為「祭外方」或「送外方」，常被安排在下午時進行。

鬼。在關限之中還有祭改用的紙錢，其中包含有「改連真經」、「經衣」及「小銀」。這種紙板印製的關限在北部的金紙舖中十分常見，也是民間祭改儀式中必備的紙紮。在關限中的人物，其實是兩種不同的性質，一是危害的神煞，另一則是替事主受災厄的替身，而整個祭改儀式就是以這兩個人物為主來進行的。另外，要參與祭解的民眾還得準備衣服，放在紙紮的關限前面。

儀式開始，法師站在儀式桌前，一面搖鈴一面請神，首先召請各路煞神：

> 天纔纔、地纔纔，天狗白虎五鬼煞神關限歲君宮門一齊開。天纔纔、地纔纔，天狗白虎五鬼煞神關限歲君宮門一齊開。
>
> 年值煞神傳煞到，月值煞神傳煞來，日值煞神傳煞到，時值煞神傳煞來，早不早，遲不遲，當壇解祭天狗白虎五鬼煞神關限歲君正當時。聞著法家壇前來召請，南南屢屢（襤襤褸褸）搖搖擺擺，相刊（牽）相召上壇來。
>
> 一太歲、二太陽、三喪門、四太陰、五官鬼、六死符、七歲破、八龍德、九白虎、十福德、十一天狗、十二病符、十三飛廉煞神君，聞著法家壇前來相請，南南屢屢相刊相炁（攜）搖搖擺擺上壇來……

請神的內容還可再增添，比如說再召請：「東方青面天狗煞君、南方紅面天狗煞君……」以及「東方青面白虎、南方紅面白虎……喪門白虎、血光白虎」等等[21]，在召請完畢之後，法師就以貝殼形的銅製小手筊卜擲，以確定是否所召請的神煞都到達壇場。

等到筊相顯示所請的神煞都已到達，接著就進行請替身的儀式，法師一面搖鈴一面唱唸著：

---

[21] 召請的神煞還可視實際需要增加，比如說有小兒則加請「婆姐夫人童子關限」，若有孕婦則加祭「流蝦紅豔」。

金爐燒香金爐香，金爐燒香請聖人，銀爐燒香銀爐香，銀爐燒香聲因因，銀爐燒香請替身。搖船過撐到東河，東河東海請大（代）人，南河南海請替身，西河西海請大人，北河北海請替身，中河中海請大人，五湖四海請替身。

接著法師以口白的方式交代替身的身份：

替身是替身，要買假不買真，深山林內一枝竹，竹仔做爾骨，紙根縛爾腳後跟，五色紙作爾身，白竹紙作爾面。要送無人愛，要買十二錢，男人替身是姓康，住在康州康縣康家村，女人替身是姓蘇，住在蘇州蘇縣蘇二娘。替身主代人郎，爾父母生爾五兄弟、五姊妹。大的上天朝北斗，第二落水扶龍王，第三不出厝，第四接賢人，第五文章滿腹無路用，降落凡間做替身。

接下來的口白則具有謎猜的性質：

替身主代人郎，何人曉得張乾坤，何人曉得三界輪，何人曉得水上船，何人曉得東海水，何人曉得人家厝，何人曉得上壇退（替？）三魂？盤古先師曉得張乾坤，釋迦佛祖曉得三界輪，魯班先師曉得水上船，東海龍王曉得東海水，土地曉得人家厝，替身主代人郎曉得上壇退三魂。

有來無來無人知，憑筊看上界，聖筊到壇來。

法師此時也是以手筊卜擲，來測知替身是否已經上壇來。接著就為替身進行開光的儀式，法師手持一炷香，一邊口中喃喃唸著：

> 到在壇前暗茫茫，未開光未有聖，未點眼未有定，仙人開光用硃筆，法家開光用香線，天玄皇地玄皇，法家手持香條來開光。開爾替身頭中光，男人好戴帽，女人好梳妝。開爾左眉光、右眉光，男人八字開，女人柳葉眉。開爾左眼光、右眼光，目周光光看四方。開爾左耳光、右耳光，左耳聽陰府，右耳聽陽間。開爾鼻中光，鼻香味。嘴中光，嘴開闊食四方。左肩光、右肩光，災殃災厄擔擔退退出外方。開爾左手光、右手光，左手接錢財，右手放魂來，右手接錢銀，左手放三魂。開爾心頭光，七竅開通。開爾肚中光，陽間肉酒腹內藏。開爾左腳光、右腳光，二腳步撵走四方。開光開過了，也知陰，也知陽。到在壇前我未說，爾未知，從頭一字說起來，但念……

接著，法師唸出祭改的事主的姓名、八字及地址，以及祭改的事由，然後擲手筊，直到出現「聖杯」，以確定替身將所有的災厄都替代消除。卜得聖筊之後，法師將桌上的關限拿起，在事主的身前一面祝念一面比畫著：

> 替身是替身，替得千人好萬人輕，自早姜太公作草人，替武吉百日難，後來陳林李三奶教人糊紙做替身。替身穿衣和某某平長平闊，和某某同年同月同日同時生，擔起某某災厄出外方。退脫某某頭中有災頭中好，心腹艱難心頭消，雙手有災雙手好，雙腳災厄退消除，一身三百六十骨節七十二部位，急急退、急急消，莫留災厄過明朝，大命堅固，身體平安。

法師在唸到身體的部位時，會以關限在事主的身前相關的部位比畫過，也在末尾祝念災厄消退之時，以頓腳的方式來表示驅退災厄之意。最後法師還會要求事主對著關限裏的替身哈一口氣，除了有將事主的穢氣帶走之外，也以此表示替身有事主本身之氣，使得神煞誤認替身為事主，因此才能替代事主受災殃。

接下來法師仍是以口白的方式召請天狗、白虎等煞星，其用意則是要送走這些作害的神煞：

> 祖師請天狗，本師請白虎，仙人玉女請五鬼關限，七祖先師請煞神。白虎本是張家張家府，無病無痛叫艱苦，飢餐飽懶食飽叫難艱。白虎日時變作人，夜間變作虎，四支腳扛一個空腹肚。白虎天狗煞神歲君請爾壇前來食肉，有災有厄擔擔退退到大甲。食鴨蛋走遠遠，食豆干到唐山，食肉皮走西螺，食肉肥出外圍。食糕仔有花字，凶神惡煞走離離。食茶湯走遠遠，食燒酒面帶紅，凶神惡煞尋別人。食無油菜湯，有災有厄擔擔退退出外方。食飯白波波，感謝番平老鼠哥咬種子過臺灣，正免替身、天狗、白虎、煞神受寒餓。

接著法師要求這些煞神「領人錢財為人消災，食人牲醴為解洗」。之後再說明事主的姓名、八字及祭送煞神的原由，並且卜擲手筊來確定所有的災厄都已消退。最後還有一段口白則是唯恐這些煞神仍然不肯離去而唸的，這段口白的咒術性十分濃厚：

> 壇前斷過天狗白虎五鬼關限煞神不准某某命內相交尋，等待日頭西面出、東面落，馬發角、蚯蚓生目晭，田蛤仔發嘴鬚……。正通某某相交尋，法家引一條路乎爾走，壇前急急行，急急走，走到十字路仔口，門扇烏烏門戶紅紅，大富貴有錢人者有牲醴恰大付，某某小小三牲不要來，壇前一筊斷伶俐，壇前天狗白虎爾真歹星，紅花女兒遇著天狗白虎三年守空房，讀書人遇著天狗白虎速手回家，法家遇著天狗白虎

可比蘆薯[22]遇著瀨。天狗白虎請爾入面向入，送爾出面向出，要出爾就出，不出法家手執香線條打斷天狗白虎尾椎骨。天狗白虎送爾巢南投北投，成天府番仔樓，吊死貓撥（跌）死猴，天狗白虎尾影影，送一嶺過一嶺，尾粗粗奉送一埔過一埔，尾捲捲奉送有出無返（返）。天狗白虎奉送出外方，一送煞神出口廳，二送煞神路上行，三送天狗白虎五鬼關限煞神啾啾去，以後不准某某命內相交纏，變作真龍歸大海，猛虎入山林，五臺山下去，五臺山下去藏身。

這一段口白唸完之後，法師將關限及其中的紙錢送到另設於一旁的爐中焚化，這時整個儀式也近結束。儀式最後是民眾在拿來祭解的衣服內面，蓋上天上聖母印章，這些衣服可以帶回去穿，因為蓋上神明的印章，所以具有保護作用，至於祭拜煞神的小三牲及餅乾則不可再帶回食用[23]。

我們可以了解替身的使用，應該是整個祭改儀式的重要關鍵。同時我們又再一次看到，驅邪儀式在實際的操作上，並不是硬性驅趕，而是順應煞神的要求象徵性地給予滿足，例如：小三牲及替身。小三牲也是血食，但是和祭拜神明的三牲比較起來，卻是十分地微小。在法師的口白中也明白說出，這只是小小的三牲，不足以完全滿足神煞，只是用來安撫及打發煞神之用的[24]。而替身的使用更是明白地表現出法術中安撫的性質。至於替身究竟是誰，在法師的口白中雖然說出男女替身的姓名及出生地，但卻是十分的空泛，有如我們日常口語中提及的「張三李四」一般。同時在法師的口白中，也提到替身是個和事主身材相當、生辰八字相同之人。值得注意的是，替身的姓名

---

22 「蘆薯」，問過幾位法師都不知其意為何。

23 從法事儀式的抄本文字中可以看出，小三牲及餅乾除了用來祭拜煞神之外，也同時用來祭拜替身。在儀式過後，這些祭品並不由事主帶回食用，而大都是由法師帶回去，在此我們又可看出法師所扮演的除了是人神之間的仲介之外，同時也是某種程度的替身及犧牲。

24 根據法師的說法是：祭拜煞神的食物不能太過豐盛，唯恐煞神因為此處「招待甚佳」而不肯離去。

及出生地雖然交代得很清楚，但如果詳細了解也會發現是同樣的空泛。在蘇州或康州這種中國南方的大城中，姓康的男子或是名叫蘇二娘的女子，可以說到處可見，但是要找到一位和事主同身材、同生辰的則是萬中選一。那個人有可能是誰呢？這是個謎，而我們也看見法師在法術的過程中就用上了謎語，究竟謎猜的用途何在？首先，謎語本身具有吸引注意的作用，因為它具有趣味性，再者，我們在法師的謎語中，看出這是個陷阱謎猜，它先是要聽者（也就是替身或代人）猜出誰知道「張乾坤」（乍聽之下是個人名，其實是「開張乾坤之意」），接著要猜誰知道「三界輪」、「水上船」、「東海水」、「人家厝」等，在這之前法師也曾提及（恭維）替身是個「滿腹文章」之人，因此要猜出謎底並非難事，而陷阱就在當興味正濃的替身猜中了所有的謎語，同時也將自己的命運給道了出來，因為最後一個謎就是「何人曉得退（替）三魂？」，答案正是替身本人。召請了半天，這下子可給逮著了！

問題是，誰是這個替身呢？答案當然就在謎題當中。因為一個謎語只有兩個參與者，一是出題者，也就是法師，另一個就是答題者（或聽題者）。而這個聽題之人（也是可能的答題之人）正是替身本人。在現實的情境中，讓我們回到儀式的現場來看，出題者仍是法師，而聽題之人就有較多可能了：一是事主本人，他也是第一個聽題者，因為法師就在他面前，另外就是旁觀儀式之人。但是我們又看到，口白中又再度提及替身的特徵，而這個特徵只有一人符合，那就是事主本人。這似乎是相當的矛盾，已經災厄臨頭之人，又如何能替代自己的厄運？讓我們觀察儀式中所使用的紙替身，或許可以找到一些線索。在紙替身的身上，纏黏著一張俗稱「補運錢」的紙錢，這是一種長方形的紙錢，上端印有兩個正方形的紅色框框，右邊的框中上頭寫有：「改連真經」，下方寫有：「此改連真經能改往年月日受人咒罵及消災改禍為福此真經」。左邊的紅框中，上端寫著：「陰陽本命」，其下則印有兩排銅錢的圖樣，每一排銅錢各有三枚，在右邊的銅錢上頭又有字樣，依序是：「本命通寶」、「陰陽通寶」及「楠（補？）運通寶」。左邊的銅錢則沒有字樣，很有可能是銅錢的反面。所謂改連，是說改變厄運的牽連[25]。更有意思的則是陰陽本命的說法，本命指的是一個人的生辰八字，比如說本命年，指的是與自己同生肖或同甲子的年份。本命可以分出陰陽，不正如歲與太歲的觀念同樣？原本無關命運好壞的紀年的「歲」，其反面就是「太歲」，是惡煞中的惡煞、凶神中的凶神。同樣地，本命（或陽本命）指的只是個人生命在大時序循環中的座標與所在，但是當這個時間座標開始運作時，遇上了大時序中屬陰的時序——太歲及其所統領的其他神煞，那麼就會出現反面（或負面）的本命，也就是陰本命。而整個祭改儀式要解決的也正是本命中屬陰的這一部分。前面提到替身可能就是事主本身，或是更貼切地說，替身正是事主生命中屬陰的部分——也就是他的陰本命。在儀式過程中，我們也可看到，法師在送走這些神煞之前，要求事主再對著關限中的替身哈一口氣，這口氣應是象徵著事主本人，此時紙替身才真正帶有事主的氣息，如此方能誤導煞神的注意使其捨棄事主而撲向替身。帶有當事人氣息的替身，身上又纏有事主本命中屬陰的神煞，替身可說是事主屬陰的另一個體[26]。在儀式結束時，替身和天狗及白虎等煞星一道被送走，送走它們的方式有的是加以火化，有的則是拋入流水之中。不論何種方式，都是象徵替身為這些神煞所吞噬，而替身又正是事主的另一面屬陰的生命，因此我們可以說，祭改儀式中象徵性的死亡指的是個人生命中屬陰的生命之死。

---

[25] 這是法師所提供的解釋，道教儀式中也有將改連解為「解冤釋結」，意即「解除前世今生所犯、所牽連的種種罪衍」，不過在整個補運及祭改的儀式中，我們可以發現較接近前述法師的說法，道教中的解罪觀念在此反而不甚明顯。關於此點感謝審閱此篇論文的教授所提出的問題及參考資料。

[26] 關於替身為事主本人屬陰的部份的觀念，要感謝林美容教授毫不吝惜地將其看法提供出來作為筆者分析的靈感。同時也感謝討論會當日與會的多位教授所提供的寶貴意見。

四、結論

在整個補春運儀式中，我們發現和所有的儀式一樣，它蘊藏著豐富的象徵符碼。比如說：中國傳統思想中的陰陽觀念處處表現在儀式的運作上。例如所祭拜的對象有陰陽之分，所以在祭品上也有生熟（生肉及熟肉）、貴賤（較貴的餅乾及便宜的餅乾）來區分。另外對於陰陽的處理則著重於驅陰補陽，例如祭拜媽祖的補運祭品是屬於「熱」的麵線及龍眼乾，在祭拜完之後必需帶回家食用。至於祭煞用的小三牲，因是生的、冷的，所以必需丟棄。這種驅陰補陽的觀念也常見於民間對於補身體的作法上，由此也就不難理解為何儀式名稱為「補」運。此外，星命術中的本命說也具體呈現了陰陽的觀念，而所謂的陰本命或是說本命中屬陰的神煞，其特質應是被動的、隱藏而不易被察覺的，這可由流年圖中寫在「當年太歲曾光星君」兩旁的對聯看出，上聯是：「戊己燕知先日避」，下聯是：「寅人蠖屈待時伸」。字句之間，可以看到所強調的是必需先知道（隱微其中的）災厄，才能「先日避」，而避禍的方法則是要如同「蠖屈」（語出《易・繫辭下》），意即災厄來時要如同尺蠖虫一般屈縮，如此方能「待時伸」。而這種隱微的訊息是要靠有識之士（如擅長天文地理之人）以及「有術之士」（法師），方能使人躲過禍端。此種隱微不易察覺的特質，也表現在儀式行為中，當法師在作法唸唱之時，其實他所針對的就是每個人的另一部份，也就是生命中屬陰的、不容易被意識到、隱微的那部份。因此法師所唱唸的辭句不一定能被當事人所了解（在作法時，法師幾乎都是在口中喃喃唸著，只有在求得聖筊之時才會大聲地說出），但那正是針對這個屬陰的部份的作法，所以當法師喃喃道出替身的謎語及謎底之時，被謎猜所吸引及引動的也正是當事人屬陰的部份。

另外還有一個值得注意的就是，在儀式中與身體有關的意象，如替身的使用就是十分明顯的例子。前面提到替身是當事人屬陰的部份，而這個部份正是以軀體的形象呈現出來的。換言之生命之中屬陰的、隱微的意識，可能指涉人體的整體意識，也就是說，補春運儀式所針對的不只是單純潛藏在人心理中的危機感，同時也涵蓋到整個身體所意識到的危機。從這個推論我們又可試問：究竟人類潛在意識所包含的範圍，是否僅止於佛洛伊德精神分析學派所言，是屬於「被壓抑」的衝動，亦或如容格所提出的，它是一個比被壓抑的個人衝動還要更廣、更深的集體潛意識？而在儀式行為這個文化設計中，可以看到它所運作的層面更接近後者。同時我們還可再進一步假設，這個潛在的意識不僅是大腦的運作，而是身、心兩方面的交錯運行。或者我們可再推論：人類的身體意識是一種極其細微及隱密的運作。上面的假設及推論有助於我們了解為何在儀式中，法師必需對著替身（其實就是當事人）喃喃唸著只有法師一人了解的謎樣的咒語，因為儀式所針對的身體意識和大腦意識不同，它不是透過語言的了解，而是法師和當事人在整個儀式進行時，透過語氣、心態、手勢等多層次的運作。或者說，人的身體意識和語言並無多少的直接關係，反而和非語言或是流露在語言之外的象徵符碼有著十分密切的關聯，因此我們是否可以說：在儀式謎樣的氛圍中，語言及日常的意識暫時讓位，而法師的喃喃咒唸及無休止的鈴聲，喚醒的正是一個更大塊，但也更隱密的身體意識。

最後我想以一則田野筆記來作為這一篇文章的結尾，那是我在著手寫這篇文章之後的某一個上午，我又來到媽祖宮向朱道長請教幾個在撰寫過程中出現的疑問，他和往日一樣一面和三三兩兩前來問事的人們應對，一面回答我的問題。接近中午時，有一對年輕夫妻來到廟裡，拿著一件小男孩的衣服表示要幫兒子祭改，問其原因則是小孩的左小腿一直不明原因的紅腫，幾個月來不見消退反而越來越嚴重。朱道長簡單地了解事因之後，就穿好道袍為他們作起祭改補運的儀式。雖然是短短一、二十分鐘的儀式，其過程也是千篇一律，但是其中有許多微妙之處是我以前所沒有注意到的，比如說，朱道長在召請煞神之時就加入了一些和小男孩症狀有關的煞神；如：「損骨將軍」、

「毒火夫人」等等。而最重要的是：我第一次注意到儀式的對象——也就是那個小孩，並不在現場。這種情形其實是十分普遍的，只是我一直沒有去思考它所代表的含意。是的，前面有關儀式的分析一直是以當事人在儀式現場為前提，然而現在前面所有的分析都要面臨無法成立的可能性，如果這篇文章中的分析仍然有其成立的可能性的話，那麼第一個我們要重新思考的是：誰是真正的儀式對象？在幾年的田野觀察之中，我曾見到有婦女前來為求有外遇的丈夫回心轉意的；有母親前來為正值叛逆、闖禍連連的兒子要求祭改；也有為求子女婚事、子息而來的……。真正的當事人有的是無法前來，有的則是在毫不知情的狀態之下，如此一來，儀式又是如何發生作用的呢？是否如同儀式所要求的，只是藉由當事人的衣服即能傳遞訊息？或者是透過捧著當事人衣服的親人（關係人）而發揮作用的？

在此出現了一個重要的心理學的議題：那就是當事人的定位。在現代的心理諮商之中，一貫以敘述者作為事件的第一人稱，並以此建構整個事件，如此一來事件的起始與結束也僅止於當事人，也就是說若有任何改變或影響的企圖，都是針對事件敘述者而進行的。然而在傳統的儀式中，整個事件的進行則是相當地弔詭，首先是儀式對象的多重與不定，在前面所舉的例子中，表面上那個小男孩才是儀式的對象，但是對法師而言，來到他面前尋求解決方法的人們才是他的「對象」，而整個儀式就是在這種名義上是為著他人而作的氣氛之下，實際上卻是針對敘述者所進行的。在儀式的意義世界裏，事件的建構是如此的多重及不定，因此透過儀式所影響的層面也十分曲折迂迴。從上面的例子中我們可以探討事件中每一個可能的面向與發展，比如說男孩的父母在男孩的腳疾事件之中，扮演何種角色？經由儀式的過程，又發生了何種意義上的改變？而在儀式過後，被帶回的衣服或是配帶與服用的「符仔」，又在男孩的身上產生何種意義上的衍變？推論至此，發現整篇文章其實只是試圖尋找某種意義上的可能性，而非事件的必然性，因此這樣的探究是可以無限的沿續下去，而這一篇文章僅能作為一個可能的開端。

參考書目

呂錘寬

1994 《臺灣的道教儀式與音樂》。臺北：學藝出版社。

卓曰

1993 〈算命術、星命術〉。《四庫全書術數類大全》。劉波、張文主編。海南：海南國際新聞出版中心，海南出版社。

袁樹生

1994 《為你解通書》。臺北：禾馬文化事業有限公司。

許麗玲

1997 〈臺灣北部紅頭法師法場補運儀式〉，《民俗曲藝》105：1-146。

劉枝萬

1974 〈閭山教之收魂法〉，《中國民間信仰論集》，頁 235-250。中央研究院民族學研究所專刊之二十二。

Hou, Chin-lang（侯錦郎）

1979 The Chinese Belief in Baleful Stars, in Facets of Taoim, *Essays in Chinese Religion*. Edition by Holmes Welch and Seidel, New Haven and London: Yale University Press.

Lagerwey, John

1978 Les tete des demons tombent par milliers, Le fachang, rituel exorciste du nord de Taiwan, *L'homme* 101 pp. 106-116.

附錄一：流年圖

恭賀新禧

台北市慈聖宮
大稻埕媽祖宮
道士朱建成（楚燦）

朱明理擇日館
擇日、命卜、專門吉事
宮址：台北市保安街49巷17號
電話：二五五三九九七八・二五五三九七九六
住宅電話：二五九五三二九八

農曆正月初二日起開壇
保運祭送
安太歲

當年太歲曾光星君
戊己庶知先日避
寅人堰居待時伸

元旦焚香開門取子丑寅卯時大吉
出行取卯時向東方啟行大吉
焚香閉門取戌時大吉

開市
正月初五[illegible]
正月初八[illegible]
正月十四[illegible]
正月十七辛卯日卯午時
正月二十甲午日卯辰時

民國八十七年歲次戊寅

請看閣下今年的運氣

鼠	牛	虎	兔	龍	蛇	馬	羊	猴	雞	狗	豬
3、15、27、39、51、63、75、87	2、14、26、38、50、62、74、86	1、13、25、37、49、61、73、85	12、24、36、48、60、72、84、96	11、23、35、47、59、71、83、95	10、22、34、46、58、70、82、94	9、21、33、45、57、69、81、93	8、20、32、44、56、68、80、92	7、19、31、43、55、67、79、91	6、18、30、42、54、66、78、90	5、17、29、41、53、65、77、89	4、16、28、40、52、64、76、88
制喪門	太陽拱照	安太歲	制病符	制天狗	偏沖（安太歲）	制白虎	紫微星高照	安太歲	制死符	制五鬼	偏沖安太歲 小兒制太陰 成人制桃花
高田不及低田好，富貴爭[illegible]破損多 四時不入病喪家，莫切貪[illegible]招惹邪 勿行喪探病以免招殃	天空占宮，休管他人事，[illegible] 之非，自免是非破財 莫說太平日，須防不測憂	太歲當頭座，無災必有禍 寧可直中取，不可曲中求 宜安太歲星君以保平安	若無光中慮　恐有暗中憂 勿入病家　勿食喪物 補運祭送化安　事事如意	枝然跋涉無些利　奔走勞勞枉費心 好善積德　備道而[illegible] 宜制天狗化解	莫要妄想謀頭利　定有刑傷費心情 勸君且守前州地　莫貪東[illegible]城地 守舊為上　勿聽閒言[illegible]宜[illegible]魂	馬行石子路　行人勿加鞭 大車休從曲巷走　小舟莫向浪中撐 宜制白虎血光　可保無憂	雖是勞心並勞力　一年四季利汪洋 莫道小舟將到岸　須防一陣猛山風 有春達安安為貴　無春事端來	色慾詳慎破財處，事能忍耐可無憂 美中不足　浮沉不定 安奉太歲　宜送歲破　可保無事	命運蹇時休妄想，百凡通達不須言 探病代人病，見屍恐枝亡，[illegible] 勿貪不義之財　宜補運祭送	莫誠小心將事胃，破費財物[illegible] 交友小心　凡事[illegible] 聰明　宜送五鬼	守時待運家安泰　花[illegible] 男人須防美人計　能[illegible]大風波 [illegible]制宜[illegible]魂　成人宜祭桃花

附錄二：補運疏文

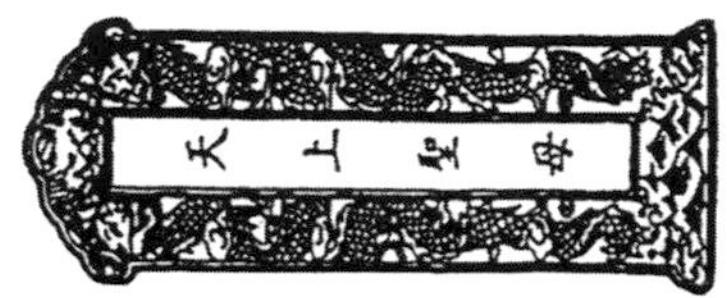

呈進

伏以
聖力威靈招百福　求之即應
神光顯化除千災　感而遂通
今據
臺灣省
道立疏宣經禳災解厄延保生運助旺元辰祈安植福

信士　歲　月　日　時　信士　歲　月　日　時
信士　歲　月　日　時　信士　歲　月　日　時
信士　歲　月　日　時　信士　歲　月　日　時
信士　歲　月　日　時　信士　歲　月　日　時
信士　歲　月　日　時　信士　歲　月　日　時

家吉宅居住奉

暨合家人等仝誠心叩干
聖造具呈意者但念
誠恐命內侵犯天災地煞魔王鬼兵亡神刼煞五方什煞處凶星而拱尅恐惡煞流年歲君
以交攻欲消災而廸吉謹端肅以投誠恭伸禱祝祈添壽齡合家欲求平安思無可保之方
當有求安之路　合家人等誠心　消此本月　日大吉伏　懇求
道抵宮立疏保運求安添福星而益壽仰大瞻以祥光香主虔具香燈喜菓金帛等式
天上聖母　列聖尊神　案前呈進　爲民作主
乞恩庇佑　命內居今向去凶星退散吉宿進宮
災隨電掃福向雲生星辰光彩命運亨通賤軀無恙降福有祥紅顏奇秀華髮長青合家廸
吉老少康寧子孫代賢螽斯繁盛所求如意至誠如神等因右具文疏申
上
天上聖母順風千里二大將軍觀音佛祖關聖帝君
文昌帝君註生娘娘福德正神黑虎將軍合宮等神
閣
伏惟昭格謹疏以
天運　年　月　日具文疏下民九叩百拜上申

第二十四章 保安村社區信仰中的除災、改運與淨化環境儀式*

丁仁傑
中央研究院民族學研究所研究員

本章大意

本文透過一段對於臺灣南部村落的民族誌書寫，來描述與討論漢人社會地方性社區脈絡裡的災難議題。這一段民族誌書寫，涉及村中連續性的異常死亡、請神與尋求解答、神明與村中菁英和民眾的互動、法師協助全村進行「改運」與「過油」等過程。民族誌裡，記錄與分析了漢人基層社區的村落層次，一個「不確定性的恐慌事件」所產生的集體性反應，和所產生的一連串的社會效應。首先，當災難需要神明出面處理，但神明出面的背後，會有各種力量在相互協調，因此，神明所給予的答案，不僅需要時間上的醞釀，村中長老們的協商，也需要經過一次又一次的修正，而最後才能達成在村中菁英、村民的期盼，和神明的超越性三者之間的一個平衡協調的狀態。災難的認定與處理，將會提供村民一個調整內部社會關係與神明階序的機會。其次，災難的處理，在村落的層次「潔淨化」是大家唯一所共同關心的原則（包括神明、社區菁英與村民皆是如此），而其層次，可能是放在對個體之潔淨的總合上，

* 本文初刊載於《臺灣宗教研究》2012，11（1）：53-88。後曾載於《重訪保安村：漢人民間信仰的社會研究》，臺北：聯經出版社（2013：559-607）一書中。

也可能是放在整片地域性裡的空間上的潔淨。個體潔淨的總合，是以「改運」過平安橋的形式來達成；整片地域性的潔淨，要透過「過油」來完成，這是更為徹底的潔淨化的過程。在災難防護與驅離的過程裡，道德性的思維並不是重點，而是，如何在施行規模與技巧上，能在個體層次與全村的集體層次進行全面的「潔淨化」才是重點，這與教派宗教（以道德修身為核心）的視野差異很大。在村落的層次，以「法術」消除「煞氣」是村民主要的考量，而法師則是在這種情況下，由附近的村子中被請來，透過其巫術操弄的專業而能協助村民來度過難關的重要人物。

一、前言

本文將透過對於一個臺灣南部村落的民族誌書寫（詳後），來描述與討論漢人社會地方性社區脈絡裡的災難議題。這一段民族誌書寫，涉及村中連續性的異常死亡、請神與尋求解答、神明與村中菁英和民眾的互動、法師協助全村進行「改運」與「過油」等等過程。民族誌裡，記錄與分析了漢人基層社區的村落層次，一個「不確定性的恐慌事件」，所產生的集體性反應，和所產生的一連串的社會效應。

關於災難與民間信仰的關係，災難的來臨，常被認為是一個喚起強烈「社會身體」想像的時刻，因為傳染病的蔓延與傳布，它所侵犯的不只是個人的身體，還是以共同生存地域為範圍的聚落團塊，在這種地區或民族之集體性命運為共同災難相牽繫的情況下，將是一個特別能夠喚起關於「社會身體」（social body）——也就是把整個社會或民族當作一個有機的生命體來看待（Douglas, 1973: 93; O'Neill, 1985: 70-77）的概念——想像的時刻。

以疾病的感染為例，對於疾病的微生物學解釋，並不能說明疾病的歷史與道德性意涵，在社會防護與隔離過程中，具體人口群聚之保護，往往被賦予一種民族情感與具宏觀性的歷史視野，並產生關於「社會身體」的想像與保護動作。Douglas（1966: 3）曾經指出，「社會身體」的保護，往往是透過對於「污染」的加以去除或潔淨化來進行，這種過程固然可能只是某些人想藉此來強化其對道德符碼的操控，不過更主要的，它也真正反映出來了社會內部社會組織與秩序的既有組成模式（是階序性的或是平等的）。

簡單的說，正如同 Wuthnow et al.在討論 M. Douglas 的著作時所提到的：「我們常經驗到事物不在應有的位置但並沒有做出反應。然而，如果我們的社會關係突然呈現危機，我們馬上會說『這裡一團糟』並著手處理。因而是社會危機而非事情不在應有的位置，突然讓空間看來亂糟糟又髒兮兮。」（Wuthnow et al, 1984〔王宜燕、蘇育賢譯，1994〕: 95）所以災難發生時，這等於是一種天機的告知，宣稱社會內部階序性秩序紊亂導致災難的發生，並強調要回復原有社會秩序，必須拒斥現代性的誘惑，禁絕被定義為和災難發生關聯密切的不道德的行為。在內部秩序可能漸趨回復的同時，社會疆界也有所維繫，套用 Douglas（1973）的架構，這等於是說經由內部「格」（grid）（也就是社會內部人群互動的角色規定）的強化來維繫「群」（group）的界限。不管社會原來是不是真的有問題，災難的出現等於是宣稱了社會確實是混亂的，而必須經由某種禁絕性的動作來對社會加以潔淨化。

在傳統帝國的農村，重大災害發生時，在不同層次上，往往必須進行各種有關儀式，以「禳祭」，也就是排除災難的儀式，來祈求天意的消災驅害。這一點則是各個層面的「能動者」都不能掉以輕心的。在中央王朝，是由皇帝出面，進行齋戒，拜天謝過，以解消災變，還要啟告天地水三官，祈禱皇帝邦基穩固，祈求上天使毒癘消除（張澤洪，2003：376-378）。在地方官的層次或是民間，也會做類似的儀式。不過在面對面的小型社區裡，如同 Feuchtwang 所強調的，它往往採取一種具體且內在包含著暴力特質的形式（1977: 605; 2001），透過地方性神靈靈驗的展現中來驅逐癘疫，以維繫社區的清淨，這是一種「排除性儀式」[1]（rituals of exclusion）（Hepworth & Turner, 1982）。此處，地方性神靈則同時兼具善與暴力的雙重特質。也就是說，由上到下，各種「禳祭」的儀式在基本形式上差異不大，然而前者所強調的是道德性宇宙中階層性秩序的維持，屬於較抽象而超越性的層次，後者則採取一種具體且內在包含著暴力特質的形式。

而在各種「禳祭」儀式背後所根據的主要觀念，鄧雲特在 1937 年初版（1970 臺二版）的《中國救荒史》中，稱此為「天命主義之禳弭論」，它可以說是華人解釋災難最基本、最具有結構、也流傳最久的論述模型。如其所述（pp. 202-203）：

> 認為人間之一切災害飢荒，皆天帝有意降罰於人類。……此皆以雨、旱、饑饉為天帝降罰之意識反映。從而欲免災害，自唯有禱禳於天帝。……春秋戰國間，天命主義之思想，雖經一度相當劇烈之動搖。但此新興之思想，亦未嘗根本衝破天命主義之範疇。故自秦漢以後，禳弭之思想，迄未稍衰。特此時對於災害發生之解釋，已不如前之簡單，而以較複雜之陰陽五行為說。如：
>
> 「大旱沒與雩祭而請雨，大水鳴鼓而設社，天地之所為，陰陽之所起也。或清焉，或怒焉，何如也？曰：大旱陽滅陰也。陽滅陰者，尊厭卑也。故其義也雖大甚，拜請之而已。……變天地之位，正陰陽之序。貞其道而不忘其難，意之至也。」(《春秋繁露》)
>
> 「京畿去年秋不雨，冬無雪，方春蝗生，黃河水溢。蓋不雨者陽之亢，水涌者陰之盛。宜雪冤獄，勅有司行禱百神，陳牲幣祭河伯，塞其缺。被災之家，死者給葬具，庶幾可以召陰陽之和，消水旱之變。此應天以實不以文也。」(《元史・王思成傳》)

---

[1] 相對於「包含性儀式」（rituals of inclusion）而言（Hepworth & Turner, 1982）。

> 此皆以陰陽之關係，以說明災害之發生者。歷代此類文字過多，不勝枚舉。然其中心思想，皆屬相同，故舉此一二例，已足以概之矣。
> 歷代天命主義之思想，因與社會經濟之基礎結構，在意識領域中，始終占支配之地位，故秦漢以後，治災救荒之各種思想，均在天命主義思想籠罩統馭之下，而與之相融洽。……

簡單的說，這也就是華人民間所廣為流傳的——有著陰陽五行內容，並認為災害事件有著神鬼旨意夾雜在其中的——一套相信人天可以交互感應的世界觀。摘要看來，我們大概看到了幾組相關，但實際上並不完全一致的命題：

1. 災難來自於天的懲罰，懲罰的原因是出於人類道德上的瑕疵。
2. 天地間的災難，與陰陽五行間的運行不調有關。
3. 進一步引申，違反了潔淨與秩序的原則，將會造成災難。

不過這些本來並不是完全相同的命題，後來已被民間社會統合在一來看了，也就是認為：災難不是人間所能控制的，它是受到個一個更大無形的自然力的左右，這個力量會因人類是否處於道德的生活狀態而介入於影響人間，而這種介入，會以陰陽五行運作的形式出現。而要化解災難，大致上也就是由前述三個方面著手改變現狀。

二、David K. Jordan 田野民族誌中對於保安村驅邪過程的書寫

本文民族誌書寫的對象是臺灣南部曾文溪畔的一個農村（化名保安村），地點是在臺南市西港區（事件發生時屬於臺南縣西港鄉），記錄時間則是在 2010 年的 6 月到 10 月間。這個農村是人類學家 David Jordan（1972〔丁仁傑

譯，2012〕）1970 年代關於臺灣漢人民間信仰著名的田野民族誌所記錄過的地方，Jordan 1967-68 年間曾在此從事漢人民間信仰的田野調查，並有系統的報導了漢人民間信仰的地方性實踐和象徵性操控的過程。筆者後來將該民族誌完整翻譯成中文，並討論了該田野民族誌對於漢人民間信仰研究之理論與經驗性的意義（Jordan, 1972〔丁仁傑譯，2012：譯者導言〕）。

目前的本文，是一個關於臺南市保安村田野地點的重訪，並將焦點集中在地方聚落對於災難的理解與處理，討論內容則會以災難前後的大小事件為核心，並會與這個地區既有的處理災難的模式相對照在一起，以來詮釋田野點中新事件發生背後的社會與文化意義。出於本文的研究目的，我們將對於保安村的自然與人文生態背景略作介紹，並將 Jordan 書中已有的有關於災難驅離的記載做一說明，在這些文獻背景下，我們將進入 2010 年保安村的現實生活脈絡，並扣緊在前述背景下，來討論眼前發生事件的具體意義與影響。

首先，我們先來更完整的來介紹一下保安村。

（一）David Jordan 與保安村

人類學家 Jordan（1972）的田野工作，進行於 1968～1969 年，完整的民族誌則是出版於 1972 年。他以臺灣南部一個典型的村落為研究對象，這個村子公廟的主神是廣澤尊王郭聖王，居民多為彰州移民後代，約有六成以上姓郭，因此姓氏與地方神明崇拜，二者交錯在一起成為整合地方的主要力量，而整個社區，又涉及在臺南縣西港鄉慶安宮三年一度的七十二庄「王醮」背後，所帶有的獨特的村際聯盟與競爭關係裡。

這個村落在 1966 年的調查有 227 戶，人口有 1669 人。整個村子大約有七成的人都姓郭。大致上是屬於幾個不同房的郭氏所衍生出來的。而在這個區域，有一些歷史的記憶還留著，也就是郭姓和黃姓的土地糾紛與派系衝突。而保安村和附近的大竹林村，於是有緊密的同盟關係來對抗附近的黃姓派系。保安村歷年的人口數（含戶數）參考表 24-1；姓氏分布參考表 24-2：

表 24-1：保安村歷年戶數與人口數

年代	戶口數	人口數
1901	128	806
1946	183	1226
1966	227	1669
1991	270	1190
2008	374	1245

表 24-2：保安村的姓氏分布

姓氏	占全村家戶的百分比	
	1966	2008
郭	72.3%	57.2%
張	6.2%	6.7%
黃	4.9%	5.8%
徐	4.9%	4.6%
林	3.1%	2.9%
其他	8.6%	22.8%

全村幾乎都是以農業為主，日據時代因為曾文溪改道，整個村子被淹沒，所以遷村到現在的地方，在曾文溪的北岸。這一區域過去都是臺江內海，土質多少還有一些鹽分，而且主要是沙土而不是壤土，保留不住水分，土質不是說很好。當時的作物主要是芝麻、玉米、旱稻等等。不過居民各大的種植面積是在河床當中，抽地下水。利用河水沒有氾濫的時候，種植一些成長快速的作物、西瓜、芝麻等等。

村中公廟所拜的主神廣澤尊王，起先是村中郭姓的守護神，但是在歷史演變中，祂已是「村子的凝聚力」和「姓氏的凝聚力」二者相整合在一起後，所代表著的基本象徵符號。

保安村與附近的竹林村和新港村，三個村子都是以郭姓為主，彼此間原來都是宗親，關係密切，三村共同輪流供奉廣澤尊王、媽祖與謝府元帥，後來村子分開後新港得廣澤尊王、竹林村得媽祖、保安村得謝府元帥。

保安村後來，據說是以同樣重量的黃金，到臺南市西羅殿請了一尊三尺高的廣澤尊王（原為二太保，新廟落成開光後成為四太保）神尊回來供奉。等到 1983 年廟宇重建，保安村又至臺南市開基玉皇宮請求玉皇上帝恩准，而另雕了一尊二太保（郭銘宗 2008：16-17）。

不過在 1960 年代的末期，保安村中，當時只有一小間公厝，安放村裡的神明。一尊老舊的觀音媽祖神像和另外三尊主神廣澤尊王、媽祖和謝府元帥。但神尊也不常在廟裡，而是由信徒輪流請回去加以祭拜。

日據時代因為曾文溪改道，整個村子被淹沒，遷村到現在的地方，剛好在現在的曾文溪北岸的位置。村子有七個股（一般所說的角頭）。每股擲筊選出股首，七個股首再擲筊選出爐主頭家，爐主做為儀式的代表，頭家則是管收錢。公廟主要的活動，就是各神明的生日要慶祝，每個月的犒賞五營兵將。

David Jordan 有系統的整個回顧了村子裡大大小小的宗教活動，包括家庭裡面的祖先祭拜，神明會的祭拜，公廟的祭拜。然後也討論了在民間各種與神溝通的方式，包括抽籤，擲筊，手轎，還有更主要的乩童。那些人會成為乩童？成為乩童的程序是什麼？什麼時候村民會採用不同的問神的方式。當時才 200 戶左右的村子，有 9 位乩童。村子大小事都會找乩童。而且據書裡面寫。並不是人們去找乩童，而是有事要問乩童的話，你就在家裡點香問神，時候到了乩童自己就會到你家裡去幫你處理事情。那在廟會的時候，乩童也有重要的功能，因為他的自殘行為，可以幫助村子很有面子，也可以有助於村子得到神明的歡欣和保護。

還有一點，這個村子的神明會也不少，200 戶人家，有 50 戶以上都還另外有參與神明會，擲爐主，定期辦慶祝神明的活動，請布袋戲來演。神明會在神明誕辰的時候，會請紅頭道士來做法，做「過油」儀式。到每一個參與的家戶中去潔淨。其實對個別家庭來說，這些神明會的神明和民眾們的關係更緊密。

Jordan 的書中，強調了臺灣民間信仰的地方性的脈絡，以及在家庭與村莊組織中的結構基礎，尤其強調非精英大眾的思想和象徵的複雜性。他用了許多過去既有的社會人類學理論來進行分析，Jordan 用這些觀點來觀察臺灣村民如何操縱社會政治關係網絡背後之代表集體性的象徵符號。他檢驗了保安村的宗教活動，和村子裡的家庭，他分析了神、鬼、祖先這些範疇，他認為這些東西「人格化」了社區和家庭，以及社區之間或家庭之間的衝突。

歸納書的大意，Jordan 指出，鬼和祖先，是最主要用來解釋發生在家庭與社區的不幸和非正常的因素。不幸與非正常，是發生在鬼與祖先沒有被好好處理的地方，要避免這種情況，臺灣人必須對造成問題的鬼和祖先做處理。要怎麼處理，主要是根據代表神明之乩童所給的建議。由局外人來看，乩童其實是社區公眾想法的再現，他能夠產生一種解釋，來讓案主相信這是可信的答案，以及願意去遵守相關的要求。乩童講的話，會根據社會情況和公共意見對於特定事情的反應而有所調整。於是，雖然災難的性質可能是相同，但乩童可以適應特殊的需要而做出不同的反應。這一套民間信仰有內在適應的機制，即使社會變遷，它亦能自我調節。換言之，它有機制可以去解釋災難，而且也有一般性的方法去克服問題，在不改變鬼神信仰的前提下，乩童可以選擇以不同的詮釋去處理問題，進而保持了民間信仰的是適應性。

Jordan（1972：177）書裡結論的最後一段話說道：「到了最後，這一套信仰系統或許會被削弱，為外力——也就是西化、科學、政治上的偏執等等——所削弱，這些外力認為這些認為鬼與神明並不存在（或者說會像基督徒的認為只有一個神），還有這些神明的事情可能都是自我暗示所產生的幻想等的等等。但是就這個系統的本身來言，它不會因為自己本身的內在不一致，或是因為它的無法處理漢人社會生活的內在問題而被削弱。而這一點之所以會成立，是因為這個系統有著高度的彈性，而且它能夠與漢人的社會生活彼此緊密的相互嵌合在一起，而使它不會在漸進的社會過程裡被替換掉。」這裡，他覺得漢人民間信仰的高度的自主性和彈性，有可能不斷保持其效能，並有助於社會一般大眾以其做為生活上的重要憑藉。

而 Jordan 在書曾提到了一次「過油」儀式、一次驅邪儀式、和一次同時進行了驅邪與「過油」儀式的場景，儀式都是請「紅頭道士」來舉行的。一次「過油」儀式是在媽祖生日當天（第三章），同時還有一位乩童的開光也在當日舉行，「過油」成為了為這個乩童特別舉辦的驅邪儀式，好趕走壞的靈，並保證乩童是被一個好的靈所附身，這一天也同時舉辦了安五營的行動，由附身的神明帶領，到全村五營之地點重新安置兵將。 Jordan 指出，除非是非常特殊，一般神明生日時並不會舉辦如此盛大的「過油」儀式，因此這一次同時包括了慶祝神明生日、安五營和乩童開光的活動，主因還是來自於乩童開光之所需。

一次驅邪儀式（第三章），是個別針對性的，因為村中的蓄水池淹死了一個小孩，所以由手轎請神明下來，而在水池邊進行了驅邪的儀式。這個儀式並沒有請紅頭法師來主持。村中兩位神明池府千歲和郭聖王都附在手轎上，而開始進行了一場激烈的驅邪儀式。最激烈的一段畫面，Jordan（1972：58-59）這樣描述著：

> 第一個出現的神明是池府二千歲……祂是村裡的張姓人家的保護神，在問事的時候祂經常會降臨的。現在，祂告訴我們：不要對別人口出惡言，不要罵人或爭吵。死掉的這個靈魂，已打破了村裡的寧靜，而現在神明告知村民，不要再增加人際爭吵來使事情變的更糟，而應該儘可能創造一種合諧的氣氛。神明的第二個建議是：人們應該盡量讓小孩遠離池塘並且看管好小孩。千歲自己也很忙是沒有辦法時時看顧小孩的。……接著，郭王爺附身在了第二張椅子上。郭王爺重複了前

> 面池府二千歲的話，然後提出了要趕走水鬼的建議。這兩位由「轎仔」所代表的神明，將會親自到池塘邊來趕走「壞東西」。旁觀者必須要很小心不讓「壞東西」進入他們的身體。女人和小孩不能靠近池塘，而那些參與這件事的男人，則身上必須攜帶一張有著池府二千歲寫過的符紙。……幾個人把這些紙〔符咒〕塞在口袋，然後急急忙忙跑到魚塘邊，後面跟著兩個擺動激烈的「轎仔」，硬拖著他們的乩手而前進著。到了水塘邊，椅子衝進水塘邊，然後搖搖晃晃的，乩手接著也衝進了水裡，他們接著繞了水塘好幾圈，不斷上下搖晃，然後要讓「壞東西」跑出來。同時，旁觀者開始大聲叫喚，在池塘上面投擲鞭炮，然後又將整把芝麻子丟入水中。不斷有聲音叫喊、芝麻子如雨狀般落下、不斷爆破的鞭炮聲，這些都是用來嚇鬼的。再加上「轎仔」不斷的在水中衝撞，當神明由池塘的一邊走出來時，他們會在另一個點再度激烈的動起來，強烈的打著水。我想如果我是水鬼的話，在這種情況下，我一定也早就跑掉了。

另一次儀式（第六章），「謝土」、「過油」、「過橋」、和「改運」四個儀式，通通被放在了一起，這是出於村中某個家庭出現了某種厄運，而特別請紅頭法師來作「驅邪」與「改運」。「驅邪」的儀式叫做「謝土」。這個「謝土」儀式，在南部常是在廟宇整修後來執行，目的在安撫被騷動的地靈，同時驅除四方煞氣，但是有時候，也有法師將這個儀式中驅煞的那一部份獨立出來，成為專門的「驅邪」的儀式，而名稱也叫「謝土」。程序大致上是將陶壺以薄紙封住，薄紙上還有小孔，薄紙上放米粒，在儀式的鼓聲中，米粒自然震動而掉入陶壺中，等於是將煞氣帶入壺中，法師待米粒全部掉入壺中，會趕緊封住陶壺，而將煞氣帶至村外予以驅逐性的處理。

David Jordan 在第六章中介紹了這個儀式，但沒有說清楚當時村裡發生了什麼事。不過明確交代這是因為一個家庭因為中出了一些事情（生病、碰到災害、財務有問題、家人不合等等），而特別請紅頭道士來為這個家庭作一些處理。當天下午，先是做過「謝土」儀式，接著就在這個家庭附近進行了「過油」，整個過程中有一位乩童、一組「手轎」、法師、和持油鍋的兩位村民，前前後後在屋子裡穿梭。等到家中前後都過完油後，便開始進行過橋和「改運」的儀式。這一部份和目前村裡所做的儀式是相似的，我們後面會談到儀式的細節。

不過，這一天，因為這個儀式是以家戶為單位而來有所執行的，當天所發生的比較特殊的事，是在儀式完成後，對於房屋的潔淨，作了比較特殊的處理。儀式最後，在房子四周釘下了四個棍子。David Jordan（1972：131-133）說：

> 儀式中的主要部分，是有關於房屋的潔淨，這是一個類似於一個村子如何來保護其免於受到惡靈侵犯的驅邪與潔淨儀式的縮影。在房子四周釘下的四個棍子，正如同村子周圍的四顆樹之代表著保護村子的作用。潔淨的油也是相同的。對於家庭神壇上個別神聖物體的淨化，也和村廟中神聖物體的淨化過程是相同的。換句話說，這個儀式中的一部份，也是到目前為止我認為其中核心的部份，是讓這個屋子等同於村子的小宇宙一樣。這背後由同樣的邏輯（驅除惡靈）所引導，用同樣的語言所表現（營），並且是由同樣的人來執行（紅頭），使用與村中驅邪儀式時相同的儀式裝備（油和插入土中的棍子）。這種在村的大宇宙和家的小宇宙之間所發生的相同型態經常的出現，這種一般的「同形學」（Homology）原則，值得我們去做進一步的考察。

當面對著惡靈的侵犯，在不同的層次，由家屋到整個村子，似乎都是以同樣的原則來進行疆域的保護：驅逐與潔淨，不僅使用完全一樣的儀式，也使用著完全相同的語言來加以表述。

三、災難的降臨與禳除：保安村的實例

（一）保安村 2010 年的連續死亡事件[2]

2009 年（歲次己丑）5 月，西港地區才舉辦過「刈香」的王船祭典，「千歲爺」應該已經將整個西港鄉大掃除了一番，不乾淨的東西大致已經清理。2009 年 7 月，廣澤尊王祖廟大陸詩山鳳山寺的郭聖王又曾來臺全島巡香，期間也曾來保安村巡狩一日，駐蹕廟中長達三小時，當時都是全村參與的大活動，村民幾乎全員出動（參考丁仁傑 2012a）。

但是，到了隔年，2010 年，歲次庚寅，這個平靜的小村落卻出現了騷動，發生了連續幾個月都有人過世的死亡事件。在這一年的 7 月以前，村中就已有八人過世，超出了正常的死亡率，而且其中又有事先完全沒有能預期到的死亡者的出現。表 24-3 中列出了有關的資料：

表 24-3：保安村在 2010 年這一年七月以前過世的村民

狀況／案主	性別（年齡）	死亡月分	死因	與宗教事務有關的身分	死亡前後狀況	引發臆測的因素
1	男（75）	二月	心臟病	家住廟邊	臥病已久	居住地在廟邊
2	男（55）	三月	肝癌	已遷居至臺南，但回保安村出殯	發現疾病不久即往生	年輕且突發性死亡
3	男（50）	四月	肺癌	廟公的次子	臥病已久	臥病已久，死亡年齡過度年輕

2　2010 年 12 月 25 日縣市合併，行政區域名稱全面有所更改，本文田野資料來自於改制前，故文章中行政區域名稱仍沿用舊制。

狀況 案主	性別（年齡）	死亡月分	死因	與宗教事務有關的身分	死亡前後狀況	引發臆測的因素
4	男（70）	四月	中風	十年前廟中正乩手	臥病已久	曾長期擔任神明代言人角色
5	女（8?）	五月	疾病	2009 年西港刈香時曾虔誠向千歲爺祈願	臥病已久	虔誠祈願之事曾出現在公眾觀看的儀式情境中，給村民深刻的印象
6	男（55）	五月	咽喉癌	「五虎平西」陣頭中拿壓軸表演性兵器「丈二」者	發病至死亡約二月	長期扮演武陣中最重要角色，但卻在年紀尚輕時突然亡故
7	男（86）	六月	胰臟癌	公廟保安宮主委的岳父	發病至死亡約兩週	現任主委岳父，發病至死亡期間極為短暫
8	男（67）	七月	再生不良性貧血	公廟「五虎平西」陣頭中敲鑼者，也是廟中長期義工	發病已久，但死亡為感冒引起舊疾而起	長期在廟中擔任義工；突發性死亡

因為村的層次的完整人口資料不易取得，所以由這份資料中，並不容易推斷今年保安村的死亡率是否正常。不過我們可以由不同的資料來源中，做一些初步的推論。

根據西港戶政資料（臺南縣戶政事務所網路戶政資料），十年來，西港人口數約在 25,000 人左右（但有些微減少的趨勢），而十年來，該地死亡率則有漸增趨勢，這十年來的死亡率（每千人），如下（見表 24-4）：

表 24-4：臺南縣西港鄉 1999 至 2008 年十年來的死亡率

年度	死亡率（千分之）
1999	6.31
2000	6.86
2001	6.44
2002	7.83
2003	6.93
2004	7.64
2005	6.55
2006	7.26
2007	8.02
2008	7.81

由這個數據看起來，十年來西港鄉的死亡率有漸增的趨勢，這一點很可能和鄉村老年人口比例的增高有關（這一點只是臆測，尚須進一步統計資料上的證實，這是本文目前還沒有能夠去做較精密討論的一個問題，但這個資料不會影響本文的主要論證。（本文的主要論證在於說明保安村今年的死亡率比往年增加，而不是保安村的死亡率比一般城鎮還要高，不過當然，如果前者與後者都成立的話，保安村村民對於前者可能會有著更強烈的感受）

若作一個計算，根據 2008 年的數據，保安村人口數為 1245 人，若以死亡率千分之七計，一年平均死亡數約 8.7 人，若以死亡率 8 計，年平均死亡數約為 9.9 人。而目前才僅過年中，在七個月內已死亡八人，人數是略多。簡言之，即使和死亡率日漸增高的西港鄉比，身為西港鄉的一份子，2010 年上半年來，保安村的死亡率也仍是偏高的。

死亡率的增高，是鄉村長期以來的發展趨勢，人口老化，讓死亡率增高。保安村死亡率的提高，一方面當然是屬於這個趨勢中的一部分。但是，現在出現異常的是：

一、年輕而突發性死亡者過多，例 3 的已長期臥病暫且不說，例 2 和例 6 都五十多歲，突然發現疾病，不久即過世，例 8 則雖有病，平日仍活躍於村中各種活動，只因身體略微不適，看病住院兩天後即過世。

二、死亡者的身份，則和公廟事務多有牽連，八位中有五位，直接或間接與公廟事務有關，包括主委岳父、廟公兒子、前手轎扶乩乩手、村中「五虎平西」陣頭（類似於宋江陣）的重要人員等。雖然說因為村中男性本來就有高比率會參與廟務或陣頭表演，但是觀感上總是覺得，在神明保佑下還多人得到某些突發性疾病，事出必有因。

不過，不管怎麼說，保安村的異常，仍然非常可能是鄉村現象長期趨勢裡的一部分。而一開始，這一連串的連續性死亡，也都還並沒有讓村民產生疑惑與困擾，而是一直累積到第八位突發性死亡者，村民間才開始出現了較大的焦慮的相互感染。

案例八、是典型的人口回流的例子，鄉村出生，中年在都市（臺北市）打拼，後來各方面發展不好，五十歲以後回鄉下定居。全家回鄉後，家庭問題還是很多，太太長期酗酒，2006 年太太過世後，案例八開始罹患「再生不良性貧血」，也就是身體造血功能有障礙。五年以來案例八長期進出醫院，但是表面上看起來，他還能從事勞動工作。家住廟邊，平日以打零工維生，公廟有活動時也積極參與，「西港刈香」時，曾和長子輪流擔任本村「五虎平西」陣頭裡的敲鑼的工作。家中有八十八歲老母，和患有「生長期停頓疾病」的長子（年紀已近四十，但看起來如同十五歲），另外的一男二女則都在外謀職很少回村。

2010 年五月以來，例八開始在附近國小上班當校工，七月 9 日（週五）感覺身體發燒不適，自行騎機車看診，即行住院，兩天後即過世，年齡六十七歲。

案例八因平日及熱心參與廟務，且住廟邊常在廟中進出，村中有活動需要人來打零工時，他也會盡量來賺些外快。他也是前村長的好朋友，前村長是國民黨地方上的中堅份子，案例八因此也可以算是地方上國民黨的樁腳。

（二）醞釀與決定

案例八的死亡，相當突然，引起了一些村民的震撼，但都還沒有引起鄉民很大的焦慮。

事情的醞釀，起自主委及其周邊的朋友們。

本村公廟的主委，是一個非常活躍而有行動力的生意人，學歷初中畢業，不過少年起即因在臺南市做「塑膠射出」生意而發財，並在臺南市西羅殿擔任了四屆主委至今，最近兩年起擔任本村公廟主委，他希望能夠振興本村長久以來不太興隆的廟務。主委家三合院前廣場，常聚集村民聊天泡茶看電視，其中也有多位委員經常參與。案例八才往生，幾位委員當天在主委家聊天，一方面是要商討協助案例八的葬禮事宜，一方面則談到了村中最近一連串不正常死亡的事情，大家開始商議村中是否應來進行「改運」。於是馬上決議，隔天開管理委員會，由管理委員十四人來開會決定。後來隔天經管理委員會開會同意，乃由主委出面擲杯請神明降駕問事。接下來事件一連串的發展，由 7 月 12 日起到 9 月 29 日之間，大致紀錄如下：

7.12（農曆六月一日）（週一）村中第八例的死亡

7.13（農曆六月二日）（週二）晚上：主委家的喝茶聊天聚會

7.14（農曆六月三日）（週三）晚上：開管理委員會，決定應請神明出面處理。主委擲杯懇請准予「觀公事」，請示神明該如何處理

7.15（農曆六月四日）（週四）晚上：「觀公事」，媽祖下壇，叫信眾決定二擇一（過平安橋改運，或是全村「過油」）。同日晚上開信徒大會，經表決，決議要過平安橋【1】

7.17（農曆六月六日）（週六）再問神，這一次神明則指示，並非僅辦理一個儀式即足夠，村中必須要辦理兩個儀式（改運與「過油」）。神明並詳細指示了辦理原則【2】

7.22（農曆六月十一日）（週三）主委擲杯，請謝府元帥臨壇處理關於喪家如何改運事，神明同意隔日臨壇處理

7/23（農曆六月十二日）（週五）第八例的出殯

7/23（農曆六月十二日）（週五）問神，確認全村大改運事宜【3】。

8.1（農曆六月二十一日）（週六）全村大改運過平安橋

9.20（農曆八月十三日）（週一）問神，確認「煮油」事宜細節，天上聖母、謝府元帥降駕

9.29（農曆八月二十二日）（週三）全村「煮油淨宅」

其中，比較關鍵的是這【1】、【2】與【3】等這幾次請示神明所得到的啟示，下面稍做討論：

【1】7.15（農曆六月一日）（週四）晚上：「觀公事」，媽祖臨壇，叫信眾決定二擇一（過平安橋「改運」，或是全村「過油」）。同日晚上開信徒大會，經表決，決議要過平安橋。

保安村公廟中主神共有三尊，謝府元帥、廣澤尊王和媽祖，1983 年新廟落成時，是以廣澤尊王坐中位，但 1991 年一次謝府元帥至祖廟請兵回駕後，成為了謝府元帥坐中位。總之，三尊神明共同承擔村子裡的保護工作，不過「西港刈香」時通常是由廣澤尊王參與出巡。農曆六月初一這一天，本是要請謝府元帥降駕指示，因為他是較威猛的武將，過去也是因 1870 年代，「郭黃相拼」械鬥時期，保安村向附近村子外渡頭「分靈」，才能商請謝府元帥來本村坐鎮，並幫助本村度過了激烈的「姓氏械鬥時期」（傳說約在 1850～1880 年代之間）。

以兩人扶手轎的方式來請神，該日請神請了很久，卻遲遲不見神明降駕，一小時已過，神明來了，姍姍來遲的是媽祖：

久未降駕、謝府元帥、廣澤尊王、天上聖母、磋商，由媽祖降駕指示。

己未年動土、辛酉年入廟、癸亥年清醮，早期、大坵寮、大竹林、新港、同住溪埔、合間草寮公曆。拜廣澤尊王、後拜天上聖母、因為新港說要尊王、而上下寮暢流奉拜媽祖、後來演變大竹林拜聖母、大坵寮拜元帥，再演變按金尊、上寮按聖母、下寮聖王。當時保安宮無中壇元帥，保安宮拜中壇元帥是池王旨意。

當時建廟、搭廟地是尊王來幫忙、廟建好安座，尊王鎮中擔重担。

再來尊王與元帥，為宮操勞做很多事、做完成，宮中弟子平安。
尊王，元帥所得是受人批評，因尊王來換位，就是不担重担、因為無公信、做好也無功、所以與謝府元帥換位。

到了這裡，有些村民按耐不住了。問道媽祖：我們今天請神明臨壇，主要想要問的是關於村中最近發生的災難，能否請天上聖母指示我們該怎麼做？

媽祖再次強調了一次：

尊王出也是受謝府、媽祖所託、這些話是媽祖言公道話，不要看輕。

接著便引出了今天的主題：

因為保安宮廟中多事，建廟至今近三十年，需要小整修。
再來莊運無通，媽祖開路。二選一：
1. 全村改運，或 2. 全村煮油淨宅由弟子決定。

本是要請神明解決村裡的問題，但神明卻講起村裡的歷史，而且好像變成了一個調解人般的，諄諄告誡村民不可因謝府元帥坐中位而冷落了廣澤尊王。

這就牽涉到過去村裡的一段故事，1991 年（歲次辛未）農曆五月四日，當年農曆四月「西港刈香」剛結束，村裡謝府元帥生日當天，新任村長兼主委郭遠雄，想將「刈香」過後第一個神明生日的活動辦得盡善盡美，不但活動異常隆重，還組織了大隊人馬，包括轎班與陣頭六七十人，護衛著謝府元帥一同回祖廟外渡頭厚德宮進香謁祖，在祖廟時還由紅頭法師出面，調遣兵將，向祖廟請領，而補齊了「刈香」過後出缺的兵馬。

大隊人馬（包括天兵天將）再回到保安村後，正待回鑾安座，手轎激烈擺動，謝府元帥忽然說，祂要坐鎮廟裡的中位（原來是廣澤尊王坐中位）。這可讓身兼管理委員會與村長的郭遠雄十分為難，因為神明位置的改變是同時涉及村中三位主神的大事，也不是一位神明說了就算數的。當然，村民意願更是主要關鍵。不過郭遠雄靈機一動，看到現場村民人山人海，人數已不知比平常信徒大會參與人數已多出多少，乃交由現場全體村民決定，現場村民不敢違背神意，也就「多數決」同意了。但是這個調動位置的本身，卻也埋下了村裡長期派系爭執的導火線。

而當天活動，為了顯耀神威，在謝府元帥請兵回村後不久，傍晚即開始全村「煮油淨宅」，將整個保安村予以潔淨清理一番。

總之，現在，2010 年農曆六月初四日的媽祖降駕，重提起了廣澤尊王的委屈，也暗示了保安宮廟中多事，和神明本身對自身現況的不滿意有關。但廣澤尊王的委屈不是由廣澤尊王本身來訴說，而還必須透過另一位神明來代為宣說。最後，媽祖說了，一件事是保安宮廟中多事，建廟至今近三十年，需要小整修，這一件事當然可能和村中的災難有關，不過更直接所說的是：「莊運無通」。然後，未加任何評語，便直接講道：

1 全村改運，或
2 全村煮油淨宅

當天晚上，在場的村民約有三十多位，立刻開了信徒大會，投票結果，前者居多。主任委員乃當眾宣布，保安村將擇日辦理全村「改運」的事。

這裡，看得出來，全村「改運」，是以人為單位，個別一個一個的加以潔淨化；全村煮油淨宅，則是全村地域性之徹底的潔淨。而且二者間所需費用和時間相差極大。前者較為經濟但並不徹底，後者較為徹底但牽涉問題較多，費用也高出數倍。

隔了兩天，廟中執事（主委、管理階層和爐主），再度請示神明，想要問清楚活動辦裡的細節，結果在農曆六月初六，得到了新的指示。

【2】7.17（農曆六月六日）（週六）再問神，結果由謝府元帥降駕。這一次神明再度指示，村民似乎有所誤解，其實前次所提的「改運」或「過油」，並非辦理一個儀式就足夠，而是二者皆要辦理。神明並指示了辦理原則。先是謝府元帥降手轎這樣說（以下來自桌頭所書寫，全文照抄錄）：

謝府元帥降駕。

前聖母降駕指示，弟子有沒有想出其中之意，其實聖母之意，就是從建廟到完成，……村中之事弟子完全想不出聖母之用意為何？會出這二條路？

因二條路難同時進行，聖母所言弟子選一條先進行、因為吾言，聖母回來宮中，吾謝府、尊王。

村運無通、二條路就是先做一條，先解後清理門戶，後清理門戶沒做、先解也等於沒用。

因為莊中，這次莊運是有原因，是有關於人、生、亡、体問題，此事希望不再發生。時到只有保安宮之神承擔，再來弟子選之事，弟子選之路吾先開，必清理門戶，二路難同行、所以才來選一條。

> 改運：本月 21 日改運。
> 用品：七星造橋、五色布、虎爺在橋下、水火盆，前柳枝 36 支、高：2 呎 6、後桃枝 72 支、高：3 呎、橋下用油心（不可死火）。替身部份：天官紙、神鬼、煞神、天狗、白虎、王鬼、陰陽錢、改運經、十二元神各十二張合 108 張。

接著一位乩童被廣澤尊王附身，說出下列的話來：

> 聖王降駕詩山保安廣澤尊王是也，吾到觀察本村中之氣暗，宮中之神有眼光「講無錯」，一切由官中先辦，後日清門戶。吾下令，尊王金關助，吾也坐鎮，言清楚村中之事，吾先退駕。

後來謝府元帥繼續降手轎寫出以下的話來：

> 「感恩」，因為詩山廣澤尊王……（後面未能詳細紀錄）。
> 21 日分七次過、以「股」過。七星造橋之事，以外拜品，三壇來開。

這裡，也牽涉到大陸詩山鳳山寺的廣澤尊王：一個來自祖廟的神尊的降臨。這要往前追溯，在 2009 年七月，大陸南安詩山鳳山寺廣澤尊王來全臺巡香，當時大陸廣澤尊王也來保安村巡狩一日，駐蹕廟中達三小時，自此，由大陸移民來臺的保安村廣澤尊王，等於是有史以來第一次面對面的認祖了（筆者 2009）。

而自那一天以後，很奇妙的，每當保安村有大事時，那個原來都是被村內的廣澤尊王附身的乩童，他開始常被大陸詩山鳳山寺的廣澤尊王所附身了。而現在，我們發現，大陸詩山鳳山寺的廣澤尊王，祂又再一次出現了，並且，祂以一個「外來的」「最高權威」的立場和位置，重新肯定了本村神明的「眼光」，並強調，這一次面臨村中的劫難，祂不會袖手旁觀，而會協助村中神明一起來幫助村裡的清門戶與「改運」之事。

至此，整個活動方式該怎麼安排，已經很清楚了，全村將先進行「改運」，以後再安排另外一次的「過油」。而「改運」的方式，神明也已經講得很清楚了：

> 21 日分七次過、以「股」過。七星造橋之事，以外拜品，三壇來開。

也就是，依據保安村七個角頭的順序，一股一股的來改，改的方式則是過平安橋，「改運」的主持者則是「三壇」，也就是當地對於「小法」或「紅頭法師」的稱呼。方針以定，管理委員會於是開始分派各股負責人去收費，每人一百元，並詳列參與者的生辰八字，人未到以帶衣服的方式來「改運」亦可。

不出五天，費用已經都收齊。最後，全村共有約一千人報名，男性 497 名，女性 496 名。這個數目，是比「西港刈香」「千歲爺」巡境至保安村時全村參與的人數所還要多的。

但是，仍有一件讓村民疑慮的事情。根據傳統，家中有喪事者不能參加「過平安橋」，因為，擔心喪事所沾染的不潔，會破壞了儀式的效力。然而，村中的「改運」，不就是為了化解每一個人的災難嗎？為什麼最需要化解的喪家，卻成為了要被排斥在外的對象（如果是「煮油淨宅」的話，就不存在這個問題了，不管家中有無喪事，「煮油」都可以進入去處理）。那這些「最帶衰運」的村民，要怎麼樣來幫他們去解除災扼呢？

道德原則和潔淨原則之間，有沒有一個平衡點呢？

一次的請示神明是必要的。7/23 日（農曆六月十二日）（週五）主委與爐主，和一班村民等，又再一次的問神，這一次是謝府元帥的降駕，神明臨壇後神明出了一個小時的字，但是大家都不知道神明是什麼意思，這些字這樣寫著：

謝府元帥因踏出金壇，事先西方吾代言
寺文佛號西方
郭家善心在寮
明家小順家傳
漢文學三介
三教也同一家
佛西送施主
望見字如定
不分三教言出
出不出由大德
最後施主總也來

後來周圍的村民七嘴八舌的討論，發現副主委的人名郭明漢被鑲嵌在字句中（已被我更改，這裡是假名），乃趕緊把他叫來。

桌頭和主委看到副主委來，就轉譯神明的意思給副主委聽：你專心佛教是很好，但三教本一家，你不要分別，要多放心思在村中事務。周圍的村民這也才知道，之前一個多小時神明所講的話，對象都是針對副主委。

接著，神明馬上開始講村裡的事情了，桌頭寫下來：

一 委員要配合來完成。

二 保安宮辦理之事，請教公事，多人提供意見，多人配合。

三 今夜之有關「帶孝」之事請問。弟子改運，改運就是莊運不佳才要改。

四 「戴孝之人」，全部改完，最後排一列，元帥同，配合三壇，不過七星橋。

也就是，喪家不會參加過平安橋，但最後要以「祭改」的方式來為其「改運」。

（三）八月一日（農曆六月二十一日）全村大改運過平安橋[3]

一千多人的大改運，要事先規劃路線與時間。全村七個股先由股首抽籤，決定「改運」順序，並在廟前事先公布：

> 大埕寮保安宮農曆 6 月 21 日過運祈福各股大約時間下午 2 點法師造平安橋開始做法事
>
> 1 中社股 4 點 00 分
> 2 路北股 4 點 30 分
> 3 學甲股 5 點 20 分
> 4 官僚股 6 點 20 分
> 5 半股　 7 點 30 分
> 6 路南股 8 點 30 分
> 7 西平股 9 點 00 分[4]
>
> 各股依抽籤順序過平安橋並配合現場狀況依序進行

當天中午，家住附近村子的紅頭法師（及他的五個助手）即已來廟前廣場做準備。

「改運」儀式，其實就是以過平安橋為核心的一連串小儀式的結合。一般稱之為「造橋過限」，前後包括請神淨壇、祭星、造橋、過橋、祭改和拆橋（參考施晶琳 2005）。儀式的細節部分我們暫時不提，不過可以說明的是，

3　「造橋過限」與「祭改」的儀式部分，感謝助理楊筆文提供協助紀錄儀式過程。

4　保安村共有七個股，各股的名稱參考 Jordan（1972〔丁仁傑譯，2012：21〕）。

這個儀式的基本精神，也就是依據每個人的生辰八字，祭拜各種對個人生辰有針對性的煞星，一方面在過橋時，等於是通過了各種關限，而預先防止或解除了將會發生在個人身上（或者衣服所代表的人）的災厄；一方面，過橋後經由祭改儀式，用替身代替自己受災，而化解了災厄。

今天搭的橋，是花一千五百元向西港大廟慶安宮借來的道具，法師在橋面上壓了一面寫了符咒的黑旗，有壓煞驅邪之用。橋下放置了簡單的牲禮，即是俗稱的「小三牲」，並且點燃了七盞油燈代表七星，是七星橋主要的一個部分，也是壓煞避邪之用。

法師科儀順序：先是開壇然後淨壇，接著請神。兩旁供桌，一桌是南、北斗星君，一邊是冥界諸神（東嶽大帝、地藏王、十殿閻羅）。接著結界、然後造橋，然後由法師領著大家過橋和走路關。今天手轎和乩童都發動了。整個隊伍的順序是法師、廣澤尊王（乩童）、民眾、和謝府元帥壓陣（兩位執手轎者）。而每個股的村民（平均一股約一百六七十人）的過橋，各都有連續五次，算是相當慎重。法師也都全程認真頌念過橋過關限的咒語（其內容與用意是在敘述人生會遇到許多的劫難，如水、火、車、五鬼、雷公等等，而法師帶領下將能帶眾強行脫離這些關卡）。

橋頭上橋之前有擺一個烘爐，橋尾擺著一盆水。都是驅邪避煞的意思。而前述所講的這些關卡，由法師上給地府和南北斗的疏文裡，也可以看到一個大概，如疏文中的這些話：

> ……身中恐有怨天狗星白虎星五鬼星太歲星陰煞星陽煞星形尅星七煞星壓運星兇星什煞車關水關火關小兒婆姐關刀箭關前世父母關喪喜關青京關病符關等關限十二星君為快，以致事事不能如意，今天祈求尊神作主。……
>
> 是以恭就地府案前投疏消災改厄，祈願將兇星惡煞召回歸位

> 案前供養懇求開恩赦罪批准投疏深感鴻恩莫大懇求庇祐合家老幼元神自在吉星進宮四柱興旺運途亨通貴人名明現事業振興財源廣進五鼓豐登六畜充旺身體健康花樹欉勇壯男婦老幼合家平安月令光彩福壽綿長四時無災八節有慶凡在光中全叨具庇虔具疏文百拜上謝。……

村民過橋五次後，一過關，馬上進入「祭改」（祭星加改運的意思，參考施晶琳 2005）的儀式。經法師施法，當事人向紙人（中間有紮香）吹氣，等於是由紙人代替當事人承擔煞星，紙人接著丟入桶中，接著要燒化掉。當事人或是不能親自前來者的衣服，背後蓋上了「保安宮謝府元帥」的大印，以繼續有神力的保護。

當天的過橋儀式，出了一件事情，就在法師剛開始帶領信眾過橋不久，已經有二十多人過橋以後，案例七的夫人（八十五歲），原本規定是不能過橋的喪家，卻混雜在隊伍中要過橋，結果一旦走在橋上，就像是什麼東西拉住她一樣，在橋中間，她硬是走不過去。村民這才發現她在隊伍中，趕緊把她由橋上帶下來。而因為這個干擾，法師又重新念咒，神明（附身的廣澤尊王與謝府元帥）也回過頭來再跟著法師重走，整個過橋儀式才因此得以順利重新開始進行。

當天到場的神明，除了法師所請的神明以外，本村兩位主神謝府元帥（以手轎方式）和廣澤尊王（以乩童方式）都全程主導儀式，另外，還有一位全場監督的神明：大陸詩山鳳山寺廣澤尊王。因為本村廣澤尊王（乩童）告訴大家，今天大陸詩山鳳山寺廣澤尊王會在現場全程監督協助。約夜間十一點活動近尾聲，本村廣澤尊王也帶領民眾一路走到村南牌坊處，恭送大陸祖廟的廣澤尊王離開。

整個「改運」儀式完成後，村民還等待下一個更大規模的「過油」的大儀式的執行。不過因為這一天天已是農曆六月二十一，馬上進入農曆七月。

主委預告，要等到農曆八月以後再向神明請示該如何來辦理全村的「煮油淨宅」事宜。而雖然記得詳情的人不多，不過村民都約略記得上一次的全村的「煮油淨宅」大約是十五年前的事情，也是因村裡不平靜，「當年發生許多天災人禍」。我再問詳情當年具體是因為何事？沒有人能夠具體回答我，即使當年的村長也已經記不清楚。不過若問大家當時的儀式是否真的發生了效用？大家卻都還能夠大致上說：有神明來處理就都有變好啊！

不過，有一位村民（三十二歲）具體確定的告訴我，上一次的全村淨油，是一九九五閏八月，在廣澤尊王聖誕這一天（農曆八月二十二日），由廣澤尊王主持，也有請紅頭法師，當時發生許多天災人禍（不只是本村的事），因此神明指示要做全村淨油儀式。但對事後的效果，他難以表示意見。

八月一日當天「改運」儀式的收支狀況，每人收費 100 元，1010 人參加，總收入 101,000 元，支出主要包括：法師費 36,000 元、金紙替身 50,385 元，再加上其它雜費，總支出 106,800 元，結餘 200 元。

（四）九月二十九日（農曆八月二十二日）全村進行煮油淨宅儀式

「造橋過限」對個人生辰施法，而將厄運轉移到替身上；「煮油淨宅」則是在空間層次，潔淨村中的每一個角落，尤其是廟中的神明、村中人家的祖先牌位和神明等，若有妖魔干擾，影響尤其重大，因此是煮油淨宅過程中的重點。

其過程，先準備鍋鼎，在倒過來的板凳上，放置小爐灶，爐灶被綁在板凳上，爐灶上再放置鍋鼎，然後板凳、爐灶、鍋鼎，由一個竿子吊著，而由兩個人在兩邊拿著竿子。紅頭開始法師結界調兵，在鍋鼎中請火心，火心泡在沙拉油和麻油中，火心點燃後，法師將米酒含在口中噴入鍋中，火焰馬上高昇如烈焰，有驅邪清淨的作用。

「煮油儀式」，是臺灣南部各地在舉行醮典時，必定會請紅頭法師來潔淨壇場與宗教場所而舉行的儀式（儀式細節參考劉枝萬，1983：354-355 中的詳細記錄），一般村落在神明生日慶典時，也常會請紅頭法師以這個儀式來為信徒家宅進行潔淨（參考 Jordan, 1972〔丁仁傑譯，2012：173-179〕），這個儀式可以說是臺灣南部常見的驅邪除穢的儀式。

正如同 Jordan 的生動記錄裡所顯現的保安村在 1968 年時「煮油儀式」中所出現的情況，當時記錄的這個儀式，是池府王爺的神明會在神明生日時所舉行的，神明為神明會成員家屋所進行的潔淨儀式（參考 Jordan, 1972〔丁仁傑譯，2012：173-174〕）：

> 當在房屋的正廳開始準備「油」的時候，外面有兩組人已經牢牢地握緊著那兩張問事用的小椅子。助手們開始規律性地敲著一個鼓和兩個鐃鈸，以召請神明的到來。第一個來的神明是池府王爺自己，神椅開始跳動得很厲害，這顯示出祂已經來了。然後，郭天化，這位三太子的乩童開始被附身。最後，第二張椅子也被附了身，祂也宣稱祂是三太子。
>
> 最後，當油準備好了，「紅頭道士」開始連續地引燃它，一陣一陣火焰和好幾公尺高的煙直竄入空中，在這火煙竄燒的空中，人們再把每一尊神像從中穿過，然後接著把每一件神壇祭拜用的物件也一一穿過……對於每一件物件的淨化，油都要個別再被點燃一次，所以屋子很快地就充滿了黑色的油煙。在此同時，乩童把他的「刺球」拿出來，然後開始進行自殘。……兩邊的「轎仔」則已開始劇烈震動。這時，神明出現了，透過如同我們早先看到的淨化村子的儀式一樣，神明開始淨化主人房子的正廳。
>
> 當屋子的正廳和家庭的神壇以這種方式完成淨化，相關裝備還會被帶進其他的家繼續執行淨化。帶頭的第一個是乩童……在他的後面有一鍋油，掛在一根棍子上。「紅頭道士」帶著他的米酒，和兩位「轎仔」。「轎仔」跳動得更激烈了，乩手被小椅子拖動著，穿過已經變得愈來

> 愈熱的夜晚。後面還跟著一大堆小孩子和旁觀者。……
>
> 這個奇怪而神聖的隊伍，造訪了每一戶加入了這個「神明祭拜會」的張姓人家，並且在抵達每一家時都會再燃起火光來淨化這些家庭的正廳，同時也用巨大的火焰照明了他們每一個人的家屋，然後留下一堆黑煙而去。當這個隊伍回到主人的家裡，油已經燃起了好幾次，在隊伍中的每一個參與者，和爐主家裡的人，以及和任何對此感興趣的人，都會再以手臂穿梭過火焰上空以來淨化自己的身體。最後，油中被倒入大量的酒，鍋子中於是產生了很大的爆破聲，巨大的火焰充滿了屋子，然後屋子又充滿了黑煙。這時參與的神明們，祂們會說祂們對於這個事情感到很滿意（以如下的方式來表示）：「轎仔」動起來敲打著供桌，打動得非常激烈，以致桌子的表面都開始出現了凹痕；乩童則說著一些「感到高興」之類的話。接著，三個神明都「退」了下來，「紅頭道士」最後則唱誦著儀式接近尾聲時的經文，儀式也就跟著結束了。

歷經近四十多年，保安村「過油儀式」施行的方式並沒有太大的變化，而目前常被保安村村民請來執行這個儀式的紅頭法師，是前述記錄中出現的紅頭法師的嫡傳長子，這一次非常重要的全村「過油」儀式，也是由他來主持和執行。

在「過油儀式」法術中，烈焰本身有除煞潔淨的效果，鞭炮也有驅邪的效果，但更重要的是，民間一般認為，環境中的土府凶煞（有煞氣的惡靈）經驅趕仍不離去時，可以押入油鍋中炸，使其難以超生，因此「過油儀式」是相當嚴厲的法術。除了全方位空間上的潔淨外，也在於能讓家中與廟中所供奉的神明，能重新發揮靈力（不被不潔的力量所遮蔽）。由於之前神明已決定全村必須進行改運與煮油，剩下來的就是日期和執行細節的問題。9 月 20 日（農曆八月十三日）這一天，在主委主持下，再次在公廟中以手轎請神，以問明詳情。

結果先是媽祖降駕，表達對於信徒認真辦理「造橋過限」的嘉許，並且勉勵承辦人員要能忍辱負重，繼續辦好煮油事宜。媽祖說（內容為廟方桌頭所書寫）：

> 今天降下壇前天上聖母，前天第一件過運已完備。
> 天上聖母、謝府元帥、保安廣澤尊王商量的結果，
> 兩條路必須要進行，不可因少數人之意見放棄。
>
> 是何人不合作我神了解，為村中和氣請不可再擾亂。
> 莫再說，莫以為宮中之神全不知。

顯然的村中意見很多，有人贊成要全面的改運與煮油，也有人對此持不同意見，但神明勉勵廟中執事應遵從神意將兩件事情都辦好。

接著媽祖退駕，手轎又為謝府元帥所附，主委向神明請示過油的細節，尤其是在村庄常見的透天厝建築中，家中祖先牌位或神尊多位在最高樓層處，如何過油才能算達成潔淨的標準，必須經過神明指示，主委乃請示煮油時，是否僅到每戶的一樓即可，但謝府元帥說：

> 弟子注意聽答覆，煮油是必須要到樓上神位。

接著謝府元帥又說：

> 爐位十點十分詩山鳳山寺神聖到宮必須要排好，宴王排桌是鮮花三頭。
> 煮油前必須先淨三尊神像天上聖母、廣澤尊王、謝府元帥。

先造油，若是主家有意淨神像者可以過油，但不得動爐。

謝府元帥下達了清楚的指示，若家中神明廳在樓上，程序絕不可免，煮油隊伍一定要上樓一一加以處理。每戶人家若還不放心，可以再將神尊持之，由烈焰上方穿過來加以潔淨，但不要移動到香爐。謝府元帥也交代，當然要請詩山鳳山寺廣澤尊王來坐鎮，以增強威力。

到了 9 月 29 日（農曆八月二十二日）當天，正好也是廣澤尊王生日，村中一整天的慶祝活動後，約在夜間六點開始煮油儀式，廣澤尊王（乩童）與謝府元帥（手轎）都降臨在隊伍中，再加上隨時準備替換的持手轎者，神明、法師、和一長串隊伍，和不斷升起的烈焰，穿越了全村三百多戶人家，廣澤尊王也在每一家門口貼上保護性的符咒，所有活動直到隔日凌晨兩點。

於是，在一個以家戶的總和所形成的村庄集體性的層次（和「造橋過限」的個人的層次不同），經由村落內部每一個角落的具體空間的潔淨，神明已完成了對保安村全體村民的許諾，將最厲害土府凶煞予以驅離，也讓村中各個角落原有的神明和祖先（安置在個別家戶之中）之靈力彰顯再度得以顯豁。

煮油淨宅儀式要付予法師的費用，以及各項雜費，這完全由廟方的基金支付，沒有再個別向信徒收款，詳細的帳目在短期內也沒有對外公布，但經向內部人員詢問，此次煮油儀式所使用的全部費用約是過平安橋的兩倍，也就是約 20 萬左右。

四、討論與結論

（一）災難的來臨與定義

災難降臨的背後，有人為或天然的原因，但是對災難原因的解釋，必然會涵蓋超自然的層面。為什麼災難是降臨在我身上而不是別人？為什麼災難是降臨在這個社區而不是別的社區？對於這些問題的關注，是人為或天然因素所難以完全涵蓋的。

在傳統華人「天人感應」的世界觀中，災難的形成，和道德欠缺所引起的社會失調有關，裡面同時包含了潔淨與道德原則。不過，出於不同社會行動者（「能動者」）所佔據的不同社會位置，往往會以不同的方法以來解除和治理災難（筆者 2003）。

而災難的性質，它可能是跨多個社區且具感染擴散性的大型災難，也可能僅僅是小規模的侷限在單個社區的災難。而災難的來源，它可能是很清楚，也可能是很模糊而不確定，這個時候，要怎麼樣來定義災難，和要依據什麼樣的方式來處理災難，這背後就會牽涉到許多文化建構的層面。

（二）村落層次的災難與災難治理

本文所處裡的，是一個來源並不清楚、甚至於災難是否已經形成都還不能完全確定的情況？不過，對於一個小型村落來說，這卻是日常生活中最為典型的一種災難處理情境。而這個情境裡所發生的各種事件，則反映出在漢人社屋區脈絡裡的一般村民、村落菁英、和神明之間的複雜關係。

臺南縣西港鄉的保安村，座落在曾文溪流域的一個約三百五十戶、人口一千兩百多人的小村落。在過去兩百多年來，曾文溪下游區域的八、九十個村莊，固然相當依賴於曾文溪溪水的灌溉，但卻也面臨變幻無常的曾文溪改道所帶來的嚴重水患。要一直到 1939 年，日本政府提防整治工程完成以後，曾文溪流域才開始大致避免了水災的侵擾。1973 年曾文溪上游的曾文水庫完工，不但更降低了水災發生的機率，也提供了穩定的發電與灌溉水的需要。不過，當曾文溪的水道趨於穩定，因為下游不再有氾濫沈積，卻也使得下游河床兩岸耕作的地利減低了不少（參考王俊昌、陳亮州、馬有成 2005：宏觀歷史卷）。

對曾文溪下游的西港、七股這些區域的村民（主要都是農民）來說，長久以來，「西港刈香」活動，是能將各個社區納入儀式體系，以來面對超自然災害的最主要的動員機制（Jordan 1986）。每三年舉辦一次的大型廟會活動，數十個村落（現在已有九十六個村落）聯合起來，共同恭迎代天巡狩的「千歲爺」來全境巡香（方淑美 1992）。而隨王船而來的「千歲爺」，相對於一般村莊的主神來說，祂是一個既能能降災也能除災的具有極高超越性之神。當然，傳統社會裡對於災情重大的水災和瘟疫的驅離，已不是今日廟會活動的主題，在今天，毋寧說，「西港刈香」活動已同時是一個能整合大範圍區域，和能創造臺灣人文化認同的大型儀式慶典。不過，王船信仰背後所存在的關於克服災難和關於與超自然力量搏鬥的根本精神，在參與民眾的心理與情感層面上，仍然是根深蒂固。譬如說，2003 年「西港刈香」廟會期間，正值 SARS 疫情來襲臺灣，當時，對於西港、七股、佳里地區的民眾來說，不但不因萬頭鑽頭的人潮而害怕疫情的擴散，反而因為信眾的聚集，而更對王爺除疫賜福的效力充滿了信心。

相較之下，如本文民族誌裡所紀錄的庚寅年（2010 年）發生在保安村的災難，在西港地區這個特殊歷史時空與特殊王船儀式襯托下的脈絡裡，相對於「西港刈香」的主角「千歲爺」背後的象徵意涵中所體現的「大範圍內的巨大災難的降臨與驅逐」，庚寅年所發生在一個單一村落裡的連續死亡事件，它在村民的定義裡，當然還不足以構成為一個「大災難」。不過，當一個村子中個別性死亡連續性的出現，其中還包括非預期性的死亡，個人問題已變成了集體性的問題，這於是開始成為了一個村子必須要去加以正視與處理的問題。

雖然說，在漢人「天人感應」世界觀的籠罩之下，災難背後必然包含有道德性的的意涵，也就是在解釋上，必然會設定災難是和某些人所構成的集體行為上的善惡有關。不過，在村落社區共同體的層次，當居住在同一個地域的村民必須共同來承擔災害的後果時，災難背後道德性的意涵被有意無意的忽視了，也就是，並不存在有明顯要被譴責的對象；另一方面，災難解釋裡的潔淨性的意涵，則被刻意的凸顯了出來，也就是會去強調：村子，必須重新加以「潔淨化」。而「潔淨化」的方式，則是將村落過去所曾經使用過的「潔淨法術」，再一次的予以施行一次。而這些「法術」，包括了個體性潔淨的「改運」，和場域空間集體性層次潔淨的「過油」。至於法術的施行，這些法術，並不是村民自己所能夠加以操作和加以實施的，而必須向外請求專門的法師來執行有關的儀式。

災難後的道德譴責並不是不會發生，而是要看時機和看「能動者」所處的社會位置。筆者（2003）對於 2003 年 SARS 疫情期間臺灣宗教界論述的調查就曾發現，一般農村社區通常是透過強調神明內在所具有的那種暴力與威猛的性格（Feutchwang 2001），以來驅逐瘟疫。道德層次的思維，常是出現在鸞堂或是民間教派的團體層次，出於自認對於真理已達成了某種壟斷，和自認教團的生活方式已達成了某種道德自律的要求，這時，他們才會在宗教論述中，開始出現強烈譴責性的語氣，會去強烈指責周遭一般人生活方式裡的道德敗壞與墮落，並強調，災難的解除必須由集體性的行為改變開始著手。顯然的，農村社區，不是一個會密集性產生這一類論述的場域。

（三）災難治理中神明的角色

對於保安村的村民來說，超自然的降禍來源，已經超出了村民所能夠追究與理解的範圍，神明所講的一句「莊運無通」，或是大家口傳的「莊運不好」、「村子不平靜」，這就是公開場域裡所能聽到的唯一的一種「對於災難會降臨村子」的解釋方式。

由旁觀者的角度看來，保安村的災難，也許根本不是什麼災難。出於鄉村人口老化，以及經濟蕭條下的城市人口回流，鄉村或者是死亡率偏高，或者是人口回流的城市挫敗者有年輕早亡的現象。而這兩者加起來，就顯得整個村莊是進入了被詛咒的狀態。再加上村中本來就有高比例的人會在宗教慶典中擔任神明的義工，自然任何連續性死亡的發生，都會讓人感覺到，好像即使認真替神明辦事也無法倖免於災。

不過，不管怎麼說，本村的神明，並不會被當做是災難的來源，即使出於村民的失德而被神明懲罰，但村民確信，那絕對不會是出於本村的神明，而可能是來自更為遙遠和更為超越性的神明。對於本村神明來說，其實祂們本身也是社區共同體的一部分，是要與村民共同面對災難的，因為祂們的之得到供奉，也是出於本村神明與村民共同經營，才能得到這一塊特殊的歷史性的與地理性的區塊。

但是，面對災難時，人的無力感是大於神明的，反而神明，只要是村中的主神，村民就會深信祂的有著這個化解災難的能力，至少，那是集體性的民眾真正有所求於神明的時刻的發生。

災難，被認為是來自村中的「不潔淨」。村中的「不潔淨」，已有例行性的化解之道，一個是三年一度的「西港刈香」時「千歲爺」的巡境，在超自然的層次，會例行性的將村子大清掃一番。另外，就是村子會利用神明生日的時候，通常是幾年一次，當神明要舉辦較大規模的生日慶典時，會在村中進行「改運」(「過平安橋」) 或「過油」。

而現在，突發性的事件會啟動臨時的防護機制。這個機制並不複雜，不過是將原有的例行性的機制，在緊急時刻將之提前啟動。不過，在幾項機制中，要採用哪一種？要做到什麼程度？不僅要考慮成本，也要考慮到是否能真正針對災難的性質而達成其效果。因為這些決策都是為了要去解決超自然所帶來的災難，必然需要超自然界的神明來出面告訴村民應該要怎麼樣的去做。

當然，神明出面的背後，仍有各種力量在相互協調，因此，神明所給予的答案，不僅需要時間上的醞釀，村中長老們的協商，也需要經過一次又一次的修正，而最後才能達成在村中菁英、村民的期盼、和神明的超越性三者之間的一個平衡協調的狀態。

清代，保安村僅有一間草寮公厝，幾位尊神：觀音佛祖、媽祖、廣澤尊王、謝府元帥共同供奉其中，不過大部分的時間，各神尊是被信徒輪流請至家裡祭拜，不容易區別哪一尊才是主神。1933 年在日本時代，公厝改為磚造。直到 1978 年全村經濟許可以後，村民才發起改廟，直至 1983 年落成，當時並決定由廣澤尊王坐鎮在廟壇上的中位。但後來在 1991 年謝府元帥生日那一天，卻因應神明要求而讓謝府元帥坐了中位。2010 年 7 月 15 日這一天，原本是為了村裡災難的處理而請示神明。村民希望謝府元帥能臨壇處理，結果臨壇的是媽祖，而她姍姍來遲，不談村民的災難，卻大談廟中過去種種歷史，也提到了廣澤尊王過去雖為村中貢獻良多，卻沒有得到應有的尊重。這個伏筆，不代表村廟供壇上神明的位置將會有所改變，但至少反應出，廟內神明位置背後所代表的村中的社會關係（不一定是派系關係），出現了未來隨時可能會被加以調整的契機。

災難的到來，似乎已經啟動了神明之間，以及神明與信眾之間的關係上的調整。

（四）神明的指示與溝通

一開始，媽祖給村民的指示，是在「改運」與「過油」之間，二者擇一來進行。這兩者，前者是全面的「個別性的處理」，後者則是沒有針對性的全村的「大掃除」，後者，其威力雖然不及「三年一科」「千歲爺」的巡境，但畢竟比「改運」來得徹底，但是時間、勞力與金錢等等，卻都要比「改運」來得多的多（至少要兩倍以上）。

起先，村民投票選擇了「改運」，但這只是主委的主導和在場三十多位村民的意見，結果是這種選擇似乎無法安定村中普遍不安的心理。主委決定再次請神明臨壇，如果說，第二次請神明臨壇的目的，是要去達成一個和先前神明所做的不一樣的決策，為了神明的面子，再次臨壇的，當然不可能是同一尊神明。果然，再此的請示，媽祖不再臨壇，即使是同一組乩手和桌頭，第二回臨壇的已是謝府元帥，而祂告知村民，必須「改運」與「過油」雙管齊下，才可能真正化解村中的災厄。

而在災難所啟動的神明與村民的溝通機會裡，在第三次請神明臨壇，也就是請示神明該如何來幫喪家改運時，謝府元帥再度臨壇，但這一次將方向指向了副主委郭明漢，神明指責他長期對廟務殆慢，認為他過度執著於佛教，而未能對村中事務盡心盡力。不過不管怎麼說，神明並沒有說災難的發生與郭明漢有關，而只是藉機訓斥而已。

（五）村落層次的潔淨

災難的處理，在村落的層次，「潔淨化」，是大家唯一所共同關心的原則（包括神明、社區菁英與村民皆是如此），而其層次，可能是放在對個體之潔淨的總合上，也可能是放在整片地域性裡的空間上的潔淨。

個體潔淨的總合，是以「改運」過平安橋的形式來達成。這個大儀式由幾個小儀式所組合而成，包括：請神，祭拜煞星，造橋，過橋，和祭改。儀式中每一個人都要呈報個人的生辰八字，法師要製造一個壓制煞氣之橋，橋下有七星的力量來克制煞氣，法師帶信徒過橋，也等於是渡過各種關限。過完橋後即進行祭改，以替身來承擔煞氣，進而預防性的先避免災難的到臨，這是以法術來避除災難的做法。

整片地域性的潔淨，要透過「過油」來完成。「過油」，在形式上，由神明帶領、法師指導、帶著潔淨之火油，走遍村中每一個角落，且以火、煙與強烈的蔴油味，充斥在隊伍經過的每一個地方，這是一個更為徹底的潔淨化的過程。

在災難防護與驅離的過程裡，道德性的思維並不是重點，而是，如何在施行規模與技巧上，能在個體層次與全村的集體層次進行全面的「潔淨化」，這才是重點。以「法術」消除「煞氣」，仍是村民主要的考量，而法師，則是在這種情況下，由附近的村子中被請來，透過他的專業來協助村民度過難關。

不過，平安橋的儀式，規定帶喪者是不能過橋的，以免因污染而破壞了法術的威力。儀式中曾有喪家不遵守這個規定，混在隊伍中要硬闖過關，卻好似被神明拉住似的，當走到了橋中間一半的位置，再怎麼樣也走不動一步，被村民發現拉她下來後。前面已經做過的過橋儀式，已經被法師和神明宣稱為全部無效，整個過橋儀式必須重頭開始。

其實，對於這些喪家，村中不是沒有安排。主委的岳父就是「案例七」，雖然依據村中的定義，不能過橋的喪家，是以亡者的直系親屬為範圍，主委本人應不算在喪家之列，但主委刻意的要為自己的夫人，也就是「案例七」的女兒，爭取一些儀式上的權利。所以在儀式舉辦之前，出於主委個人的堅持，特意認真嚴肅的問過神明關於喪家該如何加以化解與加以潔淨化的問題。最後神明的決策是，「過橋」不可以，「祭改」可以。

精英份子出於個人利益，顯然在某一個範圍內，還是能夠影響神明的判斷與決策。於是，八個案例裡的喪家直系親屬們，人數約有三十多人，他們雖然不能參加過橋，在全體村民過完橋後，還是能另外單獨加以處理，另外由法師專門為其進行「祭改」，以能在某種程度上祈求避免災禍的降臨。

（六）更高層次的大災難

村莊之神的正當性，建築在祂與村民能共同來承擔降落在某一個特定地域上的災難。就像謝府元帥所說：「這次莊運是有原因，是有關於人、生、亡、體問題，此事希望不再發生。時到只有保安宮之神承擔。」但是神的力量，是人的力量所累積的，有愈多人祭拜，祂的超越性愈高，也代表有愈大的能力來解決問題，現在人類要求神明來處理人間的災難，相對的，神明當然也可以要求能得到更多村民的祭拜，才可能因此而後續創造出更大更具有超越性的力量。

而為了治理村子的災難，不僅廟中每一位重要的神明都要出動，和村廟神明有關的更大的超越性之神，必要時也會被請下來以增強神明護衛與解決的能力。就像是在這一次保安村「改運」儀式中，大陸詩山鳳山寺廣澤尊王，雖然並沒有透過任何乩身而在現場，卻經由本村廣澤尊王（附身的乩童）之口，告知大家祂已親臨現場並全程護衛村民。

事實上，自從 2009 年大陸詩山鳳山寺廣澤尊王來過本村以後，本村中凡有大事，似乎總會有大陸祖廟廣澤尊王的到場來護佑村民。

當然，如果災難大到一個程度，這就不是村中之神所可能加以解決的了的了，那可能就要靠能夠更大區域的動員與聯合才可能解決問題。很巧的是，2003 年的 SARS、2006 年的口蹄疫、2009 年的 H1N1，當正值這些疫情在臺灣出現或擴散的時候，也正是「西港刈香」王船祭典熱烈舉辦而有「千歲爺」在西港、七股、佳里地區駐守的時候。對村民來說，這暗示著：人算不如天算，神明的降臨與人間劫難的解除，二者間似乎有著一種「並非巧合性」的內在性的關連性存在著。

（七）災難治理的效果

最後，是關於儀式效果的問題。既然災難形成背後有超自然的原因，那就當然是要經過儀式性的治理才可能化解災難的根源。但是這些儀式事後的效果到底是如何呢？如果說，對村民來說，不管怎麼樣這些儀式都是一定要去加以施行的，那麼「有沒有效？」的問題，就應該被換成為另外一種問問題的方式：「用什麼樣的儀式來處理會更有效？」。

在這樣的思維方式的引導下，如果一個儀式做完了沒有效，村民只會繼續去尋找更有效的儀式來處理問題，而直到感覺似乎已沒有再籠罩在災難的陰影下時為止。儀式的處理完畢與災難的終止之間，雖然不必然會劃上等號，但是沒有人會真的去認真追究儀式的效果（除了人類學田野工作的初學者以外），而只會，當村民幾年之後再回過頭來回想時，依稀記得當時村裡曾做過了什麼什麼樣的儀式，而使得後來村裡的發展繼續步上了平安順遂的正軌。

參考書目

丁仁傑

2003 〈捍衛社會身體：臺灣 SARS 疫情中的災難治理及其宗教論述〉，《思與語》41（4）：1-70。

2012a 〈廣澤尊王遊臺灣：漢人民間信仰神明階序的結構與展演〉，《民俗曲藝》177：1-61。

2012b 〈全球化下的地方性：臺南西港刈香中的時間、空間與村際網絡〉，《臺灣人類學刊》10（1）：93-158。

方淑美

1992 《臺南西港仔刈香的空間性》，國立臺灣師範大學地理研究所碩士論文。

王俊昌、陳亮州、馬有成

2005 《珍藏西港》（宏觀歷史卷）。臺南縣西港鄉：西港鄉公所。

施晶琳

2005 〈臺南市興泉府祭改法事之研究〉，《臺灣文化研究所學報》（第二期）：229-273。

郭銘宗

2008 《保安村玉敕保安宮歷史沿革》。作者自印。

張澤洪

2003 《道教神仙信仰與祭祀儀式》。臺北：文津出版社。

鄧雲特

1970 《中國救荒史》（臺二版，初版於大陸，1937）。臺北：臺灣商務印書館。

Douglas, M. D.

1966 Purity and Danger: An Analysis of the Concepts of Polution and Taboo. London: Routledge & Kegan Paul.

1973 Natural Symbols. New York: Vintage.

Feuchtwang, Stephan

2001 Popular religion in China: The imperial metaphor. London: Curzon Press.

Hepworth, M. & B.S. Turner

1982 Confession: Studies in Deviance and Religion. London: Routledge Kegan & Paul.

Jordan, David K.

1972 Gods, Ghosts, and Ancestors: the Folk Religion of a Taiwanese Village. Berkeley: University of California Press. (中譯本：丁仁傑譯，2012，《神、鬼、祖先：一個臺灣鄉村的民間信仰》。臺北：聯經出版社)。

1986 Shiunshou and Jinshiang: Two Kinds of Chinese Religious Processions and their Sociological Implication. 中央研究院第二屆國際漢學會議論文集（民俗與文化組）：255-270. Taiwanese Village. Berkeley: University of California Press.

O'Neill, John

1985　Five Bodies: The Human Shape of Modern Society. London: Cornell University Press.

Wuthnow, Robert et al.

1984　Cultural analysis: the work of Peter L. Berger, Mary Douglas, Michel Foucault and Jürgen Habermas. Boston; London: Routledge & Kegan Paul (中譯本：王宜燕、戴育賢譯，1994，《文化分析》。臺北：遠流出版公司).

▪第六部份▪

研究典範學者介紹

第二十五章　楊儒賓與新儒學宗教向度的多元詮釋與建構[*]

林永勝[**]、賴錫三[***]

本章大意

本文論述楊儒賓對當代臺灣儒學之宗教向度的多元詮釋建構的過程，以及其對儒學思想探討開出新的路徑，使學界對儒學宗教向度產生更寬廣多元的視野。

楊儒賓對於儒學關於實踐向度的內容，作更細緻的分析，並且將西方與宗教學相關的理論翻譯並引進中文學界，使這些不同的宗教理論與中國思想進行交流。從楊儒賓的博士論文，以及後續的深化研究中，可以突顯出其跨學派、跨學科、跨文化的方式；另外他主動翻譯較具理性，能產生學門溝通意義的著作，並撰寫介紹；他的研究建築在理論的深入掌握及文獻的細緻分析上，並企圖使兩者產生互補互益的效果。

在此基礎下，楊儒賓發展出其對儒家研究獨特的視角；占卜、煉丹術與儒家思想的關聯；「冥契主義」與儒家的「體證經驗」；氣論、工夫論與儒家的身

---

[*] 本文原題為〈當代臺灣新儒學宗教向度的多元詮釋與建構者：楊儒賓教授的研究特色和方法學的檢討〉，原刊於《世界宗教文化》總第 83 期（2013）：23-29。

[**] 林永勝，國立臺灣大學中文系副教授。

[***] 賴錫三，國立中山大學中文系特聘教授。

體觀，就形成他儒學詮釋的三個向度。

首先，關於占卜與煉丹術，楊儒賓吸收現代心理學榮格的集體無意識理論，試圖對易經與煉丹術的內容作出充分同情的理解。

其次，關於「冥契主義」與儒家「體證經驗」的詮釋，楊儒賓則是翻譯W. T. Stace的《冥契主義與哲學》，將其引入中文學界，並透過學界對冥契主義討論的方向成形後，對於儒學的詮釋再進行反省和回應；據此，楊儒賓對儒家宗教性的掌握，並以「體用論模式」挑戰Stace「內向／外向二元區分」，展現出楊對儒家人文性的堅持。

最後關於氣論、工夫論與身體觀的論述，也是楊儒賓學術集大成之所在。楊從「氣」關於身心存有的連續地位，到天地萬物共通存有的連續基礎，探討身、心、氣互構的身體結構，建構出中國主流的身體觀與實踐模式的討論基礎。接著將這討論基礎運用到探討儒家對身體多重意義之領會，是承襲自先秦儒家從禮樂文化為中心的「威儀身體觀」及醫家為中心的「血氣觀」；楊也發展出「四體一體」的觀點，認為儒家的身體觀是意識主體、形氣主體、自然主體、文化主體，四者綿密交織在「身體主體」之上。在紮實的「氣論」與「身體觀」基礎上，楊也建立了他對理學工夫論的探討。對於工夫論的探討，楊突破了過去「心性修養」的框架，改從理學對「氣」的理解，以及延伸出來具體的「身體實踐」切入，區分了宋明理學看似相同的修養方式，其不同的內涵。從文本的觀察來說，用形上學、宗教性的立體縱貫，來統合非形上學、人倫性的水平向度，顯示出楊氏對儒家內聖宗教性優位的堅持。

一、楊儒賓多元詮釋學的提出背景與研究起點

作為當代臺灣儒學之宗教向度的多元詮釋建構者：楊儒賓教授，生於1956年，臺灣大學中國文學博士，現為臺灣清華大學中文系講座教授，臺灣宗教學會、臺灣哲學學會與臺灣中文學會之發起人。楊氏研究焦點以中國思

想、尤其是儒家思想為核心，但他對儒家思想的探討開出許多別於以往的路徑，從而使學界對儒學的宗教向度產生了更寬廣的多元視野。

楊氏求學期間，由於當代中國新儒家的核心學者牟宗三先生，在臺灣學界有極大影響力，因此青年時期的楊儒賓，亦曾一度受學於牟宗三門下，但他對牟氏詮釋下的儒家思想面貌，總覺有所缺憾，遂使楊氏於牟門之外另闢蹊徑。

牟宗三探討儒家思想的結穴處在心性論，但其建構的儒學解釋體系，深受西方近代理性論哲學的影響，尤其是運用康德哲學，來對儒家的道德形上學進行重構。但牟宗三所講的「道體」、「性體」等內容，在康德哲學中已屬物自身領域，不屬思辨哲學的討論範圍，牟氏乃超出康德，而肯定人有智的直覺之可能，遂引入佛教「如來藏系」的概念來解釋儒家思想，如圓教、一心開二門等，試圖為現象與物自身的兩層區分，尋求有限與無限的辯證統合。

雖然牟宗三的著作等身，其文獻耙梳與哲學分析能力皆十分縝密，使其論述自成一套完整體系。但牟氏哲學化的儒家解釋，能否充分說明儒家有關道德實踐的多元面貌，則不無疑義。

楊儒賓為了對儒學中有關實踐向度的內容，進行更細緻的分析，便開始廣泛涉獵各種西方理論，尤其是與宗教學相關的理論，從中挑選適合詮釋中國思想者，並翻譯該理論的代表性著作，以不同的理論對中國思想進行研究。此種嘗試的初步成果，首先呈現在他的博士論文《中國古代天人鬼神交通之四種類型及其意義》（1987）。

楊儒賓的博士論文，從深層結構探討中國古代的天人鬼神交通方式，這暗示出，楊氏不是只將孔孟等人定位為哲學家，探討其道德主體如何證立等問題，而是試圖還原這些古典思想的世界觀與思維模式，而這基本上便屬於具宗教意涵的主題研究。

楊儒賓在此文中，分別探討了先秦至漢代，共四種不同類型的天人鬼神溝通模式，並分別採用不同的宗教學理論來析論：一、以榮格的同時性原理，分析《周易》占卜中的象徵意義與感通原理；二、以薩滿巫教和耶律亞德的宗教現象學，來探討屈賦中的「離體遠遊」與「永恆回歸」的神話；三、以氣論的角度，分析《黃帝內經》與先秦諸子對於身體轉化的思考與實踐；四、以宗教儀式的角度，分析儒家如何藉禮樂，來上達天人神我之溝通。

因此，楊儒賓在其博士論文，及其後續所展開的持續深化研究中，凸顯出其在研究方法學上的幾個特點：

其一，他以跨學派、跨學科、跨文化的方式，探討宗教與思想的交光互影。

其二，他為了達到跨學派、跨文化的互動，會主動翻譯較具理論性、能產生學門溝通意義的經典著作，並撰寫介紹。其目的在於：一方面讓學者能認識各領域間互相對話的可能性，二方面也是能有較充分的學術語言，來討論古典的課題。

其三，他的研究，是構築在理論的深入掌握與文獻的細緻分析上，企圖使二者達到互補互益的效果。

因此，本文以楊儒賓有關：一、占卜、煉丹術與儒家思想的關連性，二、「冥契主義」與儒家的「體證經驗」，三、氣論、工夫論與儒家的身體觀，這三個向度的儒學新詮，來簡單介紹，作為當代臺灣儒學之宗教向度的多元詮釋建構者的楊儒賓教授，其鮮明的研究特色與多元的方法學檢討。

二、占卜、煉丹術與儒家思想的關連性

首先，楊儒賓在其儒學多元詮釋的建構觀點中，清楚指出：《易經》原為周初占卜之書，漢代開始修煉術士也從《易經》中得到意象啟發，發展出對煉丹技藝的特殊解釋，如魏伯陽的《周易參同契》，由此逐漸衍生出「外

丹」與「內丹」等不同修煉脈絡。理性哲學者常將占卜視為迷信，改將目光集中在《易傳》中的形上學與宇宙論內涵，至於煉丹術，也常被視為偽科學或者前化學。

但事實上，儒、道各派的思想家，經常在《易經》占卜中得到許多啟示，除了道教徒之外，一些最重要的理學家，如朱子、王陽明、王龍溪、王夫之等大儒，都不乏對「內丹修煉」有實踐上的興趣，朱子還曾化名「崆峒道士鄒訢」，註解過《周易參同契》，故不宜只用哲學理論或科學思維，來排除《易經》與煉丹術的另類象徵思維。

楊儒賓吸收由西方現代的心理學發展，所產生系統化的理論，試圖對《易經》與煉丹術的內容，進行更充分而同情的理解，此即他對榮格所建構的「集體無意識」與「同時性原理」的有效轉用。[1]

楊氏廣泛閱讀榮格全集，將榮格著作中涉及中國、西藏等地的修養傳統之討論篇章，如《易經》占卜呈現的同時性原理、《西藏渡亡經》中陰得渡之說與分析心理學關連性等，一一翻譯後彙為一書，名為《東洋冥想的心理學》(1993)。同時楊氏又撰寫了〈同時性與感通——榮格與易經的會面〉(2001)一文，分析因果律的限制性，西方哲學在科學革命前的共感論傳統，以及榮格如何利用同時性原理來說明《易經》或其他占卜技術的感通與預知的可能性。楊氏的這些「舊說新解」，使學界能對《易經》的占卜之術，產生了不同以往的可理解性。

1　雖然，榮格對許多理性主義者眼中的怪力亂神頗有偏好，但這些內容卻對榮格理論的完成有重要影響，尤其是《易經》與煉丹術。在榮格《全集》中，第 12 冊「心理學與煉丹術」、第 13 冊「煉丹術研究」、第 14 冊「神秘結合」，都涉及這方面的內容，足見《易經》與內丹派經典，對於榮格成熟期的理論建構，發揮了直接影響。1913 年，榮格開始思考「集體無意識」理論，起先因其參照對象集中在西方的煉金術傳統與諾斯替教，始終未能有所突破，剛好此時德國最重要的漢學家衛禮賢，翻譯了《太乙金華宗旨》一書，並在 1928 年央請榮格為此書作序，榮格閱完此書並寫下導論與評介之後，方確立其集體無意識說的理論架構。可見「集體無意識」之說，本來就是通過對「丹經」的理解而完成其建構的。所以也就順理成章的，可以用榮格心理學的理論，來對丹經的心理象徵與宗教經驗進行詮釋。

至於榮格對中國內丹術的討論（包括衛禮賢的註解、日譯者湯淺泰雄的解說等），楊氏則一併譯出並蒐集為《黃金之花的秘密》（2002），並為此書下了「道教內丹學引論」一副標題。

楊氏又陸續撰寫了〈榮格論煉丹術——個體化與九轉丹成〉（2001）、〈「自性化」與「復性」——榮格與朱子的異時空交會〉（2005）、〈王學學者的「異人」經驗與智慧老人原型〉（2007）等文，試圖藉由榮格所建構的「個體化理論」，重新探討「內丹術」的心腎、水火、男女、結胎等意象，並探討「煉丹術」對朱子、陽明學之實踐體系建構，所具有的啟發意義。

三、冥契主義與儒家的體證經驗

其次，楊氏對於「冥契主義」與儒家的「體證經驗」的相關詮釋，在當代臺灣學界中，堪稱出類拔萃。西方有關宗教經驗的討論中，有所謂神秘主義（Mysticism）此一路徑，即修行者感受自身與萬物、甚至上帝融為一體的經驗。這類與神合一的經驗，在一神教傳統中往往易被判為異端，但在中國思想中，卻是老生常談。

中土的修養者，在言及「體證經驗」時，通常都會有一體的宇宙經驗之描述，如道家言「天地與我並生，萬物與我為一」，儒家言「吾心即宇宙，宇宙即吾心」，甚至內丹家所追求的「煉神還虛」，也是類似話語。而像這些「體證經驗」，都有「個體消逝」而與「存有大化」融為一爐的「冥契」感受。上世紀三十年代，馮友蘭即曾啟用「神秘經驗」（mystical experience）之說，來詮釋儒家與道家的體證經驗，[2]不過馮氏此說，在彼時學界並未受到重視。一則肇因於當時的文化氛圍，再則馮氏並未對神秘主義，有深入的討

[2] 馮友蘭，《中國哲學史》（臺北：臺灣商務，1990），頁 864，頁 164-165。

論與界定，以致遭受牟宗三等重要哲學家的反對。

楊儒賓採用的方法與馮氏不同，他雖同樣注意神秘主義在解釋傳統修養理論上的價值，但他採取的策略是，挑選學界探討神秘主義的經典先進行翻譯，待學者閱讀了此類經典名著，能理性客觀地看待神秘主義的學術價值時，再以此來討論其與中國傳統修養論的關連性，就會顯得水到渠成。

同時，楊儒賓改用唐代道士成玄英，在其《莊子疏》中所使用的「冥契」一詞來翻譯 mysticism，取代了較容易產生誤會的「神秘」一詞，而楊儒賓所翻譯的著作是 W. T. Stace（史泰司）的《冥契主義與哲學》。[3]

史泰司是活躍於上世紀五、六十年代英美學界的重要的哲學家，他曾針對西方哲學中的悖論式語言（如黑格爾、斯賓諾莎等）、西方宗教中的「冥契主義」描述、以及印度教、佛教的「修證經驗」等，進行了哲學性的考察辨析，從而完成了這部經典之作。史泰司在此書中認為：世界各主要宗教中的「冥契」特質，是具有普遍性的。經驗者「描述」上的語言差異，並不等於「經驗」上的差別，而是「詮釋」不同所致。史泰司更對「冥契主義」的類型，進行了價值區分，認為可分為「內向」與「外向」二種「冥契」類型，並主張內向型「冥契主義」（純粹體一）較為成熟、圓滿，外向型的「冥契主義「（一多相即）則是不純粹、待發展的。

史泰司此書，論述非常細密，但其主要觀點也引發許多討論。但楊儒賓為何仍要藉由翻譯此書，將「冥契主義」介紹給中文學界？

可以合理推測：楊氏應是希望藉由此一翻譯，讓中文學界也能對史泰司書中出現的這些問題，進行反省與回應。由於史泰司撰寫此書的宗教文獻資料，主要集中在西方「冥契主義」者，以及印度教、斯里蘭卡佛教的「冥契主義」者上，而這兩者對其「冥契經驗」的描述差異太大，以致史泰司會區分出「內向型」與「外向型」這兩類不同的「冥契主義」。但倘若史泰司能

---

3 W. T. Stace, *Mysticism and Philosophy*, London, 1973.

關注到中文世界的宗教經驗，加入儒家、道家的「體證經驗」作為比較對象，其結果又會如何？是否將出現一種兼融內向／外向的「冥契主義」新型態？

因此，楊儒賓許多涉及古代思想家悟道經驗的討論，便是從此面向進行展開的，如：〈新儒家與冥契主義〉（1994）、〈理學家與悟——從冥契主義的觀點探討〉（2002）、〈先秦儒家與冥契論述〉（2012）、〈悟與理學的動靜難題〉（2012）等，對儒學與「冥契主義」的關連性，進行了較全面的探討。

楊儒賓對史泰司以「內向型冥契」遠高於「外向型冥契」的判教立場之質疑，多少和楊氏對儒家屬於人文主義的宗教之領受與堅持有關。因為儒家除了有「盡心知性以知天」的本體體悟外，也向來堅持「極高明而道中庸」，所以天道的領受終不能離於禮樂社會之倫理實踐與文化創造，如此一來，儒家的「超越性」，終究要落實在「內在心性」與「具體體知」上。

因此，楊儒賓認為，儒家這種「承體起用」、「即用顯體」的「圓即模型」，超越了史泰司的內向／外向的二元區分，也超越了由外往內一路昇進的純宗教式超越之單向思考。而楊儒賓的這種「體用論模式」對史泰司的質疑挑戰，一方面呈現出楊氏對儒家宗教性的把握，另一方面也呈現，楊氏對儒家人文性的堅持，並認為體用論的「兩頭辯證圓融」，將可以持續穩立宋明儒者那種既吸收佛老、批判佛老，終又超越佛老的殊勝性格。

四、氣論、工夫論與儒家的身體觀

在楊儒賓多元詮釋的論述建構中，有關「氣論、工夫論與儒家身體觀」的論述，應是其最重要、也是其多年來勤勉治學不懈的集大成業績所在。

楊儒賓從在其博士論文中，已從氣論出發，探討先秦諸子對於身體實踐的各種思考，也以禮儀進行中的身心狀態為焦點，探討先秦儒家的天人溝通方式，這些研究方向在楊氏持續的發展下，逐漸形成了「氣論、工夫論與儒家身體觀」的研究進路。

西方哲學中的主流傳統是身心二元論，此一觀點萌芽於柏拉圖、大成於笛卡爾，其名言「我思故我在」，把「我／思維」以外的一切都視為「非我」的「物」，將周遭的「物」、「他者」、甚至自己的身體都視為思維的客觀化對象。故只有理性、認知與主體等涉及心靈的活動由哲學所探討，至於不具備理性能力的身體則是被客體化，而成為科學探究的軀體對象。

但在東方，對身心的理解與實踐方式，卻有不一樣的傳統。東方身心關著重的問題是：通過修行，身與心之間的關係將變成什麼？也就是說，這種思考預設著，一個人通過修行，可以使身心關係產生變化，而且，身心問題也不是單純的理論推測，而是實踐的、生存體驗的、涉及整個身心的問題。

這種認為通過修行，身心將會有所轉化，最後能完成神聖的身體，在宗教學來看，其實便涉及宗教的身體觀。東方儒道傳統認為精神化的身體是可以達成的，而達成的機制一樣需以實踐為前提，其中「氣」的居間連貫與轉化，則扮演了重要角色。

因為「氣」具有身／心的存有連續地位，「氣」甚至被認為是天地萬物共通的存有基礎。因此通過對「氣」的修養，可能使身與心恢復連結轉化，身體會逐漸精神化、而精神也會身體化，從而產生「踐形」的身體經驗，興發「萬物皆備於我」、「遊乎天地一氣」之身體綿延感。楊氏認為這種身、心、氣互構的身體結構，向來便是中國主流的身體觀與實踐方式。

所以，楊氏也從這種角度出發，開始進行對中國古代「氣」論之研究，如〈從「以體合心」到「遊乎一氣」——論莊子真人境界的形體基礎〉(1989)、〈論「管子・白心、心術上下、內業」四篇的精氣說與全心論——兼論其身體觀與形上學的聯繫〉(1991)、〈論公孫尼子的養氣說〉(1992)、〈從「生氣通天」到「與天地同流」——兩周秦漢兩種轉化身體的思想〉(1994)等文，使學界對「氣」論在中國思想中的意義，獲得大步邁前的理解。

除了「氣」論外，楊儒賓在「儒家身體觀」上的研究成果，更顯突出。

有學者曾指出，東方身體修煉傳統的主流，傾向於將自我、文化視為迷惑、痛苦和束縛的來源，因此修煉的目標在於超越生理形軀的限制，以便與氣、造化、梵我合一，但儒家似乎是明顯的例外。[4]儒家對身體理解，雖也深受「氣」論影響，重視血氣的調治，但亦受到周代禮樂文化的影響，重視身體所能展現的文化意義與社會價值。亦即，儒家的價值來源，除了形上的天道，還包含著人世間文化建構的內容，若失去文化厚度，也無法建構出完整的身體與自我。

從這些線索與思考出發，楊儒賓完成了《儒家身體觀》（1996）一書，對先秦儒家有關身體的理解與實踐方式，進行了較完整而細膩的探討。

楊儒賓在考察了先秦諸子的身體觀及其演變後，提出了其著名的「二源三派」的區分。「二源」是以禮樂文化為中心的「威儀身體觀」、以醫家為中心的「血氣觀」，這也是先秦儒家身體觀的兩個主要來源。

這兩種身體向度，被儒家所吸收消化後，逐漸孕育出儒家對身體多重意義之領會，楊儒賓以「四體一體」之說名之。此「四體」乃是指：意識主體、形氣主體、自然主體、文化主體。楊儒賓認為，儒家的這四種主體並非可截然區分，而是綿密交織在其「身體主體」之上。

在此「四體一體」的大前提下，楊儒賓深入探論由意識、形氣與自然交綜而成的「形－氣－心」的「一元三相」的身體觀，並以孟子學為脈絡考察其發展與流變。

事實上，「形－氣－心」的一體觀，乃是儒家心性論與形上學的身體基礎，雖然與「醫學的身體」同樣談「形氣心（神）」，但儒家的身體觀多從「威儀」、「踐形」、「德行—德氣」入手，這些觀念並不在討論客觀的身體概念，而與「修身」息息相關。

---

[4] Herbert Fingarette, “The Problem of the Self in the *Analects*,” *Philosophy East and West*, Vol. 29, No. 2 (April, 1979), pp. 189-200.

因為對儒家來說，現世的種種，從家國社會到個人身心，都是不完整的，都是等待補足證成，因此如孟子的「踐形」、管子的「全形」、荀子的「美身」，在在顯示身體的意義就是「修身」，不談「修身」，便無法突顯儒家身體觀的特色。

受此種「四體一體」身體觀的影響，故儒門各家如何看待身體，也直接形塑到各家工夫的走向，即所謂「三派」。[5]

從上述的研究進路與理論脈絡為中心，則不難看出，楊氏重要著作《儒家身體觀》一書，乃是以孟子的「踐形觀」為中心，向上梳理《公孫尼子》的養氣說與孟子養氣說的共通、乃至滋養之處，向下分判帛書《五行篇》、《德聖篇》等篇做為孟子後學，如何將孟子思想帶往更深層的意識，並分析《管子》的〈心術〉、〈內業〉諸篇，在共享的文化體系中，與孟子學相呼應的觀點。

由此，楊氏也得以完整而清晰的闡述其對「踐形觀」的相關詮釋，及其在孟子功夫論中，所應適當安頓的位置。至於荀子「禮義」的身體觀，在楊儒賓近年所提出之「相偶論」的倫理學中，則有進一步的展開。

至於楊儒賓在《儒家身體觀》最後兩章，則是藉由對理學家有關「作用是性」、「氣質之性」的言談，探討了理學家身體觀的幾種主要類型，將之區別為「理氣論」、「心氣論」與「元氣論」三種。而從「氣論」與「身體觀」的研究進路出發，楊儒賓也對理學工夫論的探討，奠下完整而厚實的基礎。

無可置疑，「工夫論」本是理學的核心，以往的討論當然甚多，但多是從「心性修養」的角度進行探討，而楊儒賓的詮釋建構則不然，他改從理學家有關「氣」的理解、具體的「身體實踐」方式來切入，將許多看似相同的修養方式，進行了分析與區別。

---

5 這指的是孔子之後儒家身體觀的幾種發展方向，包含以孟子為代表的「踐形觀」、以荀子為代表的「禮義觀」，以及散見諸種典籍的「自然氣化觀」。

例如，理學家大多重視靜坐，但其內涵是否一致？為探究此一問題的底蘊，楊儒賓撰寫了〈宋儒的靜坐說〉（2004）〈明儒與靜坐〉（2012）等文，並主編了《東亞的靜坐傳統》（2012）一書，將理學中的靜坐類型及其實踐目標，進行了較完整的檢討，這也是當代對靜坐研究的最完整成果。

至於不同理學家對體氣的觀察與實踐方式，楊氏在〈變化氣質、養氣與觀聖賢氣象〉（2001）一文中，也對張載與二程在氣的實踐上的差別，進行了釐清。至於二程的功夫論都強調「觀喜怒哀樂未發前氣象如何」，但其內涵是否一樣？為了釐清此一差異，楊儒賓則在〈論「觀喜怒哀樂未發前氣象」〉（2005）一文中，以大程的「觀未發」與小程的「參中和」來對此進行區分。

至於有不少理學家，對煉丹術抱持高度的實踐興趣，其所欲達到的目的為何？與「內丹派」的實踐又有何差別？楊氏則在〈一陽來復——《易經‧復卦》與理學家對先天氣的追求〉（2005）一文中，進行了分析。而通過這些成果，也使學界對「理學工夫論」的研究，有了更廣泛的視野，而這也是楊氏在理學研究上獨領風騷之處。

五、結語：當代臺灣新儒學宗教向度的多元詮釋與建構

本文以上，針對楊儒賓在其臺灣當代儒學思想的多元詮釋與建構等面向，進行了簡明而必要的介紹。從中可以見出，楊儒賓對儒家思想各個面向的宗教質素，皆有廣泛的關注與興趣。

事實上，楊儒賓對儒家宗教性經驗之強調與堅持，一方面遙承了先秦孔孟中庸的「性命天道相貫通」，〈樂記〉的禮樂天人交通儀式與心性轉化，宋明儒者的「逆覺證體」與「承體起用」。從這一面向來看，楊儒賓並不反對人性雖有限而無限這一宗教體驗命題。雖然他已不再採用牟宗三式的道德形上學之詮釋模型，但是就他仍然確信儒家的人文主義深具宗教體驗性這一

點，其立場仍近於牟宗三，而遠於勞思光，這尤其可從他對孟子的「心－性－天」之詮釋架構的承接可看出。

然而，楊儒賓對孟子的超越向度之氣論詮釋，對牟宗三的解釋體系進行了挑戰，對比於典型的牟派傳承者（如李明輝、楊祖漢等人），其典範轉移的企圖十分明顯。他放棄了「現象／物自身」、「身／心」等「兩層存有」的區分模式，改從「心－氣－神」一體連續的模型切入，恢復了「氣」在超越性的身心經驗中，所扮演的關鍵角色。如此一來，他大規模地調整了主體主義意味濃厚的意識哲學，使儒家的心性修養和修身哲學獲得平衡調節。[6]

另外，可以合併觀察的一樁學術公案則是，楊儒賓曾和余英時在 2003 年底發生筆戰，起因於余英時發表《朱熹的歷史世界》一書，而楊氏撰文評論其得失時，兩人發生一場有關儒家屬性的定位爭論。

簡言之，從楊儒賓的角度看來，余英時對朱熹（或整體理學性格）的心性工夫所求證的形上本體世界，顯然正視的不夠。楊氏以不無反諷意味的標題——〈如果再迴轉一次「哥白尼的迴轉」〉，暗示余英時欲突顯宋儒重人間秩序與歷史世界的知識分子性格時，刻意淡化或降低儒者對「本體追求」與「內聖體悟」的熱情，以至於高估王安石對二程與朱子的影響，卻低估儒者因佛教義理與實踐之高度挑戰，而在內聖向度，產生心性形上學的回應與深化。

所以，楊氏要將余英時對儒學詮釋的典範轉移（在余英時看來，外王的政治秩序安立才是儒學第一序真理，而內聖面的宗教形上關懷僅能是第二序），給再度轉回正位（從楊儒賓看來，從內聖真理的體悟而開啟外王的價值之用，乃是儒者內聖通外王的體用不二之共法）。

這再再都可以看到楊儒賓對儒家的形上真理（這是宗教體驗之另一種表

6　換言之，較有抽象意味的心性哲學，從此往身體哲學處挪動，也讓當代新儒家的儒學詮釋，從西方近代的康德式唯心論傾向被調動，而大弧度地跨入與當代現象學的身體思維（如梅洛龐蒂）接軌之可能，並啟發了臺灣學界對身體觀議題之研究風潮。

述），與人間秩序的「理事相即」之堅持，而且形上的理世界，也可以作為人間秩序的保障。而強調理學對形上世界的理論旨趣之肯定，其實也和他對理學心性工夫的「本體證悟」之宗教性強調，具有理論與實踐的高度一致性。總言之，楊儒賓企圖對余英時的迴轉的再迴轉，背後都有一個形上關懷、本體體悟的儒者型宗教人格貫徹其間。

2012 年底，楊儒賓出版《異議的意義：近世東亞的反理學思潮》一書，他以驚人的廣度從東亞儒學（中日韓）的長鏡頭來觀察，用極其善意的同情角度耙疏「反理學」思潮的思想類型，甚至嘗試用當代理論視域，來重構「反理學」的思想深度，以凸顯「反理學」思潮急欲回歸倫理日用、政治社會的用心所在。楊儒賓以「相偶論儒學」來界定這種關懷人與人之間倫理關係的理論體系，並申論其對「體用論儒學」追求證悟本體，所帶來的挑戰與批判。

儘管楊氏如此傾聽「相偶論」長期被打壓的異議之聲，但楊氏的最後結論，除了希望扮演兩種對立思潮的調人之外，更重要的是，他還是主張要以「體用論」來統攝「相偶論」，而非以「相偶論」來對撞或取代「體用論」。

楊儒賓這種以「體用論」統合「相偶論」的辯證模型，可謂以縱貫型的「體用論」軸線，來接合「相偶論」的水平軸線。就本文的觀察而言，用形上學、宗教性的立體縱貫，來統合非形上學、人倫性的水平向度，再再顯示楊氏對儒家內聖宗教性的優位堅持。雖然楊氏也清楚意識到，宋明儒種種「體用論」模型，在「相偶論」者看來，都不免因深中佛老（宗教超越追求）之毒，而不免兩頭落空。

但楊氏顯然另有判斷與擇抉，他深信：由「體用論」來統合「相偶論」，才能顯示宗教與人文兩頭皆通的圓通之儒。楊氏以「體用論」消化「相偶論」的期盼，這既是一種理論選擇或哲學立場，但背後其實更透露儒者近乎宗教情懷的信念。

然而，從當代思潮的反形上學傾向來看，正如楊儒賓自己都必須承認，「相偶論」的思考有其理論的自足性，而反觀「體用論」，其形上學的陰影總是揮之不去。其所遭遇的挑戰，已不僅止於傳統的反理學思潮，而是整個當代西方思潮的挑戰，都要重新被納入考量。如此一來，楊儒賓目前所完成的「體用論」統合「相偶論」的儒家形上學與宗教性，在不久的將來，或許也會再度引發另一次價值重估的思想辯證。

楊儒賓著作目錄（僅列出專書）

《中國古代天人鬼神交通的四種類型及意義》，臺大中文研究所博士論文，1987。

《莊周風貌》，黎明文化公司，1991。

《東洋冥想的心理學（C. G. Jung 著）》（譯著），商鼎文化公司，1993。

《中國哲學文獻選編（陳榮捷著）》（譯著），巨流圖書公司，1993。

《中國古代思想中的氣論及身體觀》（編著），巨流圖書公司，1993。

《儒家身體觀》，中央研究院中國文哲研究所籌備處，1996。

《中國古代思維方式探索》（合編），正中書局，1996。

《冥契主義與哲學（W. T. Stace 著）》（譯著），正中書局，1998。

《宇宙與歷史（M. Eliade 著）》（譯著），聯經圖書公司，2000。

《中國經典詮釋傳統（三）：文學與道家經典》（編著），喜瑪拉雅研究發展基金會，2001。

《朱子學的開展——東亞篇》（編著），漢學研究中心，2002。

《黃金之花的祕密（C. G. Jung & 湯淺泰雄著）》（譯著），商鼎文化公司，2002。

《日本漢學研究初探》（合編），喜瑪拉雅研究發展基金會，2002。

《身體與社會》（合編），唐山出版社，2004。

《孔子的樂論（江文也著）》（譯著），臺大出版中心，2005。

《儒學的氣論與工夫論》（合編），臺大出版中心，2005。

《天體、身體與國體：迴向世界的漢學》（合編），臺大出版中心，2005。

《中日陽明學者墨跡》（合編），臺大出版中心，2008。

《朱舜水及其時代》（合編），臺大出版中心，2010。

《異議的意義——近世東亞的反理學思潮》，臺大出版中心，2012。

《東亞的靜坐傳統》（合編），臺大出版中心，2012。

《從《五經》到《新五經》》，臺大出版中心，2013。

第二十六章　當代臺灣「佛教文學」現代詮釋的建構者群像*

丁敏
國立政治大學中文系退休教授

本章大意

本文討論當代臺灣「佛教文學研究」幾個主要詮釋建構者，及其相關論述；透過學術史的觀點，陳述建構者們的研究特色與其學術上突破性的觀點。在佛教文學的範疇上，作者以「敦煌學」、「詩禪交涉」、「高僧傳」及「佛教經典文學」作為其學術考察的範圍。首先，敦煌學的範疇中，作者討論鄭阿財、王三慶、汪娟三位學者的特色。內容討論鄭阿財對「敦煌講經活動」、「敦煌佛教文獻與圖像研究」及「敦煌疑偽經與靈驗記」三類文本的詮釋建構。接著討論王三慶對於敦煌齋願文的詮釋建構，討論佛教自印度傳入中國後，源於印度的生命禮儀齋會如何經歷文化轉化，與中國本有的生命禮俗互相滲透競合。最後討論汪娟的教懺文與懺儀研究，其嘗試以敦煌文獻為基礎，推溯佛教懺儀的源流。其次，關於詩禪交涉研究的範疇，作者提出蕭麗華、蔡榮婷及黃敬家作為代表；論述蕭麗華對於佛理禪學對唐宋詩學、詩歌的影響議題的關注與建構的方法。接著討論黃敬家關於詩僧、狂僧和禪婆的研究，以

---

* 本文原題為〈當代臺灣「佛教文學研究」的詮釋建構者群像及其相關論述〉，刊於《世界宗教文化》總第 81 期（2013）：22-28。

及他聚焦詩歌與僧傳兩種文學體制的研究，他關注受佛教史忽略的邊緣性聲音。最後討論蔡榮婷關於禪門詩偈的詮釋建構，對於主題的開發與詮釋的深度，皆有其獨特的貢獻。第三，在高僧傳的研究範疇中，作者提及黃敬家、劉苑如及丁敏的貢獻；黃敬家主要以文學敘事學視角，來討論高僧形象的塑造，突顯《宋高僧傳》的文學特質。劉苑如主要分析《冥祥記》與《高僧傳》重複出現的僧人記載，並分析兩者處理資料分歧之處，論證佛教在中國布化過程中，虔信的士大夫階層有意識利用中國傳記文體資源，將社會各階層人物的宗教經驗書寫成中土宗教生活的模式。丁敏則是關注僧傳研究領域的新詮釋，延續其對佛教經典文學的詮釋建構，希望以更宏觀的角度，思考從印度經典到中土僧傳的敘事變革，據以建構出高僧典範形象的變遷史。最後，關於佛教經典文學的範疇，提到釋依淳、丁敏與梁麗玲；釋依淳對於佛教《本生經》的起源與開展，作了紮實廣泛的討論與脈絡研究，是其奠基性的詮釋建構。接著，丁敏在佛教經典文學這範疇則是對佛教譬喻文學與神通故事作出討論，使用文學敘事方法針對佛教文學作出討論。梁麗玲則是針對譬喻類經典，採取專經式的研究；其著作展現出他長期致力於佛教經典文學、敦煌佛教文學、佛教文獻學三方相關交涉產生的獨特結果。

一、本文論述的概念思維和主要解說領域

本文擬就當代臺灣「佛教文學研究」的幾個主要詮釋建構者及其相關論述，提出學術史視野下的簡明考察，和有關彼等研究特色及其深具學術突破性觀點的扼要解說。是以本文並非全面性和系統性的相關探討，而是依據本文題旨的指涉對象和當代特殊性的學術推進狀況，所提出的重點式簡明解說。

有關當代性的「佛教文學研究」，其實是可以 1980 年作為本文指涉的「佛教文學研究」的學術史，確曾出現重大變革現象的分水嶺——此從相關學者

撰寫的研究史回顧論述中，如：丁敏（1997）、蕭麗華（1998）、張高評、林朝成（2001）等，即曾從不同面向，廣泛地勾勒評述了戰後臺灣地區，自 1949 迄 2000 年當代佛教文學研究的近況，並不約而同地指出上述研究的艱辛發展、以及自 1980 年之後的明顯變革和多元新發展的研究狀況。

不過，在邁入 21 世紀初始的十多年間，有關「中國佛教文學研究」，在兩岸都有了很大的發展，並且都留意到：兩岸迄今，仍尚未有一本完整的「中國佛教文學史」的重大學術缺陷問題。所以，大陸方面由西北大學普慧（張弘）教授的研究團隊進行撰述《中國佛教文學通史》和《漢譯佛典文學研究》的巨大學術工程；亦有由武漢大學吳光正教授負責總策畫的研究團隊，推動《中國宗教文學史》大叢書的全面性編撰。而在臺灣學界方面，亦興起推動「中國佛教文學史」的系列編撰計畫。其中，蕭麗華發表〈《中國佛教文學史》建構方法芻議〉（2011）專文，希望拋磚引玉喚起學界共同思考，就是最具體的實例之一。而且，也因兩岸相關的學術交流與合作，已日益密切，在兩岸學者各自撰述佛教文學史的團隊中，都有互邀對方學者參與撰述相關內容的狀況存在。

本文的相關論述，基本上可視為正面回應上述兩岸有關「中國佛教文學研究」新發展的學術詮釋建構史的考察和評估。

不過，雖然 2001～2013 近十多年的佛教文學研究成果，累積最為迅速和多元，但能夠長期不輟專志致力於佛教文學研究的當代臺灣學者，還是屈指可數。所以，本文擬從有關：敦煌學、詩禪交涉、高僧傳、以及佛教經典文學四方面的研究，對主要詮釋建構者群像進行扼要的概述解說。

二、有關敦煌學研究的詮釋建構者群像概述

鄭阿財、王三慶及汪娟三位學者，是此領域的代表性學者。[1]鄭阿財在南華大學成立「敦煌學研究中心」，成為臺灣敦煌學研究，面對大陸及國際敦煌學界極為重要的對話窗口。因此，本文首先對其相關研究的詮釋建構，提出三方面的扼要解說：

（一）對敦煌講經活動的研究與輯存的詮釋建構：他對於唐代佛教講經資料進行輯整、校理，並加考論；且對講經活動的實況、講經文與變文的關係，變文與變相之考論，皆成一家之言。例如〈敦煌佛教講經資料輯考與實況重建—從俄藏Φ.109寫卷論八關齋與俗講之關係〉(2009)，文中特據俄藏Φ.109寫卷及敦煌文獻資料，發現俄藏Φ109《八關齋戒文》寫本，除了授受八關齋戒的儀軌外，特別保有「押座文」一類與俗講有關的寶貴材料，最值得注意。

（二）敦煌佛教文獻與圖像研究的詮釋建構：此部份的研究方法，鄭阿財展現了文獻、圖像與實物的互相比對，並借由發掘、引證域外（日本）文物資料，重建歷史實況，使論文具有突破性的學術價值。如2010年發表〈唐五代俗講中之高座考論〉一文，文中參考日本古寺院保存之「高座」實物，以考論唐五代佛教講經座具的實況及其相關意涵。文中特別提供日本奈良唐招提寺與法隆寺等講堂保存的「高座」寶貴實物，有助於唐五代講經活動之考察外；並可據與蘇鶚《杜陽雜編》所載，唐懿宗御賜新安國寺「高座」所作的描述相互印證。

（三）有關敦煌疑偽經與靈驗記的詮釋建構：其《見證與宣傳：敦煌佛

---

[1] 敦煌學是當今世界漢學研究的顯學，敦煌學經過百年的發展歷程，在敦煌文獻、石窟藝術、學術史等方面取得顯著的成績。而在面向敦煌學研究的第二個百年之際，臺灣當代研究敦煌學的學者中，鄭阿財、王三慶及汪娟都有傑出的研究。

教靈驗記研究》（2010）一書，以「見證」與「宣傳」兩大徑路，作為考察唐五代敦煌寫本文書中與佛教靈驗故事相關之文獻。其中特重與中國文學史加以連結，探討敦煌佛教靈驗記對六朝志怪作品的繼承，並蔚為唐人小說重要之類型。此書無論是對「中古佛教史」之建構，或對「敦煌學」研究之貢獻，在觀點論證與文獻考證方面，皆貢獻良多。此外，其〈論日本藏敦煌寫本及古寫經靈驗記之價值〉（2012）一文，在既有靈驗記研究的基礎上，結合日本新近公布之珍貴資料，比較中日靈驗記的異同。綜觀鄭阿財的學術研究，已是涵括中國、西域與東亞的大領域，並卓然有成。

其次，是有關王三慶所研究的敦煌齋願文的詮釋建構：王三慶共有兩本此方面的專書：《敦煌佛教齋願文本研究》、《從敦煌齋願文獻看佛教與中國民俗的融合》，利用傳統文獻及數百種不同的敦煌齋會文本，考察佛教自印度傳到中國以後，有關生命禮儀齋會的實踐，如何與中國原有的生命禮俗儀式互滲競合，轉化融入中國民間佛教中，成為廣大庶民群眾日常奉行的一部分。此種研究方法，可謂利用敦煌文獻進行印度佛教中土化過程中，佛教文化型態「範式轉移」的研究，相當具有啟發性。

汪娟是繼鄭阿財、王三慶之後的優秀詮釋建構者：其長期以來關注於有關佛教懺文與懺儀的研究，《敦煌禮懺文研究》（1998），所使用的材料，主要是由分藏於世界各地的敦煌寫本中，尋檢出相關的禮懺文獻作為一手資料，與佛教經傳史籍互相證驗。另外，針對其中的《法身禮》等五篇禮懺文，逐一進行校錄與整理，並就個別禮懺文的名稱結構、儀式程序、經典依據及繕寫時代等問題進行探討。該書的學術貢獻，誠如冉雲華為該書作「序」所言，此書是第一本以敦煌文獻為基礎，探討中國佛教禮懺的學術專書。此外，透過該書對敦煌漢文寫本禮懺文的校錄和研究，亦有助於其他相關學者，開展西域少數民族語言的禮懺文獻研究。

至於《唐宋古逸佛教懺儀研究》（2008）一書，則是汪娟的另一本力作。該書研究的對象，從禮懺文擴展到懺悔文，以過去學者很少觸及的敦煌古逸文本為軸心，內容都是一些未為歷代佛教藏經所收錄、或未為歷代經錄史傳所著錄的珍貴文獻。並嘗試以敦煌文獻為基礎，推溯到佛教懺儀的源流；或是擴展到佛教懺儀與其他佛教經典、宗派思想、信仰文化、文學故事的關係；江燦騰（2011）評議該書堪稱當代此領域中傑出的學術表現。

三、有關詩禪交涉研究的詮釋建構者群像概述

佛教對自南北朝以降（尤其是唐宋）的詩歌活動有著廣泛的影響，有關詩禪交涉的問題，在佛教與中國文學的領域裡，歷來都受到多元廣大的討論。在此領域中，蕭麗華、蔡榮婷和青年學者黃敬家三位當代臺灣學者，是繼前輩學者杜松柏之後的主要詮釋建構者。

環顧中文學界，蕭麗華是長期關注於佛理禪學對唐宋詩學、詩歌影響及其相關重要議題的治詩名家。所以，此處先介紹蕭麗華的主要詮釋建構。

（一）《唐代詩歌與禪學》（1997）一書，從以文化意涵來詮解詩歌的宏觀視角，以詩禪交涉為主要路線，以重要禪法及重要詩人如王維、白居易、齊己等為觀察重點。舉凡禪與詩、禪學與詩學的課題，皆有精湛的論述。蕭麗華另有單篇論文〈宴坐寂不動，大千入毫髮——唐人宴坐詩析論〉（1996），探討唐人宴坐文化、參禪之法對詩歌的助益，在探討唐詩與禪宗的主題研究上，可謂獨出機杼探驪得珠之作。

（二）《「文字禪」詩學的發展軌跡》（2012），全書由歷史發展的脈絡勾勒出「文字禪」詩學的系譜，不但能上溯到唐代僧詩的創作與理論，更突出蘇軾的前導意義，勾勒東坡對惠洪的啟迪，為惠洪文字禪鋪展了更完善整全的背景。而置於其書後附錄的〈當代臺灣明復法師文藝理念的研究〉，正可說明「文字禪」詩學絕非明日黃花，千百年來迄今仍有宏厚的生命力，餘音不絕。

（三）蕭麗華亦曾研究中國茶道與詩禪的交涉關係（2009），以及中日茶禪美學的淵源（2006）。蕭麗華指出：茶成為禪與詩的媒介功用，中唐開始出現以茶擬禪的茶禪詩歌，顯現僧人飲茶不僅成為和尚家風，同時更進一步能體現茶禪一味之理與茶禪三昧之境；以與俗人「茶為滌煩子，酒為忘憂君」的淺顯態度之區隔。而顯然這樣的禪悟幽寂之境，被日本茶道加以吸收發展，並演化為日後的日本茶道。

其次，青年學者黃敬家，其堪稱是詩禪領域詮釋建構的後起之秀，《詩禪・狂禪・女禪：中國禪宗文學與文化探論》（2011）一書，主要聚焦於三種禪門類型人物——詩僧、狂僧和禪婆，討論的範疇包含詩歌和僧傳兩種文學體製。整體而言，黃敬家是因其能著力於前人尚未發掘的研究領域，關注過去佛教史所忽略的邊緣性聲音，所以其在相關主題的詮釋建構上有其獨特的價值。

至於有關禪門詩偈的研究，一向是非常冷僻專門的角落。除早期有杜松柏《禪與詩》（1980），之外，當代臺灣學界真能二十多年以來，持續專志於禪門詩偈研究的學者當推蔡榮婷。蔡榮婷的研究成果約有如下三個面向：

（一）關於禪宗主題的詮釋建構：在此方面，蔡榮婷曾獲張高評、林朝成（2001）二學者評其關於禪宗「牧牛詩組」研究（1996、1997、1998、1999），對禪門詩偈的主題研究，頗有開拓啟迪之功。

（二）關於考察禪宗啟悟文學不同形式的詮釋建構：主要是運用西方接受美學的理論，分別從《祖堂集》、《景德傳燈錄》，探討禪宗文學如何流布、如何被解讀、具有何種功能等關於接受活動的課題。指出「不立文字」是禪宗闡述接受活動的核心觀念，分析「不立文字」所含藏的接受理念，亦即「穿越文字」，以及「證悟解脫」（驗證文字所蘊含的真如實相）。進而從「證悟解脫」層面，探究禪宗啟悟文學對於《景德傳燈錄》的接受結果。相對地，因為「祖堂」的定義限於開山祖師，已預設為悟道的證悟者，故與《景德傳燈錄》相比，確實形成了不同的「啟悟」層次，也形成了後世在閱讀與接受上的不同審美效果（2007/09）、（2007/12）。至於〈唐華亭德誠禪師〈撥棹歌〉所呈現的意涵〉（2008），除了論證華亭德誠如何將中國文學傳統中的「漁夫」意象與禪理結合，進而改造成兼具宗教性與隱逸性的漁夫形象，而更重要的是這種形象幫助禪宗文學達成新的啟悟效果。

（三）以宋元時期全部的禪宗詩偈為研究對象，採用宏觀的角度，分期探討北宋、南宋、元代禪宗詩偈所呈現的整體風貌，並比較此三個時期禪宗詩偈風格的承衍與轉化。目前發表〈北宋時期禪宗詩偈的風貌〉（2006）、〈北宋禪宗「讚」的演變與發展〉（2008）、〈唐代禪宗「讚」研究〉（2008）等系列論文。整體來說，蔡榮婷對禪門詩偈的各種詮釋建構，都能深具慧眼地切中議題核心，其高度的問題意識，使其每每都能推陳出新，令學界為之耳目一新。

四、有關僧傳研究的詮釋建構者群像概述[2]

在當代臺灣學界中，長期研究僧傳文學特質的當推青年學者黃敬家；而功力深厚的劉苑如，原本是研究六朝志怪小說的專家，其後發現學界對於魏晉時期僧傳的研究，尚未能針對同一時期居士的雜傳書寫予以適當的重視，由是跨越領域拓展到相關的道教、佛教等宗教傳記、遊記研究。至於丁敏則是新近加入僧傳的研究領域，其奠基於佛教經典文學的研究之上，進行從經

[2] 有關僧傳的學術研究，多集中在梁.慧皎《高僧傳》、唐.道宣《續高僧傳》、北宋.贊寧《宋高僧傳》三本高僧總傳。早期關注《高僧傳》研究的多為日本與西方學界，臺灣學界較早研究僧傳且具代表性的應推曹仕邦（1980，1988）、李豐楙（1982）。但 1980 至 1990 之間研究僧傳的論文數量相當稀少。1990 以迄現今，兩岸有關僧傳的研究在質與量上都有突破性的進展，紀贇《慧皎《高僧傳》研究》（2009），堪稱目前大陸地區研究《高僧傳》的代表作；而西方學者 Kieschnick John（柯嘉豪）（1997）、大陸學者龔雋（2005）有關《高僧傳》與禪師的論點，對臺灣學界研究僧傳的視角頗具啟發性。

典到僧傳，高僧典範形象異同的詮釋建構。由於黃敬家的《宋高僧傳》研究，屬於傳統研究僧傳中首位運用敘事學的新方法，是以由其開始介紹。

（一）黃敬家《贊寧《宋高僧傳》敘事研究》（2008），是第一本從文學敘事學的視角來探究高僧形象的形塑，突顯《宋高僧傳》的文學特質。其中，黃敬家尤其能指出中國僧傳的敘事源流，融合佛陀修行成道歷程的情節和中國傳記論贊體製的影響，形成高僧傳獨特的書寫模式。並指出中國僧傳在敘事結構方面，受到佛傳八相成道情節模式的影響，敘事結構由高僧出生、捨俗、求法、度生，以及捨壽等特殊宗教性情節所組成。透過這個僧傳解讀的基本模式，將可用於檢視中國歷代僧傳的敘事模式。該書確已開啟了研究傳統僧傳的新方法。

（二）劉苑如〈王琰與生活佛教〉等二篇相關論文（2010：195-251、253-292），分析《冥祥記》與《高僧傳》重出的僧人記載，並比較二者處理資料的分歧所在。更進一步論證在佛教進入中國的布化過程中，經由如王琰般的虔信士大夫，將當時社會各階層人物的宗教實踐經驗，有意識地利用中國傳、記文體的資源，書寫成一種中土宗教生活的模式。

此外，劉苑如從游／觀經驗詮釋異僧劉薩荷（約354-436）的大作（2010：129-193），則展現了其對議題的積極開拓，建立文學、歷史與宗教結合的人物類型研究。藉由王琰《冥祥記》、〔梁〕慧皎《高僧傳》、〔唐〕道宣《集神州三寶感通錄》，以及〈劉薩訶和尚因緣記〉四種有關僧人劉薩荷的記載，發現各本關注同一位高僧的重點不同，傳主的形象各有偏重，而唯一能貫串傳、記、錄者，就是「游觀」主題。是以從游／觀的空間移動，分析劉薩荷作為中土聖僧的人物類型，乃是逐步拼合、衍化、增生而成的。呈現中古佛教雜傳、僧傳與感應文類等材料，多音複調眾聲喧嘩的不同敘事策略與意涵；亦呈顯了佛教進入中國歷程的標誌（symbol）變化。劉苑如此種從文化視野，來整合志怪雜傳、雜記與宗教傳記、遊記的研究，是魏晉南北朝文化史上至為關鍵的課題，也為傳統研究僧傳的方法，另闢一條新路徑與新視野。

（三）丁敏近年亦關注僧傳研究領域的新詮釋建構，延續其前期對佛教經典文學的詮釋建構觀點，希望能以更宏觀的角度，思考從印度經典到中土僧傳的敘事變革，據以建構出高僧典範形象的變遷史。近年來的撰文（2010），即是探究由佛教大小乘經典中僧人「神通」敘事，到中土《高僧傳》擴大變形為僧人「神異」敘事之因。此外，亦撰文（2011）比較由印度經典到中土僧傳、六朝志怪小說中，有關僧人「前世今生」敘事模式的異同。企圖嘗試逐步建構，從印度經典到中土高僧傳敘事模式變遷的詮釋史。

五、有關佛教經典文學研究的詮釋建構者群像概述

釋依淳、丁敏和梁麗玲是此領域的三位主要詮釋建構者。[3]

（一）釋依淳的《本生經的起源及其開展》（1987），是第一本佛教經典文學研究的專書。此書對本生經的起源及開展，做了紮實而廣泛的探源與演變脈絡的研究，所以是奠基性的詮釋建構。

（二）丁敏《佛教譬喻文學研究》（1996），則是對佛教譬喻文學範圍的界定與研究的專書。本書首先對佛教譬喻文學的泉源與流變做了縱向的探索，可視為譬喻文學的發展小史。其次，丁敏於本書中，也在橫向面上，從文學與宗教交涉的角度，研究佛教經典中的譬喻詞彙的用語，及其所譬喻的哲理。對於譬喻故事中所展現的幾個特別的主題，如歷劫、生命型態的互滲、他界遊行、聖者的允諾（授記教事），魔術的法力（神通故事）等，也做了系統的分析。同時，對於漢譯譬喻文學的文字運用、見其譯語及句型特色，也都有所論述。

---

[3] 有關佛教經典文學的研究，應發始於日本學界，整體而言，日本學者的研究多偏於文獻的考證，為某些具有文學意味經典的起源與演變，本義與衍生義等做了紮實地研究。至於經典內容及文學鑑賞的研究，或專就某一主題做深入研究的並不多。

至於丁敏的《佛教神通：漢譯佛典神通敘事研究》（2007）一書，則是以漢譯大小乘佛典《阿含經》、《般若經》、《大寶積經》及五部廣律為主要範圍，先行耙梳「神通」在大小乘佛典中的界義，釐清神通的各個面向及其終極關懷，再進而採用敘事學的方法，由敘事的視角、母題、動機、聲音、時間、空間乃至話語風格等敘事策略，深入分析神足、天耳、他心、天眼、宿命通，五神通類型的故事文本，發掘經典文本自身的文學特質；以及神通多音複調的敘事意涵。本書的研究動機始於神通的迷思（myth）正在其擺盪於聖與俗、此岸與彼岸之間，具有多重的面向。因此本書正視神通課題，釐清佛教神通的諸種面向。在神通故事文本的分析方面，採用文學敘事學方法，此在佛教文學的研究方法上，亦可謂開拓性、嘗試性的新途徑。

（三）對譬喻類經典採取專經式的研究，梁麗玲的《《雜寶藏經》及其故事研究》（1998）、《《賢愚經》研究》（2002）為開先鋒的代表著作。這兩部著作，就其論述的建構方法和歷程來說，都是先以文獻進行探討；其次析論兩經的故事類型、結構形式與修辭技巧、敘述主題與思想內涵。接著運用影響研究法，分從史書、敦煌變文、古典小說、戲曲、寶卷和民間故事等不同的文學類型中，論證該經的故事內容，於不同時期對中國文學產生的影響。最後，再從圖像學的角度，分別對新疆與敦煌石窟中，與《雜寶藏經》、《賢愚經》有關的故事畫與經文相互對照、考訂，比較不同時期各石窟中所展現的故事畫風貌，以及在藝術風格表現上的差異，從中發現其由西域化轉變到中國本土化的歷程。

此外，梁麗玲是首位針對漢譯佛典動物故事進行主題學研究，《漢譯佛典動物故事之研究》（2010）一書的詮釋建構，上篇針對《大正藏》中由阿含藏、律藏、到本緣部中有關譬喻、本生類經典，甚至《大智度論》與《經律異相》中與動物有關的故事，進行全面性研究。下篇則分別從五個不同的動物故事如：「野干兩舌」、「老貓坐禪」等，耙梳與故事主題有關的佛典文獻，再根據《民間故事類型索引》所提供的線索，以故事傳播學的角度，研究佛教經典中的印度民間故事，如何滲透到中國民間故事之中，並對中國各地的民間故事產生各種不同的變化與影響。總括而言，梁麗玲的著作，皆能展現其長期致力於佛教經典文學、敦煌佛教文學、佛教文獻學三方相關交涉的獨特研究成果。

六、結論

本文所採取的論述策略，乃是在學術史視野下，簡明考察長期持續研究佛教文學的當代臺灣學者，在其研究領域的主要詮釋建構。此乃因佛教文學在當代臺灣的研究，一直以來都是夾處於「佛教研究」與「中國文學研究」中的「小眾」學術活動。以彼等為指標人物，可以勾勒出當代臺灣佛教文學研究趨向與成果的重要圖貌。

張高評、林朝成（2001）曾對兩岸 1980～2000 二十年間佛教文學的研究，提出研究方法上的反思，指出只是試圖尋找佛學與文學相通的觀念與特色，以論述佛教與文學的交涉與影響，已不能滿足研究方法的要求；並呼籲進行佛教面向當代文學與思想的對話。

如今已過十多年，可以發現在研究課題的再開拓與研究方法的再省察上，都有了長足的進展，學者們不但開拓了主題與主題學的新領域；對研究方法的省思，也已形成研究者顯題化的自覺與研究規範，如：從跨文化的視野，進行範式轉移的研究；運用中外古逸珍貴文獻與文物，建構新的歷史論述；或運用跨學科的整合方法，進行主題傳播的影響研究；或針對不同類型文本互文性的對話，釐析敘事模式與意涵的轉變，及其寓含的時代標誌。或審慎借用西方接受美學、敘事學的方法，深掘宗教文本的文學特質及其隱喻。可以說，展現了新資料、新方法、新論證的新成果。

至於有關當代臺灣佛教文學創作的研究、面向當代文學與思想的對話，雖已起步逐漸展開，但至今尚無出現長期耕耘的學者，留有許多空白之處，值得研究者進一步考察。

參考資料

丁敏

1996 《佛教譬喻文學研究》。《中華佛學研究所論叢》8。臺北：東初。

1997 〈當代中國佛教文學研究步評介——以臺灣地區為主〉。《臺大佛學研究中心學報》2：233-280。

2007a 《中國佛教文學的古典與現代：主題與敘事》。湖南：嶽麓書社。

2007b 《佛教神通：漢譯佛典神通故事敘事研究》。臺北：法鼓文化。

2010 〈從漢譯佛典僧人「神通」到《高僧傳》僧人「神異」：佛教中土化過程的考察面向〉。《政大中文學報》14：85-122。

2011 〈《高僧傳》中前世今生「畢宿對」的敘事模式與意涵〉。《中正大學中文學術年刊》2：273-296。

王三慶

2009a 《敦煌佛教齋願文本研究》。臺北：新文豐出版社。

2009b 《從敦煌齋願文獻看佛教與中國民俗的融合》。臺北：新文豐出版社。

江燦騰

2011 〈現代性佛學研究的百年薪火相傳：新佛教史的體系性建構與批判性佛教思想詮釋的辯證開展〉。《圓光佛學學報》18：25-77。

2012 《認識臺灣本土佛教：解嚴以來的轉型與多元新貌》。臺北：臺灣商務。

汪娟

1998 《敦煌禮懺文研究》。臺北：法鼓文化。

2008 《唐宋古逸佛教懺儀研究》。臺北：文津。

林朝成、張高評

2001 〈兩岸中國佛教文學研究的課題之評介與省思——以詩、禪交涉為中心〉。《成大中文學報》9：135-156。

梁麗玲

1998 《《雜寶藏經》及其故事研究》。臺北：法鼓文化。

2002 《《賢愚經》研究》。臺北：法鼓文化。

2010 《漢譯佛典動物故事之研究》。臺北：文津。

黃敬家

2008 《贊寧《宋高僧傳》敘事研究》。臺北：臺灣學生書局。

2011 《詩禪・狂禪・女禪：中國禪宗文學與文化探論》。臺北：臺灣學生書局。

蔡榮婷

2003 《《祖堂集》禪宗詩偈研究》。臺北：文津。

2006 〈北宋時期禪宗詩偈的風貌〉。《花大中文學報》1：205-226。

2007a 〈從《祖堂集》看禪宗詩偈的接受活動〉。李豐楙、廖肇亨主編《聖傳與詩禪一中國文學與宗教論集》：549-584。臺北：中研院文哲所。

2007b 〈禪宗啟悟文學的典範與創意—以《景德傳燈錄》為觀察核心〉。《花大中文學報》2：107-121。

2008a 《唐代華亭德誠禪師撥棹歌所呈現的意涵》，《新國學》（四川大學中國俗文化研究所出版），第七卷。

2008b 〈北宋禪宗「讚」的演變與發展〉。日本國際佛學大學院大學學術フロンテイア實行委員會、京都大學人文科學研究所 21 世紀

COE 實行委員會編集《佛教文獻と文學》：151-168。

2008c 〈唐代禪宗「讚」研究〉。逢甲大學中文系主編：《「唐代文化、文學研究及教學國際學術研討會論文集》。

蕭麗華

1996 〈宴坐寂不動，大千入毫髮——唐人宴坐詩析論〉。「第三屆國際唐代文學研討會」宣讀論文。臺灣唐代學會。

1997 《唐代詩歌與禪學》。臺北：東大。

1998 〈近五十年（1949-1997）臺灣地區中國佛教文學研究概況〉。《中國唐代學會會刊》9：131-141。

2006 〈中日茶禪的美學淵源〉。《法鼓人文學報》3：183-209。

2009 〈唐代僧人飲茶詩研究〉。《臺大文史哲學報》71：209-230。

2011 〈《中國佛教文學史》建構方法芻議〉。臺大中文系主編，《文學典範的建立與轉化研究論文集》。臺北：臺灣學生書局。

2012 《「文字禪」詩學的發展軌跡》。臺北：新文豐。

鄭阿財

2010 〈唐五代俗講中之高座考論〉，《敦煌文獻・考古・藝術綜合研究——紀念向達先生誕辰 110 周年國際學術研討會論文集》北京：中華書局：386-493。

2010 《見證與宣傳：敦煌佛教靈驗記研究》。臺北：新文豐。

2012a 〈論日本藏敦煌寫本及古寫經靈驗記之價值〉。「敦煌寫本と日本古寫本國際ワークショップ」宣讀論文，2012。

2012b 〈敦煌佛教講經資料輯考與實況重建——從俄藏 Φ.109 寫卷論八關齋與俗講之關係〉，《敦煌學：第二個百年的研究視角與問題研討會論文集》，（ДУНЬХУАНОВЕДЕНИЕ: ПЕРСПЕКТИВЫ И ПРОБЛЕМЫ ВТОРОГО СТОЛЕТИЯ ИССЛЕДОВАНИЙ." SLAVIA PUBLISHERS, ST. PETERSBURG, PP13～17。）

劉苑如

2010 《朝向生活世界的文學詮釋——六朝宗教敘述的身體實踐與空間書寫》。臺北：新文豐。

釋依淳

1989 《本生經的起源及其開展》。高雄：佛光。

第二十七章　「社會禪」的兩個新典範：荒木見悟與江燦騰*

張崑將
國立臺灣師範大學東亞學系教授

本章大意

本文透過荒木見悟的《憂國烈火禪》與江燦騰的《曹溪之願》二書，透過兩書內部思想理路的分析，比較二位作者對晚明中國佛教不同的理解與分析。首先針對二位作者的學術背景做出比較，並分析其各自關懷主題的異同。其次，進入文本當中針對各章節的要點進一步的評析，理出二位作者的思路。第三，針對二位作者的方法與特色進一步論述，呈現他們在晚明佛教的學門中各自不同的關懷。最後，點出二者關於學問的世界以及信仰的世界的議題，指出二者雖然關懷不同的議題，但是其信仰世界反映出來的學術堅持卻是兩書值得作為典範的原因。

---

* 本文原題為〈「社會禪」的兩個新典範：關於荒木氏《憂國烈火禪》與江氏《曹溪之願》兩書之比較〉，刊於《當代》227 期（2006 年 7 月）：52-67。

一、前言

根據撰述《曹溪之願》一書[1]的作者江燦騰自述，他此次決定出增訂新版的一大因緣，雖和一位私淑已久的前輩日本學者荒木見悟教授的《憂國烈火禪》一書有關，不過，他又認為，有關明代禪宗史的研究，若以現在的學術觀點，來重新分類和檢討，迄今為止，雖可分為四種，[2]而以日本學者荒木見悟所代表的第一種，關於傳統禪思想或陽明學與禪學交涉的精深廣博鑽研，儘管在主題的開拓上出類拔粹，極為高明，但在論述的表達形式方面，則其多半仍依循傳統模式，而少有突破。

反之，以臺灣學者論述風格作為代表的他，雖被歸類為第四種，但其特色是，「綜合政治經濟和社會思想的多層面視角，針對明代佛教社會中，較長期的禪宗事業發展基礎及其經營困境，提出清楚、具體、有根據和有問題意識的相關實例透視，以了解其歷史存在及其持續發展的各種可能面向，來提供今人有興趣者之參考」，所以是與荒木氏所代表的日本撰述風格有別的。

---

1 此書2005年在臺由新文豐出版公司出版，2006年則易名為《晚明佛教改革史》，在廣西師範大學出版社出版。此處的說法，即出自大陸版的新序。

2 江燦騰的分類論述及說明如下：「若以現在的學術觀點，再來重新分類和檢討的話，則迄今為止，有關明代禪宗史的研究，除一般傳統式的通史撰寫或佛門人物的介紹之外，在類型上，較具現代學術性的代表者及其相關研究型態的區別，約可分為四種。第一種，就是以日本學者荒木見悟所代表的，關於傳統禪思想或陽明學與禪學交涉的精深廣博鑽研，而其所開拓的主題之多、範圍之廣，在當代，可謂已罕有其匹，令人歎為觀止！不過，他在寫法上和表達上，主要仍沿習傳統模式，創新處不大。第二種，是以日本學者長谷部幽蹊的明清佛教教團史研究和其相關係譜的資料整理為代表，他也堪稱此領域的「百科學者」。第三種是以臺灣新一代曾留日的廖肇亨博士為代表，其大量研究，是以無中心的多元禪文化之綜合交涉為主，與當代歐美的新文化研究，有其異曲同工之妙。……至於第四種類型，就是由我所代表的，其特色是，綜合政治經濟和社會思想的多層面視角，針對明代佛教社會中，較長期的禪宗事業發展基礎及其經營困境，提出清楚、具體、有根據和有問題意識的相關實例透視，以瞭解其歷史存在及其持續發展的各種可能面向，來提供今人有興趣者之參考。而本書全部內容，就是此一成果的最完整呈現。……」

對於江氏上述的對比提法，我是感到新鮮和饒有趣味的，所以特取兩者之書加以比較，看看真相究竟如何？

二、荒木與江氏的學術背景與共同關懷

首先，就日本學者荒木見悟（1917-）來說，他對於儒學與佛教關係的研究用力甚深，已有《佛教與儒教》、《佛教與陽明學》兩本大作，其對於陽明學與佛教之關係的研究，甚有見地，廣獲學界好評。而其它著作也將陸續由兩岸學術界翻譯出版，顯見兩岸學術界已重視這位日本學者的研究成果。[3] 而本文所要評述的《憂國烈火禪：禪僧覺浪道盛之苦鬥》一書（以下簡稱《憂國烈火禪》，東京：研文出版）其實是成於1990年，也就是荒木老先生年近九秩高齡的力作，但根據這本書的後記，早在二十幾年前（1972）年，荒木先生已經有關於覺浪道盛（1592-1659）的小文章。換言之，荒木先生早就長期注意覺浪道盛這位處於憂國之世而又具烈火性格的禪僧，尤其是荒木先生經歷過太平洋戰爭，美軍轟炸日本，甚至親證長崎核爆，歷經子喪妻傷，滿目瘡痍後的日本，他之所以會注意到晚明這位剛性烈火的禪僧，應不無其個人生命的投射。

至於代表臺灣學者撰述風格之一的江燦騰（1946-），學界習知他是臺灣佛教史研究的權威，因他在攻讀博士階段，早已名聞學界，而近著《臺灣近代佛教的變革與反思》（東大，2003），以及本文所要評論的《曹溪之願》（新文豐，2005），可說是他的臺灣與明末佛教研究的雙璧。此兩書都是江燦騰

[3] 荒木見悟的《佛教と儒教》（東京：研文出版，1993），已由大陸杜勤等譯出，名為《佛教與儒教》（鄭州：中州古籍出版社，2005）。另外，荒木的《中國心學の鼓動と佛教》（福岡：中國書店，1995）一書，最近將由臺灣學者廖肇亨翻譯出版。

走過生命垂死的抗癌經驗後之研究成果：[4]前書是新思考和辛勤寫作的最新產品，後書《曹溪之願》則是將積累多年之力著集結後，改寫而出版。

其實，學界熟悉江燦騰的研究及個性的人都知道，要讓江燦騰佩服的研究者，海內屈指可數，甚至於許多有名的禪學研究專家，也都在其批判射程之內。

但是，我發現有一個例外，那就是荒木見悟先生。根據江燦騰《曹溪之願》的自序中，提及他是如何透過荒木氏深邃的思考問題，以幫忙自己尋求問題的思考方式，並且看到荒木氏出版《憂國烈火禪》，情緒激昂到不能自已，推崇此書可與陳援庵先生的《清初僧諍記》在精神上彼此呼應。

無論荒木與陳援庵二氏的著作，他們一致關心那時代禪僧憂國濟世的胸懷與精神，我姑且以「社會禪」稱之，而江燦騰長期以來關注的佛教研究，也是偏重「社會禪」。什麼是「社會禪」？用江燦騰的話來說就是「禪的實踐是有社會性的」（自序），意即「社會禪」概念，是將佛教（乃至任何宗教）作為國家、社會和地方有機體的一部份，彼此互動交流，參與社會改革或是自己本身是個改革運動家，絕不是自滿於佛理的世界而不聞世事，也不單是只作為靜態的木乃伊供人解剖，簡言之，社會禪是「動態的」、「參與的」、「積極入世的」。

在日本，禪學長期與武士相結合，呈現所謂「武士禪」（もののふ禪）的特色；在中國動盪不安的時代也有禪師提出類似「武士禪」的概念，如宋代大慧宗杲提出「菩提心即忠義心」，世間法即出世法，二者融為一體，晚明甚至也有朝宗通忍（？-1648）所說的「軍旅便是佛法」，[5]荒木見悟（1917-）嘗指出晚明這種把禪悟與人倫一體化的大慧宗杲禪風現象，與國運衰微、民

---

[4] 江燦騰於 1996 年在臺大歷史研究所攻讀博士之際，爆發「多發性骨髓癌」，瀕臨猝死邊緣，幸獲救治，迄今仍需靠藥物控制。

[5] 朝宗通忍禪師有關軍旅佛法的記載，參《朝宗通忍語錄》，收入藍吉富主編：《禪宗全書・語錄部第 22 卷》（臺北：彌樂出版社，1989），卷十，〈復沈司馬〉，頁 23。

生困苦，以及因戰爭、瘟疫導致四野死屍的狀態有關。晚明甚至出現朱子學者陳幾亭（1585-1645）所說「禪家之作用，近於霸」的風潮，紫柏達觀（1543-1603）即被稱為「霸禪」者，這都與大慧禪的活躍型態有關。[6]而提出「憂國熱火」的覺浪道盛之禪法，更是與天崩地裂的時代不可分開，但如荒木氏所指出，晚明作用禪的勃興，是從明代中期陽明學興盛以來，即一直存在的現象。陽明的良知說本具有救急藥或催命符的兩面刃性質，禪的社會化亦然，用新特效藥會產生兩種情形，一種是效果的有無會很明顯，另一種即是產生副作用。禪門在這股新思潮之下也出現二派，穩健派如雲棲袾宏（1535-1615）講「禪淨一致」之說，企圖遏止霸禪等世俗化之禪的現象；而激進派如憨山德清（1546-1623）與紫柏達觀等，則不惜捲入現實政權之爭，從事叢林改革。

《憂國烈火禪》的主人公是覺浪道盛，而《曹溪之願》的核心人物是憨山德清。二書作者都指出晚明佛教高僧均仍寄望國家或王權體制，可以為紛亂的時代有所作為，不僅如萬曆三高僧（憨山、紫柏、雲棲）如此，其他如藕益智旭（1599-1655）、永覺元賢（1578-1657）、湛然圓澄（1561-1626）等都有這個傾向。[7]荒木在分析晚明佛教現象曾提及霸禪、武士禪、忠義禪、怨禪、烈火禪等等，皆屬本文所謂的「社會禪」，而江燦騰特關注佛教人物的叢林改革更是「社會禪」。

「讀其書不知其人可乎？」荒木與江燦騰二氏各有其回憶錄或自傳，或許可讓我們了解何以江燦騰特別注意晚明佛教叢林改革者憨山德清，荒木先生則關懷憂國烈火的禪僧覺浪道盛？荒木氏在 1983 年著有回憶錄《釋迦堂への道》(《往釋迦堂之道》，東京：葦書房）從這本回憶錄中，可知荒木氏走過戰爭時代下的日本，親證過日本核爆經驗與戰爭的無情，因而注意到經

[6] 荒木見悟：《陽明學の位相》（東京：研文出版社，1992 年），頁 248-250。

[7] 相關的論點，可參荒木見悟原著・周賢博譯：《近世中國佛教的曙光：雲棲袾宏之研究》（臺北：慧明文化出版社，2001），頁 84-88。

歷過明亡清興而又具有憂國烈火禪味的覺浪道盛；江燦騰曾有新聞界為其出版過刻苦自勵的求學困苦經歷《工人博士：江燦騰的奮進人生》，[8]敘及他出身於戰後亟待重建下的臺灣，由一位工友到菲力浦工人苦學出身，處處注意社會現實與經濟環境的變化，所以特偏重注意憨山的叢林改革。荒木氏以思想史方式，剖析道盛的內心世界，從而窺探其獨特的憂國烈火禪；江氏則從社會經濟史的方法，刻畫出憨山的叢林改革之一生事業，並藉此透析其內心世界。荒木氏側重由內而外的研究取向，擅長開發思想史課題；江氏則偏重由外而內的研究取向，精於解決諸多紛擾不清的禪林糾葛問題。二者研究方法雖異，但能夠一針見血地透析思想家的內外交輝的心靈世界，則有異曲同工之妙，堪稱在思想史研究上的佳範。

三、兩書章節概要評析

《憂國烈火禪》全書計分十一章，前兩章〈「自由」即是「由己」〉與〈心與易〉是交代思想背景課題。第一章從古典《論語》、《孟子》、《中庸》、《易經》等論「自由」和「規範」或是「公」與「私」的關係中切入，引領到朱子學的「自得自然」之學，因其仍要設定「天理自然」之定理，故並不是完全「獨自」的「自由」，故其「全體大用」（格物補傳）有濃厚的規範意識。荒木藉此來對照禪的「大用現前，不存軌則」之主體性完全自由，討論到明代王學以後，發揮這重「左右逢源」的主性體完全自由精神，重視以己為天下萬世之師的使命感，故他們透過講學，講解「自由」就是所謂的「依己」意識，明末清初的覺浪道盛便是在這樣的學風背景下孕育而生。

第二章討論晚明心學與《易》學之關係，藉宋儒周敦頤主張心是「一身

[8] 曹銘宗著：《工人博士：江燦騰的奮進人生》（臺北：天下文化，2001）。

之主宰」、「萬物之主宰」的《易經》觀，點出一些明代思想家（如商賈出身信奉陽明學者的鮑宗肇）有把《易經》與超時空因果論的良知說互相結合，將《易經》的宇宙萬物生成論之「被作」說法，轉換為萬象皆互相關連的「自作」說，如王龍溪（1498-1583）直接說：「易，心易也。」以後「心易說」在晚明流行，荒木氏指出這是促使佛教唯心論作品《楞嚴經》復活的一個契機。禪師如藕益智旭和覺浪道盛均有「易佛一體化」或「禪易合體」的思維，這種現象實是適應新時代的需要。因此，荒木氏特別專在第四章論述覺浪道盛的「易佛合體」論，強調道盛修參「大冶紅爐禪」，即如王龍溪所說「若不遇烈火，則（欲根）不易銷毀」，這是一種死後再重生之烈火氣魄，荒木氏藉此深入分析道盛的「由己責任感」，找到熱火的根源即在於「人心」，因道盛看穿當時流寇發生的原因乃在於官府的無能，官府的無能在於人心之欲的蔓延，而若要解決政亂問題，則以亂不能易亂，唯有以「治」易亂，故道盛特別傳播其「烈火禪」，反覆論其「捨身由己」之說，一切求之於「吾人之自心」，企圖從最根源之處，解決國家與民間之問題。

第三章〈熱火的傳法〉，點出本書何以稱覺浪禪師為「烈火禪」之原因，荒木特別指出道盛的五行說特別強調「火」以配合《楞嚴經》的「性火真空」，旨在以「火烈」之性再興頹廢的禪界。因此我們看到道盛把《易經》的陰陽五行說，講成「尊火為宗論」，強調「火德」是天地之真宗，具有生生不息的靈方。道盛相信唯有熱性、熱心之「火陽之性」，才能得悟得客觀生成的原理和實踐的原理。

第五章〈怨的禪法〉，特論道盛獨特的「怨的禪學」思維。荒木氏精彩地分析道盛的「怨禪」並不是將不如意的事轉嫁給他人，而是需要自我承擔其責任，故是怨自己履行責任時的疲弱或緩慢，亦即因自己的無作為而使自己成為加害者，並不是當個受害者，而是對加害者的自己所抱持的憎惡感情。指出怨怒都是自我心中所創造而出，是把所有怨往自己集中（而不是往別人），而成為一股行動力量，怨自己何以無法救亂世，而文王卻可以一怒而安天下，故「怨」需透過自己生命的改造所產生的實踐力量之源。荒木氏指出對道盛而言，「怨禪」的理念，不僅跨越了儒家的「未發之中」論，也超越了佛的棒喝禪公案禪，非儒也非禪，是個道盛自己本身在時代下提出的思想產品。（頁 88-90）

第六章〈道盛思想的遍歷〉、第八章〈甲申之變與禪者〉以及第九章〈獄中的思索〉可以合觀，均是介紹並分析道盛一生的歷程。第六章敘述道盛一生事蹟與晚明士大夫和禪師的交友狀況，其中特提及道盛深深共感於李卓吾，曾親訪卓吾居住過的麻城舊庵，指出道盛的怨禪頗有李卓吾思想的影子。第八章分析甲申事變前後，禪者如何因應這樣一個天崩地裂之時代，首先提到永覺元賢，荒木氏指出永覺禪師仍以佛教原理論時局的悲慘，較無入世的精神。永覺禪師弟子為霖道霈（1615-1702），在新王朝之下，則特修三年的大悲懺法，最後也與其師共同關心淨土教義。其次，明末豪僧藕益智旭曾自陳七大罪，坐視內寇魔黨，既上背帝王守護佛法之深恩，亦下違發起解救眾生的菩提心，充分感到自己的無力感，晚年亦傾向淨土教。再者，有鐵壁慧機（1603-1668）者提倡狂妄之禪，企圖「從狂妄轉大法輪」。荒木藉此章以論晚明這股狂禪已經到了不用去追溯是否「禪的純不純」、「師承明不明」、「公案棒喝用不用」等問題，因為這類課題在晚明之禪風看來都已成為完全不是問題。

此外，荒木並在第九章〈獄中的思索〉提到曾經入獄的木陳道盛與繼起弘儲（1605-1672），以後木陳道齋變節成為清帝的佛教諮詢者，稱讚清帝的佛教保護政策，而弘儲則堅守明節。道盛則因著《原道七論》，引用明太祖的「六論」而遭逢約一年的文字獄。道盛藉此在獄中完成許多作品如製作《金剛經》、《般若心經》、《周易》的衍義，最後在天界寺示寂。此章最後指出能夠實質繼承道盛之禪法者是禺者弘智（1589-1660）（即方以智）。

第七章〈托孤的傳法〉，論及道盛處於明清鼎革之際，其賭注生命式的托孤傳法，乃源自於《莊子》，並非儒家。晚明禪林的憨山德清也喜好老莊，幾有「佛莊一體」的思維。至於道盛的《莊子》觀，依據其弟子方以智所說：「道盛之莊子觀，在佛家中，亦前代所未聞。」講的即是道盛的「托孤」思想，這個托孤思想是出自道盛〈正莊為堯孔真孤〉，其論如下：「天下萬世下，有為內聖外王之道者，無所宗承。莊生於是有托孤之懼矣。故托寓言於內外雜篇之中，上自羲黃下及諸子，以荒唐自恣之說，錯綜其天人精微之密，而存宗脈於內七篇，以大宗師歸孔顏，以應帝王歸堯舜。應帝王之學，即大宗師之道也。此莊生所立言之真孤，雖天地覆墜，不能昧滅也。」道盛頗以「死節易，立孤難」來看待莊子是儒家的托孤者、儒宗的教外別傳者，感其在現實惡戰苦鬥而具有的悲壯之美，故學《莊子》可以知儒亦可以知禪。荒木在此章分析道盛的烈火禪與托孤是有密切的關連，因道盛實與莊子有悲痛的共鳴。

第十章〈禪的變容〉，此章旨在分析晚明禪學在時代動盪之下的入世社會化現象，荒木從宋代大慧禪的入世精神與抗金背景有關，故禪門也講忠義心不絕於國家，遭逢國難，也應同體大悲，共赴國難，此即「菩提心即忠義心」。佛門中人熱心地與政教結合，這樣的思想也普及於晚明禪林與士大夫，使禪的社會化在晚明形成一股趨勢。荒木從陽明學與禪的結合現象來說明晚明「儒禪一致」、「禪淨一致」、「三教一致」乃至禪門五家融合等特徵，加上特異的人才輩出，固定教學與一家一派在這個時代面臨被解體的命運。覺浪道盛本身即是個儒禪合體論者，強調「學得孔子集眾聖大成，則能傳達磨心法正印；能傳達磨心法正印，則能集孔子聖大成。」荒木指出晚明到道盛的這股禪學變容風氣，是從陽明學以後漸漸蓄積的結果。

關於方以智晚年的事蹟考證，余英時先生已有翔實的考證，[9]荒木本書第

[9] 余英時關於方以智晚年事蹟的考證，見氏著：《方以智晚節考》（香港新亞研究所，1972）、〈方以智晚節考新證〉（《新亞學術集刊》第二期，香港：1979）、〈方以智晚節考補證〉（收入《曲萬里文集》，1978）、〈方以智自沈惶恐灘考〉（收入《中國思想的現代詮釋》，臺北：聯經出版公司，1987，此文係 1985 年完稿）。

十一章〈從道盛到方以智〉，重點則在於分析以智晚年的禪學思想以及與道盛思想的關連。1653 年方以智在金陵天界寺入道盛之門，由此荒木提出明清交替之際有許多士大夫因拒絕出仕而逃入禪門，而方以智何以會選擇入道盛之門？荒木舉出在禪門如永覺元賢、青原笑峰都批判過講學逃禪者，在儒門如黃宗羲也曾批逃禪者為：「不欲為異姓（清朝）之臣，甘為異姓（佛教）之子，忘其逃禪之始原也。……亡國之大夫，更欲求名於出世，則只是盜賊之歸。」（〈南雷文案〉，卷十）荒木認為方以智的逃禪與此不同，他能和道盛的思想感應共鳴，而方氏家學本於《易》學，所著《東西均》稱：「華嚴乃易之圖也。」這部著作客觀地考察自然界之道理應用於六十四卦的多樣性，企圖結合禪學與自然科學，並以《華嚴經》為最高乘，判其他諸經為「權乘」，而將《易》深化到「心易」者，道盛是第一人，這是二者思想能結緣之因。《東西均》也有統合儒佛道各流派的意味，並以「氣學＝心學」之原理批判程朱學的理氣二元說及窮理之說，也批評禪門只提心方便，置一切實法於不屑。

荒木氏再從方以智另一結集歷代解釋莊子的各種見解的《藥地炮莊》中，看到以智與道盛結緣之必然性。「炮莊」之「炮」即「燒」之意，意即莊子以冷語對待儒教的道德仁義、禮樂刑政，以智則逆之以熱心燒出莊子之真意。不過，這裡所謂的「燒」並不是燒除一切事物，而是反復不斷地燒而生、生而燒的逆對應辯證法，荒木稱之為統一有、無及有無的「三極辯證法」。荒木認為道盛在《莊子》中讀取的「托孤」之秘密關鍵，順理成章地傳授到了以智。再者，荒木從「易禪結合」或「儒釋結合」的觀點，分析道盛從曹洞門脫出而方以智從朱子學脫出之中，看到了二者皆重視科學（物之則）與禪學（心之矩）之密切關係，找到了二者結緣的必然原因。以往學界大都從儒學或科學的角度看待方以智，但荒木氏則正視以智晚年的佛學思想以及繼承道盛思想，這是本章極為重要的學術貢獻。

江燦騰的《曹溪之願》，全書分五篇計十六章，本文評論的重點則在於前兩篇共十二章中，特別有關晚明叢林變革因素的歷史環境與憨山德清的中興曹溪祖庭的部分。[10]

江燦騰非常關注晚明佛教「世俗化」的發展，〈導論〉中的前六章旨在闡明明代佛教社會長期發展的歷史環境，第一章即從胡適（1891-1962）用「世俗化」的角度來詮釋佛教，帶來了佛教界的震撼，同時注入了一股從「世俗化」的角度來研究佛教的新視野，而日本佛學研究者可謂繼胡適之後成為這股研究風氣的開路先鋒，江氏舉牧田諦亮的《民眾與佛教》（1976）、道端良秀的《中國佛教史之研究：中國民眾之容受》（1979）以及阿部肇一的《中國禪宗史研究：政治社會史的考察》（1986）等人之研究，證明這股研究的趨勢。同時在本章也開宗明義地點出佛教「世俗化」的轉變，正是晚明佛教的主要課題，諸如禪淨兩宗獨盛、宗教融合思想的普遍、經典的普及化、社會的關懷和批判的角度極為深刻與激烈、紛紛出現自覺性地反省整個佛教前途和建議的著作、掀起與異教對抗和教內學術辯論之極大風波以及致力於制訂叢林改革的叢林規約等現象。

因此，江氏在第二章分析晚明湛然圓澄（1516-1626）的《慨古錄》作品中，從外部的朝廷佛教政策之不當，以及叢林內部本身之弊端，看出晚明所面臨嚴重的叢林問題。外部方面，江氏舉出官方對叢林的種種限制，如禁開戒壇、以收銀代替考試度僧、禁講經論、僧官制度受制於儒、官府違規課稅和勒索，以及寺產被侵佔、僧人受辱，而官方未盡善保護之責等，以上都是晚明叢林弊端產生的主因。至於內部叢林問題，江氏則一一舉出《慨古錄》

[10] 其他不在本文評論部分的三篇，依序如下：第三篇有關明代其他著名佛教人物的思想面向考察，有「姚廣孝：明初結合國家政權優勢權力運作的舊類型」（第 13 章）、「李卓吾：明末已獲當代社會群眾歡迎的新類型」（第 14 章）；第四篇有關明末叢林出現的禪徒抉擇正法大爭辯全貌，有〈理智異議者鎮澄持因明與聖言量質疑〈物不遷論〉的如來藏佛教思想之分析〉（第 15 章）、〈各家經驗派與鎮澄諍辯擇法思維的相關文獻及其持論的內容分析〉（第 16 章）；第五篇則是作者收入其多年來有關明代佛教著作的書評，包括〈評張聖嚴著《明末中國佛教之研究》〉、〈評郭朋著《明清佛教》〉、〈介紹聖嚴法師的《明末佛教研究》〉、〈評釋果祥著《紫柏大師》〉、〈姚廣孝與《三悟真詮》的史料迷團〉等文。

所道出的如師徒之誼不洽、出家眾龍蛇混雜、門戶之見、師資水準低落、對戒律無知、行為失檢、牽涉宮廷是非等項。江氏從以上晚明叢林之內外問題環環相扣，引出以下第三、四、五、六章來解析明代佛教變革之因素。

江氏用鮮明地用社會經濟史的研究方法來解釋明末禪學之所以會走上「世俗化」的原因。江氏提出晚明叢林出現經營的重大困難，與「出家條件巨大變化」有關，他分別提出度牒氾濫、民眾藉出家脫稅經營寺田（第三章）、民間羅教（第四章）等前人雖提出但未能深入探究的解釋。江氏認為度牒之所以氾濫與國家窮困有極大的關係，即國家或地方單位用頒發空名度牒來換取米糧和銀量，而這些假度牒而經營寺產卻成了國家無法課稅者，這樣的結果對佛教影響甚鉅，如僧風變異、忽視戒律以及匿逃軍民等問題，還有羅教教主羅清以其個人悟道的傳奇以及所著《五部六冊》之流傳，由於立場認同禪宗，也對佛教構成極大的威脅。以上晚明禪林之諸問題，既是國家問題，同時是佛教的叢林問題，而羅教援佛經自創教派的現象，也刺激了晚明佛教叢林的改革，所以才有憨山德清等人積極改革叢林制度。

本書第五、六章精彩地說明了晚明禪學革新與對大慧宗杲（1089-1163）「看話禪」之反動有極大之關係。作者在此章分析了宗杲看話禪在明代的流行，由於看話禪排除知見、不立文字，致使禪門人才銳減，藕益智旭主張知見的如來禪即在此背景應運而生。作者由宗杲看話禪的流行，是激起晚明佛教改革的必要性，作者指出晚明時期的「無師自悟」、「僧徒無知」、「強調實踐」、「融合各宗」甚至晚明的「狂禪」問題等各種現象，都和看話禪之流行困難有關，本章可謂從看話禪在明代的流行，看出明代叢林改革之必要性。

第一篇是作者交代晚明叢林變革的時代背景，作者順勢帶入第二篇晚明最重要的叢林改革者憨山德清的宿志與復興曹溪祖庭之事業。作者稍微回顧以往的憨山德清研究，鮮少涉及到重要思想變化和改革事業的關連性，進而透過憨山的教育歷程、叢林閱歷、社會交遊、宮廷關係和思想的狀況，處處提及德清這位佛教大師面臨的社會經濟難題時，是如何克服這些障礙，呈顯一副活生生的佛教大師之真實面貌。所以，第七章解析了德清的教育啟蒙歷程到決定興復報恩寺和禪宗叢林之志願，第八章重點考察德清北遊，在北京與僧俗的交往、五臺山的參學，以及迅速崛起於叢林和攀緣宮廷的始末。總之，此章栩栩如生地刻畫出德清的現實人生面，藉此描繪出晚明叢林僧俗結合之必要性。

本書第九章則解析德清東隱牢山以避禍宮廷祈儲、建儲的政爭，卻捲入海印寺的產權糾紛與官司，作者認為德清終被判流戌雷州，仍與祈嗣政爭相關。由於德清有流戌嶺南此一轉折，遂開創了他中興曹溪祖庭的因緣。第十章便具體描繪德清如何以充軍僧人的身份，展現其致力於改革曹溪祖庭之實力，不僅贏得當地大眾的支持，也結交當地官紳，發揮其影響力，江氏一一分析《年譜》提到的十大改革與成就，以及又因改革引發衝突而捲入一場官司纏身，受困於芙蓉江上所居之船有兩年之久，最後帶出德清改革曹溪所遇到的困難而暫時選擇離開曹溪，而前往南嶽隱居。

第十一章則分析德清改革叢林的殘餘問題及晚年重返曹溪祖庭的歷程，說明了德清以仿《春秋》之筆法，撰述自己的《年譜》，從各層面檢討自己的叢林改革事業，作者認為應把這本自作《年譜》看成是德清對其一生改革叢林行為正當性的辯解之辭，絕不是無意義的隨興之筆。此章並提及德清晚年與宮廷的相處之道，仍然扣緊在皇儲的問題，而德清所祈嗣而來的光宗皇帝，即位不到三月便短命而亡，作者認為可能是德清最大的挫折。德清終究還是重返曹溪，忙碌於講學活動與叢林之應酬，並致力於解說戒律，最後仍選擇在曹溪示寂。第十二章則對德清叢林改革經驗提出總結與反思，江氏提到以下四點意義：（1）根源性與通俗性的目標混合、（2）「君王忠臣」與「法王孝子」的角色兼顧、（3）新資源的開拓與叢林積弊的排除相輔、（4）改革成就與改革官司並存。以上四點意義，實清楚地標示出德清的叢林改革特色，同時也是本書以「世俗化」的佛教觀點，來通貫晚明佛教的代表觀點。

綜而言之，德清雖是明末四大高僧，亦有相當的佛學造詣，但江氏選擇扣緊德清的時代脈絡與叢林改革的宿志，並從社會經濟史的角度，還原一個非抽象而活生生的有血有肉之歷史人物。

四、兩書研究方法之特色

要評述二者總體的學術貢獻，實超乎本文之外。本文扣緊筆者上述精讀過的《憂國烈火禪》與《曹溪之願》二書，配合筆者對二者其他研究的粗淺了解，分析其研究特色及學術貢獻。

（一）內在理路與外在理路

由以上對兩書的簡單回顧，可知荒木先生與江氏對文獻史料的嫻熟是無庸置疑的，但所表現的方式各有所長。荒木擅長深入思想家的各種文獻中，看到思想家往復辯論的許多關鍵思想課題，從而一針見血地抓住幾個思想核心，釐清這些思想核心的源頭與發展，呈現出一個鮮明的思想現象。比如荒木常廣徵歷代或明代許多思想家共同關注的「關鍵思想詞」，如在《陽明學の位相》一書中曾舉禪門中有「知之一字」是「眾妙之門」或「眾禍之門」的紛爭，荒木藉著這段的禪門紛爭，分析明末陽明學者也常引用「眾妙之門」與「眾禍之門」（如周海門、李見羅），以此點明「頓悟漸修」與「知之一字，眾妙之門」這兩個題目，與良知學結合，在晚明思想界形成鮮明的色彩。[11]又如在荒木在《憂國烈火禪》書中說明晚明「欠陷世界」這個思想現象，荒木引用紫柏達觀、覺浪道盛、焦澹園（1541-1620）、耿天臺等人觀點，以說明當時思想家如何看待當代的悲觀時局。（頁 82）再如荒木廣引晚明林兆恩（1517-1598）、王龍溪、周海門（1547-1629）、藕益智旭等儒、禪者，常提

11 荒木見悟：《陽明學の位相》，頁 108-111。

到「心易」之說，來解釋儒、禪者如何把佛教心學與《易經》思想結合一體，企圖以「禪易合體」來為佛教思想界找到新的出路（頁 37-39）。再如論「怨的禪法」，荒木舉了歷代思想家孔子、莊子、孟子、屈原，（西元前 343 年—278 年）以及李卓吾（1527-1602）所相信的「怨可回天」，說明「怨禪思維」背景，簡直可作為「怨的思想史」（頁 84-85）。

以上所舉各種「關鍵思想詞」，若非熟讀過歷代文集與經典，入其室操其戈，並且具有敏銳的洞察力，實很難嗅出其思想史的意義。坦白說，荒木這種思想史的獨特鑽研功力，所問的問題都是相當重要卻經常為研究者所忽略，故其研究的課題往往都具有開發性與啟發性，因為他不去炒冷飯的研究課題，又直指思想現象的關鍵核心，讀者在啟誦其著作時，處處可以興奮地發現「思想史的處女地」，這是具有相當深度的內在理路研究法。

相較於荒木氏，江氏則擅長從外在理路研究法，提問鮮明的社會思想史問題。如《曹溪之願》整本書都是關注明代佛教的「叢林改革」問題，小至從一本湛然圓澄的《慨古錄》之分析，中至對禪門人物憨山清德的關懷，大至整個明代佛教叢林變革的解析，他都扣緊「叢林改革」整個大架構之課題，而用「金陵宿志」與「曹溪之願」貫穿德清的整個叢林悲願，釐清各種複雜之環節，回復德清所遇到的社會經濟脈絡與當局的權力鬥爭，呈現一副活生生的禪僧與明代叢林改革之重要關係，有血有肉，既具社會脈絡性，又兼思想分析性，文字斬潔，讀來令人暢快。

江氏除熟悉古典的原始文獻以外，另一擅長之處是精於掌握相關研究課題的中外二手研究，即使是遠在美國碩博士論文，他都無遺漏地吸收或批判其研究，以致他書中的註文都要長達 200 個，而他尤其關注的還是日本學者的佛教研究，諸如忽滑谷快天、道端良秀、阿部肇一、宇井伯壽、塚本善隆、谷川道雄、牧田諦亮、間野潛龍……，幾乎可以列出一卡車了。但江氏不只引用其研究，往往還批判其研究，即使有名的禪學研究專家，如忽滑谷快天、鈴木大拙等亦不例外。此外，江氏在各章中均特別注意到德清具有的「風水知識」，如敘其在五臺山協助妙峰禪師看風水，改葬其雙親，而「為卜高敞地，為合葬，作墓誌」。（第八章，頁116-117）。再者，攸關本書書名的「曹溪之願」，江氏分析德清認為禪門衰微與曹溪祖庭的源頭被堵塞有關，以後他流放嶺南，改革曹溪祖庭第一件事即是「培祖龍以完風氣」，把祖庭山脈被阻斷，重新推土填補，以擋強烈北風吹襲；又將殿前鑿斷之渠，重築如故，內留一池，蓄一山之水，以聚其靈。」（第十章，頁165-167）德清的這種民間社會學專長，江氏也都將之栩栩如生地刻畫而出，使得德清形象不只是高僧，同時也具有多元的風貌。

（二）思想史研究的開發者與品管者

如同上述，荒木的思想史研究方法，傾向從哲學思維方式挖掘出當代既存的思想史意義，江氏則比較傾向用社會經濟史方法，探討當時思想家所面臨的各種經濟社會環境之困境。

荒木鑽研過禪宗與華嚴思想，碩博士論文曾處理過朱子學與佛學以及陽明學與禪學的問題，故他對中國佛教與儒教思想具有非常深厚的底子。由於這樣的背景，當他在處理覺浪禪師時，便能慧眼看到道盛的烈火禪。如果沒有對佛教與儒教思想掌握一定的深度者，很可能輕易滑過道盛的烈火禪之分析，或者即使注意到道盛特別重視五行之火，但要分析「火之精神在於心」以及它與《楞嚴經》的「性火真空」思想之關係，則只能擱筆語塞。

再如荒木在第五章分析道盛的「怨禪」尤為精彩，他如是分析：「道盛所謂的『怨』，是針對肩負著整體法界的自己之責任而言，而對於在其中所展開的亂脈無秩序、亂倫無情，怨自己責任遂行力的軟弱、緩慢。換言之，是加害者怨成為加害者自身的事，所以和所謂的被害者對於加害者而抱持的憎惡感情，是不同的兩回事。精細地說，不是加害者呪怨成為加害者的命運，而是加害者在成為加害者之前，因其低落、危及生民的生命乃至到了國家崩潰的危機，怨怒自己弱化了自己的本分。」（頁89）荒木並特別指出道盛「怨」

的禪學，並不是「恨」，因「怨」並不是惡性的煩惱，而是參禪學道者加於自我的嚴厲警策。這樣深刻的「怨禪」分析，如果沒有相當洞見的學術觀察力與修行體驗，恐怕僅能把道盛的「怨」理解為「被害者」之「怨」，而不是自任天下蒼生之重的「加害者」之「怨」。如果看過荒木的自傳著作《往釋迦堂之道》的讀者，或許能夠深刻體會荒木何以特別分析道盛本書中「怨禪」的深意。

以上「烈火禪」與「怨禪」這類的課題在學術圈中幾乎無人提及，而是經由荒木挖掘出的新課題。荒木不只處理道盛的「火尊重論」或「怨禪」的思想，更能遠溯整個中國古典中有關儒、釋、道對「怨」與「火」的思想，不僅注入「怨」與「火」的思想史新意義，同時開發出儒、道、禪在「怨」與「火」結合的新課題。因此，荒木如同一位在公司的開發部門，由於他敏銳地掌握市場資訊與風氣，可以源源不斷地挖掘出新課題，使他的研究總是帶有先驅性的開發者之角色。

相較於荒木是扮演思想史研究開發者的角色，江氏則凸顯出其品管者的特殊貢獻。例如江氏在寫憨山德清時，從其出家與受到其師西林永寧的臨終囑託，欲其提升本門地位，以及牢山所面臨的官司、晚年流放嶺南中興曹溪祖庭等經歷時，江氏屢屢提到德清面臨經濟方面的難題，並一一列舉諸多實例證實所提論點。所以，江氏同情地理解德清所面臨的經濟難題，剖析德清的復興報恩寺之宿願以及晚明之佛教叢林改革。我們看到江氏層層抽絲剝繭，完整地呈現德清一生的叢林改革悲願事業。我們都知道，一般研究佛教人物者，大都著眼於佛教思想、人生簡歷、佛教貢獻事業等。而用社會經濟史的角度來研究佛教制度雖然不少，但都不免是硬梆梆的制度沿革、寺院經濟等之研究，看不到「活生生的人」之研究。而江氏用社會經濟史之研究法在佛教人物傳記的研究上，使其筆下的德清並不是一位崇高遙不可及的宗師，而是一位活生生具體在現實苦鬥的宗師。能善用社會經濟史方法於佛教人物之研究上，堪稱江氏這本《曹溪之願》最大的特色，同時也為佛教史的研究打開活躍的一扇窗。我以下這裡舉「行乞經驗」、「攀緣宮廷」兩個例子，說明江氏筆下德清活生生的面貌。

當我們看到德清離開金陵報恩寺後北遊，展開他的自我奮鬥之歷程，江氏特別注意德清離開金陵後的行乞經驗，細膩地分析德清如何突破乞食的心裡顧忌之障礙，藉此重拾僧人自信。類似德清這種面臨經濟困難，在江書的同情的理解下，也令讀者鮮明地掌握德清活生生的奮鬥坎坷過程，這段兼具社會經濟史以及心理思想的分析，頗為精彩。如果讀過江氏《工人博士》一書的求學奮鬥歷程，就不難明白，唯有長期經歷過真正「吃飯問題」的學者，才能深刻地體會德清這段「乞食」的心理脈絡。

其次，關於德清「攀緣宮廷」從事其叢林改革，江氏栩栩如生地刻畫出德清如何獲得官僚胡順庵之協助，成功地禁絕盜伐五臺山林木；又生動地描寫德清公開表演「刺血寫經」以折服僧俗兩界，以及協助太監建寺而攀緣宮廷，贏得神宗之母李太后之信任，終至捲入朝廷祈嗣建儲之紛爭，黯然離開是非之地，隱居山東僻靜的牢山（見第八章）。總之，江氏以社會經濟史方法，一一爬梳德清的北遊經歷、接觸宮廷，周旋於官場等事蹟，鮮明地讓讀者能感受到德清具體地生活在明末叢林衰微而待振興的脈絡。所以，這樣的德清形象，與其說佛教思想中的德清，不如說是明末社會經濟史上的德清，是具體的、活生生的德清，而不只是禪學大師的德清。這樣的一部德清傳記史，實是一部有血有肉的社會經濟史。

江燦騰曾是工人出身，也長期待過飛利浦品管檢驗員，由於這樣的品管員工作背景，使他應用在歷史的研究上，特別注意「品管」及在品管背後整個生產線之環節問題。毫無疑問，這樣的訓練方式，也成為他的史學研究的方法。因此，他分析憨山德清的一生時，必須要完整了解整個明代的佛教叢林制度與時代之關係，方能釐清其弊病的核心問題。一旦掌握了這個生產經濟線哪裡出現問題之後，才能談德清如何改革叢林的宿願。用比喻的方式來說，德清則是「被研究者主體的品管者」，注視當代叢林制度的品管問題，親自參與檢驗與改革；江燦騰則是「研究者主體的品管者」，此時德清及整個明代叢林制度，成為江氏所注視的生產線。換言之，江燦騰的社會經濟史研究方法，就是「生產線的品管鑑識法」，他不只關注成品的瑕疵，更注意整條生產線的環節關連問題，由成品的瑕疵，去找出生產線源頭的問題。雖然中國佛教社會經濟史的研究，業有一些中國與日本學者的研究，[12]但江燦騰深入探討晚明的叢林制度，既有社會經濟制度的探究，又有思想內涵的分析，可謂內外交輝，有血有肉。

職是之故，可以說江氏是生產線的品管部門之品管者，控管整個生產線的品質問題；荒木氏則比較像是開發部門之開發者，擅長思考如何開發與創新出更重要的成品。荒木要面對古人原始的問題，所以可以悠遊於開發部研發各種尚未被挖掘出的重要成品。江燦騰則還要面對被開發出的成品過程中許多人為的疏失。

五、學問的世界與信仰的世界之間

荒木氏與江氏二者在歷史上的儒禪思想家中，荒木氏比較重視穩健派如雲棲袾宏與覺浪道盛；江氏則比較著重研究激進派如憨山德清與李卓吾，或許這與二者的成長經歷息息相關。讀江氏著作令人感覺他是屬於外放型的研究者，荒木則像是個內斂型的研究者。儘管研究個性如此不同，但二者對學問與信仰的態度恐怕相差不遠。二氏都有過困苦的求學經歷，荒木氏的刻苦學習經驗，絕不亞於江燦騰，甚至比江燦騰更艱苦，因為荒木學習經驗的高峰期正值二次世戰，美軍轟炸日本本島的時代。讀過荒木的回憶錄《往釋迦

---

[12] 較具代表性的著作如道端良秀：《中國佛教社會經濟史の研究》（東京：平樂寺書店，1983）。此書扣緊唐代佛教的社會經濟現象，特從寺院經濟組織、寺田與僧團等角度深入分析。

堂之道》者，不免驚訝於荒木的刻苦學習經驗，其中許多的經驗是在佛寺中養成。如他出身於淨土真宗信仰的家庭，目睹當時本願寺派內部鬥爭的醜聞，而興起宗教改革志願；以後進入龍谷大學就讀，不到三月便對大學與宗門絕望，陷入人生疑團，只有靠自己閱讀西田幾多郎、真田增丸等名家以及注意馬克思社會主義等著作慰籍；大學畢業後，時值太平洋戰爭期間，進入日本佛教名山的比叡山之西塔釋迦堂，從師於赤松圓瑞修行，但感嘆宗門只在乎僧侶資格，不在乎讀書研究，如此過了約三年的觀想生活。之後，考入九州大學從師於宋明儒學專家楠本正繼（1896-1963），得其細心指導，專攻中國哲學，荒木氏自述從此由信仰的世界進入到學問的世界，展開他以學問鑽研作為他和信仰之間的橋樑，因此荒木氏會時刻注意到禪門是否「立文字」或「知之一字，眾妙之門」的論爭，藉此努力思索他極為關懷的「現實性」與「本來性」關係的哲學課題。[13]

江氏對於學問與信仰的態度何嘗不是如此，他由一介工人出身到成為臺灣佛學研究權威，長年思索如何在現實與宗教之間取得一個平衡點。他是看觀音像長大的，藉以慰籍他孤獨的童年，他也想過結束自己生命，一度也想剃髮出家，也煎熬過癌症瀕死經驗，他熱誠地追索學問，研究的卻是佛教，而他又如何解決信仰與宗教之間的問題？他往往著眼於宗教理性和日常性的實踐來面對宗教中的「現實性」與「根源性」之間的問題。所以，在他的研究中，他最關注一些宗教家與佛教大師的宗教改革運動，如在臺灣日據時期他注意到了林德林，稱他為「臺灣佛教的馬丁路德」，稱許林德林那種不重視儀式、法會、神通的真實改革家；由此，我們也可明白江氏何以特別注意憨山德清念茲在茲要復興曹溪祖庭，因為這不只是曹溪為天下禪宗的形式根源，更牽涉到禪林道脈的實質「固本」的根源問題，只是江氏用現實的社

---

[13] 荒木見悟在回憶錄作品《釋迦堂への道》（東京：葦書房，1983）有幾處提到他多年思索「現實性」與「本來性」關係的哲學課題，參頁 100 及頁 149。

會經濟手法解決這類宗教大師所碰觸到根源性的課題。

我認為《曹溪之願》有關種種的叢林制度問題，不僅是憨山德清的關懷，同時是江氏對整個佛學古今研究的整個關懷。例如佛教在今日臺灣蓬勃發展，但也出現許多問題，江氏可以娓娓道出歷年來發生在臺灣宗教界的各種亂象，並加以批判，由此我們更體認到江氏選擇在家批判的角色，使那些假借佛教或其他宗教名義斂財、斂名、斂色者，無所遁形。如果從這個角度看江氏的佛教研究，特別是叢林制度的研究，實在顯得彌足珍貴。

荒木氏與江氏二者的研究與生命表現型態縱然有不同的風格，但如果深層了解二者的學問與信仰之間的態度，我們將發現他們共同關懷的課題都是有關如何「現實性」與「根源性」之間的思想課題，只是荒木氏擅長從內在哲學思想的研究進路，釐清諸多環繞在現實與根源的主體性之論爭；江氏則精通於用外在社會經濟制度的現實脈絡，找出宗教在現實之間的矛盾性與虛偽性，目的也是要為根源的主體性找到現實的立足點。

走筆至此，不禁令我想起憨山德清在進行改革曹溪祖庭之際，曾如是慨嘆：「不識袈裟為何物？剃髮為何事？」（〈示曹溪諸僧〉）當然德清的感嘆不只是「袈裟」或「剃髮」形式上的現實制度問題而已，更帶有對佛學根源在現實中無法被落實而被濫用、誤用的感嘆。我想就是在上述這一共同的關懷點上，使得江氏會對荒木氏的佛教思想研究感到心有戚戚焉的原因。可以說，荒木氏的《憂國烈火禪》在海外的臺灣找到了共鳴的知音。

第二十八章　林鎮國與佛教多元哲學研究的詮釋建構*

劉宇光**、趙東明***

本章大意

本文介紹林鎮國的研究特色，其研究領域與關注主要是華梵對比脈絡下的大乘哲學，借助詮釋學等當代西方哲學的啟迪，探討唯識、中觀、因明－量論、天臺、禪學等佛學傳統。也在跨文化對比的脈絡下，兼治當代新儒家、日本京都學派、宋明理學與道家思想。林鎮國特別擅長串聯議題與綜合視野的能力，透過他對佛教主題式的探討呈現出來，從其研究中可看到臺灣佛教的時代特質，也是他透過議題討論所需呈現出來的。從唯識論的研究出發，林鎮國特別重視方法問題，不只奠基於現代詮釋學，也重新發展釋義方法。林鎮國特別留意從印度到中國佛教知識論傳統的演變，也在其研究中關注這議題。在問題分析的思考上，林鎮國會特別將問題放置在漢傳佛學或華梵跨傳統比較的脈絡中探討，並將問題移放在哲學視野較括的多層脈絡中，揭示問題在不同的處境組合下，所併發的多層意義。林鎮國從詮釋學作唯其工作的基本態度，透過探討特定議題，並藉此案例來揭示方法論的反思。也因為詮

---

* 本文原題為〈當代臺灣學術性佛教多元哲學研究的詮釋建構者：林鎮國的研究特色及其方法學的相關檢討〉，刊於《世界宗教文化》總第 82 期（2013）：22-26。

** 劉宇光，復旦大學宗教學系副教授。

*** 趙東明，華東師範大學哲學系副教授。

釋學的方法，能突破佛教研究過於將問題化約為語言問題，以致忽略義理討論的困境。林氏方法論欲指出，傳統佛學思想有其不應被現代西方學術所化約的種種向度，但這不表示佛教可以據此自珍，拒絕與現代學術思潮對話。因此，林鎮國對於佛教議題的討論與教學研討的資源整合，對佛教帶來特殊的貢獻；特別在於整合問題、統合各路學者、貫通海內外學界的交流渠道、並以宏觀的層面從事長線的規劃，對於佛教學術的現代更新，有重大的意義。

一、基本介紹與相關問題

林鎮國，1951 年生，臺灣南投人。現為臺北國立政治大學哲學系，宗教研究所的特聘教授，並自 2011 年始，出任臺灣國家科學委員會哲學學門召集人。林氏學士畢業於臺灣師範大學中文系，1974～1977 年隨戴璉璋教授習莊子哲學，取得臺灣師範大學碩士學位。1983～1991 年間，負笈美國天普大學（Temple University）宗教學系，就學於傅偉勳教授門下，並以《解深密經：一個解脫的詮釋》（*The Saṃdhinirmocana-sūtra: A Liberation Hermeneutic*）為題，撰寫博士論文。在北美深造期間，曾隨多位著名學者研習當代歐陸哲學。

林氏於 1992 年學成返臺，隨即應聘執教於政治大學哲學系迄今。期間曾出任該系系主任等職。林氏的主要研究領域，是華—梵對比脈絡下的大乘佛教哲學。他借助詮釋學等當代西方哲學的啟迪，探討唯識、中觀、因明—量論、天臺、禪學等佛學傳統。亦在跨文化對比的脈絡下，兼治當代新儒家、日本京都學派、宋明理學及道家思想等。他的主要論著有《空性與現代性：從京都學派、新儒家到多音的佛教詮釋學》（1999）、《辯證的行旅》（2002）及《空性與方法：跨文化佛教哲學十四論》（2012），另有部份論著以英或日文刊行海外。

林氏從研究生到在臺灣的佛教研究領域獨當一面，前後歷廿餘年，正值臺灣社會走過全面劇變。在這一階段成長的臺灣人文學者，無論具體從事哪個領域的研究，往往都有他們需要面對的集體社會、文化議題，從而有這一代人文學者的精神標誌，這種標誌會以不同的方式，滲透並沉澱於其學術思考當中，在其研究留下間接、隱晦但影響深遠的痕跡。

以佛教研究來說，隨著臺灣在八〇年代後期結束四十年的威權政治體制，包括佛教在內的主要宗教，在社會上獲得巨大發展空間。對佛教學者而言，佛教組織急速成長帶來的衝擊是雙重的，一者是佛教以其龐大的組織與資源，支持佛教學術研究，但這亦可以同時形成左右學術方向，潛在地干擾學術獨立的力量，因此思考學界與教界之間的工作關係，遂成一亟待商討的學術態度新問題。換言之，宗教學者需要首先同時思考的，是構成公民社會多元權力之一的學術專業，在面對官方與財雄勢大的宗教組織時，應該如何理解佛教研究應該有的學術獨立態度。

其次，威權政治體制的瓦解，使官方對傳統中國文化的意識形態論述，乃至相關的學術觀點之角色與意義等，受到正面的挑戰。這一變更亦連帶讓本來在正統中國文化論述中，被綑縛在三教框架之下的佛學思想，得以擺脫定見。部份學界成員意識到，鬆縛後的佛學，所面對的是其他佛學傳統、國際上的現代佛教學術、西方哲學及西方宗教思想等多元、豐富，乃至甚具批判性的思想對話伙伴，遠非既有的中國三教論述所可以輕易獨攬而遮蔽掉。因而急需在此所身處的新生空間中，尋找新的思考及研究方向。

第三，臺灣在日治時代所留下的日式學風，亦在這轉變的階段，從先前蟄伏的狀態甦醒過來，使臺灣佛學界好些領域的圈子，在十年內迅速成為整個華文世界的佛教研究當中，日式佛教學（Buddhology）學風最廣泛、密集而全面紮根的群體。一方面，日式學風固然為前述從中國哲學框架下鬆縛，但方向尚待確定的佛學研究，提供了一個以佛教語言—文獻學為基礎，並可以方向明朗地朝日本及歐陸佛教學模式接軌的「新」學風，但另一方面，這種稍後被林鎮國以「遲來的現代性」來稱呼的學風，是否就是學術性佛教研究的未來主要典範，卻實仍不無疑問。

凡此種種，其實都是這一代的臺灣佛教學者所面對，而欲謀答案的基本疑問。林氏則以其特別擅長的串連議題與綜合視野的能力，乃至敏感的詢問觸覺，將前述多項時代背景，轉換為學術的議題，一一重現於往後他所具體觸及的多個佛學議題當中。

下文以現代學術意義下的佛教思想研究者、從方法論來反思研究現狀的檢討者，及學術策劃者的三種不同角色，來闡明林鎮國的學術活動，而這也可以說，是他採取來回答上述疑難的途徑。

二、東亞佛教思想的批判研究者

林鎮國自博士論文階段以來，即以唯識學為主要研究領域，但亦廣泛涉足東亞與印度佛學不同學派的多個哲學議題。在整個九〇年代，林氏撰有系列論文，這在稍後 1999 年即都為《空性與現代性》付梓成冊。該論文集表明他當時關注的議題，是佛教思想與現代性的相遇。然而，其時他似乎仍然在摸索一更為明確，而且可展開具體工作的問題焦點。在稍後的十年，這逐漸明朗化並聚焦為「方法」問題。「方法」概念的提出，誠如林氏自己坦言，乃源自現代的詮釋學，但另一方面，此概念亦暗中回應了傳統大乘佛學的其中一個重要，但在東亞佛教中似乎已被遺忘多時，而需要重新發展的釋義方法，此乃佛教的論理學-知識論 [因明-量論]。下文即集中在這一組問題上，說明林氏是如何透過此一思路，而展開他對東亞佛學批判的研究。

在過去十年，林氏一直都以重新探討由印度到中國的佛教知識論傳統之演變作為其研究時的主要線索。此一主題是以不同的重點，同時分佈並貫穿在他的研究及教學當中。林氏對佛教知識論議題的基本思路，分為數個主要步和問題板塊。

首先在印度佛教，早期佛教在面對婆羅門教的宗教思想時，已草成佛教最初有關認知的詢問，稍後經歷部派佛教的學理醞釀，成長於中觀及唯識的大乘佛學，並一度演變為在印度佛學內自成一格，以陳那及法稱為代表的量論學派。但半獨立的量論傳統在印度大乘佛學的中後段，即直接變成幾乎所有大乘顯教的基礎環節。中觀學演變為歸謬與自立論證二型，唯識學演變為無相與有相二型，都直接涉及兩個學派對量論元素的滲透，各有取、捨不一的回應，而印度晚期寂護、蓮花戒的瑜伽行—中觀綜合派，則更是整合各類量論議題。

與此同時，自公元四世紀始，印度宗教思想在經歷起源自部派佛學的知識論轉向以後，印度哲學內幾乎所有傳統都轉為以知識論作為哲學討論的首出問題，這不再唯佛教獨有。當佛教仍身處學派林立的印度哲學脈絡時，觀點的對峙是透過公開使用印度的理性方式，即論理學和知識論，在正反雙方之間建立可以作客觀討論，甚至檢證觀點的基本準則。因此包括佛教在內的諸多印度哲學傳統之立論，基本上都是在長期辯論、批評與反擊的智性互動中形成。

其次，帶著上述背景，把問題轉過來探討廣義的佛教知識論討論是如何從印度傳來中國，而中國文化又是如何作回應。儘管佛學界及中國哲學界歷來都普遍認同，佛教知識論在中國脈絡，向來都不成傳統。但這種立論其實是太習慣於以在逐漸定型下來的典型例子，來看待何謂東亞佛學。事實上，雖然與印度及藏傳佛教相比，東亞佛教因佛教論理學—知識論以既不完整（只零碎地傳入陳那，全缺法稱及其後學），亦不明顯（藏身在部派等文獻）的狀態傳入中國，因而確有先天不足之嫌。

但根據林氏的研究指出，東亞佛教在唐代定型之前，佛教知識論議題還是以各種方式散見於以不同資料。當中除了翻譯為中文的印度文獻，甚至亦有相當數量由中國學僧執筆，以中文撰寫的漢傳量論原著。漢傳佛教亦不是以完全單一的觀點，乃至全盤接受的態度，來理解有關的知識論議題。尤其值得認真探討的，是如下的一系列問題：在公元第五至七世紀之間，佛教知識論議論是在什麼宗教—智性脈絡下傳入中國；關鍵知識論概念的中譯是什麼；量論術語的異譯所反映的是什麼異解；當時的漢傳學者是如何接受和略過印度佛教知識論的問題與觀念，乃至背後的可能考慮；漢傳佛教直接以中文所撰寫的量論論著，其觀點與印度傳統之間的差異，及在什麼脈絡下出現這些漢傳量論思想；漢傳佛教內部的不同學派是如何看待這些知識論議題的提出等。

雖然林氏對上述問題的分析，首先是放置在漢傳佛學，或華—梵跨傳統對比的脈絡中來作探討。但他也會把有關問題放在類似同心圓的中心位置，然後以彷若由同心圓擴散出去的漣漪方式，將原問題再三移放在哲學視野較闊的其他多層脈絡中，以揭示原問題在不同的處境組合下，所併發的多層意義，並提出系列有一定批判性的思考。

首先，由於佛教在中國已經不再存在原印度宗教之間公開激烈辯論之學術文化環境，使唐代定型後的東亞佛教，亦逐漸擱置原在印度或印—藏大乘佛學中不可或缺，用於論證及檢證一已立論的論理學—知識論。此前傳入或撰寫的佛教知識論資料隨即開始被遺忘，使本來就先天不足的東亞佛教論理學—知識論更形後天失調，最終使佛教漸走漸窄，最終末流所及，變成視實踐與理解、體驗與語言之間的勢成水火。在這過程中被荒廢的，包括漢文的說一切有部、早期瑜伽行派經論、世親《唯識二十頌》的實在論的批判、龍樹《迴諍論》、陳那因明學，甚至玄奘系東亞有相唯識等諸多學派論書的知識論文獻及其議論，部份這些文獻甚至僅存漢文本。從現代佛教學術的角度來說，重新探討這些在中國佛教史上長年被徹底忽視的思想，有助於現代學界重新省思這段中國佛教哲學史上的轉折。

再下來，林氏將原問題串連於下列多個相關但不同的著名哲學爭論：民國以來漢傳佛教內介乎太虛、歐陽竟無、呂秋逸及印順等之間的本寂與本覺之爭；八〇年代日本批判佛教本覺與始覺之爭；民國熊十力與呂秋逸等的儒佛之爭；乃至林氏近年橫跨唐代慧沼與法寶、宋代理學朱與陸，及民國熊與呂的儒佛的三場哲學爭論，來探討中國哲學與中國佛學對知識論議題的麻木，其實是有其歷史及文化上的一貫性。特別是最後一例的討論，其在學術上帶來的潛在影響是值得作進一步注意的，因為那無疑將中國哲學史上著名的理學朱陸之爭的對立形態不單上溯到唐代，更追溯到以佛教內部的爭論為原型。這立論只要充份論證與打開，其意義即越過中國佛學史，進入無疑近乎要改寫唐宋以來的中國哲學史之地步，潛在的影響不可謂不深遠。

雖然林氏以「中國的佛教知識論遮蔽史」為線索，串連起中國哲學和佛學史上的多宗哲學爭論，但他並沒有單純以哲學史問題來結束討論，卻是進一步把它定為哲學問題來處理。如果我們只是外在於理論的邏輯地，只從印度哲學史，甚至是印度文化史的角度，來定位應否有論理學—知識論之討論的規格時，則非常容易滑入中—印文化差異，甚至文化—國族主義歷史觀一類角度，而最終以並非內在於哲學問題的的方式，將爭論的真正哲學焦點模糊掉，使有否論理學—知識論只淪為一歷史或文化史的事實問題，而不再是有關哲學上運思是否徹底與是否具批判性之理論問題。如此一來，則佛教知識論在中國的被遮蔽，就只是一個無關痛癢的小事。因而，以下的一點，根本就不成其為一個問題：中國佛教思想一方面易陷身教條狀態，同時又因欠缺賴以證立道理的認知檢證方法，而在哲學上殘缺不全。如果佛教在中國是因為不再需要捲入與思想對手作公開的立場自辯，從而荒廢掉論理學—知識論，則她在中國所失去的，就不是她的對手，而恐怕是佛教哲學本身的理性向度與批判的精神。所以，林鎮國在重訪這些爭論時，他是以存有論與知識論之間的對揚關係，從理論內在的角度，將表面上的哲學史問題，調準為哲學問題，從而使知識論在漢傳佛學的流失，不是作為一項成就，卻是作為一類缺陷而呈現在現代學界眼前。

林鎮國在處理佛教知識論之課題時，他在關鍵的概念使用上，還有另一點需要注意。儘管當林氏在具體研究陳那與法稱的傳統時，他使用的是量論（pramanavada）一語，但在更多情況下，林氏使用的是源自西方哲學的知識論（epistemology）一詞，此一用詞上的差異當然不只是，甚至根本就不是一個譯詞用語的問題，而是涉及到不同的哲學理解。

印度佛教的知識論討論從來都不是始於量論學派，或唯量論獨有。所以「知識論」一詞在林氏的佛學討論當中，並不是作為梵文「量論」一語的現代另譯來使用，卻是透過故意使用這西方哲學的局外者概念，將其他詢問的角度擲向佛教，因此佛教知識論不僅是指量論學派，而是指由印度部派階段始，歷大乘唯識、中觀等，下及東亞等更後期階段的佛教思想當中的知識論議題，以便將知識或認知問題在當代的脈絡，以新的視野進行再顯題化（re-themeize）。

當林氏在其佛學討論透過引入「知識論」一概念，而重新在華文學界突顯這組議題時，他同時充份意識到「知識論」這個西方哲學概念到十六世紀以後，才成為獨立而有明確內涵的哲學領域，這背後其實預設了人類認知能力（如理性）在現代西方文明受到前所未有的肯定，由於西方宗教的上帝觀念在意義世界中全面退色，因此主流的西方知識論概念，其實預設了知識的世俗（secular）性特質。因此宗教觀念或議題一度被目為與知識或認知問題完全無關，甚至互相衝突，「宗教知識」是一個自相矛盾的概念，更遑論宗教的知識論問題，因此西方知識論與對傳統東亞佛教的部份議論，近乎不謀而合地循相反但相成的方向，共同凍結了對佛學進行知識論討論的可能性。

林氏對兩者的基本差異當然有瞭解，並清楚指出，佛教的知識論陳述從來都與禪觀實踐及解脫論之間，有密不可分的內在不學理關係，因此對佛教進行知識論的探討時，這其實形成了兩個哲學傳統的對話機制，東亞佛教藉著西方的知識論的詢問，重新審視自己真理宣稱背後，已經被遺忘多時的智性論證程序，乃至證立手段。而將知識論應用於談論帶有宗教與解脫論根本意趣的佛教認知分析，這也是反過來讓現代人省思，知識論是否只能限於討論純世俗的知識議題。

三、檢討研究方法現況的反思者

學界通常循知識社會學及知識類型論兩種不同的方法論反思進路，來論證現代世俗大學人文學科學術性宗教教義研究的性質。一者是循「公民社會」此一政治哲學的概念，來論證宗教組織與世俗大學的宗教教義研究之間，在目的、視野、對象的關係、知識裝備及問題意識等，皆是據兩套完全不同的指導原則與制度來落實，不容混淆。另一者則如林鎮國所採取的途徑，從詮釋學對何謂詮釋者的詮釋活動之基本存在結構，來論證對佛教思想進行跨傳統詮釋的學術合法性。

雖然林氏曾經強調，不尚空頭談論佛教研究的方法，因為佛教哲學的方法和其辯護的真理有內在理論連繫。然而話雖如是，林氏的多篇論文都在分析特定議題時，以隨議隨評的方式，借助實例提出其方法論的運用與考慮。畢竟方法論其實是在對學術實踐的批判性反思，屬第二序的思考，因此沒有第一線的具體實踐經驗來談方法論，這固屬空洞無根，但如沒有明確地將方法論的反思作顯題化的處理，其實亦不見得一個學者在研究背後的方法論考慮，乃是可以一目瞭然的事。

林氏曾實質探討過的多項佛學議題，其實往往帶有醉翁之意不盡在酒的設計。與其說只是單純關注所討論的議題本身，倒不如說，是透過有意地挑選特定議題來作探討，並借此為案例轉而揭示方法論的反思。這種明顯帶有策略考慮的選題方式，使林氏的研究呈現出在其他臺灣佛教學者的研究中，較為罕見的複合意義結構。這種可戲稱為借題發揮的論學風格所作的詢問，其所欲指點出來的方法問題之意義，有時甚至超過該特定案例本身。

林氏以詮釋學作為其工作上的基本態度。提出此一原則，是意識到無論時下國際學界，還是過去廿餘年臺灣學界的佛教研究，都不同程度地陷身在方法論的困境中。此一困窘，一方面是來自以客觀主義史學觀為前提，歐陸及日文學界所擅長的佛教語言—文獻學，他們相信只要掌握經典語言，即可自動直達義理，將思想問題化約為語言問題，來消解佛教學者對義理的詮釋任務。

第二，佛教雖然面對現代世界，但對其教義的論述，無論在學院或寺院，大多仍然停留在自說自話，故步自封的狀態，此一情況尤以東亞佛教為甚，既拒絕佛教內部的跨傳統對話，更拒絕與其他現代智性思想的對話。

第三，前述二者儘管在古今、東西、局內局外等角度上南轅北轍，但卻都以不同的方式，共持本質主義的方法論態度。另一方面，現代歐美學界有以西方哲學問題為線索，截取與之相符者，而擱置相違的元素與議題。這種進路，確在部份問題上，能見前人之未見，但同時亦在更廣泛的視野上，卻另生對佛義的障蔽，受西方哲學洗禮的學者，若欠缺詮釋活動所涉的主、客雙方知識處境的自省，很容易會落入以今削古的錯謬。

林氏提出據之以展開佛教研究的詮釋學原則，其實就是要回應上述多種研究的態度。根據詮釋學原則，無論被解讀的文本或是詮釋者，都各有其在不同的傳統內，不容輕易抹煞的知識與文化脈絡，因此唯有在進入解釋的關係，充份意識到彼此的差異後，才可以合理地同時展開哲學史與哲學，或入乎其內與出乎其外，乃至歷史知識與理性知識的多重解讀。

一方面既需要尊重透過重構歷史脈絡，所呈現與現代詮釋者之間的差異，以避免落入簡陋地以今論古之窩臼；但另一方面，亦同時需要正視，有關的學說在現代被重新理解，是因為它已經無可避免地，離開其原生的歷史—文化脈絡日遠，並被投擲進現代世界中，面對各種現代學術及西方思潮的衝擊，這已經成為它的存在狀態，必須具有回應新的質詢之開放性。因此，在這兩種基本前提之下，當中拉出相當廣闊度的解讀空間，容讓更多不同立場的解讀可以作多元的呈現。因此特定的佛學傳統往往需要正視其背後具有普遍意義的哲學詢問，從而為跨傳統的對比詮釋，提供了基本的論據。

林氏的方法論省思意欲指出，傳統佛學思想有其不應被現代西方學術所化約的種種向度，但這不表示佛學思想可據此自珍，拒絕與現代學術與思潮對話。其次，佛教語言—文獻學固然是現代佛教學術不可或缺的基本訓練，但它的史學客觀主義所強調的中立性，往往使其研究的視野，限制在語言文法的層面，但義理問題畢竟並非單純透過語言學可以解決。

因此林氏在正視上述兩類研究方式的作用之餘，也在擱置其局限的情況下，提出現代世俗大學的學術性佛教研究的基本精神。無論佛教思想在專門的議題上有多大的獨特性，我們皆不應遺忘它提出的問題，都是指向人類一些基本共通的處境和疑惑，所以是與其他宗教—哲學傳統分擔著對好些有基本普世性議題之思考，例如現代性等。佛教思想是在與異文化相遇，並在與之對話的互動關係中，流動地來作自我陌生化、格義及跨傳統詮釋，這本來就是任何宗教與文明在歷史過程中的常態。所以在佛教與現代思潮之間，無論各自有多大的獨特性，它們都不可能自閉於與其他思想不可共論的深溝中。事實上，唯有對林氏的佛教研究方法論反思的背景與目的有所掌握之後，我們才能理解他遊走在中國、歐陸、日本，有時甚至是印度的諸多哲學傳統之間，來討論東亞佛學之用意，乃在於例示這在差異中有其基本共通關注的向度，以說服學者認真正視在現代生活與知識脈絡下，對佛教思想的作跨傳統詮釋的合理性。

四、當代臺灣佛教哲學研究發展的主要策劃者

若讀者以分析議題的方式，來閱讀林鎮國已經正式出版的論著，在具體的議題上，林氏的論述當然不乏獨特洞察，但其實每多如學術小品，事實上

他甚少小採用時下臺灣佛學界更為典型的論學文體，即以巨細無遺，密不透風，層層遞進的論述方式，來包圍一個議題。

但這並不表示林氏對佛教哲學問題沒有更為整全的視野。事實上，這除了表現在他的個人研究外，他往往把對這個部份的關注，以等量齊觀的心血，投入在筆者姑且以「國際華—梵佛學思想教—研課程」一詞來概括之的佛學研究生課程中（下簡稱「華—梵計劃」）。這是臺灣教育部及國家科學委員會前後持續十年的多個佛教哲學項目，由多項子計劃分多期進行。在「華—梵計劃」的資助下，林鎮國籌劃了多個以佛教思想，尤其知識論問題為主題的研究生教學計劃，多次以專題的密集研討班、工作坊及會議等方式，組建學術平臺，將國際的佛學研究引入臺灣的華文學界，該計劃迄今已近十年，可以預見將為臺灣佛學研究帶來深遠的影響。

到 2013 年春季為止，近三十位在國際學界聲譽卓著的佛教哲學學者，曾應林氏的邀參與華—梵計劃，根據梵、藏、漢、巴等語種的原典，輔以現代國際學界的研究，探討部派、唯識、中觀、量論、如來藏—佛性、禪宗等多個佛學體系的義理、文本、歷史及語言問題。此一佛教哲學的教、研計劃，其內容也許並非完全按歷史時序，也不一定都能嚴格按照議題或理論的邏輯次序來出場。但課程內容經過精心的整體籌劃，將幾乎所有與知識論相關的主要但專門的佛教哲學議題都一一涉及。曾作專題探討的知識論議題，包括現量、自證、因明、轉依、意向性等數十項，各題以 6-20 小時不等作深度討論。核心與會者主要是臺大、政大兩校的廿餘位華、洋研究生，乃至聞風而至的其他院校的佛教學者。這是在整個華人學界，首個，亦是迄今為止，唯一一個已穩定地持續近十年，以佛教思想為主題，與國際學佛界的研究幾乎是同步的課程。

林氏曾表示，他注意年青學者在關心什麼問題的程度，絕不下於對資深學者。一個有正常成長的人文及社會科學的學術環環境，往往以穩定的步速，呈現學術的更演與擴展，此時特別需要由具有學術視野前瞻性及組織能力的學者，擔當學術群體的策劃者之角色。林氏的此一「華—梵計劃」，雖然具體的議題分佈多彩多姿，但基本上是按照他在處理佛教哲學當中的知識論主題的同一思路而展開。某義上，「華—梵計劃」甚至比林氏個人的研究，更能體現他對佛教思想議題的宏觀藍圖。

林氏預見臺灣的學術性佛教研究，在其教、研運作上，是時候需要建立新的工作模式。現代的佛教學術講究跨語種及跨傳統並列的研究視野，從而即使是在宗教義理這類在傳統上，被目為尚可單打獨鬥地進行研究之領域，在現代也會呈現出捉襟見肘的困窘，遑論在佛教研究中，本來就更講究團隊工作的其他領域。因此，循知識論的線索對佛教思想的重新省思便成為貫串整個華—梵計劃的問題意識與指導思想，在過去十年落實為能夠將佛教學者及研究生凝聚成有共同學術焦點，並橫跨不同年齡層的佛教學術的知識群體。

五、結論與討論

在過去十餘年，林鎮國堪稱是華文大學界，出現在國際上相關佛教哲學研究圈內，一位最活躍的資深佛教學者。他曾先後多次應歐美、日本及陸港等廿餘所大學邀請，出任客座教授等教席，此一期間，他並不僅只是從事個人層面的學術交流，林氏尤擅長運用他在國際上的廣泛連繫，策劃及組織跨國的學術教、研合作。

同時，他也透過華—梵計劃，多次在諸如國際佛教學會（IABS，其中包括 2011 年在臺北舉行的 16 屆年會）、美國宗教學會（AAR）年會等的國際佛教學術會議中，組織漢傳佛教哲學的專題場次，把漢語佛教文獻當中，經過與現代學術規格接軌的研究後，把能與海外研究互通有無的哲學議題及材料，滙入國際的相關討論中，甚受國際學界肯定。

所以，總結以上所述來看，我們可以認為，儘管在當代臺灣學界從事佛教不同領域研究的學者，可以各領風騷者，並不在少數。當中，有時甚至不乏青出於藍者。但若進一步將林鎮國教授的研究，與其他臺灣佛教學者相對照，則無疑地林教授的研究與佛教哲學論述的喜好者特別親近，自不待言。但最近十年來，他的特殊貢獻，卻是在整合問題與視野、統合各路學者、貫通海內外學界的交流渠道、搭建學術推進器，並在宏觀層面從事長線規劃。這已經進入策劃型學者，而不只是專研特定領域的專家型學者之工作。

對現代的華文佛學界而言，這是與國際學界接軌，以達到佛教學術的現代更新之過程中，富關鍵重大意義，然而目前為數尚甚有限的新生學者類型。林教授除了是研究者之外，其作為學術現況的反思者及策劃者的這兩個身份，使他成為著臺灣學界建立現代佛教學術新學風的開路者之一。比喻言之，他不停在只當巧手的漁夫，透過親身打魚來予人以魚之角色，卻是更宏觀地予人以網、授人以織網技術，來讓其他人成為可以各按自己需要自行打魚的漁夫。

第二十九章　作為臺灣宗教社會學研究開創者的瞿海源*

林本炫
國立聯合大學客家學院文化觀光產業學系教授兼客家學院院長

本章大意

瞿海源是臺灣宗教社會學的開創者。碩士階段接受心理學訓練，到美國取得社會學博士。在臺灣中央研究院任職四十年，研究領域極多樣，宗教社會學是其中最為重要一項。其宗教社會學研究採用多種研究方法，研究範圍從臺灣的宗教變遷、政教關係、新興宗教到宗教教育，掌握臺灣社會脈動，具有建構理論的企圖心，最重要的是深具批判性。在臺灣發生重要宗教爭議時刻，其所提供的見解和批判，往往具有關鍵作用，也因此，奠定了臺灣的宗教自由以及宗教政策自由化的基礎。

相較於二戰前，日本在臺殖民時期五十年間（1895-1945），曾經廣泛使用人類學或民俗學的田野調查與行政法的相關詮釋，來進行大規模和影響深遠的臺灣各類宗教的詳盡現況資料及其據以建構的殖民宗教行政法規範體系與相關詮釋的論述書寫，近代早已流行於歐美學界的宗教社會學，卻要遲

---

* 本文原題為〈當代臺灣宗教社會學的開創者：瞿海源的研究特色及其方法學的相關檢討〉，刊於《世界宗教文化》總第 81 期（2013）：35-40。

至二戰後的 70 年代之後，才被開始運用於臺灣地區的宗教調查與相關研究。而其中最關鍵的開創者和相關詮釋的建構者，都是源自瞿海源本人和其一手所長期培育出來的多位優秀追隨者所共同締造的。

因此，本文以下，擬從：二戰後臺灣宗教社會學的開創與瞿海源其人其事、瞿海源的主要著作及其相關內容、瞿海源的相關研究方法學解說、瞿海源的研究取向概述、瞿海源對臺灣社會和學界的主要貢獻概述，這五個層面進行相關的解說。

一、臺灣宗教社會學的開創與瞿海源其人其事

瞿海源 1943 年生於四川宜賓，幼年隨父母來臺。1967 年獲臺大心理學士，1971 年取得臺大心理學碩士後，到中央研究院民族學研究所任職。1979 年獲得美國印第安那大學社會學博士，回到中研院民族所繼續研究工作，同時在臺大社會學系擔任合聘教授。1995 年瞿海源與中研院社會學者規劃並設立社會學研究所，擔任創所所長。

1971 年至 1975 年之間，瞿海源參與民族所的區域調查計畫，負責社會態度及行為調查，其中包括宗教信仰部分，於是開始了宗教研究。瞿海源在碩士階段接受心理學訓練，具備完整的社會科學量化研究能力，因此他一開始的宗教研究是以問卷調查的量化研究而展開。因為有大學同學試圖帶領他進入教會聚會所，瞿海源藉機進行了一年多教會聚會所的參與觀察研究和深度訪談研究。在瞿海源之前，臺灣的社會學者只對宗教做了零星的研究。

從 1974 年發表第一篇宗教社會學研究論文開始，直到 2013 年 3 月底退休為止，瞿海源一共發表了四十多篇宗教社會學研究論文，其中有一些收錄到專書裡，主要是《臺灣宗教變遷的社會政治分析》，後來改書名並擴充為《宗教、術數與社會變遷》的第一冊和第二冊，目前第三冊在出版中。另外

瞿海源還編著《臺灣省通志住民志宗教篇》、《宗教法研究》、《宗教教育的國際比較研究》等。

二、瞿海源的主要著作及其相關內容

（一）宗教與個人現代性的研究

瞿海源的第一篇宗教研究論文〈船貨運動與社會運動〉發表於 1974 年，刊登在《思與言》雜誌，從社會運動的角度探討船貨運動和各種復振運動的理論，主要是介紹相關學者的觀點。真正第一篇和宗教有關的經驗性研究是〈人格、刻板印象與教會的復振過程〉（瞿海源、袁憶平 1974）。這篇論文研究的是具有復振運動性質的教會聚會所，透過參與觀察和深度訪談，研究者瞭解到該教會如何使組織內持續具有「復振」的特性，對信徒產生不斷投入的效果，同時比較信徒和非信徒對自己以及他人的認知，著重在權威人格的影響。值得注意的是，在這第一個宗教研究中，瞿海源已經同時使用多種研究方法，並且廣泛收集教會內部各種資料以及和教會聚會所相關的研究文獻。而在理論架構方面，更是引用了當時極為重要的 Adorno 的「權威性人格」理論以及 Allport 的宗教性量表。

接下來的幾篇早期宗教研究論文，大體都環繞在「現代化」或「個人現代性」的概念上，一方面這是當時西方學界探討的重要主題，另一方面則是楊國樞等人致力研究的主題。〈現代化過程中的價值變遷〉（瞿海源、文崇一 1975）和〈萬華地區社會態度的變遷〉（瞿海源 1975）以萬華、關渡和民東三個社區的問卷調查資料分析，發現實際的宗教行為和個人的現代化程度有密切關係，這裡尤其指的是傳統的民間信仰行為，民間信仰行為次數越多，個人現代化程度就偏低。

〈岩村居民的社會態度〉（瞿海源 1976）的研究對象是臺灣北部正在工業化的一個農村，是以現代性為主題的一系列區域研究之一，宗教仍然是探討個人現代性的一個因素。在這篇論文中，瞿海源特別指出，雖然 Weber 注意到經濟發展和基督教倫理的關係，Bellah 也注意到日本宗教和現代化的關係，Spiro 提到緬甸的佛教和社會發展的關係，但是還沒有人用態度量表等量化研究方法探討宗教信仰和個人現代性的關係。這個研究再次確認了先前的論點，即，個人的現代性越高，越不會去拜各種神明。

（二）基督教、天主教和宗教變遷的研究

從教會聚會所開始，基督教就一直吸引瞿海源的注意。〈臺灣地區基督教發展趨勢之初步探討〉（瞿海源 1982）利用教堂和信徒數量等「次級資料」，探討臺灣基督教自 1965 年之後的停滯現象，除了總體資料的分析之外，也拆解成各縣市以及不同宗派的資料，進行細部比較分析，並以每萬人教堂數及每萬人信徒數為觀察和比較的指標。依據這些分析，瞿海源確認，自 1949 至 1964 間，是臺灣基督教成長快速時期，1965 年之後則進入停滯期，不論是就教堂數和信徒人數，以及各縣市的情況都是如此。

〈臺灣地區天主教發展趨勢之研究〉（瞿海源 1982）是另一個類似的研究。從受洗人數和教堂數目人數來看，天主教和基督教經歷相同的情況，也就是 1949 至 1964 年是成長快速期，其後則陷入停滯。在這個研究中，除了蒐集天主教的信徒人數和教堂數目等教會官方統計資料外，也加入了歷史資料、教會人士回憶錄及訪談所得，試圖釐清天主教教勢成長及停滯的原因。該文強調反世俗化及世俗化乃是導致臺灣地區宗教變遷的潛在和動態的因素。電視等傳播媒體代表的現代社會裡的商品文化，也就是世俗化的力量。而在大陸內戰失利後臺灣局勢十分危殆，數以百萬自大陸遷來臺灣的軍民，由於局勢的動盪而對前途都多少有茫然的感覺，這些促成對宗教信仰的需求，也就是反世俗化的力量。其後隨著臺灣局勢轉趨穩定，以及其他宗教的

競爭，天主教的發展乃持續衰落。至於早期發放救濟物資是否足以解釋天主教的成長和衰落，本文也有詳細的探討。整體來說，有關世俗化趨勢及其相關因素的探討，也是瞿海源著作中長期關心的重點。

（三）民間信仰研究

〈臺灣的民間信仰〉（1990）一文具有相當的批判性。該文除了指出臺灣民間信仰原本具有的特性，如它是凝聚地方社會的力量、強調靈驗性、具有功利性的本質、祈求神助但也強調人本身的努力，但該文對於隨著臺灣社會的經濟發展而衍生的若干民間信仰相關現象，例如各媽祖廟競相到大陸湄洲媽祖廟進香，廟宇主事者不但違反政府法令甚至公然說謊，呈現出民間信仰的文化與倫理危機。文中指出臺灣各媽祖廟競相到大陸進香，乃是「以財力來換取神力」，引廟宇主事者自己的說法是「廟宇到湄洲媽祖廟去捐款，回臺灣是要加倍賺回來的。」

民間信仰的另一種值得注意的現象是術數的持續流行。傳統的術數，諸如風水、命相、補運、安太歲等等，不僅相當盛行，甚至改頭換面迎合現代人的心理需要，更以現代行銷策略大行其道。文中對於官員和校長本身都相信風水這類術數，提出了強烈的批判。相關現象是 1980 年代因為經濟發展加上熱錢流入，臺灣社會瀰漫金錢遊戲，「大家樂」等地下簽賭流行，許多簽賭者深信可以求得「明牌」預知開獎號碼，以此簽賭希望中大獎，於是就有人利用傳統的術數來預測中獎號碼。另外一個現象是有一些商人為了迎合人們祈福求財的心理，推出了昂貴的各種吉祥物和神像來販售，有賣所謂象牙守護神八卦牌的，也有賣大理石製作的各種神像的。瞿海源在這篇文章中都有分析和嚴厲的批判。

（四）政教關係研究

從 1949 至 1987 年的戒嚴時期，一貫道、創價學會、統一教會等為政府查禁。一貫道作為當時的新興宗教，同時又和政府有著微妙的政教關係，因此是一個重要的研究個案。〈查禁與開禁一貫道的政治過程〉（瞿海源 1992）一文對於一貫道在臺灣遭到查禁和解禁的過程，有很詳細的分析。

該文首先援引 Weber 的說法，韋伯曾指出中國歷來的官僚階級都不能容忍民間教派，其主要原因乃在於：一、這類教派教徒的結社性質。二、因為官僚階級自己不相信個人靈魂救贖的觀念，因而認為教派首領宣揚來世果報或許諾靈魂的救贖是妖言惑眾，也是向官方權威的挑戰。三、他們離開父母到別處行社群生活，嚴重違反了官方所提倡的孝道。國民黨政府對一貫道的「查禁」，大體上也不出這些動機，但是由於當時國共敵對的情勢，對於人民的結社更為敏感。全文對於 1949 年以來一貫道被查禁的過程和理由，以其後來開禁的過程，都有詳細的討論和分析。

瞿海源（1992）在文末直接指出，戒嚴時期的臺灣政府對於國父孫中山乃至鄭成功和洪秀全運用秘密宗教從事革命不能不肯定，但又說野心份子利用秘密教門倡亂，真正的心態還是在穩固既有之政權，排除任何可疑的妨害政權穩定的力量。因此戒嚴時期即便一貫道提出各種辯白，自然不會被接受。直到國民黨政府決定解除戒嚴，而一方面臺灣的反對運動又快速成長，在選舉中必須爭取類似一貫道這樣的宗教團體的支持，乃有「解禁」一貫道的結果。

關於一貫道的「查禁」和「解禁」，瞿海源（1992）指出，政府在認定非法宗教時，本身就是違法，因為根本無法可依。而且在進行壓迫時，都是以政治的理由做政治的處理，這也正是非民主的威權政治的重要特徵。隨著民主化的進展，這樣的宗教壓迫應該不可能再發生。

瞿海源也研究了臺灣基督長老教會和新約教會兩個政教衝突的個案。臺灣基督長老教會在 1980 年美國和臺灣宣布斷交之後，分別發表了三次「國是聲明」，政府大力壓制長老教會。瞿海源根據演講稿撰成〈政教關係的思考〉一文在《聯合月刊》發表，該文針對當時長老教會因為發表三次「國是聲明」而受到臺灣基督教界的圍剿，呼籲「基督教各教派因為神學基礎的不同而有不同政治立場，有完全順服政府的，也有比較關心政事而有所批評和期望的，我們似不應只尊重和鼓勵那些順服政府的教派，同時，也應尊重和接納因憂時憂國而對政府有所批評的教會。」

在政教關係立場上，瞿海源在該文主張「宗教和政治之間的關係向來不是很單純。雖然我國立國的精神強調政教分離，不過政治和宗教的相互影響卻是永遠存在的。其不過，具體而言，宗教不應干涉政治，政治不應該干涉宗教。在這個前提下，我們期望有關單位能儘快解決這兩個宗教團體所造成的問題。」這篇文章確立了瞿海源在宗教問題上的自由派立場，同時明確指出政府對宗教問題的處理應該秉持「政教分離」的原則。

新約教會則因其創立者為香港傾左影星江端儀，傳入臺灣之時即受到情治單位監控，而後該教會一批核心份子至高雄山上建立「錫安聖山」，即被政府以藏有武器名義進行大規模搜山，實際上是懷疑該教會為共產黨之外圍組織。瞿海源和其研究助理合寫了一篇論文〈神示與先知：一個宗教團體的研究〉，收錄在後來出版的專書《宗教、術數與社會變遷》第二冊作為附錄。在這三個政教衝突個案中，瞿海源不但進行觀察和分析，實際上也都直接或間接介入協調溝通，促成臺灣的宗教自由化。

（五）宗教相關政策研究

由於 1929 年在大陸時期制訂的《監督寺廟條例》無法適應臺灣社會現況，1960 至 1980 年代，政府曾經想要制訂宗教法，也提出了幾次的草案，但都因為遭受宗教界強烈反對就無疾而終。1988 年內政部乃委託瞿海源進行「宗教法研究」。在這個計畫中，瞿海源蒐集了世界各國的憲法、宗教相關法律，並蒐集到民國初年以來和制訂宗教法令有關的歷史文獻，加上分析臺灣現有的宗教法規，根據優先順序提出了若干建議方案，可惜這些建議方案後來未被採納。

另一個和政策有關的重要委託研究是「宗教教育的國際比較」。1993 年教育部原有意在中學推動宗教教育，以解決學生品格道德問題，在一個機緣下委託瞿海源進行研究。瞿海源在這項研究中邀請了幾位學者合作進行國際比較，使用了八種研究方法。最後的結論是曾經嘗試過宗教教育的國家其實都沒有成功，也因為這個研究，後來政府沒有再提宗教教育。

（六）「臺灣社會變遷基本調查」的推動

對於臺灣的宗教社會學來說，「臺灣社會變遷基本調查」資料庫是很重要的資料來源。瞿海源是「臺灣社會變遷基本調查」的主要推動者，從 1984 年第一次調查至今，已經累積了三十年的問卷調查資料。該調查雖然不是專為宗教研究而進行，但以五年為一週期，每一週期的第五年是宗教態度和宗教行為的調查，目前已有二期五次（1994）、三期五次（1999）、四期五次（2004）和五期五次（2009），其中五期五次調查並和 ISSP 國際調查合作，六期五次則將在 2014 年展開。除了每年的調查都有受訪者宗教信仰類別的題目之外，這幾次宗教專屬調查都有豐富的問卷調查題目可供分析。

〈臺灣的民間信仰〉一文稍微提到了算命和各種術數的流行，並加以批判性地分析。而由於「臺灣社會變遷基本調查」的持續推動，對於各種術數可以進行詳細而且長期的研究和比較。〈術數、巫術與宗教行為的變遷與變異〉（1983）、〈臺灣民眾社會態度變遷：1985～1995〉（1998）、〈術數流行與社會變遷〉（1999）是三篇重要的著作，都是運用臺灣社會變遷基本調查資料完成。

在〈術數、巫術與宗教行為的變遷與變異〉中，分析了十種巫術、術數和宗教行為，發現民間信仰者從事巫術和術數行為的機率最高。教育對巫術和術數雖然有抑制作用，但是教育程度高者卻更可能從事某些巫術術數行為。巫術和術數行為在現代社會中也有不同的發展，比較精緻而有創新的術數行為增加，而傳統的巫術則未有變化。該文文末除了檢討馬凌諾夫斯基有關巫術和宗教的理論，認為巫術和宗教難以截然區分，也首度提出「不確定性」的概念，用來解釋現代社會中巫術和術數並未衰落的現象。

瞿海源在〈術數流行與社會變遷〉這篇論文中，更進一步確立其「不確定性」的概念，用這個概念解釋臺灣社會中術數的流行。文中指出從 1970 年代以來，在歐美和其他一些地區術數有明顯的流行地勢，學者都稱之為「術數復興」或「爆發」，該文以 1985、1990 和 1995 三個年度臺灣社會變遷基本調查資料的分析，說明臺灣的巫術和術數也有增加的趨勢。教育和職業雖然對術數有抑制作用，對術數有興趣的，特別是對新流行的術數，例如紫微斗數、星座、塔羅牌等，主要的是白領階級乃至是年輕人。某些職業具有較高的不確定性，例如行政主管人員由於在發展和升遷上的機會往往愈來愈小，又多不是可以自己掌握的，在不確定感上就比較強。瞿海源參酌 Adorno 的理論指出，在不確定感加強而個人又無法有足夠的知識，或尋求他人足夠的知識來獲得解決時，個人就會去尋求外在的解決途徑，術數，特別是精緻的神祕的術數是重要途徑之一。

〈臺灣民眾社會態度變遷：1985-1995〉一文是全面性探討臺灣民眾的社會態度，在宗教方面，瞿海源指出臺灣民眾對靈魂的信仰在增強而對神的觀念則沒有明顯的變化，大致上也顯現了心理上的不安。

（七）新興宗教研究

瞿海源 1988 年撰寫〈解析新興宗教現象〉是有關新興宗教研究的第一篇論文。該文以一貫道、慈惠堂、天德教、天帝教等宗教團體的發展現象，以及和寺廟神壇有關的若干新現象，指出新興宗教的七個基本特徵：（1）全區域、（2）悸動性、（3）靈驗性、（4）傳播性、（5）信徒取向、（6）入世性、（7）再創性與復振性，並指出新興宗教發展的主要因素為：1. 社會變遷增加了人們新的不確定感。2. 社會流動促成部分民眾脫離了舊的宗教的範疇，使得新興宗教獲得為數甚多的潛在皈依者。3. 民眾認知水平普通低落，促成靈驗性宗教，如私人神壇的興起。4. 現代傳播工具之多樣性及便利性頗有利於新興宗教的傳播。5. 在尊重宗教自由的前提下，大致趨於放任的宗教政策，使新興宗教在較不受限制的狀況下自由發展。6. 許多新興宗教具有強烈的社會運動性。

1996 年爆發了幾件重大的新興宗教事件，2000 年瞿海源在中央研究院支持下，推動「新興宗教現象及其相關問題」主題計畫，邀請楊惠南、鄭志明、章英華、郭文般、林本炫、陳家倫、陳杏枝等學者參加，針對臺灣的新興宗教團體和養生、氣功團體，進行全面性的普查，完成四十八個新興宗教團體在臺灣發展的調查，大部分都是瞿海源親自調查訪問。在這個計畫下，完成了〈新的外來宗教〉（瞿海源 2001）、〈臺灣外來新興宗教發展的比較〉（瞿海源、章英華 2001）、和〈臺灣的新興宗教〉（瞿海源 2002）三篇長文，並合併利用 1999 年臺灣社會變遷基本調查資料和幾個重要的新興宗教團體信徒的調查問卷資料，完成另一篇長文〈臺灣新興宗教信徒之態度與行為特徵〉。

〈新的外來宗教〉簡介十二個傳入臺灣的日本系宗教，五個印度系宗教、一個來自美國的宗教和一個來自法國的宗教，介紹這些宗教的源起、在臺灣發展、以及重要的教義。該文並指出，以宗教團體數而論，日本系新宗教傳來臺灣遠遠超過世界其他地區的，而在所有外來的新宗教當中，日系新宗教也擁有最多的信徒。〈臺灣外來新興宗教發展的比較〉也介紹十幾個新興宗教團體，但有比較多的分析，指出 1987 年的解嚴對於大部分外來的新宗教影響很小。這些新興宗教大部分在戒嚴時期就傳入臺灣，雖然有少數宗教受到迫害，但並不嚴重，甚至對宗教本身的發展沒有什麼明顯的負面作用。就教義而言，也發現教義和臺灣民眾的親近性是重要的影響宗教傳布的因素。

〈臺灣新興宗教信徒之態度與行為特徵〉是一篇很重要的論文。臺灣社會變遷基本調查原本就有一些關於神、靈魂、氣、緣分、祖先崇拜等觀念的題目，以及練氣、持咒、打坐、誦經等宗教行為和各種巫術術數行為有關的題目，1999 年的調查，加入了有關磁場、能量、特異功能、科學和宗教之關係等，同時在幾個新興宗教團體的協助下進行問卷施測，獲得為數不少的問卷調查資料。1999 年臺灣社會變遷基本調查也正式把「不確定感」的測量，分成個人不確定感和結構不確定感兩個層面，把不確定感的理論性概念融入問卷調查裡進行驗證。瞿海源並運用因素分析等統計分析方法，比較新興宗教信徒和一般民眾的差別，結論是不確定感與苦樂無常和個人是否參與新興宗教有顯著的關係，大體證實了原先提出的假設。

（八）志書撰寫

社會學家極少有機會參與志書的撰寫，1985 年瞿海源參與《重修臺灣省通志住民志宗教篇》的撰寫，針對臺灣當時已有的宗教團體，透過問卷調查、收集各宗教團體的出版品等方法，新增了四十萬字內容。這項工作除了凸顯社會學家參與修志，強化志書的學術性和學術依據，突破過去只以紀錄為主的志書書寫方式外，另外，在審查過程中，審查者以志書為官方性質，不應記錄一貫道這樣的「非法宗教」，瞿海源認為志書應以紀錄當代現存的宗教為原則，並認為政府認定一貫道為「非法宗教」並沒有任何法律依據為由，堅持保留一貫道的部分。

三、瞿海源的相關研究方法學解說

由於瞿海源在碩士階段接受心理學訓練，因此量化研究方法是其擅長，而量化研究在當時社會科學界仍屬最新的研究方法。進入中央研究院民族學研究所任職之後，由於和人類學家共同從事區域研究，瞿海源很快地吸收並使用了田野調查，包括參與觀察、深度訪談和各種檔案文獻的分析，也就是目前所說的質性研究方法（質的研究方法）。其後臺灣社會變遷基本調查的推動，使得量化研究式的宗教社會學研究有了更堅實的基礎。而「宗教法研究」和「重修臺灣省通志住民志宗教篇」則讓瞿海源接受歷史研究法，尤其是「宗教法研究」，追溯到民國初年北洋政府和後來國民政府有關宗教的各種法規，以及 1949 年之後歷次宗教立法過程，是一部完整的中華民國宗教立法史。

「宗教法研究」不但是歷史研究，也促使瞿海源進入法律研究的階段。從各國憲法相關條文的比較，各國政教關係歷史的探討，到政教分離真正意涵的釐清，開創了臺灣的宗教法制的研究。而「宗教教育的國際比較」則不但進行實際的跨國比較，並且同時運用八種研究方法，是臺灣針對宗教教育目前最完整的政策評估研究。

總的來說，瞿海源不但著作範圍廣泛，而且研究方法多樣，並不限於使用一種研究方法。由於瞿海源在研究範圍和研究方法上的多樣取向，臺灣宗教社會學的年輕一輩學者，幾乎也都擅長量化、質性和歷史研究各式研究方法。

四、瞿海源的研究取向概述

總體觀察瞿海源四十年來的宗教社會學研究，就其研究取向來說，具有以下特色：

（一）掌握臺灣社會脈動

長期而言是有關臺灣宗教變遷的研究，早期研究基督教與天主教，緣於 1960 年代基督教經歷快速成長之後陷於停滯的現象。隨著臺灣經濟發展，民間信仰出現成長，但也呈現一些負面現象，乃引起瞿海源研究興趣。解嚴前後的政教關係，是臺灣此後宗教政策發展的關鍵，瞿海源以自由主義者之立場，不但以學者論政參與臺灣民主化運動，也投入政教關係和宗教法制研究，並實際介入一貫道和新約教會與政府的協商，確立此後政府施政的宗教自由觀念。隨著歐美新興宗教議題的重要性提升，瞿海源也開始注意新興宗教研究，更早於臺灣爆發新興宗教爭議事件之前。

（二）和國外思潮同步

宗教研究之初即著手於臺灣整體宗教變遷趨勢之探討，以及外在政治經濟社會環境對宗教發展之影響。在探討宗教變遷的個人內在因素時，同時也注意到宗教對個人及外在社會的影響，如個人的法制觀念、家庭觀念等，這一點可說和國外的趨勢是一致的。早期受國外理論的影響，如船貨運動理論、研究教會聚會所採用復振運動理論，還帶有社會心理學的影子，後期則試圖建立自己的理論，同時還不時尋找西方理論靈感，如 Adorno 的「似有知半無知」的「半教養人」理論，就曾多次被討論。

（三）建構理論的企圖心

在一開始研究臺灣宗教之初，瞿海源便積極掌握國外理論狀況。最初介紹船貨運動概念，也曾使用著名宗教社會學家 Wuthnow 的世界次序概念，接著又使用 Adorno 著名的權威性人格理論。1990 年代逐漸發展出自己的「不確定性」概念，並且用臺灣社會變遷基本調查資料加以驗證，逐漸確立臺灣宗教變遷的總體架構。

（四）具有批判性

除了對於民間信仰的本質和發展提出批判之外，主要是在政教關係研究方面。宗教社會學是對宗教現象最能夠提出建言的學門，由於瞿海源的宗教社會學研究掌握宗教變遷的脈動，同時也從事政策研究，而在臺灣解嚴前後、民主化的關鍵時刻，瞿海源已經累積相當的宗教社會學研究，同時又投入相關現象的研究，促成臺灣宗教政策往自由化、民主化的方向發展。除了透過學術論文和時論性文章影響政策之外，即便在接受政府委託研究時，瞿海源也絕不幫政府單位背書，並對政府政策提出批判。

五、瞿海源對臺灣社會和學界的主要貢獻概述

（一）對臺灣社會的貢獻

瞿海源深受殷海光、楊國樞的自由派學者影響，以自由主義思想評論時政，投入臺灣民主化運動，提倡宗教自由和政教分離觀念，確立臺灣的宗教政策走向。其宗教研究從不幫政府背書，即便接受政府委託研究，也具有高度的批判性。「宗教法研究」如此，《重修臺灣省通志人民志宗教篇》的撰寫如此，「宗教教育」的研究更是如此。

（二）對臺灣學術貢獻

除了以上所述，瞿海源對臺灣宗教社會學的貢獻還有以下兩項：

1. 建立宗教社會學的學術傳承：目前臺灣宗教社會學的年輕一輩學者，不是瞿氏指導過論文的學生，就是與其有合作關係者。前者如郭文般、林本炫、陳家倫，後者如趙星光、陳杏枝、丁仁傑。這些學者目前也都繼續探討臺灣宗教變遷的個人內在因素和政治經濟社會因素。

2. 推動「臺灣社會變遷基本調查」：長達三十年的「臺灣社會變遷基本調查」，每一週期都有宗教主題，確立宗教變遷研究的長期資料。不只瞿氏本人，包括其他學者在內，不少宗教社會學的重要研究都以臺灣社會變遷基本調查宗教文化組資料撰寫而成。

附錄：瞿海源的主要著作（僅列出專書）

專書、論文集

瞿海源

2006　《宗教、術數與社會變遷（一）——臺灣宗教研究、術數行為研究、新興宗教研究》，臺北：桂冠圖書公司。

2006　《宗教、術數與社會變遷（二）——基督教研究、政教關係》，臺北：桂冠圖書公司。

2002　《宗教與社會》，臺北市：時報文化。

1997　《臺灣宗教變遷的社會政治分析》，臺北市：桂冠圖書公司。

1992　《重修臺灣省通志人民誌宗教篇》，南投：臺灣省文獻委員會。

第三十章　余德慧的宗教療癒之旅：從「人文臨床」到「憂鬱轉向」的迂迴獨行*

余安邦
中央研究院民族學研究所退休副研究員

本章大意

本文介紹了余德慧在臺灣人文社會學科領域的影響，特別從宗教療癒作為其長期的學術關懷開始，深入探討受苦與療癒的主題，並嘗試在其中探究根本之道。作者細膩的分析余德慧幾個思想轉變的關鍵時期，不論是其在學術上的關注，或在臨床上的關懷，以及當中牽涉對宗教信仰的思索所延伸出的生死議題的探討；余德慧皆嘗試連結學術思考及臨床觀察，並進一步帶進宗教研究的田野當中。從他對於宗教療癒這個課題的思考，並帶入其田野觀察與自身經驗的回應，為臺灣在宗教療癒領域帶來悠遠且深富啟發的影響。

* 本文乃大幅增修自初稿。該初稿以〈晚期風格的「憂鬱轉向」，或者其他……余德慧的宗教療癒之旅〉為名，已出版於《應用倫理評論》，73 期，頁 1-28，2022 年 10 月。中壢：國立中央大學哲學研究所應用倫理研究中心。

一、你將以斜體開顯自身

一個感到自己被遺棄的人拿起一本書閱讀，
猛然發現他要翻看的那一頁已經被人剪掉。
於是，
一種痛楚的感覺油然而生：
就連那一頁也不再需要他了。

——本雅明：《單行道》[1]

不在場的在場，是最大的在場。其實，你從未曾離開過。

與余德慧相遇，也就是與「自己」相遇；以一種原始的凝視，近乎天真地觀看，或者遐思。

一次相遇，正是一條自我朝聖之旅，同時也是自我分裂的起點；沒有終點，也沒有目標。在面對自身，在心生震動時，所做的恰似一個趨近。趨近一個謎。

這個謎，有時令人迷惘，有時，又些許熟悉，卻是道不清，說不明。他還存在嗎？且將如何存在？（在一一叩問老子，莊子，尼采，佛洛伊德，海德格爾……之後，我依然不得其門而入！）

余德慧（1951.1.10-2012.9.7），臺灣省屏東縣潮州鎮人，臺灣省立潮州中學畢業，國立臺灣大學心理學學士、碩士、博士（臨床心理學），博士論文由柯永河與楊國樞兩位教授共同指導。

余德慧曾任國立臺灣大學心理學系副教授、國立東華大學族群關係與文化研究所（現更名為族群關係與文化學系）教授、國立東華大學諮商與輔導學系（現更名為諮商與臨床心理學系）創系主任、慈濟大學宗教與文化研究

[1] 引自瓦爾特・本雅明著：《單行道》，王涌譯，頁48。南京：譯林出版社，2012。

所（現更名為宗教與人文研究所）教授。主要教學科目：民俗與宗教、宗教與文化、本土心理學、文化心理學、文化諮商、宗教經驗、宗教療癒等課程。

余德慧才情出眾，學通古今，曾任臺灣第一本人文心理雜誌《張老師月刊》總編輯；擔任總編輯期間，他開創新穎的本土心理學研究領域，多次榮獲行政院新聞局頒發的雜誌類金鼎獎。他在《張老師月刊》撰寫的刊頭文章，至今予人深刻印象，其優美文學作品《生命夢屋》、《情話色語》、《觀山觀雲觀生死》、《生命宛若幽靜長河》、《生命史學》、《生死無盡》等均由此結集成書。同時，他也擔任張老師出版社總顧問，暢銷書《前世今生》、《西藏生死書》即是在他策畫下完成的。

1983年，余德慧獲得心理學博士後，積極從事於臨床心理學研究及教學，並逐漸體悟到人的生活世界和社會、文化、經濟、政治等息息相關，於是他萌生念頭，毅然邁出研究室，走入人群；他並將這份對人群的關懷，對文化教育的熱情，實踐在【張老師月刊】這本雜誌上，並策畫【中國人的心理系列叢書】。

1987 年，余德慧赴美國加州大學柏克萊分校進行博士後研究，埋首於醫療人類學，同時也浸淫在詮釋現象心理學、宗教與臨終照顧等研究領域。

1989 年自美返國後，余德慧已清楚看出：強調靈性生命的心靈學是未來的趨勢，這門學問將引領人類了然人生的終極關懷，教導人如何建立一個真誠的生活。1992 年，他與恩師楊國樞教授在臺大心理學系開設了國內第一門「生死學」課程，且深受學生喜愛，每一堂課幾乎都大爆滿。

1997 年起，余德慧在花蓮慈濟醫院心蓮病房擔任志工，開始接觸臨終病人，親身參與，體證生死。

2000 年成立的心靈工坊文化公司，余德慧是主要催生者之一，他並擔任諮詢顧問召集人，將身心靈整體療癒的觀念帶進文化出版界，引進生病心理學的《病床邊的溫柔》、省思醫療倫理的《醫院裡的哲學家》與《醫院裡的危機時刻》、探究生命終極關懷的《道德的重量：不安年代中的希望與救贖》，以及他最珍愛的靈性療癒經典《好走：臨終時刻的心靈轉化》等前衛好書。此外，他在生死學與臨終照護、宗教療癒的創作也非常豐富，譬如：《詮釋現象心理學》、《生死學十四講》、《臺灣巫宗教的心靈療遇》、《臨終心理與陪伴研究》等，均是他中晚期的重要著作。2014 年 9 月，余德慧過世兩周年後，幾位學生幫忙整理出版了他的課堂講義及口述資料為《宗教療癒與身體人文空間》、《宗教療癒與生命超越經驗》與《生命轉化的技藝學》等三本書，以及由其序文和散論所集結的《生命詩情》一書。

2009～2012 年，在生命晚期，余德慧邀集國內人文社會領域之學者及臨床實務工作者，於慈濟大學創立了「人文臨床與療癒研究室」，以「人文臨床學」的理念，結合人文社會學科與受苦現場，以探究其人文深度。與此同時，並與輔仁大學「哲學諮商」教研團隊，日本大阪大學「臨床哲學」研究室，以及韓國江原大學「人文治療」計畫，建立了異業聯盟，以推進東亞人文臨床與倫理療癒的社會實踐。

余德慧是臺灣心理學界的另類份子。他像個素樸的偵探，喜歡在日常生活當中尋找疑點，在人生圓滿之處捕捉隙縫。他主張把人「逼到底線」。他曾說：「人生就是一場『破局』，要把這個破局當成站立點；人要懂得『下身落命』，把自己放到最低點；要『為失敗而活』，在崩毀感中過日子。」他認為生命原本就是在喜樂／愁苦、高峰／低谷、重生／死亡之間「進」與「出」，而生死大事就是終極的「進」與「出」。

誠如余德慧在〈望穿生命秋水〉這篇短文中所言：「於是，海德格在《存在與時間》的鉅著裡提到，人有兩種基本的存在樣態：一是『沒有死亡意識』的世界，那是一種以俗世價值的『物』做為人生存的目標；當我們迷戀在功名成就時，功名成就的價值不容許我們去思考死亡。因此，在這樣的世界哩，死亡要被排除在意識之外，假裝它不存在，或者獨斷地主張『一死百了』的便宜話頭。生活在這般世界的人，往往必須以競爭的心虛張聲勢，活在不能太真誠的生活。」「另一個世界叫做『靈犀意識』，在這個意識世界裡，人們知道肉身的脆弱，但是在精神上，你必須用心地去承擔活著的責任；人會變得靈犀，乃是理解到『死亡』的存在，使自己必須很真誠去過很貼近自己的生活。」[2]

余德慧深信：死亡不是悲劇，而是一種恩寵。

二、人文臨床學做為思考運動的標竿

有些人直行，
另一些人喜歡繞圈子，
並期待回到他們父輩的房子，
回到最初的愛。
但是我行走——很不幸，如此固執，
不照路前行也不繞圈子，而是
朝向虛無和你永遠想不到的地方，
如一輛出軌的火車。

——阿赫瑪托娃：〈有些人直行〉[3]

「余德慧思想做為一種事件，可說是臺灣人文社會領域的重要現象。過往，余德慧學術上的在地迂迴、遠交近攻的渾成策略，彷彿留下非主流的意象。但非主流、邊緣、餘外、域外、另類、異數，實都不足以反映余德慧遺留的學術人文風景與深度實踐義理。」[4]

---

[2] 刊於余德慧著：《生命夢屋》，頁46-47。臺北：張老師文化公司，2010。

[3] 刊於安娜・阿赫瑪托娃著：《沒有英雄的敘事詩：阿赫瑪托娃詩選》，王家新譯，頁84，廣州：花城出版社，2018。

[4] 林耀盛在臺灣心理學會第52屆年會暨學術討論會上，於所籌畫的「余德慧教授紀念學術論壇」

從「人文臨床學」來觀照余德慧的宗教療癒之旅，實有絕對的學術的必要性。[5]在此，「臨床」的意義是指「到苦難之處」，「人文臨床」指的是將諸種人文社會學科廣泛地成為受苦之處的中介，亦即，無論是藝術、哲學、文學、歷史學、人類學、心理學或宗教學等看似與正規臨床無關的領域，都有其對受苦生命產生悟性的啟發。應用人文素養於受苦者的現場，緩解各種受苦的折磨，增進「療癒」（healing）或療遇（healing encounter）的可能性。此處有兩個關鍵詞：（1）受苦（suffering）的範圍：從人文學領域來界定「受苦」，不僅在於生理疼痛，各種精神的、心靈的困厄亦屬之，乃至於社會苦痛（social suffering），如被歧視、被霸凌、文化弱勢、遭遇坎坷、橫遭劫難等皆是。（2）療癒或療遇：人們相遇就有可能觸發關懷，進而療傷止痛的過程就有可能發生，故曰：「遇而療之」。

進而言之，人文臨床的「共同概念」，首先在於對「受苦現場」之驅動裝置的性能予以更多的關注。「受苦現場」本身即是力量流動、轉移、變化的驅動裝置。受苦現場給出的知識條件與行動的充分性，將人文學的真實力量場匯集在一起，而且這力量場所發動的，不再是過早被符碼化的抽象概念，既非「模型」亦非「因果關係」，而是現場諸力量的變化生成。

由於對疾病或苦痛的認識與療癒策略的發展是鑲崁於受苦現場，因此這也必然是本土化的。「人文臨床學」乃著力於以「在地情懷」（ethos）到「倫理行動」（ethical act）的路線，發展本土心理照顧與宗教療癒的知識與技術。這樣的發展有別於目前精神醫療機構所主導的、處理緊急精神狀態所採用的由常態（normative）、偏態（deviant）、到醫治（cure）的知識論述與行動。這樣的方向也是指向以常民生活為文化療癒場域，探究其中的療癒形式，並據以發展具普遍性意義之學術價值深度，以及契合於在地社會的操作技術。

的講話。臺北：國立政治大學，2013 年 10 月 20 日。

5 余德慧、余安邦、李維倫：〈人文臨床學的探究〉，《哲學與文化》，37 卷 1 期，頁 63-84，2010。

換句話說，如此的理路與做法不但是將人文學還回生活場域的現場，也將心理學接引到人性處境的根源處，為本土臨床心理學的發展重新安置於一個不同於科學實證性的基礎之上。

實則，余德慧的宗教療癒根本之道，乃試圖回歸人文意識傳統，而人文意識最珍貴的資產恰好是對人類處境賦予精神的再生產，也就是虛構的力量。精神生產與虛構之間的交織正是人文學科的本業，倘若在知識政治的宰制之下繼續其區域化、領域化，對人類將是個悲劇，而補救之道乃在於人文學科應改變其領域化的固著作用，反而宜以諸種細分子滲透方式進入世界，但既非庸俗化，亦非普羅化，而是臨床化，這是另一條逃離知識政治的逃逸線，也是本身「去領域化」的法門；從而，關於宗教經驗或宗教療癒之研究亦應秉持如此之態度、立場與視野。

要言之，人文學科「臨床化」的旨趣是：使得自身被拋擲於不可期待的現場，以及無法從自身去推衍他者的真實處境，獲得自身的揭露。因此，我們所稱的「人文臨床」（動詞）就是試圖將人文學科的自我遞迴打破，賦予人文學科一種手足無措的失神狀態，從而在人類的臨床現場，例如疾病、苦難、災害、精神失序等受苦處境裡獲得人文的發展，並結成人文現場的援助網絡。在臨床現場，一方面讓人文學科突破自身的慣性，開始去傾聽受苦的聲音，獲得自身全新的反省；另一方面透過新的反省，人文學科進而自我轉化，滲透、沉浸於受苦處境，凝練出更深刻的人文知識。

總之，「人文臨床學」基本上是回返到各學科之根源，觀照無所不在之臨床大地的倫理行動，在認識論層次乃採取多元複合學科的對話與實作，其乃堪稱「後現代」學術舞台的試煉現場。余德慧認為，倫理受苦的療癒在於揭露「臨在倫理」（ethical acts in presence）的深度，使得倫理性的情感本身不被宿緣結構（即原本的人情倫理形式）所擄。[6]同時，余德慧對於本土臨床

[6] 同註4。

心理學的視野與貢獻，乃直面「受苦倫理」的根本之處；尤其在宗教療癒的推展上逐漸轉向生活之「非」處的情感性與感受性宗教經驗，也逐漸脫離了詮釋現象學的道路。這正呼應余德慧、余安邦及李維倫，以及林耀盛所指出的：人文臨床最富啟發之處即在「神聖的恢復」。神聖，乃生活中不知不明、奧祕不測的部分。例如災難即不測、即奧祕，且自有其神聖的一面。又如原住民社會生活中隱然有其神聖性，且在人與自然之間存在著真摯地本真性的關係。[7]

三、自西田哲學揚帆起航的宗教凝視

有些人凝視溫柔的臉龐，
另一些人一直喝到天亮時分，
而我整夜裡與我自己的良知
爭辯，她總是對的。

我對她說：「你知道我多累，
我忍受你的重負，已這麼多年。」
但是對她，沒有這樣的時間，
對她，空間也不存在。

——阿赫瑪托娃：〈有些人凝視溫柔的臉龐〉[8]

---

[7] 同註 5，頁 67。亦見於林耀盛：〈行深：「臨床」「臨終」「治癒」和「療遇」交錯的人文徵候及其超越〉，《本土心理學研究》，46 期，195-237，2016。亦刊於余安邦主編：《人文臨床與倫理療癒》，頁 3-32，2017，臺北：五南圖書公司。

[8] 刊於安娜・阿赫瑪托娃著：《沒有英雄的敘事詩：阿赫瑪托娃詩選》，王家新譯，頁 72，廣州：

「人文臨床學」做為余德慧宗教療癒之旅的「前理解」，或可牽引、連結自2012年9月余德慧逝世後，帶著無限哀思之情的林耀盛的絮語殘篇：「余老師曾對我說，他對自己的認同還是臨床心理學家，但他認為『臨床』應該是在生活現場，是無條件的臨在，而不是自我設限於偏見框架，(他)並『以身示教』現場臨床的耕耘。」甚且，「或許，宗教（靈性）、心理（文化）、治療（臨床）和療癒（療遇），某個程度上反映出老師生前重視的『關鍵詞』。」[9] 藉此，略可瞭解宗教（靈性）與療癒（療遇）在余德慧學術思想史中的地位與份量。不過，從思想的根源性來說，無論如何，我們必須回溯到當年余德慧與其恩師鄭發育教授（京都帝國大學哲學博士），共同譯述的當代日本京都學派哲學創始者西田幾多郎的《善的研究》一書來理解。

根據西田幾多郎的觀點，「經驗是在事實原樣中來認知的意思。完全拋棄自己的加工，跟隨著事實來認知。」[10]「故純粹經驗即是直覺經驗，也就是在經驗意識狀態時，尚未有主客分立之念，知識與對象完全合一，此為經驗最純之處。」[11]換言之，一般所說的「經驗」，其實是帶有個人的思想、好惡、價值與思惟判斷；但他所謂的做為動詞的「經驗」，顯然蘊含現象學的義理，意味著拋棄自我的主觀意識，甚至偏見，按照事實、從事實本身去覺知之意；而「純粹」則意謂著「絲毫沒有添加任何的思慮分別，是真正的經驗的原樣的狀態。」[12]可見，「純粹經驗」可以理解為一種「意識經驗」，更

花城出版社，2018。

[9] 林耀盛：行深：從「臨床」到「臨終」——從 Cure 到 Care，追思以巫入詩的人文精神實踐。刊於國立臺灣大學心理學系，本土心理學研究與教學推動委員會主辦，「余德慧教授紀念學術研討會：在地的迂迴，遠去的歸來」文集，頁 148。國立臺灣大學心理學系，2012.12.08。研討會召集人：黃光國、朱瑞玲、余安邦、林耀盛。

[10] 引自黃文宏：〈譯注導讀〉，西田幾多郎著：《善的研究》，頁 1。新竹：國立清華大學出版社，2019。

[11] 西田幾多郎著：《善的純粹經驗》，第一篇〈純粹經驗〉，鄭發育、余德慧譯述，頁 1。臺北：臺灣商務印書館，1984。

[12] 同註 10，頁 3。

是一種「真理體驗」，它是先於真妄之別、知行之別。此處，需要特別指出來的是黃文宏的觀點，他說：「但是當西田這樣說的時候，他並不是將思慮分別或判斷的經驗排除在純粹經驗之外，毋寧要表示的是，超對立的純粹經驗才是經驗的真正的意義所在，對立並不外在於超對立，而是被包攝於超對立之中為其構成的要素。」[13]

鄭發育與余德慧（1984）將其共同譯述的西田幾多郎的《善的研究》，另以《善的純粹經驗》為名出版，確有幾番道理存在。在譯序中，他們開宗明義地指出：「西田的精華思想在於『純粹經驗』。任何主客觀的分立，都只是暫時間意識分化發展的結果。在意識的根本之處，乃是『物我合一』的統一意識，以主客均統攝在『現在』的意識當中」。「根據這個原理，西田將之應用於『善』的分析——善是個人統一意識的過程，行為本身即是善。惡的產生，乃是統一意識中必須存在的對立意識之故。」「經過推演，宗教的神即成個人統一意識的全體，自我實現的本質，『愛』則含攝其間。」[14]據此，可見「純粹經驗」在西田思想中的關鍵地位，以及「善」、「惡」、「知」與「愛」，特別是「宗教」的本質性意涵，在統一意識中的樞紐位置與辯證關係。

西田認為，宗教不能離開自我的性命而存在，它是生命本身的要求；宗教是人的目的本身，不能做為獲取任何東西、滿足任何需求的手段。但人為何會產生對宗教的欲望呢？西田主張：「對宗教的欲望是對自我的欲望，是對自我生命的欲望，隨著覺知，我們的自我是相對的、有限的，而求絕對的、無限的力量，求取永恆的生命。……若僅相信自我之念，不能說是真正的宗教心。」[15]真正的宗教的要求是人心最深、最大的要求，一種自我轉變的要求，生命的革新；它超越了肉體的及心理的要求；這種要求不是在求取個人

---

[13] 同註 10，頁 3。

[14] 鄭發育、余德慧：〈譯序〉。刊於西田幾多郎原著，《善的純粹經驗》，鄭發育、余德慧譯述，頁 1-2。臺灣商務印書館，1984。

[15] 同註 11，頁 147。

的心安，也不是在籌謀人的福祉，因為心安與福祉不過是宗教信仰的、世俗的結果；而這些事情的完成，必須透過絕對的自我否定。進一步來說，宗教的要求是意識統一的要求，同時，那也是宇宙合一的要求，但那不是知識上、意志上要求主客合一的意識的統一，因為那只是片面的統一。宗教是在這些片面的統一背面求取最大的統一，是「知意未分」之前的統一。尤有進者，西田關於意識的統一，一方面係指個人內在意識間的統一，另一方面則指人之所有與宇宙合一的意識的統一。

關於宗教的本質，西田指出，神與人是同一性質，而人唯在神之中方能歸於其本體。宗教即是神與人的關係，宇宙是神的表現形式，而神是宇宙的根本、宇宙的統一體，也是實在的根柢；人則是指個人的意識、個人的精神而言；神既是宇宙的根本，同時也是自我的根本。不過，我們皈依神，一方面是失去自我，另一方面則是獲得自我。在此，西田的本意是「在神中找出真正的自我」，[16]但西田並未有看重、凸顯自我之念，而認為必須「放棄自我反而是崇敬神的緣由」。[17]「如此，最深的宗教乃是建立於神人合一之上，宗教的真義乃是獲得神人合一的意義，即在我們的意識根柢裡，破壞自我意識而作用，堂堂進入宇宙精神的殿堂。」[18]由此可見，西田排除了一般意義下、或現代心理學意義下「自我」的優先性；在神人關係的宗教義理中，他指明自我意識的破壞作用，而應予以忽視，甚至泯除。不過，西田並非否認「自我」的存在，而認為「自我」是一個不斷變化生成的動態過程；「在自我連續的過程中，沒有主客之別，而（主客）對立乃是由反省產生。」[19]「自我絕不在意識統一作用之外；統一發生變化，自我也隨之變化。」[20]固著於「小

[16] 同註 11，頁 152。

[17] 同註 11，頁 152。

[18] 同註 11，頁 154。

[19] 同註 11，頁 158。

[20] 同註 11，頁 160。

自我」意識即是「執迷」，唯有破除自我的小意識方能感覺大的精神存在，與神合一。

必須說明的是，西田哲學思想中的基本觀念，特別是「純粹經驗」、「智性直觀／智的直覺」、「實在論」、自我觀及宗教觀等等，尤其是神與人的關係；特別是「絕對無」、「場所論」，以及西田關於意識的統一與自我的關係，皆深刻影響後來余德慧的宗教療癒與宗教經驗的本體論與認識論思想。

例如，在討論西田的「場所論」與宗教療癒的關係時，余德慧以自身的理解指出：西田所謂的「場所」，即是「任何的存在」，一個人對於自身存在的認識必須仰賴「我的場所」，「場所」就是「框架」，也是個人之存在所依靠的地方；「框架」裡頭有我個人的生命史、和發生在我身上種種的事情與經驗，因此，「場所」或「框架」是由體驗所創生的，它不是用我們的認知來認識的，而是由我們的身體存在經驗來認識的，它主宰著我認識自身之存在與認識世界的方式。余德慧認為：一個人之所以沒有宗教經驗，起因於他的「場所」或「框架」沒有發生過改變；一般宗教人所說的「框架」的改變，係指「我」變成「你」，而這個「你」非指一般意義上「你這個人」，而是指「我」成為「我自己內在、我所不知道的東西。」[21]余德慧曾以西田的「場所論」來討論宗教療癒的多元層次，認為：在我的場所之外還有世界的場所，一直到無範圍、無邊界的場所；我們的存在即是依自身的「場所」而建，我們所認識的存在其實是由「場所」所開顯的；宗教人乃依靠著大小不同、性質各異的「場所」而建立起他的療癒觀念。[22]

在這個意義上來說，「療癒」之所在即是「場所」之所在，任何存在者所能認識的區域，一定存在著比這個「能識」區域還廣大的所在，而終極的「場所」即是西田所謂的「絕對無」；一個人所能開闊的「框架」愈大、「視

---

[21] 參考余德慧著：《宗教療癒與身體人文空間》，頁66-67。臺北：心靈工坊，2014。

[22] 同註21，頁87。

域」愈遠，他所能釋放或解放的力量也就愈強、愈大。余德慧繼而從「療癒」延伸到「修行」的討論，指出：對不同程度之一般者來說，「修行」的界域就在「能識」與「非識」之間，在「自我」與「非我」之間，在「實在」與「非實在」之間。換言之，就修行實踐的層面，其乃發生在個人此時此刻「能識」與「非識」之間；「亦即，他要能從可見的影像、思維轉化到不可見的心理事實。這並非憑藉想像即可，必須有非常真實的杆桿支點來發生作用，亦即在現場彈撥不在現場的心理事實，使那（殘）缺者充滿渴求、被召喚感，這裡我們必須引介不在場的『場所』的重要性，這他處的『場所』是在不可見處貼附在可見的物質，而使這貼附成為可能的正是心智的某種翻轉作用，例如，能夠痛下懺悔的關鍵在於將某種熟悉的自我感加以翻轉。」[23]余德慧認為：從宗教療癒史的角度來說，個人某種程度的翻轉是確定且必要的，而翻轉令人迷惑的機制乃發生在「心理事實」的質變；「心理事實」是性質變化而綿延的連續體，這些異質多樣的變化相互融合、滲透，彼此之間也沒有分明的界線；「心理事實」是連續的異質之間的不斷地調和與攪動的內在感覺；這種內在性的翻轉（轉向）取消了空間，只有時間的流動，故我們無法以語言的意義來捕捉；「內在性翻轉」彷若柏格森所謂的「意識的直接材料」般，自發性的多樣性流暢，一般宗教人稱呼這種狀態為「解脫之道」、「大自由」，或柏格森所謂的「自由」。[24]

進一步來說，余德慧所謂的「修行療癒觀」和「內在性翻轉」與西田幾多郎的「純粹經驗」和「場所論」實有緊密而合拍的關聯性。余德慧將各宗教教門的修行論述、法門予以擱置，存而不論，並提出非教門修行的可能性，認為「修行」實與人類的意識發展息息相關，一路相陪；他並指出「修行療癒」的本質性範疇及其內涵，強調「『身體性空間』作為療癒的處所，而諸

---

[23] 余德慧「宗教療癒」上課材料，第二講：心理事實與精神生產 II，頁 1。2009.03.02，花蓮：慈濟大學宗教與人文研究所。

[24] 同註 23，頁 1-2。

修行法門則屬操作平臺，將實相的外處性轉向虛相的內在幻念生成，修行者以遊於幻抵達其內在性的質變。這個進路有效消除實相修行與虛相修行的背反問題。」[25]「……（他）將宗教的本質還原為『轉向內在性的運動』，而療癒則視為內在性的風光，透過內在性的第二層身體性，使得修行的操作平臺可以直下身體空間，直接在身體性空間的幻化生成，而非被肉體及外處入的感官所霸佔，而受制於兩者的擺布。」[26]

凡此正相當程度地呼應著黃文宏對於西田思想的精闢見解與分析：「純粹經驗之為純粹經驗的地方，並不在注意點的推移、也不在時間的長短、內容的變化，而只在知覺必須保持嚴密的統一，也就是說，這個連續作動的知覺體系不能受到中斷。例如在攀岩者或藝術家無我地行為的時候，他的作動是連續的、沒有受到意識的自我的中斷。因而純粹經驗的作動必須是無我的或「無意識」的作動，『意識的自我』的出現反而是這個知覺連續的中斷。」[27]甚且，關涉「純粹經驗」的超對立的知的獲得，亦即「真知」，它超越了知識的、意志的，甚至精神的統一意識。「所謂純粹經驗，不僅是指知覺的意識，還包括反省意識背後的統一。」[28]誠如黃文宏所說：「在筆者看來，即使在西田哲學，這種超對立的知的獲得，並不局限於湯淺泰雄所說的「內向的實踐（反求諸己）」。就這一點來說，洪耀勳反而更能夠把握「超對立」的意義。簡單地說，它牽涉到對實存（Existenz）的「脫自（離自）」（Ex-sistere, ex-sistere）的理解，也就是說，實存必然離開自身而站立於（內存於）一個已然領會的世界。」[29]

---

[25] 刊於余德慧：〈修行療癒的迷思及其進路〉，《慈濟大學人文社會科學學刊》，11 期，頁 86，2011。

[26] 同註 25，頁 106。

[27] 同註 10，頁 5。

[28] 同註 11，頁 162。

[29] 同註 10，頁 3 中之註 7。

顯然地，西田此等觀點與余德慧之非教門修行論述，尤其是與余德慧所強調的內在性的翻轉（轉向）的義理有著相輔相成、一貫會通、含攝滋養的內在邏輯。誠如余德慧創造性的洞見，明白指出：「內在性運動被視為非意向、非意識的運動。這運動所接應的並非外處入的感官刺激，而是必須先加以轉化，這是修行的第一層轉化，例如肉耳的聽必須被轉化為諦聽者（deep listener），肉眼的看見必須被轉化為凝視（the gaze），肢體的舞動必須被幻化為動態之輪（dynamic wheel），亦即，必須去感觸那不可感觸的。（修行的）第二層轉化則在於內入處的幻化生成。身體空間被第一層轉化的內入處所充滿，而進行幻化生成。幻化生成有兩個機序，一條是循著幻化的正面產生的各種風光，如流溢、狂喜、深靜、入迷等，（另）一條是循著缺口的無端端生成，幻裡取物，或將自己無端端獻出（如惻隱）。」[30]總地來說，余德慧主張：宗教修行之標的是出離論（Ex-cedence），「出離論不將修行的成果標定在內在性的幻化生成（境界論），而是含括幻化生成的出離存有的習性，……將存有的現實感虛幻掉，將內在性的風光深邃地展開。……幻化生成是身體空間的主要作用。療癒的發生就是將肉體引渡到身體空間，讓身體空間的幻化生成主宰精神的作用。……這些幻化生成都在行者凝神的周邊與散漫核心之間的交換迴盪。」[31]

可見，西田的哲學思想對於余德慧以詮釋現象學取徑，強調回到事物自身，回歸人文身體空間、身體性的幻化生成及內向性轉向運動，不經過心智的過渡的「不經心」、「無居心」的現象學療癒心理學理念，[32]以及「反主體意識」、「反認知主體」或「反意識自我」的宗教療癒思想等等，皆起著顯著

30　同註 25，頁 106。

31　同註 25，頁 107。亦參考余德慧著：《宗教療癒與身體人文空間》，第十三講〈出離作為宗教療癒的基礎〉。臺北：心靈工坊文化公司，2014，頁 373-399。

32　參見余德慧：〈不經心的現象學療癒心理學〉，余德慧教授退休演講稿，2006 年 6 月 24 日，國立東華大學。該退休茶會由余德慧的學友、學生們共同發起、籌畫及執行，包括余安邦、林耀盛、蔡怡佳、龔卓軍、李維倫、林徐達等人。

的關鍵性作用與影響。因此，在我看來，余德慧豐富而深邃的宗教療癒之旅，其實與西田的思想是遙相呼應、形影不離的。也就是說，在余德慧之生命的最深處，所遭遇到的即是宗教的問題，而宗教療癒之旅即是他的生命之旅主軸；這也正是西田「智性直觀／智的直覺」所要表達的「真正的自我」的問題；「真正的自我」是對最深層的生命的把握，而最深層的生命並不止於個人的生命或人類共同體的生命而已。即便 1988 年，余德慧甫自美國加州大學柏克萊分校遊學歸來，並於 1995 年從臺灣大學轉進東華大學之後思想上有著鮮明的「歐陸哲學的轉向」，但我認為，西田哲學，尤其是以西田為首的京都學派哲學思想，並未斷裂遠離，而是以某種「幽微／隱晦／暗黑」，甚至恍惚的碎片晶體形式，潛藏在余德慧的無意識與意識之中、或者之間。不過，身處後殖民或者去殖民的知識思想處境中，余德慧（以及臺灣的人文學者）是否隱沒黑暗而不自知，乃至成為空虛的知識主體，實值得吾人深加省思。

四、從不經心的現象學療癒心理學迂迴而行

一切都將成為灰燼，
而灰燼又孕育著一切——

櫻桃紅了，
芭蕉憂鬱著。

祂不容許你長遠的紅呢！
祂不容許你長遠的憂鬱呢！

「上帝呀，無名的精靈呀！
那麼容許我永遠不紅不好麼？」

然而櫻桃依然紅著，
芭蕉依舊憂鬱著，
——第幾次呢？

我在紅與憂鬱之間徘迴著。

——周夢蝶：〈徘迴〉[33]

2006 年，余德慧自國立東華大學退休；在 6 月 24 日的退休會上，余德慧就其過往十多年之久的學術生涯做了一個綜合性的簡要回顧。在這篇〈不經心的現象學療癒心理學〉演講稿中，[34]特別就宗教療癒與宗教經驗研究方面，余德慧提出了幾點根本性的反省與前瞻性的視野：

（一）從根本處，余德慧省思胡塞爾的意向性理論，質疑「智能」在心靈療癒中的位置與效用，認為主流心理學學術傳統所重視的智能的「看見」，其實正／卻預設了它自身的悲劇；否認「心智精明」、「澄明心智」可以帶來療癒，減緩苦難；並主張療癒並不一定意味著意義的豐盈與高超的智能，療癒也無需放在認知主體的可理解性徵（悟性）之下才得以發生。他認為：「智能的『看見』只能在實體化的過程有其所視，在非實體化的領域則為盲視。若然，如果療癒被限定為極限處境才出現的非現實，那麼智能的看見本身即可疑為濁障。」[35]進而言之，「療癒要抵銷的是自我的同一運動，以及此同一運動的中心，即智能所自認必須抓取的針對性運動，但是任何刻意針對自身

[33] 引自周夢蝶著：《周夢蝶詩文集》，頁 35-36。臺北：印刻出版，2009。

[34] 同註 32。

[35] 同註 32，頁 1。

的作為都是智能的而非療癒的，療癒從來就是無居心。」[36]

（二）余德慧嚴肅地批判現代醫療的功效僅止於暫時緩解人的症狀困擾，消減肉身的苦痛，但那並無法抵達療癒的深度；療癒僅存在於「極限處境」的邊界經驗，在「極限處境」當下，認知主體退位，心智自我停擺，語言破碎，話語與行動及對象解離，並與社會世界切斷，這時也才有「背立／轉向」的生命機會；[37]這也正是療癒之發生條件的最佳時機，使得主體得以脫離自我的界域，進入「負性空間」（negative space），亦及「非現實空間」。誠如布朗肖（Maurice Blanchot）所主張的：「人無法從負性空間窮盡其（無）能，亦即，當人竭盡其力，已經無事可以作為，人只浸泡在負性空間的無盡藏裡；最深刻的「內在經驗」（inner experience）[38]即是根本的負性，不能再否認乃至無可否定，所以轉為肯定。」「從這個過程我們可以看出何以宗教裡存在『生死因緣，直指大事』的緣由。每當生命接近最後落實的實現，就是接近了空洞的邊緣，主體……的出離與捨棄，消除不良內在經驗，是為療癒。至此，療癒不再存著醫療，自行尋覓大自在空間，自由飛翔。……非現實的合法性終於到來。」[39]

（三）余德慧一貫地主張受苦並非療癒的病因，症狀也不是療癒要消除的對象。療癒一方面排除病因學的生物性理路框架，另一方面拒絕功能性的因果邏輯與目的性的思維方式；並以非計算性的倫理照顧為著眼點，建立「以care 增補於 cure」、「以靈性關懷增補於專業治療」，以及「以照顧現象增補於機構診療」的「非關係」——一種缺乏社會關連的當下關係，當下在一起，絕對的「歷時性」（absolute diachrony）——的倫理照顧與宗教療癒領域，描

---

[36] 同註 32，頁 2。

[37] 關於背立轉向，可參考余德慧、石世明、王英偉、李維倫：〈臨終過程心理質變論述的探討〉，刊於余德慧等著：《臨終心理與陪伴研究》。臺北：心靈工坊，2006，頁 154-165。

[38] 參見 Georges Bataille (1988): Inner Experience. Translated by Anne Boldt. New York: Suny.

[39] 同註 32，頁 2。

述其現象與樣態，尋找其生成、發展與維持的文化模式。因此，無論是診斷還原、病理還原，或是生活適應，都強調脫離醫療病症化的自我循環，讓那被病症化約的過程反轉回來，恢復心理領域的生活性，還歸具體的生活態度與生活事實來做心理調停。[40]

（四）以布朗肖（Maurice Blanchot）及盧雲（Henri Nouwen）的思想理念，[41]佐以陪伴重度身心殘缺者之志工經驗，余德慧提出「殘缺／缺口動力學」做為療癒心理學的動力基礎；並指出存在即是「隱藏」，靈即是「隱藏」，而這些陪伴志工在這些重殘者身邊做事，卻默默地承受「空缺」隱藏的恩澤；強調「空缺」提供了一種神聖領域或神聖空間。與此同時，余德慧、石世明、及夏淑怡等人以一種殘缺的斜角度引領「金浩現象」現身，探討癌末處境「聖世界」的形成。[42]不可諱言地，承受、滋養著余德慧的睿智之見，確實讓我們更加明白「殘缺／缺口動力學」本身提供、創生且開顯的「神聖領域／神聖空間」在宗教療癒領域「不經心」、「無居心」的運動生成與藝術過程。

「金浩現象」的故事梗概是這樣的。

> 一位住在東部的癌末病人金浩（男，34 歲），在醫石罔效之後，移住緩和照顧病房，金浩的下肢全部被切除，腰部以下長滿淋巴腫瘤，以及非常大區塊的褥瘡傷口。從住院乃至過世，金浩的出現似乎顯露一

---

[40] 參考余德慧：〈本土化的心理療法〉，刊於楊國樞、黃光國、楊中芳編著：《華人本土心理學》（下冊），頁 905-939，2005。臺北：遠流出版公司。

[41] 莫里斯・布朗肖的思想部分，以其《文學空間》一書為主要參考。北京：商務印書館，2003。亨利・盧雲的思想部分，參閱蔡怡佳：〈殘缺與聖顯——以 Henri Nouwen 與大江健三郎的作品為例〉，宣讀於「第三屆臺灣本土心理治療學術研討會」之論文，2006 年 4 月 28-29 日。臺北，南港：中央研究院民族學研究所。

[42] 余德慧、石世明、夏淑怡（2006）：〈探討癌末處境「聖世界」的形成〉。刊於《生死學研究》，3 期，頁 1-58。嘉義：南華大學生死學系。

種不尋常的領域，走進這領域的人都受到震撼，其中有醫師、護士、志工師兄、師姐，乃至於心理師、神父，都受到這領域的滋潤而發生改變——醫師哭泣、護士懺悔、志工有所啟悟、神父也不再說教、心理師發現沉默的奇妙、師姐自覺的成長。幾乎凡是走近他（金浩）身邊的人都受到他的影響，但是大家卻又說不上來為什麼；金浩既非智慧大師，從來不曾給出智慧的語絲，也不是高尚的道德者，提供模範懿行當做典範；他和常人一樣怕死，一樣依賴著志工 SY 師姐的照顧。可是，金浩身邊的人卻領受到一種「金浩領域」所帶來的氛圍，深深地感動著，人們奔相走告，這到底是怎麼一回事？[43]

對於這個令人匪夷所思的謎題，余德慧等人的回答是：

「聖世界」裡的歡樂並不是單純的歡樂，就像癌末處境的嘉年華會，並不是歡樂的單一層面，而是透過（令）深層的「悲哀」才能襯托出嘉年華的氣氛；同時我們也在病房的處境看到悲傷孕育著快樂，或者快樂孕育著悲傷，但是，「聖世界」裡的情緒不會僅僅是由快樂與悲傷構成，有更多的隱藏性的失落與獲得、在與不在、你與我、幸福與不幸；這些錯綜複雜的雙重情緒，都悄悄地、弔詭的並存在「聖世界」裡頭。[44]

就此現象，余德慧曾提出精闢地見解：

這殘缺本身卻呈顯「無人稱的傷口」，任何人都可能到此受到傷害，

[43] 同註 42，頁 5。

[44] 同註 42，頁 31。

> 而現出自己的傷口。亦即，金浩是傷口的匯集處，接近金浩的人都反身「見到」自己的傷口性。這個「看見」極其神奇，這是不得見的看見，一種從「失敗」裡的看見，一種從「遺憾」裡的看見，人們從金浩的傷口開啟了自身的傷口，然後再回到無人稱的傷口，人們既是哀悼自己，也哀悼著他人，人們彼此相擁而泣，一樁樁童年的傷口被掀開來，有人想到童年的酸楚，有人想到未曾實現的夢想，有人看出自己工作挫敗的根本癥結，而金浩依舊是金浩，他從未給出啟示的話語，也從未停止對死亡的恐懼，但是人們從他的身外獲得傷口性的療遇，人們走上前來，參與了傷口性的憑弔，分不清楚是誰的傷口，無人稱的傷口。[45]

「金浩現象」所開顯的「聖世界」的生成與綻放，當人們意會到把「自我」的意義一絲絲地剝離，心思的喧鬧也逐漸進入子夜，人與沉默、死亡、睡眠、夢在一起，而獲得一種寧靜。殘缺／空缺提供某種神聖領域；傷口即是存在的顯現，空無的顯現；而存在即是「隱藏」自身。顯然地，「神聖領域」、「神聖空間」，或者「聖世界」，充盈著「傷口相對」的會遇處境，[46]同時，對耦傷口被置放在「缺口」位置，從而「殘缺動力學」或「缺口動力學」在此不經心地氛圍中應運而生；但這卻正是認知主體極力要否定的東西，也是世界秩序（醫療建制）要撇清的運作邏輯。

（五）余德慧強調：對「智能主體」的誤識，讓人相信認知智能的開發或矯治，是健康幸福的保證；對「自我主體」的誤識，讓人堅持自我主體的堅實精進，是去除一切苦痛哀傷的基石。但在余德慧看來，取消智能、自我

45　同註32，頁5。

46　龔卓軍、林耀盛（2004）：〈從心理治療知識論到倫理現象學的精神分析術作為本土臨床心理學的轉化〉。宣讀於「第七屆華人心理與行為學術研討會」之論文。臺北，南港：中央研究院民族學研究所。

的誤識並無法消解這些症狀或問題；例如，「為了獲得與死亡的面對，我們不可取消自我的物象化誤識，而是將自我的物象化誤謬當作必須翻越的障礙，亦即，只有當障礙轉變為墊腳石之後，我們才有足夠的力量。……換言之，正是誤識才能使匱乏或巨大的空無有跡可尋，正是對死亡的逃逸才顯示出根本性的「為死而生」的存在。」[47]甚且，「真正面向死亡的主體是『無人稱的生命』，一種純然的內在性。」[48]從而以誤識為起點的「療遇」（healing encounter）乃成為可能。[49]在這樣的論述語境下，且延續布朗肖就藝術過程的討論，以及德里達的延異（differance）與「消否定」（denegation）概念，余德慧認為：差錯是最深刻的無居心，是療遇的藝術過程；任何「療遇／療癒」的藝術過程涉及到內外層的調和：內層是「創傷的無名」，外層則是公開的表述。例如，在「金浩現象」之後，布朗肖在論詰《文學空間》的真切話語，彷彿恰是「療遇／療癒」做為一種藝術過程的倫理手藝與「反求諸己」的修養工夫。布朗肖說：「……然而，又有多少其他的創作者，他們禁不住中心的吸引，只能手足無措地拼命掙扎，又有多少人在身後留下未癒的傷

47 列維納斯著：《上帝、死亡與時間》。余中天譯。北京：三聯。1997。

48 參見余德慧：〈轉向面對死亡的主體：無人稱的生命〉。宣讀於「倫理主體研討會」之論文。花蓮：東華大學，2005。

49 余德慧在此以「療遇」一詞取代或轉換該演講稿中之前所使用的「療癒」一詞，這裡必須做些說明與交代。首先，余安邦（2021）曾歸納後指出：以往，healing 翻譯為「療癒」，是比「治療」（therapy）更為古早的用語，但宋文里（2005）曾指出在其中選用的中文「癒」字卻翻譯過度了。療癒是「療之而癒」的意思，因為「癒」是指病除去了、苦過去了，所以這樣的語詞對任何療法的效果而言都會變得太一廂情願。宋文里認為，倫理放入療法的過程中，會產生的是「療遇」關係。病者、苦者與療者相遇，結合成並行者，而沒有預設的「病苦皆除」狀態（引自林耀盛，2017：14）。參見余安邦（2021）：〈心理／文化療癒作為倫理技藝的社會實踐：人文臨床學觀點〉，刊於汪文聖主編：《華人倫理實踐：理論與實務的交會》，國立政治大學出版社，頁 121-165。林耀盛：〈行深：「臨床」「臨終」「治癒」和「療遇」交錯的人文徵候及其超越〉，《本土心理學研究》，46 期，195-237，2016；亦刊於余安邦主編：《人文臨床與倫理療癒》，頁 3-32，2017，五南圖書公司。此處引文，乃引自後一論文集。其次，「療遇」一詞的英文，余德慧將之譯為 encountering healing，但宋文里表示：「療遇」正確的英文譯名應是 healing encounter。故在此我從善如流，使用宋文里的譯法。參見宋文里（2017）：〈文化心理學的浴火與重生〉，刊於余安邦：《人文臨床與倫理療癒》，緒論，頁 12，臺北：五南圖書公司。

口——他們相繼奔逃、未得到安撫又折回、異常地來來回回的痕跡。最真誠的人開誠布公地拋棄了他們已經拋棄的東西。另一些人則掩藏起了他們的敗局，可這掩飾卻成了他們作品的僅有的真實。」[50]

五、從「邊界處境」考察生命時光裡「活著」的意義

我仍可以看你：一個回聲，
可用感覺的詞語
觸摸，在告別的
山脊。

你的臉略帶羞怯
當突然地
一個燈一般的閃亮
在我心中，正好在那裡，
一個最痛苦的在說，永不。

——策蘭：〈我仍可以看你〉[51]

宗教關心的是生死問題，所謂了生了死。顯然地，生死學既是生命終極關懷的重要課題，亦是宗教經驗與宗教心理生活的研究主軸之一。余德慧曾經以 E. Levinas 的「他者」哲學，特別是關於「存有」（existence）與「存有

---

[50] 參考註 32，頁 8，並引自莫里斯・布朗肖著：《文學空間》。北京：商務印書館，2003，頁 37。

[51] 刊於保羅・策蘭著：《保羅・策蘭詩文選》，王家新、芮虎譯，頁 36。石家莊：河北教育出版社，2002。

者」（existents）的觀點及其區別，[52]探討「活著」的基本現象學基礎，並考察「活著」的生命時光所內蘊之心理時間意義的生命感。譬如，以臨終病人之病床生活經驗為例，余德慧與崔國瑜認為，如果沒有透過某種「邊界處境」（limited situation）（例如臨終時刻）所獲得的反身性（reflexivity）理解，從而將我們在此世界活著的意義反映出來，我們將難以詳察自己活著的整體性，也無從理解人為何願意活在世上的基礎探問；並在這種終極處境的生命恩典裡——在與臨終者之面對面的關係倫理當中，且置身於臨終者之病床生活的陪伴時光當中——從而對活著的現象方有更深切地反身性的明白，並且指向我們活著的根本性。[53]

透過臨終病房的田野現場觀察，余德慧與崔國瑜深具建設性的提出「瀕臨」（proximity）的心理概念，做為生死學的心理研究之探討的基礎，考察活著的人（生者）如何看待與即將去世的人（臨終者）之心理歷程。[54]甚且，立基於 Levinas 的哲學思想，他們認為：臨終者做為「他者」，具有絕對的「相異性」，並將這「相異性」給出致照顧者／陪伴者；臨終者與照顧者／陪伴者始終有個無法跨／橫越的鴻溝，即便是至親，後者也都只是前者的「他者」；我永遠無法抵達「他者」，我與臨終者在一起、陪伴他，並非將之納為與我「同一」（the same），亦非想方設法將之視為與我一般的「常人」；臨終者為我給出差異，而正是這「差異辯證地讓我明白我們共同的處境，使得我對他有了『瀕臨』的氛圍：我的『現在』對病人有了距離，意味著決裂，而就是這個距離，才使我看到我們之間前前後後那層薄薄的光暈——一種生命的氛圍。」「在冥冥之處，生命經驗從過往經驗的暗房裡不自主的顯影，或者說，

---

[52] Levinas, L. (1974/1978). Existence and Existents. Translated by Alphonso Lingis. Dordrecht, Boston and London: Kluwer Academic Publishers.（譯著書名《生存及生存者》，顧建光、張樂天譯，臺北：遠流出版公司）

[53] 參考崔國瑜、余德慧：〈從臨終照顧的領域對生命時光的考察〉。刊於《中華心理衛生學刊》，11 卷，3 期，頁 27-48，1998。

[54] 同註 53。

正是『現在』的處境不自主地在剎那間有了幽暗之光，看見了未曾見及的過往經驗，那不是完全可以刻畫的實體，而是盤繞著生命的氛圍，如夢般的降臨。」[55]。

進而言之，「瀕臨」意味著「在一起」。藉著與臨終者的「共在」，我們從而能返回自身，對自己「身而為人」的終極處境，有著一份反身的理解與究竟的明白。如此的理解與明白，一方面是日常性（everydayness）的開顯，另一方面則是一種世界性（worldhood）的轉換；在我們的「情事時間」與臨終者的「生存時間」的對比反差之中，「這使我們覺醒到活著能有的另一種基調：以做事為優先的活著並不是唯一的生存，以事情給出的意義來填塞自己也不是唯一的生存樣態。」[56]總結來說，藉著對臨終者的陪伴與照顧，我們才得以不斷地切近、親近自己的死亡，並在死亡面前獲致一份彷彿的明白，且對自己生命的「決斷」（resoluteness）似乎達致某種未完成的完成性。在與臨終者共在、共處的生命時光當中，我們總會看見身而為人終將面臨的一切：「無論是關係的離散，抑或身體的衰敗。」[57]在生命滋養的土壤中，與臨終者面對面的遭逢，使我們有機會消解「生死絕通」的可能，這即是某種生命的過渡與自我轉化；「亦即逐漸穿越壁壘分明的生死線，達到一個叫做『瀕臨』的世界，而恢復生死相通的世界，就叫『瀕臨』（余德慧，1997）。」[58]

六、從「靈知象徵」與「牽亡儀式」通往哀傷的抒解

你曾是我的死亡：

[55] 同註 53，頁 32。

[56] 同註 53，頁 39。

[57] 同註 53，頁 45。

[58] 同註 53，頁 46。又參考余德慧著：《生死無盡》，臺北：張老師文化公司，1997。

你，我可以握住
當一切從我這裡失去的時候。

——策蘭：〈你曾是〉[59]

從臨終照顧朝向親人死亡的悲傷療癒，是余德慧宗教療癒旅途中的重要驛站之一。余德慧與彭榮邦認為，在失親者與其死去的親人之間，存在著兩種「實在」(reality)，一個是與親人肉體共在的「共體實在」(corporreality) 或「實證的實在」(ostensive reality)，另一個是個體關係的實在，亦即個人所「建構的實在」(constructed reality)；前者的消失導致所謂的哀悼悲傷，後者的崩毀所引起的則是客體關係的斷裂哀毀。不過，無論何種「實在」導致的悲傷，以往建立在依附理論（attachment theory）的「悲傷理論」，是以增強、提升自我強度（self strength）為手段，並以消除悲傷的原因為目標，試圖讓失親者與死去親人之間的依附關係逐漸退去，不再有所牽扯。但是，余德慧與彭榮邦基本上反對這種悲傷理論，而以靈知領域或靈知象徵做為悲傷抒解的核心概念與理論基礎。首先，他們將「靈知」籠統地界定為「一個人對非物質性元體的崇拜」；靈知領域是一個文化裡頭處理非物質元體的體系，故不可將之化約為某種宗教經典或信仰文本；靈知領域存續在對已逝親人的不在的感念上，它顯示出的心理力量是在那不可見處對親人的各種尋覓，死者不可見的靈魂正是親人日日夜夜要詢問、面對、甚至質問的；靈知領域正是死去親人靈魂安頓之所，它提供了彼此可以對話的中介／中界空間，一種「我們」相互共命、共在的蒼茫之境，在此內心深刻對話中，未亡人的悲傷也就有所轉化或抒解的可能。[60]

---

[59] 引自保羅・策蘭著：《灰燼的光輝：保羅・策蘭詩選》，王家新譯，頁 284。桂林：廣西師範大學出版社，2021。

[60] 參考余德慧、彭榮邦：〈從靈知象徵領域談哀傷的抒解〉，刊於胡台麗、許木柱、葉光輝主編，《情感、情緒與文化：臺灣社會的文化心理研究》。臺北：中央研究院民族學研究所，頁 129-162，2002。該研究田野地是在花蓮吉安的石壁部堂，那是以崇拜瑤池金母為主神的慈惠堂分支之一。

進一步而言，余德慧與彭榮邦強調：死別正是關係底線的顯露，指向關係的臨界，破除了關係的特定形式，是關係本體的締結，也是存在的締結，從而向我們顯現自身根本的處境。然而，在親人死亡的悲傷情境中，無語問蒼天的蒼茫之境正提供了臨界區域，讓原本無可依托的哀傷情懷與無限感念，有個具體憑藉之處，而此正是臨界象徵誕生之時。例如祭拜、火葬都提供臨界象徵的出現。又如，「在牽亡的時候，通常死者附體在師姑的剎那之間，求牽亡的家屬立即眼淚盈眶，臨界的象徵藉著牽亡的重演，讓中界瀕臨。象徵的本意是：在可以看見的地方發現意味深長的不可見，也就是在世界具體的事物裡頭發現心機密織的處所。」[61]余德慧與彭榮邦繼而強調：「臨界象徵在悲傷治療裡的重要性，乃在於任悲傷者重新進入靈知的蒼茫之境。這個（靈知）領域是唯一能夠切進悲傷者的世界的一條路。」「悲傷者必須對『我們』的存有與自己繼續活下去的世界有所連結，而這個連結恰好需要與死者的靈魂對話，且這個對話也只有在靈知領域才有可能。」[62]這也正是牽亡做為臺灣民間宗教信仰裡頭的「象徵治療」（symbolic healing）或「儀療」（performance healing）之核心意義所在。對失親者來說，牽亡儀式最重大的意義乃在於，「它給出了一個與過世親人『重逢』（re-encounter）的短暫時空。在這個短暫的時空裡，過世的親人既不是以『曾經』的『身體』與失親者共在，也不是以夢中的『擬象』與失親者共在，而是以師姑的身體做為『靈象徵』，以『亡靈』的面目與失親者『象徵性』地『共在』。」[63]這種共在的真實精神體驗是以失親者的身體圖示做為「置身於世」的全然臨在，在靈象徵領域與過世親人重新建立締結關係；也正是在靈知領域的這種共在經驗，使得生命轉化成為可能，此即是悲傷治療或哀傷抒解之所以可能發生的必要條件與寶貴時刻。而生命經驗轉化的意義，即是在靈知領域所創造的生者與亡

---

[61] 同註 60，頁 140。

[62] 同註 60，頁 141。

[63] 同註 60，頁 151。

者的對話空間，失親者不經心地發現了與死者原初締結關係的基礎地；這是關係性存有的開墾地，是惦念世界幽靜的歷史長河，也是生命畫廊色彩繽紛的無聲的召喚，那是「人最親暱的處所，也是進入靈象徵的入口。」[64]

總結來說，在余德慧與彭榮邦的研究中，他們首先破除西方悲傷治療理論把「悲傷」視為亟待消除之「症狀」的盲點，認為哀傷的抒解並不是因為提升個人的自我俱足而切斷與亡者的依附關係來達成。他們並透過牽亡儀式的詮釋現象學考察，將牽亡儀式還原到生離死別的根本處境，藉此看見牽亡做為一種「生死重逢」的宗教儀式，本質上則是一種「受苦心靈的照拂」，且在象徵儀式展演的「依稀」、「彷彿」或「恍惚」（as if）中超越了悲傷，而非僅僅消除悲傷的症狀。換言之，「悲傷的超越不在牽亡『以後』，而是就在牽亡的『演示之中』。」[65]

尤有進者，誠如余德慧與彭榮邦特別指出的：

「最能夠抒解悲傷的臨界象徵就是把『我們』的存有締結歸屬到神聖領域，因為在神聖的關係裡，死者依舊與生者有個福佑的締結，宛若生前的相互庇護，甚至比生前的情況還好，悲傷因此容易止息。」[66]神聖領域的達致，不在遠方，就在似夢境般實在、虛無飄渺的牽亡儀式過程，幽暗而恍惚的無意識黑洞中，如閃電般的靈光乍現，稍縱即逝，瞬息消亡，彷如朝露，似夢幻泡影。

---

[64] 同註 60，頁 158。

[65] 同註 60，頁 152。

[66] 同註 60，頁 141。

七、巫現象、惦念世界與恍惚倫理學

你如何在我裡面死去

仍然在最後穿戴破的
呼吸的結裡
你，插入
生命的碎片

——策蘭：〈你如何在我裡面死去〉[67]

奠基於花蓮吉安慈惠堂石壁部堂的田野研究，余德慧與彭榮邦進一步詮釋了巫現象，將盛行於臺灣民間的巫現象視為「民間社會減低社會殘酷的一種實踐旨趣」。[68]以巫聲、詩意及夢思為基底，他們主張巫現象乃是社會情懷的孕育之所，是對受苦者的心靈陪伴，從而建立了陪伴受苦的現象學，同時這也是對惦念世界的時間現象學的知識考掘。由於親人的死亡將生者置於關係斷裂的處境，這種關係斷裂之後的失根無著（groundless），讓生者掉落於日常性之外，在社會倫理或行事義理無法抵達之處受苦。同時，這種關係失落之後創生了不同於尋常的獨特世界，那是「一個雖死猶生、音容宛在的惦念世界。」[69]

余德慧與彭榮邦認為：「惦念的存在處境」、「惦念的身體世界」、及「惦念的夜夢與史性空間」，是構成惦念世界的三個基本向度；對此三個基本向

[67] 引自保羅・策蘭著：《灰燼的光輝：保羅・策蘭詩選》，王家新譯，頁 369。桂林：廣西師範大學出版社，2021。

[68] 引自余德慧、彭榮邦：〈從巫現象考察牽亡的社會情懷〉，刊於余安邦主編：《情、欲與文化》，頁 109-150。臺北：中央研究院民族學研究所，2003。

[69] 同註 68，頁 109。

度的分析與闡述，方能明白惦念世界的動力學所朝向的去處，此即是失親者惦念世界的安置。「惦念的存在處境」，表明因死亡導致關係的斷裂，使得生者與死者曾經的共在與當前的失落在生活現場被揭露出來；「惦念的身體世界」涉及惦念的最初表達，以及關係失落的原初知覺；「惦念的夜夢與史性空間」——夜夢、夢思、與夢詩，則以虛擬影像演示著人的活著的境遇感，同時也呈顯人之存在處境之最初的明白。因而，「惦念從身體的最初表達、夜夢的原初揭露、到惦記的映現，象徵意涵不斷的明晰，象徵意義逐漸成形。時間的現象學在惦念世界的揭露裡有了象徵的深度。」[70]從而，惦念世界成為史性心理學的核心關懷，人藉由惦念世界而映照出生命感；史性心理學強調人是活在事情之中，事情給出「意味深遠」的生命情懷；關係的斷裂促發惦念世界的生產，也勾引詩意的史性空間的出現。而「我們總是在事情的碰觸中有了敘事的情懷，然而，這樣的情懷遠比我們能意識到的更為深廣。人在生命感裡，但能說的卻非常的少，它總是以另外的模態觸及人，那是人的詞窮語盡之處，卻是人根柢於存在的自身。」[71]於是，「在這裡，我們碰到了理解人的心靈之根本向度：象徵。」[72]在牽亡儀式中，師姑做為活的靈象徵的體現，正是宗教文化給出的活化與仁化過程；文化撫慰的象徵體系透過活化的象徵（師姑）引動了傷痛撫慰的療癒過程，也使得惦念世界的「安置」有著落之所。

總地來說，牽亡儀式做為一個以靈象徵為核心的實踐場域，實為常民文化在日常理性不及的社會殘酷中所形成的文化設置，它創造了一個生者與亡

---

[70] 同註 68，頁 144。亦參考余德慧：〈本土化的心理療法〉，刊於《華人本土心理學》（下冊），楊國樞、黃光國、楊中芳主編，頁 905-939。臺北：遠流出版公司，2005。

[71] 引自余德慧、李宗燁：〈從童年記憶的敘說探討惦念的生命感〉，刊於余德慧、李宗燁著：《生命史學》，第二部，頁 217。重慶：重慶大學出版社，2016。又，參考余德慧、李宗燁：〈從童年記憶的敘說探討惦念的生命感〉，刊於余德慧、李宗燁：《生命史學》，頁 189-265。臺北：心靈工坊出版公司，2003。同書中文繁體版。

[72] 同註 68，頁 145。

者得以應答的空間；「師姑扮演的是惦念世界的開啟者與文化撫慰的象徵系統的活化者，以面對面的人形之方式為中介，撫慰著活著的心靈。……牽亡作為重逢擺在演示的撫慰傷痛的脈絡，在牽亡的行動劇中，牽亡者的惦念世界有了一個指向——不是承認亡者的消逝，讓生者可以就此釋懷，而是藉著牽亡使得亡者有一個應答的位置。安頓亡者，就是安頓懸念。」[73]，於是，牽亡做為一種「社會肚腸的行巫」，[74]將牽亡放置在生死的場域裡，探索牽亡在生死關係重建上的宗教文化意涵；進而在牽亡儀式與失親者之失落經驗的悲傷修補過程之間，或者說在牽亡儀式與本土悲傷治療之間，供養悲傷輔導的深層心理之惦念動力學，我們似乎開始有種撥雲見日般地朦朧的明白，以及向前邁進的信心與無畏的勇氣。

我在世界背後為你領航，
你和你自己一起，不再畏縮，
安詳地
歐椋鳥查看著死亡，
蘆葦提醒著石頭，你擁有
每一樣事物
為這個晚上。

——策蘭：〈我在世界背後為你領航〉[75]

---

[73] 同註 68，頁 109-110。

[74] 同註 68，頁 122。

[75] 引自保羅・策蘭著：《灰燼的光輝：保羅・策蘭詩選》，王家新譯，頁 467。桂林：廣西師範大學出版社，2021。

延續前述余德慧與崔國瑜所提出的「瀕臨」的心理概念，無論就儀式療癒來說，或者以巫做為人與鬼神間之中介而言，均涉及「瀕臨」世界的叩問。「瀕臨」的世界的提法，亦可說是一個倫理學的生與死、人與天、天與地，甚至人與鬼神的如何連結及重新締結的問題；「瀕臨」的世界猶如中國上古時代所謂「巫」的世界，而巫就是最早在人跟鬼神（或精靈鬼怪）之間連結的媒介，西方一般將之稱為 shaman（薩滿）。「瀕臨」的世界做為一種媒介或中介，也就涉及生命過渡與自我轉化的工夫論，這工夫論則與人如何理解死亡有絕對密切的關係，同時，這也是一種自我／生命技藝的基本課題。

誠如楊儒賓所說：「所以不管怎麼樣的絕地天通，有一些來自悠久的巫教傳統的靈魂、氣的概念其實並沒有完全被掃除掉，這些概念使得亡魂的世界跟現實的世界有一些牽連。做為一個執行「禮」的人（例如原始儒家的禮生），他的功能是什麼？他怎麼把亡魂跟現在的狀況連結起來？需要連結的兩端：鬼神世界與人間世界當然是斷層，是他界的，所以在連結上不能沒有轉化，沒有轉化就不能連結，而轉化的機制就是齋戒。」[76]。至於齋戒的過程（例如透過觀想、視覺意象的修行工夫），甚至往後從齋戒的主體，轉換到以非視覺意象的心性主體之道德性的轉化工夫，即是整個身心狀態與原先身心狀態的「切割」，以便擺脫現實世界，進入跟他界溝通的狀態，創造出呈現另種狀態的條件；就生與死之間的關聯性而言，也就是跨越生死之間的界線，橫渡彼此之間不可能跨越的鴻溝，進入人與鬼神或祖先的靈魂相互溝通、交流與締結的「恍惚以神」、「恍惚與神明交」之狀態或境界。

楊儒賓認為：「『恍惚』不見得是精神錯亂時的主體狀態，它反而有可能是打斷塵思俗慮後主體與他界融會時所呈現的另類存在，（即）孔子說的『如在』。『如在』不是想像的存在，不是主觀的存在；不是經驗世界的存在，亦

---

[76] 引自〈恍惚、暗黑、倫理學一場身體的跨界對談〉，《中外文學》，45 卷，1 期，頁 230，2016 年 3 月，楊儒賓的講述內容。

即不是客觀的存在。而是強烈的道德情感轉化日常意識與日常世界所呈現的道德境界，它的真實建立在道德情感的轉化上面，如其自如地存在。」[77]很明顯地，「孔子在此做了一個轉化，他對鬼神的態度，非否定，非不可知，而是認為鬼神（靈魂）的存在不是一般的『在』，而是『在『在』之外』的『如在』。」[78]據此，楊儒賓甚至將「恍惚」視為一種境界，將「恍惚倫理學」做為一種宗教實踐，也是一種創傷的宗教療癒，使得生者與死去的先人的斷裂關係得以復合，重新締結。顯然地，這樣的觀點與論述，不僅呼應了前述余德慧與崔國瑜所謂「瀕臨」概念的看法，也補充擴延了余德慧與彭榮邦關涉宗教療癒與哀傷的抒解的領域範疇，開展出另種宗教經驗的生命情懷的深刻向度。

總之，正如 2013 年蔡怡佳在余德慧紀念學術論壇上所指出的：「余德慧以現象學還原的方法將巫研究從文化解釋移開，從巫現象的底層探問巫的生成；將修行從教門論述移開，從人類意識發展的過程來討論修行療癒的可能。無論是巫的生成或是修行的核心，余德慧都指出身體性的源初地位，這是文化層次或是經典文本層次的研究的未思之處。」[79]

八、余德慧的「晚期風格」，有嗎？是什麼？

如果我死了，
請為我打開陽台。

[77] 同註 76，頁 232。

[78] 同註 76，頁 235。

[79] 蔡怡佳：〈余德慧老師之人文心理學與「宗教心理學」的軌跡與瞻望〉，發表於第 52 屆心理學年會暨余老師紀念學術論壇的講話。臺北：國立政治大學，2013.10.20。

那個小男孩在吃橘子。
（從我的陽台可以看見他。）

收穫者正在割小麥。
（從我的陽台可以聽見他。）

如果我死了，
請為我打開陽台！

——洛爾迦：〈告別〉[80]

撫今追昔，2006 至 2012 年在慈濟大學的教學與研究生涯，可說是余德慧的學術晚期，於此期間，顯而易見地，宗教療癒是其最主要的教學與研究課題，且創造了學術之旅不少的登峰之作。我認為，長期以來，余德慧具有某種罕見的憑藉其日常的生命經驗與無與倫比豐富的想像力，並大量採借、轉換當代歐陸哲學家的豐富思想遺產與關鍵概念，在簡樸、平易的表層結構中開掘深邃的內在向度，以一種既抽象又簡潔的語言形式來書寫和處理生與死、臨終與陪伴，以及宗教與療癒等核心問題，且成就了某種獨特的思想風格與精神內核。譬如，在生命晚期，余德慧深受德勒茲思想的影響，特別是由德勒茲所創發的「特異點」、「逃逸線」與「內在性平面」等概念所構成的動態思想影像，而其「思想便是由各種特異的逃逸線所鋪展而成的內在性平面」;「德勒茲哲學是建構主義的，因為思想意味著（特異）點、（逃逸）線、（內在性）平面所構成的創造性思想影像，這幅影像並不是實際與可見的，也不再現任何既定的觀念或建制，它既不在經驗層面也不是屬於現在，而是

80 引自費德里戈・加西亞・洛爾迦著：《死於黎明：洛爾迦詩選》，王家新譯，頁 100。上海：華東師範大學出版社，2016。

一種飽含虛擬性的未來影像。」[81]甚且，余德慧曾運用此等概念來闡述自我轉化做為宗教療癒的技藝之道，說明自我的內在性質地，這種自我是德勒茲所稱的「龜裂的我」(Fractured I)，而此轉化場域實乃具有做為整體強度場域的「純粹空間」。譬如，以一位2004年從斯里蘭卡海嘯震災歸來的護士之創傷經驗為例，余德慧、石世明及夏淑怡指出「自我龜裂」乃是「創傷轉福」的綻開；而此「創傷轉福」的真實現象可以合法地還原到「自我龜裂」的必要性。他們繼續追根究柢地探問：「為何是自我龜裂而非是自我統整？自我龜裂又意味著什麼？這位救援者（護士）被創傷所觸目驚心，感動流露，接近了我們所謂的『自我龜裂』。我必須看見我的傷口，我才得以從理所當然的世界醒來，而我的創傷正因為我見證著他人受苦。」[82]

此外，余德慧也深諳巴塔耶「內在經驗」的思考路徑，認識那出現於不可知、無可期待的瞬間的「內在經驗」，且瞭解「內在經驗」乃是以一種非邏輯或非語言所達到的交流，促成了經驗主體與認知客體最熾熱狀態的融合；[83]「『內在經驗』衝破這種困境，不是通過認知、智力，而是通過非知或迷狂的方式達到身臨此刻的最高存在。理性的至高無上，讓位於『內在經驗』的至高無上。後者既然否認『知』，必是邏輯語言無法企及的。」[84]承續巴塔耶

---

[81] 引自楊凱麟：〈序：為德勒茲說情〉，刊於楊凱麟著：《分裂分析德勒茲》，頁3-4。鄭州：河南大學出版社，2017。再者，余德慧對於德勒茲思想概念的闡述、挪用與變形，可進一步參考余德慧著：《宗教療癒與生命超越經驗》，輯二《幻化生成》，第一講〈內在空間〉、第二講〈無人稱主體的兩種樣態〉。臺北：心靈工坊文化公司，2014，頁111-160。有興趣的讀者，亦可參考相當程度地體現余德慧晚期風格的《生命轉化的技藝學》一書。臺北：心靈工坊文化公司，2018。

[82] 參考亨利・薩默斯-霍爾著：《導讀德勒茲《差異與重複》》，鄭旭東譯。重慶：重慶大學出版社，2021，頁227，229。「龜裂的我」乃德勒茲對自我的描述，自我把自身表象為一個清晰-含混的統一體，但這個統一體的（無）根基是一個分明-模糊的深淵。「純粹空間」乃作為整體的強度場域。此外，余德慧、石世明及夏淑怡等人有關「自我龜裂」的論述，參見他們合寫的〈陪病者自我轉化的探索（一）：自我龜裂的必要〉這篇未曾正式發表的文稿。

[83] 參考余德慧著：《宗教療癒與身體人文空間》，第十二講〈巴塔耶的聖性世界〉。臺北：心靈工坊文化公司，2014，頁333-372。

[84] 程小牧：〈譯者前言〉。刊於喬治・巴塔耶著：《內在經驗》，程小牧譯，頁12。北京：三聯書店，2017。

的思想，余德慧的宗教療癒之旅，似乎脫離了宗教，但他並非無視宗教理路（例如極苦靈修）通往極限經驗的契機，並援引參酌西田幾多郎的哲學思想，試圖以「純粹經驗」與「智性直觀」的修行技藝去探討「認知主體」如困獸般的艱苦處境與超越界線的可能，探索精神達致極限的真實處境。總之，深受巴塔耶「他選擇以迷狂去對抗理性，以消耗去對抗積累，以瞬間——或曰詩—去對抗計畫」之思想的影響，[85]晚年的余德慧彷彿活在某種黑色浪漫的生命情懷，而此種生命情懷也相當程度地呼應了阿多諾（T. W. Adorno）及薩伊德（Edward Wadie Said）所稱的「晚期風格」之幽黯反諷意蘊。

王家新曾經很精準扼要地描述「晚期風格」的特徵。他說：「『晚期風格』本來是阿多諾在論貝多芬時提出的一個重要概念。在阿多諾看來，『晚期風格』有異於古典風格的圓滿、和諧、成熟，它體現了一種『特殊的成熟性』，它首先是『危機的產物』，它始於一種『批判性的天才』，始於對『完成』的不滿意。這樣的『晚期風格』『本質上是批判的』，它甚至是自我顛覆、斷裂、解體的結果。」「深受阿多諾影響的薩伊德也曾專門論述過晚期風格，認為它是『一種放逐的形式』，是偉大的藝術家在他們的後來『生出（的）一種新的語法』。它不是古典意義上的和諧，而是不妥協、緊張和『難以解決的矛盾』，在人們期盼平靜和成熟時，卻碰到了固執的，也許是野蠻的挑戰。」[86]簡言之，依據彭淮棟的說法，「唯阿多諾以作品之質變為晚期風格之徵，薩依德則以人生階段為晚期風格之準」。[87]

也誠如胡續冬在細讀以色列詩人耶胡達・阿米亥的《葵花田》後，以「晚期風格」中的向日葵評論說：「愛德華・薩義德在他的《晚期風格》一書中

---

[85] 弗朗西斯・馬赫芒德：〈非常內在的經驗（中文版導言）〉。刊於喬治・巴塔耶著：《內在經驗》，程小牧譯，頁 5。北京：三聯書店，2017。

[86] 引自王家新：〈譯序〉。刊於保羅・策蘭著：《灰燼的光輝：保羅・策蘭詩選》，王家新譯，頁 13-14。桂林：廣西師範大學出版社，2021。

[87] 引自彭淮棟：譯者序〈反常而合道：晚期風格〉。刊於艾德華・薩依德著：《論晚期風格：反常合道的音樂與文學》，頁 49。臺北：麥田出版，2010。

沿用了阿多諾的命名，將這種『不合時宜而反常的』，『不是作為和諧與解決的晚期，而是作為不妥協、艱難和無法解決之矛盾的晚期』，稱為『晚期風格』。薩義德認為這種使人不安的晚期風格是極少數偉大的藝術家所持有的獨立意識與抗爭精神在生命的最後階段與死亡的博弈，『晚期風格並不承認死亡的最終步調；相反，死亡以一種折射的方式顯現出來，像是反諷』。」[88]

承續上述的討論，以我長期而貼身的相處與觀察，且容我再次引述胡續冬貼切而深刻的文字，來描繪余德慧的「晚期風格」與晚年心境：「雖然生命的盡頭已經迫近，但質樸、柔韌的精神世界（其實）比以往更加具有包容性和指向內心最深處的反思性。」「這種轉換也意味著心靈的終極指向或許就是把所有包羅萬象的複數化的『成熟』凝縮為單數的幽閉與反思。」[89]依我之見，在面對一直懸在其字裡行間的「死亡」與「療癒／療遇」的瞬間時刻，余德慧著實地「表現出了一種罕見的勇氣，坦然地內化了一切悖謬、混雜、經驗與記憶的總體性，以凝縮而不是消融的方式將其置入雙倍『幽暗』的深淵體驗之中，並且最終也未給出『圓滿』的方案。」[90]

行文至此，且讓我們將余德慧的晚期風格與布朗肖的文學絮語相連結。布朗肖說：「在《莫內莫西納》[91]的片斷中，荷爾德林說道：

諸神，他們並非全能。
人，觸及到了深淵。
回歸便隨人一起完成。

---

[88] 引自胡續冬：〈「晚期風格」中的向日葵：耶胡達・阿米亥的《葵花田》細讀〉。《語文建設》，2011 年，第 5 期，頁 10。

[89] 同註 88，頁 9-10。

[90] 同註 88，頁 10。

[91] Menemosyne，希臘神話中的記憶女神。——譯者註。刊於莫里斯・布朗肖：《文學空間》。北京：商務印書館，2003，頁 286，註①。

深淵保留給人，但深淵不僅是空無的深淵，它是野蠻的並永遠是具有活力的深處，諸神免遭深淵，使我們免遭深淵，但諸神不像我們一樣能達到深淵，以致，更多地在人的內心，即水晶般純潔的象徵中，回歸的真實能得以完成：正是人的內心應成為光亮被感覺到之地，變成空無的深處的回聲在那裡成為話語的內在深處。……這種話語不屬於白天也不屬於黑夜，而總是在晝夜之間說出來，而且只要有一次說出真實，便讓真實不被表達：

> 若黃金流淌勝過純淨的泉源
> 當蒼天震怒時，
> 在白天黑夜間
> 真實應顯現一回。
> 在三重變幻中記下它來，
> 卻永不被表達，如它那樣，
> 純真的，它應永遠這樣。[92]

此外，中國詩人王家新曾在〈文學中的晚年〉中說：「晚年不是接受愛戴的時刻，相反（的），應是一個『耳聾』的時刻，是一個獨自步入存在的洪流，讓一個審判的年代為自己升起的時刻。」[93]用王家新這段話來形容余德慧的晚期風格，我認為，那真是十分傳神與恰當不過了！

王威廉也曾說道：「英國新古典主義畫家弗雷德里克・雷頓（Frederic Leighton）有一幅名叫《坐在頂峰的靈魂》的畫，曾給我留下了非常深刻的印象：象徵靈魂的美女普賽克一身白衣，孤獨地坐在毫無依靠的頂峰之上，天地都漆黑一片，她微微抬臉，眼睛仰望著浩瀚無垠的天際，神情肅穆，似

---

[92] 引自莫里斯・布朗肖著：《文學空間》。北京：商務印書館，2003，頁 286。

[93] 引自王家新：〈文學中的晚年〉，《人民文學》，1998，9 期，頁 105。亦見王威廉：〈登臨漆黑頂峰的孤獨靈魂——讀薩義德《論晚期風格》〉，刊於《書城》，2009，10 月號，頁 94。

乎望到了什麼難以言說的事物。——這不正是包括薩義德在內的大師們的晚年靈魂形象嗎？」[94]

此時此刻，我覺得，余德慧宛如當年弗雷德里克．雷頓筆下那「坐在頂峰的靈魂」？

《坐在頂峰的靈魂》（*The Spirit of the Summit*）——

弗雷德里克．雷頓（Frederic Leighton）

[94] 同註 93 中，王威廉，2009，頁 94。又，中國，南京，南京師範大學崔光輝教授分享、推薦王威廉這篇文章給筆者，並提供了弗雷德里克．雷頓這幅《坐在頂峰的靈魂》圖像，特此說明並致上謝意。

2022 年，是余德慧離世化為夜空中那顆深邃奇迷之熠熠星辰的第十年。十年，意味著什麼？相信，我們終將會再見面的。但在宗教療癒的旅途上，我思索追問的是：那種會激發思想的與詩性的相遇是什麼？而且，被這種或那種相遇所激發的思想的「本性」可能又是什麼？

汪文聖最近曾經如此地評述余德慧的學術生涯，他說：「『詮釋現象心理學』原先是通往『人文心理學』的一條路，它也成為後來通往有著具體行動力之『人文臨床與療癒』的中介。因為余德慧不只是理論家，更是個實踐者；宗教療癒、臨終關懷與柔性（柔適）照顧等雖可由『詮釋現象心理學』當做對象來研究，但余德慧所期待的更是從『詮釋現象心理學』中轉化成一種力量，將療癒的踐行更細緻化出來，將關懷照顧的熱情更激發出來。」[95]

值此接近尾聲之際，我認為，猶如海德格所說的，本文不是著作，而是道路。余德慧宗教療癒之旅的生命經驗，所開闢的是一條風景深邃獨特、迂迴曲折的追索最終真理之幽微道路。再者，余德慧的晚期風格，無論是他於文章中所使用的語言概念，以及書寫文類的形式特徵，是否「已和德里達所說的那個『語言的幽靈』結合為了一體。」？[96]並且，它，是否已經「包含了某種『去人類化』的『奧秘』,『它引領我們回到我們未曾到過的家。』？」[97]我頻頻扣問，且深感好奇。又，也許可以這麼說，猶如一位藝術家晚期的成熟作品般，恰如其份地，余德慧的晚期風格，「最後這一切，正如喬瑞斯（在評論策蘭的詩歌時）所說,『他創造了他自己的語言，——一種處於絕對流亡的語言，正如他自身的生命。』」[98]

---

[95] 引自筆者與汪文聖之個人通訊，2021。

[96] 引自王家新：〈譯序〉。刊於保羅・策蘭著：《灰燼的光輝：保羅・策蘭詩選》，王家新譯，頁 14。桂林：廣西師範大學出版社，2021。

[97] 同註 96，頁 15。亦可參考喬治・斯坦納著：《斯坦納回憶錄：審視後的生命》，頁 90，李根芳譯，杭州：浙江大學出版社，2012。

[98] 同註 96，頁 16。亦可參考 Pierre Joris: Introduction, Paul Celan: Breathturn. Translated by Pierre Joris. Los Angeles, CA: Sun and Moon Press, 1995, p. 43.

每當我從一尊木雕神像、
一尊鍍金菩薩像 或
一個墨西哥人的神像前
走過，
我都會自語：
或許那才是真正的上帝。

——夏爾・波德萊爾[99]

又如葉浩在導讀漢娜・鄂蘭（Hannah Arendt）《人的條件》這本書時的殷切呼喚：「每一個人都是在他人的等待之中來到世上，並且被賦予一種創造奇蹟的力量，成就不朽的可能——同時也提醒讀者，逝者的託付實際上存在風險，畢竟，人世間是由活人所主導的世界，雖然他們可以傳頌逝者的豐功偉業或致力於完成未竟的宏圖，但也可以決定在歷史上翻頁，走出一條屬於自己的路，而關鍵在於後人，是否認為自己就某種意義而言，是前人生命的接續者。」[100]

逝者與活人之間有一個祕密協議。
如同之前的世世代代，
我們在塵世的期待之中到來，
也被賦予了微弱的彌賽亞力量——
這力量的認領權屬於過去，
想解決這種託付，

[99] 同註 1，頁 15。

[100] 引自葉浩：〈人類行動的本質與政治希望之所在——鄂蘭《人的條件》導讀〉，頁 ii。刊於漢娜・鄂蘭著：《人的條件》（全新修訂版），林宏濤譯。臺北：商周出版，2021。

代價也不低！

——班雅明（Walter Benjamin）[101]

是的，每個主體都有自己抵抗現代化（現代性）的姿態；但畢竟，你是「從黑暗中遞過來的燈。」[102]浩瀚宇宙中之「永夜微光」。[103]然而，「『愛』是鄉愁之所繫。自你消失以後，我只能在沒有你的學術之海裡漂浮而不沉沒。漫長十年，我恍如是你遺留在人世間的失物。」[104]十年，不短，也不長。面對眼前的學術風景，與其說我以書寫及記憶替代對你的悼念，毋寧說我既哀傷又懷舊那個「此曾在」的時代！而「懷舊，是時間以你料想不到的方式，逼迫你不斷反芻一個重複的故事。」[105]

九、後余德慧時代的「憂鬱轉向」，或者其它……

那是別人的。
當我的眼睛鼻子耳朵
不曾被它灼傷過

---

[101] 此譯文引自同註 100，頁 i。原文刊於 Walter Benjamin: Illuminations-Essays and Reflections. New York: Brace & World, 1968, p. 254.

[102] 引自王家新：〈從黑暗中遞過來的燈〉，刊於保羅・策蘭著：《保羅・策蘭詩文選》，王家新、芮虎譯，頁 1。石家莊：河北教育出版社，2002。

[103] 「永夜微光」借自好友沈志中的一本書名。刊於沈志中著：《永夜微光：拉岡與未竟之精神分析革命》，臺北：臺大出版中心，2015。

[104] 參考並改寫自黃資婷：〈鄉愁猶如成癮的愛情：《懷舊的未來》的離現代之術〉。《聯合報》，D3 聯合副刊，2022.01.17。

[105] 同註 104。

而傷口——

這一切，鼻子眼睛耳朵

正是由於傷口獲得拯救

——藍藍：〈語言〉[106]

2012年9月7日，清晨或者傍晚？黑夜或者白天？余德慧最終用他的不在場衝撞、擊毀了他的在場。他的生命傳奇卻彷彿正準備好要搬上人世間舞臺……

我認為，余德慧的宗教療癒之旅多元而燦爛的貢獻，在於他所贈與我們的不是任何理論概念的建立；他的思想碎片總是不絕如縷地轟轟乍響，且從來不是以某種教條取代任何另一種，更非故意以某種艱深突兀而標新立異的語言或概念來凸顯它的優越性。依我看來，余德慧向來迂迴轉進地跳脫傳統宗教法門的義理論詰，進而努力去開創各種可能性去探索那不可知、不可見，甚至不可思的心靈未知領域。不等同任何既有教條，他的思想運動總是或多或少以一種充滿詩意的遐思形式，貫穿在他的學術域內或域外旅程中，且一再地創造出種種神聖空間，以及似乎令人恍惚、迷惑或暈眩的「缺口／殘缺動力學」；而這也正是他所敞開的短暫生命最感人、最讓人懷念的幽微展現。

神通過天穹而現象是一種展示，

它讓人看見那自我掩蔽者。

不過，它不是把掩蔽者從其隱蔽中揪出來給人看，

相反，它只有把掩蔽者深護於掩蔽中才得讓人看。

---

[106] 引自藍藍著：《睡夢，睡夢》。石家莊：河北教育出版社，2003，頁172。在此，特別感謝中國，南京，南京師範大學崔光輝教授推薦分享該書這首詩篇給筆者。

不可知的神就這樣透過天穹開敞而做為不可知者現象。

——海德格爾：《講演與論文集》[107]

「缺口／殘缺動力學」的基本思考運動理路，不僅內蘊於每一種真正偉大的藝術，也深藏於所有正面宗教的「殘餘」；而諸種宗教的「殘餘」，也就是在生命邊陲迴盪靈光的幽微之處，在原本世界的斷裂之所，在關係性倫理的缺口之緣，在詩意瞬間的皺褶殘破之境，這諸多力量匯聚所造成的缺口（傷口）動力學。居處語言與非語言的邊緣，或者思想之域外，真正的力量才有生成的可能。而且，「當『非世界』的延異力量汩汩傾倒入『世界』的缺口，他（做為一個人）終而第一次真正看見自己的『身外之身』……。」[108]我想，這或可說是余德慧始終專情於宗教經驗的生命情懷，也是其宗教療癒之道的內在超越性、神聖性與救贖性的根本所在。

文末，且讓我們再度回望余德慧宗教療癒之旅的起手式。2006 年 6 月 28 日，余德慧在高雄醫學大學的演講稿中，曾以〈心靈療癒的倫理技術——將自己的存在作為贈禮的手藝〉為題，論及「靈」這個重要主題。余德慧指出：「我們長期在安寧病房，尤其跟臨終者在一起才知道，原來我們活著的時候，有一個部分是看不見的，而這看不見的部分遠比我們看得見的部分還重要；我們之所以看不見，是因為我們用錯誤的工具（想以理性分析）來看，所以看不見『靈』。」[109]這「靈」就是那我們肉眼看不見、但卻重要的東西。

誠如《小王子》一書中，那出自狐狸之口的經典名句：「一個人只有用

---

[107] 海德格爾著：《講演與論文集》，第 2 卷，頁 7，第四版，1954。此處，乃轉引自陳嘉映著：《海德格爾哲學概論》，頁 50，北京：商務印書館，2017。又，中國人民大學人類學研究所博士生周小昱文，日前推薦分享這段引文給筆者，特此說明並致上謝意。

[108] 朱志學：〈因果輪迴與詩意瞬間的生死激情……〉。俞飛鴻“愛有來生”& “The Girl on the Bridge”（Patrice Leconte）觀影札記。2011 年 6 月 8 日。

[109] 余德慧：〈心靈療癒的倫理技術——將自己的存在作為贈禮的手藝〉演講辭。2006 年 6 月 28 日演講於：高雄醫學大學附設中和紀念醫院啓川大樓 6 樓第二講堂，臺灣，高雄。

心靈才能看得到真實的東西，真正重要的東西不是眼睛可以看得到的。」[110] 眼睛看得到的未必是真實；真正重要的、真實的東西，是眼睛看不到的，是要用心去體會的。「用心體會」這四個字，在我看來，恰是余德慧關於「靈」的思索、關於「宗教療癒」之探究的起手式。這「用心體會」起手式，看似平常簡單，但卻寓意深遠。

2011 年春，某日，在觀賞俞飛鴻導演的《愛有來生》影片後，[111]余德慧曾如此說道：

> 人文諮商的起手式就藏在《愛有來生》這部影片裡。阿九給阿明的唯一一句話「茶涼了，我再去給你沏上吧！」。百年後和尚給女子說故事，女子說的還是「茶涼了，我再去給你沏上吧！」。百年恩怨全靠著沏茶一路婉轉直上。陪個朋友掉眼淚，我們也會「茶涼了，我再去給你沏上吧！」。給受苦者泡茶是人文諮商與心理諮商不一樣的地方。泡茶不是社交，而是獻上心意。

好一句「獻上心意」，這也就是「用心體會」與「同理地沉浸」的自然流露。但在朱志學看來，「這話還不單是人文諮商的起手勢，這還是迴盪力最柔韌綿遠（綿延）、也最讓人低迴不盡的『茶道』；在宗教療癒面向上，它更是讓儼若『傷口』的理性返皈（歸）身體感的大釋放與大解脫。我隱然在凝視盡處，窺見不可見的『延異』力量，如何在異次元的空間，層層盤旋、昇進，悄然深植不可思議的厚實底蘊於無形的醞釀……。」[112]

又如，蔡怡佳總結余德慧在宗教療癒與臨終柔適照顧的思想時曾指出：

---

[110] 聖修伯里著：《小王子》，吳淡如譯，格林文化事業公司。1999，三版，2001，12 刷。頁 100-101。

[111] 《愛有來生》是一部由俞飛鴻導演，俞飛鴻、段奕宏等主演的電影，2009 年上映。影片改編自小說《銀杏，銀杏》，作者：須蘭。

[112] 同註 108。

「余德慧所討論之非現實母體、現實之非，亦是臨終主體所回歸之處。巫者在不由自主的夢境、幻視、身體的搖晃顫動之際所迎面的非現實運動，與病人在開啟臨終生命時刻之自我潰散、譫妄取代了意識、垂直締結萌生的轉化，彷彿是類似的，都是對於世界的顛倒，以及存在的開啟。」[113]

卻顧所來徑。余德慧的宗教療癒之旅可說是歷經了「語言轉向」、「文化轉向」及「倫理轉向」三個相互含涉交疊階段。[114]但自「後余德慧」的第一個十年以來，我認為，一種「憂鬱轉向」的時代風潮似乎已經悄悄降臨這塊土地上；[115]也就是說，余德慧之後的本土臨床心理學，乃至於人文心理學界，似乎已逐步墜入一個缺乏核心思想，且沒有靈魂的日趨荒蕪之窘境。進而言之，人文精神的喪失使得「憂鬱轉向」既無法避免且不可挽回，即便我們（或者他們）總可以在憂鬱中假裝保留了與所失語言的聯繫、與集體歷史經驗的聯繫，或者與本土文化的聯繫，並藉此偽裝轉向新的具有革命性的知識生產而沾沾自喜，甚至自以為是。這就是我所謂的「憂鬱轉向」。再者，這也恰恰彰顯了當代臺灣人文心理學或本土心理學的殘酷現實與艱難困境；此處，且容許我摘錄陳永國引述弗朗茨・法儂（Frantz Fanon）如下的一段話，來形容、描繪這種現實困境的具體性格與特徵。

「弗朗茨・法儂（Frantz Fanon）在《地球上悲慘的人們》中最精當地闡述了這種困境：當本土知識分子努力要創造一件文化作品時，他沒

---

113 同註 79。

114 參考余德慧著：《詮釋現象心理學》，臺北：會形文化公司，1998；前書增訂再版，臺北：心靈工坊文化公司，2001；余德慧、李維倫、林耀盛、余安邦、陳淑惠、許敏桃：〈倫理療癒作為建構臨床心理學本土化的起點〉，刊於《本土心理學研究》，22 期，頁 253-325，2004；以及余德慧：〈倫理主體作為生活世界的療癒向度：華人臨床心理學本土化的一個可能途徑〉，刊於《本土心理學研究》，24 期，頁 3-5，2005。

115 此處，「憂鬱轉向」的觀念，乃參考陳永國：〈譯者的憂鬱：誰想當背叛者？〉，刊於大衛・達姆羅什、陳永國、尹星主編：《新方向：比較文學與世界文學讀本》，頁 294。北京：北京大學出版社，2010。

有意識到他所用的技巧和語言都是從外來人手裡借來的；他想要給這些工具打上民族的烙印，但卻總是給人留下了異國情調的印象：一句話，通過文化途徑回到民族懷抱的本土知識分子總是奇怪地像個外來者，有時他毫不猶豫地使用方言以表示他願意接近自己的人民，但他所表達的思想和所熱衷的事物卻不能用作衡量自己同胞所處環境的真實尺度。他渴望回到自己的人民中去，但卻可能被視為一個「骯髒的外國佬」，得不到本族人民的承認；他只能生活在既是本族人又是外來者、既接近又遠離本土文化的狀況之中，在思想、語言和整個文化上都表現為一種雜交的特徵；他也必須承受自身的「雙重邊緣化」，即被自己的民族和被他者民族視為「他者」，從而處於一種孤獨的、悲哀的、憂鬱的狀態，一種居間的狀態。」[116]

余德慧，作為一位人文／本土心理學家，2012 年 9 月 7 日辭世於花蓮。那天，學生們正準備返校上課，有人也正開始著手籌劃、追悼上世紀末那場驚心動魄的地動的花蕊。

自此以後，追溯余德慧一生蹤跡的使命便開啟了。也正是在他這種殊異風格的書寫文本域內，或者域外，我們陶醉、沉迷於朗誦、重讀、緬懷，且遺忘。他始終關懷的是人，人的心思情狀，人的置身處境，以及人與人的相應感通，等等；即便我總無法全然理解他的作品痕跡的深意隱喻，任憑自己被那語言文本的浪潮捲走，但到了最後，他那任性孤行、深邃晦澀、迂迴皺褶的思想，卻如同花蓮七星潭太平洋的浪花般反覆出現，所有的一切都勾連在一起，並似乎又悠緩地自我清晰起來了。

「世間所有的相遇，都是久別重逢。」[117]或許，你可以瞭解我的明白。

---

[116] 轉引自同註 115，頁 280。

[117] 王家衛導演：《一代宗師》電影對白。2013。

在你離開之後，彷彿，依稀，我才得以「看見自己，看見天地，也看見眾生。」[118]

其實，「我們」的相遇只不過是一份難捨的眷戀。

書寫本身即是一條既熟悉又陌生、且深刻入裡的療癒之道。書寫是抵抗遺忘的最佳武器，也是最珍貴的記憶遺產。余德慧的「遺產被（直接）遺留給我們，沒有任何遺囑（沒有任何遺囑先行於我們的遺產）。」[119]

如是我聞。羅蘭・巴特以身為度的殷切提醒：

> ……（羅蘭）巴特療傷的方式，就是在刺痛中重溫存在的確定性。當存在不再是呈現於視線中堅固可靠的空間意象，而是做為一種絕對的「曾經」引發身心震顫時，離別就不再是一件難以忍受的事情，它甚至變得有點不可思議——離別是可能的嗎？做為曾經的存在如何消失？
>
> ——湯擁華：〈一場羅蘭・巴特式的告別〉[120]

我的傷口先於我存在。

> 並不是人死了，而是世界走到了他們的盡頭。
>
> ——葉甫根尼・葉夫圖申科[121]

---

[118] 同註 117。

[119] 此為法國詩人兼作家雷內・夏爾（Rene Char）的詩句。根據漢娜・鄂蘭的說法，這詩句暗示的正是遺失之珍寶的這種無名狀態。參考並引自葉浩：〈關於一份思想遺產的遺囑〉，專文推薦。刊於漢娜・鄂蘭著：《過去與未來之間》，李雨鍾、李威撰、黃雯君譯，頁 v；以及同上書，漢娜・鄂蘭：〈前言：過去與未來之間的裂隙〉，頁 1、頁 4 及註 1。臺北：商周出版，2021。

[120] 刊於《文景》雜誌，2011 年 1、2 月號合刊。

[121] 引自所羅門・馬爾卡（Salomon Malka）著，公維敏譯：《列維納斯傳》，扉頁。桂林：廣西師大出版社，2022。

也誠如所羅門・馬爾卡（Salomon Malka）在其所著《列維納斯傳》之引言中所說的：

> 死亡將生命轉化為命運。死亡剝去了所有的矯飾，它是一種淨化，恢復了一切存在的真理。它甚至是對真理的一種考驗。死者留下的是深刻的聯繫，即是死亡也不會使它消失。
>
> 與此同時，每個人一直以來都知道，死亡是一種遺棄。[122]

彼時起，我反覆地告訴自己：「你是前所未有的，又是久已存在的」[123]……

> 向一顆星前行——唯此一星。
>
> ——海德格爾：《來自思的經驗》[124]

---

[122] 同註 121，頁 7。

[123] 這句話借自顧城的一本書名及其受訪談話同名標題。刊於顧城著：《你是前所未有的，又是久已存在的》，頁 387，武漢：長江文藝出版社，2015。

[124] 海德格爾著：《來自思的經驗》，1954。此處，乃轉引自陳嘉映著：《海德格爾哲學概論》，頁 4，北京：商務印書館，2017。

國家圖書館出版品預行編目(CIP) 資料

宗教環境學與臺灣大眾信仰變遷新視野/張珣, 江燦騰著. -- 初版. -- 臺北市 : 元華文創股份有限公司, 2022.11

面 ; 公分

ISBN 978-957-711-282-8(第2卷:平裝)

1.CST: 宗教人類學 2.CST: 民間信仰 3.CST: 文集 4.CST: 臺灣

210.1307 111016745

宗教環境學與臺灣大眾信仰變遷新視野（第二卷）

張珣　江燦騰　主編

發 行 人：賴洋助
出 版 者：元華文創股份有限公司
聯絡地址：100 臺北市中正區重慶南路二段 51 號 5 樓
公司地址：新竹縣竹北市台元一街 8 號 5 樓之 7
電　　話：(02) 2351-1607　　傳　　真：(02) 2351-1549
網　　址：www.eculture.com.tw
E-mail：service@eculture.com.tw
主　　編：李欣芳
責任編輯：立欣
行銷業務：林宜葶
出版年月：2022 年 11 月　初版
定　　價：新臺幣 680 元

ISBN：978-957-711-282-8 (平裝)

總經銷：聯合發行股份有限公司
地 址：231 新北市新店區寶橋路 235 巷 6 弄 6 號 4F
電 話：(02)2917-8022　　　傳 真：(02)2915-6275